TRAITÉ

DU BORNAGE.

ERRATA.

Page 140, lig. 16, au lieu de *compétent*, lire *incompétent*.
— 160 — 10, au lieu de *fixées*, lire *fixes*.
— 178 — 14, au lieu de *ne peut*, lire *peut*.
— 244 — 7, au lieu de § II, lire § V.
— 293 — 14, au lieu de *Cray*, lire *Gray*.
— 416 — 12, au lieu de *la prescription des titres*, lire *de la prescription ; des titres*.
— 500 — 4, au lieu de point de vue *général*, lire *spécial*.
— 549 — 15, au lieu de *empreinte*, lire *emprinse*.

JOURNAL SPÉCIAL DES JUSTICES DE PAIX,

Fondé en 1821 par M. Julhes de Foulan, continué, depuis le 1er janvier 1846, par M. GALISSET, avocat, ancien président du tribunal de Pithiviers.

Prix de la collection, 26 vol. in-8°. . . . . 50 fr.
Abonnement annuel (un cahier par mois). 10

Imprimerie de Cosse et Delamotte, rue Christine, 2, Paris.

TRAITÉ
DU BORNAGE

ET

DE LA COMPÉTENCE DES ACTIONS

QUI EN DÉRIVENT;

PAR M. MILLET,

Juge de Paix du canton de Sissonne (Aisne), licencié en droit, membre de
l'Académie de Reims.

DEUXIÈME ÉDITION.

REVUE AVEC SOIN ET CONSIDÉRABLEMENT AUGMENTÉE.

PARIS,

IMPRIMERIE ET LIBRAIRIE GENERALE DE JURISPRUDENCE

DE COSSE ET N. DELAMOTTE,

Libraires de l'ordre des avocats aux Conseils du roi et à la Cour de cassation,
Directeurs des journaux du Droit criminel, des Avoués, des Huissiers, etc.

27, PLACE DAUPHINE.

1846.

A

la Mémoire de mon Père,

ET

A MON EXCELLENT AMI

V. OGER,

Membre de la Chambre des Députés, ancien colonel de la garde nationale de Paris, et Commandeur de la Légion d'honneur.

Hommage de reconnaissance,

F. MILLET.

OBSERVATIONS PRÉLIMINAIRES

DE LA PREMIÈRE ÉDITION.

Si l'on se reporte par la pensée au temps où tous les corps judiciaires reconnaissaient la nécessité d'apporter des améliorations, des augmentations dans la compétence des justices de paix, où il s'agissait de faire disparaître, en quelque sorte, la qualification de tribunaux exceptionnels, qualification peu exacte et qui n'existe dans aucune loi (1), on sera étonné que le législateur de 1838 soit resté au-dessous de sa mission, et que les améliorations qui ont été introduites, n'aient été que timidement tentées.—Cette hésitation a peut-être sa source dans l'organisation elle-même des justices de paix.

Ces observations touchent principalement à une matière sur laquelle tout le monde était alors d'accord ; il s'agit ici des actions en bornage.

Cependant la loi telle qu'elle est, sainement interprétée, doit encore produire de très bons résultats.

A cette époque, non pas comme aujourd'hui, il ne s'élevait aucune difficulté à cet égard : il était entendu, compris de tous, juges et agents de la justice de tous rangs, que les actions en bornage seraient désormais transférées aux justices de paix ; que ce serait un grand bienfait pour les justiciables qui pourraient, en ce cas, promptement, et à peu de frais, connaître les limites de leurs propriétés et éviter, par là, une foule de procès au possessoire (2).

---

(1) *V.* Foucher, avocat général, *Commentaire*, p. 24, n° 22. — Curasson, *Traité de la comp. des juges de paix*, t. I, p. 204, n° 20.— Nourtier, *Lois sur les justices de paix*, p. 8. — M. le président de Saint-Pol, *Dissertation sur les voies de fait. Annales*, t. XI, p. 57.

(2) Non pas que nous soyons ici d'avis de la suppression de ces actions dont l'utilité est incontestable et facile à démontrer, malgré le sentiment contraire de quelques magistrats.

Il faut le dire : c'est l'énormité des frais occasionnés par une procédure ruineuse qui appelait cette réforme. — Il est des contrées, où parler de procès en bornage, c'était porter la perturbation parmi les habitants des campagnes, qui regardaient ces sortes d'affaires comme un fléau, et dont les frais outrepassaient souvent de beaucoup la valeur des terrains récupérés.

Les rapporteurs de la loi sur les justices de paix aux législatures de 1837 et 1838, lorsqu'ils disaient qu'il importait à l'ordre public que les propriétés fussent divisées, que les frais qu'entraînaient les bornages, les avaient rendus beaucoup trop rares, avaient senti la profondeur de la plaie actuelle, le délaissement, sans limites certaines, des propriétés.

Je ne me dissimule pas toute la difficulté du sujet que j'entreprends; il semble que plus on va, plus les obstacles naissent, plus de nouveaux systèmes surgissent. Mais les encouragements que j'ai reçus de graves autorités, la consécration de mes premières idées sur la matière, jetées dans de simples jugements de justice de paix, au lieu de me décourager, doivent être pour moi un motif de persévérance dans un projet depuis longtemps conçu, mais délaissé par suite de certaines circonstances.

Je diviserai mon travail en deux parties distinctes : la compétence en matière de bornage et le bornage lui-même. — Parfois, dans l'examen des questions qui seront traitées, l'une viendra, sera en aide à l'autre.

AVERTISSEMENT DE L'AUTEUR.

D'après les observations placées en tête de la première édition, et qui ne sont relatives qu'à la compétence des actions en bornage, il pourrait sembler que l'ouvrage aurait pour principal but la compétence. — Ce serait là une erreur : car en examinant même cette question j'ai été dans l'obligation de rappeler par anticipation quelques règles du bornage proprement dit. — Traiter de la compétence, c'était traiter du bornage, tout se liant si intimement dans cette matière.

Aujourd'hui, à l'occasion de cette seconde édition, je crois nécessaire de dire un mot du bornage en lui-même.

Tout le monde sait que nos lois ne contiennent qu'une simple, unique et trop laconique disposition : « *Tout propriétaire* « *peut obliger son voisin au bornage de leurs propriétés conti-* « *guës. — Le bornage se fait à frais communs. —* (Art. 646, « C. c.) »

La loi du 25 mai 1838 n'est pas venue combler cette lacune, car elle ne peut être considérée qu'au point de vue de la procédure ; elle n'a fait que déplacer la compétence.

Où donc alors aller trouver les principes du droit, pour chacun, de limiter son champ ; car énoncer qu'on peut forcer son voisin à borner, ce n'est point expliquer ce que c'est que le bornage, sa nature et ses conditions. Le Code a laissé, à cet égard, un immense vide ; l'art. 646 ne contient pas un principe générateur.

Où donc encore chercher les règles du bornage relatives aux personnes qui peuvent exercer cette action, à celles contre qui elle peut être dirigée ; — quant aux biens qui en sont susceptibles, aux délais à observer et aux fins de non-recevoir qui peuvent être élevées ; — quant à la procédure à suivre, aux jugements à rendre, aux bases à respecter, à l'application des titres et à une foule d'autres questions.., en un mot à la

a

mise en action du droit de bornage et aux difficultés qu'il
peut faire naître...? —Dans les traditions romaines, coutumières et usagères, et surtout dans les principes généraux du
droit et la jurisprudence.

La loi de 1838, au lieu de remplir cette lacune, a compli-
qué encore la situation, en laissant, il faut l'avouer, dans un
trop grand vague, flotter incertaines, les attributions nouvelles conférées aux tribunaux de premier degré.

Dans ces circonstances, et à l'aide de quelques données
fournies par les auteurs, la jurisprudence et la pratique de tous
les temps, j'ai cherché à présenter un travail, si ce n'est complet, au moins utile et surtout consciencieux; heureux si, le
premier, j'ai frayé une route nouvelle à la question grave, intéressante au plus haut degré, de la conservation de la propriété.

Et ma satisfaction sera encore bien plus grande, si je suis
parvenu à indiquer les moyens d'arrêter l'esprit d'usurpation
et de chicane, qui, on doit le reconnaître, se révèle généralement moins dans ces derniers temps.

La presse judiciaire de la capitale, ainsi que de graves autorités et plusieurs jurisconsultes, ont bien voulu donner quelque éloge à mon premier travail, et y faire quelques em-
prunts. C'est pour moi un nouveau titre d'encouragement.

Je ne dois pas omettre de dire ici, dans ce court avertissement, que les doctrines que j'hésitais de produire au jour, parce
que quelques-unes n'avaient pas l'assentiment de beaucoup
d'hommes de loi, viennent de recevoir la sanction de la Cour
de cassation:

L'arrêt du 19 novembre 1845, et le rapport qui l'a préparé,
fixeront désormais des points de compétence restés, jusqu'à
ce moment, dans le doute pour beaucoup de personnes.

La deuxième édition que je publie est le résultat d'une ré-
vision qui n'a cessé de m'occuper, et j'ai lieu d'espérer que le
public, qui a accueilli si favorablement la première, me saura
gré des soins et des augmentations que j'ai apportés à celle-ci.

DIVISION DE L'OUVRAGE.

INTRODUCTION.

Arrêt remarquable de la Cour de cassation (et rapport qui l'a
précédé) qui désormais fait cesser toutes difficultés à cet égard, et
décide en outre implicitement que le bornage n'a pas lieu dans la
jouissance actuelle.

Lorsque des contestations, soit de propriété, soit de titres, s'élèvent dans le cours d'une opération de bornage, le juge de paix doit-
il seulement surseoir ou se dessaisir d'une manière absolue.

Question vitale de la matière. — Sursis admis par presque tous les
auteurs pour les dommages aux champs.

Longs développements donnés à la question vue sous toutes ses
faces. — Avantages de sursis sur le dessaisissement.
Le sursis, s'il n'est formellement dans le texte de la loi, est évidemment dans son esprit.
Les opérations de bornage ont été transférées aux tribunaux de
paix, et les incidents de contestations de propriété et de titre réservés aux tribunaux d'arrondissement.

Celui qui sème récolte. — Restitution également de labour et se-
mence si bonne foi.

Qui dit frais communs ne dit pas frais égaux.

TRAITÉ
DU BORNAGE

ET

DE LA COMPÉTENCE DES ACTIONS

QUI EN DÉRIVENT.

CHAPITRE PREMIER.

INTRODUCTION.

Nos Codes n'ayant donné aucune règle pour l'application du droit imprescriptible pour chacun de limiter son champ, il devient nécessaire de remonter et faire connaître les principes des anciennes législations sur la matière, puisque ce sont ces principes qui, jusqu'à ce jour, ont été constamment suivis.

La législation de Rome ayant reçu à son tour son complément de nos vieilles coutumes et de nos usages, il sera non moins intéressant de rappeler ce qui se pratiquait dans ces temps.

Sans doute que bien des choses sont peu en harmonie avec la civilisation et nos institutions modernes et y répugnent même; mais, d'un autre côté, on trouve encore dans ces coutumes et usages

1

une foule d'utiles renseignements dont la pratique peut faire un bon profit.

Pour plus de clarté, ces lois seront réunies selon l'ordre des matières.

Dans un premier article se trouvera l'analyse du droit romain.

Dans un deuxième, seront rappelées les diverses dispositions coutumières.

Un troisième contiendra, dans un premier paragraphe, des documents de notre époque, c'est-à-dire la loi de 1791, les observations de la Cour de cassation sur le Code de procédure civile de 1807, formulées en projet de lois, ainsi que les deux projets de Code rural de 1808.

Le premier composé par le gouvernement, le second résultant des délibérations des commissions consultatives.

Et dans un deuxième paragraphe les observations des différentes Cours d'appel de l'empire.

ARTICLE PREMIER.

Analyse de la loi romaine.

Au point de vue du droit romain, le bornage était le règlement de limites : le digeste, livre x, contient treize lois composées de plusieurs paragraphes. Ce livre a pour titre *Finium regundorum,* que je translate en notre langue par ces mots : *règlement de limites,* locution qui a une très grande portée comme on le verra plus loin.

Il n'existe aux Institutes que trois paragraphes au titre 17, *de Officio judicis*, et la loi 4, titre 6, *de Actionibus*.

Le Code, livre III, titre 39, a six lois : il porte le même titre que le Digeste, c'est toujours le *Finium regundorum*.

Ces textes de lois romaines ont pour but incessant la recherche des limites des héritages et les adjudications de terrains. La propriété est constamment en jeu, — il ne s'agit pas de simples plantations de bornes; nous aurons parfois occasion d'en faire l'application.

§ 1er. *Origine et nature de l'action.*

Elle vient de la loi des XII Tables : le préteur nommait trois arbitres, — un d'après la loi Manilia.

Elle est personnelle, quoi qu'il y ait revendication de la chose. L. 1.

Si plainte en limites, — d'abord la question de possession doit être vidée et ensuite arpenteur sur les lieux pour découvrir la vérité et terminer le procès. L. 3. C.

Dans cette action, chaque propriétaire est demandeur et défendeur. L. 10. .

§ 2. *Pour quels héritages elle a lieu.*

Pour les héritages ruraux et non urbains, parce que la séparation de ces derniers existe par les murs mitoyens. — En ville, elle peut avoir lieu pour les jardins. L. 4, § 10.

1.

Voie publique entre les propriétés, pas d'actions, L. 4, § 11, parce que voie publique ou fleuve n'est pas contigu au voisin. Action, si ruisseau privé. L. 5 et 6.

Elle appartient aux héritages ruraux avec bâtiments. L. 2.

L'action est reçue entre deux, trois et plusieurs fonds. L. 4, § 8.

§ 3. *Entre qui?*

Cette action compète aux champs vectigaliens, entre les usufruitiers, l'usufruitier et le maître de la propriété, et les gagistes. L. 4, § 9.

Elle n'est pas reçue pour un fonds commun. L. 4, § 6.

Elle n'est pas donnée à un propriétaire d'un fonds contre son communiste du fonds voisin. L. 4, § 7.

§ 4. *Des contestations, du devoir du juge et des effets de cette action.*

Si confins confondus par irruption ou inondation, mesurage a lieu et restitution. L. 8.

Celui qui a une plus grande quantité doit fournir ceux qui en ont une moindre. L. 7.

Mesurage doit être ordonné et les questions de limites décidées par arpenteurs; et si la chose l'exige, inspection de lieux par le juge. L. 8, § 1.

Si une des parties refuse de comparaître, ordre à l'arpenteur d'aller sur les lieux; il procédera en présence de l'autre partie. L. 3, C.

Census et monumenta doivent être suivis, si les bornes n'ont pas été déplacées par suite de succession ou par les possesseurs à cause d'addition ou de distraction. L. 11.

Les marques d'une ancienne délimitation changeant souvent par suite de ces variations. L. 2, C.

Partie de fonds peut être distraite et l'acheteur ne peut réclamer plus. L. 1, C.

Quand difficulté relativement à des fonds vendus, le vendeur sera consulté. L. 12.

Incertitude sur les confins, déplacement de bornes par la voie de l'adjudication. L. 2, § 1.

Alors adjudication de terrain et condamnation à une somme pour le terrain adjugé. L. 3.

Un fonds à deux, l'autre à trois, adjudication du terrain recherché à une seule partie, parce que plus au fonds qu'aux personnes les adjudications sont faites. — Si adjudication à plusieurs, la part est proportionnelle. L. 4, § 5.

Id quod interest. — Indemnité pour le profit tiré du terrain voisin. L. 4, § 1.

Fructus. — Après la contestation en cause sont accordés; perçus avant, non. L. 4, § 2.

Si mesureur est chargé par un seul, condamnation des deux parties. L. 4, § 1, V.

Règles pour les distances :

Haie, la limite; — mur, le pied; — maison, deux pieds; — sépulcre ou fossé, la distance de la profondeur; — puits, un pas; — olivier, figuier, neuf pieds; — autres arbres, cinq pieds. L. 13.

Ordre de couper arbre ou abattre édifice non
exécuté, condamnation. L. 4, § 3.

§ 5. *Si prescription et quelle.*

D'après la loi des XII Tables, la distance des cinq
pieds était éternelle.

Pas de prescription de long temps pour terrain
même considérable. L. 4, C. Th.

Cette action a été exceptée de celle trentenaire
par Théodose. L. 4, D. Th.

Mais Justinien l'a soumise non à celle de *longi
temporis*, mais à celle de trente ans. L. fin. c.

§ 6. *Des bornes déplacées.*

Les Romains avaient un respect religieux pour
les bornes, quand Numa Pompilius eut ordonné
à chacun de circonscrire sa propriété par des
pierres posées aux extrémités des champs, il voulut
que ces pierres, appelées *termini* ou bornes, fussent consacrées *à Jupiter terminalis ;* et il ordonna
qu'à certain jour de chaque année on sacrifiât à ces
pierres, qu'on regardait elles-mêmes comme des
dieux, les prémices des fruits et des gâteaux ; il
voulut enfin que celui qui aurait labouré la ligne
d'une de ces bornes fût voué à l'exécration ainsi
que ses bœufs, et qu'on pût les tuer impuné-
ment.

Par la loi agraire de Caïus César, celui qui avait
dérangé avec mauvaise foi ces bornes, était condamné à une peine pécuniaire envers le fisc qui

était de cinquante pièces d'or pour chacune; et tout le monde avait action pour le faire payer.

Par une autre loi de Nerva, un esclave de l'un et de l'autre sexe, qui a commis un stellionat à l'insu de son maître, est condamné à la peine de mort, à moins que son maître ou sa maîtresse ne veuille payer l'amende.

Mais l'empereur Hadrien dit dans un rescrit :

« De plus, on ne peut pas mettre en doute que le déplacement de bornes ne soit un *grand crime*, mais il faut que la peine en puisse être modifiée à raison de la condition et de l'intention des coupables; car si ce sont des personnes très distinguées, il est certain qu'elles ont voulu envahir, et elles doivent être reléguées pour un temps relatif à leur âge, c'est-à-dire plus long si elles sont jeunes, et plus court si elles sont très âgées. Si ce sont des personnes du peuple, elles doivent être châtiées et condamnées pour deux ans aux travaux publics; mais si elles ont péché par ignorance, et pour voler les pierres seulement, il suffira de les fustiger. »

Alexandre dit aussi dans un rescrit :

« Ceux qui ont déterré les bornes seront punis extraordinairement; c'est ce que le président de la province ne devra pas ignorer. »

De tout cela suit que ceux qui déplacent des bornes sont tenus d'une action civile et populaire, et qu'on peut agir criminellement contre eux.

C'est ainsi qu'il faut entendre Modestinus :

« Que la peine de ceux qui déplacent des bornes

n'est point une amende pécuniaire, mais une peine
modifiée en raison de la position des accusés. »

Jusqu'ici on a traité de ceux qui ont déplacé des
bornes.

Mais ceux qui, pour obscurcir des questions
finales, changent l'état des choses en mettant, par
exemple, un petit arbre à la place d'un grand, une
pépinière à la place d'une forêt ou en faisant quelque chose de semblable, doivent aussi être punis
en raison de leur condition et de la gravité de leur
délit.

§ 7. *Des arpenteurs qui font de faux rapports.*

Ce titre appartient aussi à la matière des dommages, car l'arpenteur qui fait faux rapport cause
également du dommage.

Le prêteur a établi l'action en fait contre les
arpenteurs pour les empêcher de tromper, parce
qu'on a intérêt à ce qu'ils ne trompent pas dans
leurs rapports, soit sur les contestations du bornage des terres, soit sur celles qui naissent entre
le vendeur et l'acheteur. Le prêteur a donné cette
action, parce que les anciens ne considéraient pas
l'état d'arpenteur comme un métier dont les services dussent être payés, mais l'arpenteur comme
faisant l'office d'ami ; c'est pourquoi la rétribution
qu'on lui donne est appelée *honoraire*, et si l'on
intentait contre lui l'action du *loyer*, il faudrait la
déclarer nulle.

En quels cas cette action a lieu.

Cette action a lieu quand un arpenteur a fait un faux rapport.

Si un arpenteur, sans avoir fait d'ailleurs un faux rapport, a seulement différé de le faire, de manière que le vendeur obligé de fournir l'état ou le contenu des biens dans un certain temps, en souffre quelque dommage, cette action n'a pas lieu; et Pomponius dit qu'on ne peut pas même y suppléer par l'action utile; il faut donc, en ce cas, recourir à l'action de la mauvaise foi.

Et même lorsque l'arpenteur a fait un faux rapport, il n'y a encore lieu à cette action qu'autant qu'il l'aurait fait par mauvaise foi ou par une faute grave.

En effet, cette action n'a pour but que de punir la mauvaise foi de l'arpenteur, parce qu'on a pensé qu'il était assez rigoureux de punir la mauvaise foi d'un homme qui n'est point obligé civilement. Or donc, s'il a mal opéré par impéritie ou par négligence, il n'en sera pas responsable, et celui qui l'a employé ne pourra s'en prendre qu'à lui-même, mais une faute grossière de sa part sera assimilée à la mauvaise foi; et si même l'arpenteur a perçu des honoraires, toute espèce de faute ne lui sera pas imputable en vertu de l'édit, car le préteur a su que les arpenteurs recevaient des honoraires.

A qui cette action est donnée ; jusqu'à quel point ; contre qui et pour combien de temps.

Cette action est donnée à celui qui avait intérêt à ce que le rapport de l'arpenteur ne fût pas infidèle, c'est-à-dire à l'acheteur ou au vendeur à qui le rapport a porté préjudice.

Elle est donnée à la concurrence de l'intérêt qu'avait celui à qui elle est accordée.

C'est donc avec raison que Pomponius a dit que si l'acheteur a donné au vendeur un prix plus considérable en raison du faux rapport de l'arpenteur, il n'aura point d'action contre ce dernier, parce qu'il en peut intenter une contre le vendeur en répétition de ce qu'il a payé de plus qu'il ne devait, et qu'il n'a plus d'intérêt à moins que le vendeur ne fût insolvable ; auquel cas il pourrait actionner l'arpenteur.

Et réciproquement si le vendeur, trompé par le faux rapport de l'arpenteur, s'est dessaisi d'une étendue de terrain qui excède la mesure stipulée dans la vente, Pomponius dit qu'il n'a point d'action contre l'arpenteur, parce qu'il lui en reste une contre l'acheteur, à raison de la vente, à moins que cet acheteur ne fût insolvable.

Ulpien dit également : si, l'arpenteur ayant fait un rapport inexact, l'acheteur a intenté l'action de la vente contre le vendeur, pour répéter ce qu'il a indûment payé, il peut aussi actionner l'arpenteur ; mais que celui-ci ne pourra plus être condamné dans le cas où le demandeur a cessé d'avoir intérêt. S'il n'a point actionné le vendeur pour tout ce qui lui manquait, mais seulement pour une partie, Pomponius dit qu'il peut contraindre l'arpenteur à lui parfaire le reste.

Contre qui cette action est donnée.

L'arpenteur qui a fait faux rapport est le seul qui soit passible de cette action ; mais il est censé avoir fait le rapport lui-même, quoiqu'il l'ait fait parvenir aux parties par l'entremise d'un autre, ou le leur ait fait passer dans une lettre.

Mais si, vous ayant chargé comme arpenteur de mesurer un terrain, vous en avez confié l'exécution à Titius, et que ce dernier ait frauduleusement opéré, vous serez seul responsable de cette infidélité, parce que vous serez réputé avoir agi de mauvaise foi en l'en chargeant.

Non-seulement l'arpenteur que j'ai choisi moi-même, mais encore celui que le juge m'a donné peut être soumis à cette action.

Comme le dit Pomponius : « Si un arpenteur, nommé pour mesurer un terrain, m'a lésé par les résultats de son inexacte opération, il doit être passible du tort qu'il m'a fait, en raison de ce que j'ai reçu de moins. »

Si c'est le juge qui a nommé cet arpenteur, lequel a usé de mauvaise foi envers une des parties dans son rapport, Pomponius doute sur la question de responsabilité, mais cependant il penche pour l'affirmative.

Si, ayant employé deux arpenteurs, tous deux ont opéré de mauvaise foi, je pourrai actionner l'un et l'autre solidairement; mais si j'en ai actionné un, et qu'il ait satisfait à ma demande, il faudra me refuser l'action contre l'autre.

Si on a chargé un esclave d'un arpentage, on aura plutôt l'action noxale au nom de cet esclave qu'une action sur son pécule, bien que l'on eût en cela une action civile sur son pécule.

Si cette action est donnée à l'héritier contre l'héritier, et combien de temps elle dure.

Pomponius dit qu'il faut donner cette action à l'héritier et autres successeurs, mais qu'elle ne doit pas être donnée contre l'héritier ou ses représentants.

Cette action est perpétuelle, parce qu'elle ne tire pas son origine de l'arpentage fait par l'acquéreur, mais de la commission qu'il en a acceptée.

A quelles personnes et à quelles causes cet édit s'étend.

Cet édit s'étend à d'autres personnes que les arpenteurs, car Pomponius dit qu'il est applicable également aussi à celui qui a fait un faux rapport, quoiqu'il n'exerçât point.

Il embrasse aussi d'autres causes que celles qui concernent l'arpentage des terres.

Le préteur a donné plus d'extension encore à cet édit, en l'appliquant non-seulement au mesurage des terres, mais encore à tous autres. L'action en est donnée pour le toisé d'une maison, le mesurage des blés et même celui des vins. Elle est accordée pareillement dans le cas où il s'agit de mesurer la largeur d'un chemin, ou de juger la servitude d'appuyer une poutre sur un mur voisin, ou d'avancer son toit sur son terrain, de mesurer une pierre ou le terrain sur lequel on doit bâtir, et qu'il y ait eu inexactitude de rapport sur un mesurage quelconque, sera soumis à cette action.

Et si l'acquéreur a fait un rapport inexact pour s'être servi de faux instruments, il sera passible de cette action.

Et, en conséquence, cette action sera donnée contre l'architecte qui aura trompé comme l'a déclaré l'empereur Sévère contre tous les architectes et autres entrepreneurs. Cette action doit être aussi accordée contre tout percepteur de deniers qui a trompé dans sa reddition de compte.

ARTICLE II.

Droit coutumier.

Une chose qui doit frapper dans ces coutumes diverses, c'est une bienfaisante institution que je voudrais voir figurer dans nos Codes en tête du préliminaire de conciliation : je veux parler du collége d'arpenteurs-diviseurs.

Les coutumes seront également rangées par ordre de matières.

Voici ce qu'on lit dans la Coutume de Bruxelles :

§ 1 . *Comparution devant commissaires.*

Statut concernant le bornage des héritages.

I. De paraître devant commissaire avant de procéder en matière de bornage.

Lorsqu'entre parties résidentes en la ville ou sa juridiction, il y aura question de bornes des héritages, édifices, servitudes et choses semblables, lesdites parties, avant que d'être admises en droit, seront obligées à demander des commissaires hors de la loy, lesquels elles mèneront au lieu en question ensemble avec les sermentez aux limites, pour à leur intervention estre égalées en amiable en leur différend s'il est possible.

Ville de Nieuport.—Rubrique V des procédures par-devant les arpenteurs.

I. Dans la susdite ville il y a un collége d'hommes que l'on nomme arpenteurs - diviseurs ou experts qui, par chacun an, sont renouvelez par la loy, pourquoy il est mis des personnes ayant connoissance des droits de maisons, de servitutes, de franchises et communauté d'héritage.

II. Lorsqu'il arrive quelque différend entre quelques bourgeois et habitants à cause de communauté de cloisons ou mur, de franchises ou non franchises, de maisons ou d'héritages, de ruisseaux, de gouttières, d'égouts de toits, de communauté de puits de pierre, de vuidange et d'entretien commun de privez, dont les parties ne pourroient s'accorder entre elles, elles comparoissent par-devant les experts, et elles y déduisent leur différend au long, afin de par eux être séparez *sommairement*.

III. Lesquels experts, s'ils ne pouvoient accorder les parties, se transportent sur le lieu contentieux, prenant inspection de ce qu'ils y trouvent, déclarant ce qu'il leur en semble et ils en feront le rapport au greffe, où il est tenu notice de ce qu'ils ont fait.

IV. Si tant est que l'une ou l'autre des parties ne se contente pas de leur sentence ou jugement, elle en peut faire la remontrance à la loy, qui les entendra sans amende.

§ 2. *Les bornes posées judiciairement font seules foi.*

Coutume de Bailleul. Rubrique XXIX.

Art. VII. Aucunes bornes ne pourront estre mises ny dressées que par des arpenteurs-jurez, et du consentement des propriétaires de terres voisines, ou par les formalités qui y conviennent, à peine de l'amende de x livres parisis et de punition arbitraire.

Coutume de La Salle, bailliage et châtellenie de Lille. CHAP. XXVII.

Par la coutume, pour vallablement planter et asseoir bornes est requis ce faire présent justice, par porteurs et mesureurs sermentez, à ce évoquez les seigneurs, baillifs ou lieutenans et ceux à qui ce peut toucher.

Coutume de la ville et échevinage de Lille.

I. Pour duement mettre bornes et assens entre deux confins de maisons et héritages, est requis faire évoquer et adjourner sur le lieu le prévost de Lille ou son lieutenant, quatre échevins du moins, et les héritiers circonvoisins, et illec par ouvriers sermentez, et autres à ce cognoissans, si mestier est, présens les dessus nommés échevins, à la semonce dudit prévost ou son lieutenant, faire asseoir et mettre lesdites bornes et assens ; en faisant par ledit prévost ou son lieutenant deffenses de non toucher à telles bornes et assens...

Coutume du Maine. CCLXXXXVII.

Fraescheurs qui ont départy la succession à eux advenue, n'y peuvent mettre, n'asseoir bornes, ne divises sans authorité de justice ; bien y peuvent mettre paux ou enseignes en attendant que par justice bornes y soient mises, et s'ils y mettent bornes sans appeler justice, ils en seront soixante sols mansays pour chacune borne, laquelle amende appartient au seigneur de la justice foncière qui avoit droit d'y mettre ou faire mettre lesdites bornes, toutes fois de bornes ostées ou arrachées les bas justiciers n'ont pas la cognoissance comme dit est dessus.

L'art. CCLXXX de la coutume d'Anjou reproduisant textuellement l'art. CCLXXXXVII de celle du Maine, celle-là ne sera pas rapportée.

Cependant la coutume de la Marche décidait le contraire.

Chap. XXV. Des bornes et limites.

CCCXXIX. Entre privées personnes chacune peut mettre bornes et limites avec son voisin en ses héritages particuliers par autorité de justice, pourveu que les terres ne facent limites de diverses justices ou paroisses, à quel cas faudroit appeler les officiers de lois sous peine d'amende.

Les chartes du pays et comté de Hainaut portent aussi :

Chap. XLV. De cerquemanage et abornage.

XXV. Mais quand les héritiers et possédant biens amortis, fiefs, aloëts, wareschaix ou mainfermes, voudront sans plainte ou d'accord mutuel, planter bornes pour faire desoivre de leurs héritages, le pourront faire par le moyen des gens de loy des territoires d'iceux.

§ 3. *En l'absence de bornes régulièrement établies pas de prescription.*

Coutume du pays et comté de Hainaut. Chap. CVII.

III. Contre borne et rétablissement, n'y aura, comme de tout temps, aucune prescription.

Coutume de la ville de Valenciennes.

XCVI. En matière de borne, cerquemanage et mesurage de terre, n'y a prescription.

Coutume de la salle, bailliage et châtellenie de Lille. CHAP. XVII.

VII. Pour emprinses d'héritages circonvoisins et joindans l'un l'autre, prescription n'a lieu pour quelque longue joyssance que l'on en ait eu, n'est qu'entre lesdits héritages y ait bornes, assens ou séparations notables.

Coutume de la ville et échevinage de Lille. CHAP. VI.

VII. Prescription n'a lieu pour emprinse d'héritages circonvoisins contiguez et joindans l'un l'autre pour quelque longue jouissance, n'est qu'entre lesdits héritages y eust bornes, assens ou séparations notables.

Coutume de la ville et eschevinage de Douay. CHAP. IX.

II. Par ladite coutume prescription (sauf immémoriale) n'a lieu en matière de portement d'eaues, veues, passage ou autre servitude, *cerquemanage,* *bornage* et desseurage, ne fut qu'il en apparut par lettres passées et données par les eschevins de ladite ville.

Coutume de la ville et eschevinage d'Orchies. CHAP. VIII.

II. Prescription ou longue possession n'a lieu en matière de droit de servitude, de portement d'eau, veues, passages, n'y autre servitude, *cerquemanage*, bornage, desseurage, s'il n'en appert par lettres passées et données des échevins de ladite ville, sauf la possession immémoriale.

Coutume de Cambray.

IV. En matière de cerquemanage, il n'y a point de prescription.

§ 4. *Garantie de fixité matérielle des bornes.*

Ville et échevinage de Lille.

I. Par la coutume pour deuement mettre bornes et assens... (in fine)... en faisant par ledit Prevost ou son lieutenant deffanse de non toucher à telles bornes et assens, ne fouir à un pied près d'icelles, à péril de soixante sols d'amende de loy et punition d'eschevins.

Coutume du bailliage d'Artois.

XXVI. Quiconque arrache bournes, coupe ou abat une espine reputée et tenue pour bourne, il commet vers le seigneur Viscomtier en la juridiction duquel les dites bournes ou espines sont assises ou plantées, amende de soixante sols parisis; et si les dites bournes ou espines estoient entre deux juridictions, celuy doit envers chacun desdits seigneurs pareille amende de soixante sols parisis, et ne peut on ahanner, ou fouyr à pied et demy près dudit bourne ou espine sur ladite amende.

Coutume de Tournehem. T. IV, Chap. Ier.

XXIII. Item que nul ne hanleve, ou fouisse à pied et demi près d'une bourne ou estanque, sur soixante sols parisis d'amende.

Coutume de Cassel.

Et pour obvier aux fraudes qu'on pourrait faire
en creusant ou fossoyant proche bornes, personne
dors en avant ne pourra creuser ou fouir plus proche des bornes qu'à deux pieds et demy autour, à
peine de l'amende de LXII sols.

Coutume de la salle et châtellenie d'Ipre. Chap. XCV.

II. Item et pour obvier aux fraudes que l'on
pourrait faire en fouissant auprès des bornes, il est
ordonné que dors en avant personne ne pourra
fouir plus près que trois pieds à l'entour à peine
d'amende de III livres parisis.

Coutume de Bailleul. Rubrique XXIX.

VI. Personne ne creusera plus que trois pieds
ni ne plantera plus près de deux pieds autour des
bornes de pierre; le tout à peine de l'amende à l'esgard des fiefs de X livres parisis; et à l'esgard des
héritages rotures de III livres parisis, et de la réparation du creux et du planti osté à ses depens.

Coutume de la salle, bailliage et châtellenie de Lille. Chap. XXVII.

II. Anciens fossez et blanches espines sont répu-
tez assens entre héritages circonvoisins.

Coutume d'Orléans.

Il n'est loisible planter ormes... ne planter hayes
vives plus près de l'héritage de son voisin, que de
pied et demy : et sera ladite haye d'espine blanche
et non d'espine noire.

§ 5. *Entreprises, usurpations.*

Echevinage de Lille. Chap. XXI.

II. Quand un héritier (propriétaire) entend son voisin héritier avoir *emprins* sur son héritage ; il peut requerir cerquemanage ou visitation être faite des deux héritages, et pour ce faire doit faire convenir par devant eschevins en halle, et à brief jour, sa partie pour consentir ou dissentir ledit cerquemanage ou visitation et que lors on ordonne sommairement que tel cerquemanage ou visitation se fera à tels dépens qu'il appartiendra. En ensievant ce, le prévost ou son lieutenant, les deux eschevins à ce commis avec le clerc de ladite ville, se transporteront sur le lieu et illec les parties peuvent exhiber telles lettres, tiltres et enseignemens que bon leur semble, et par les ouvriers de la ville se fait ledit cerquemanage ou visitation qui se met par écrit par ledit clerc, et le rapporte en halle, à certain jour ensievant, en n'y adjournant que les parties pour le voir prononcer, et lors s'il n'y a opposition, est ordonné que tel cerquemanage ou visitation doit sortir et se décrète, en ordonnant que les *emprises d'un costé et d'autre se retrancheront* et là où ne serait trouvé qu'il y eût emprises, les dépens dudit cerquemanage doivent être aux dépens du requerant.

III. Sur complainte intentée en la gouvernance de Lille, après icelle executée et restablissement faict, l'on peut retourner à cerquemanage par de-

vant eschevins; en quels cas on ne procéderait
plus avant en ladite complainte.

Coutume de Brusselles. Statut concernant le bornage.

XCVI. Lorsqu'entre parties est question à cause
que l'un a trop étendu son fonds, et que tel fonds
n'est trouvé distingué par des bornes, les emborneurs jurés sépareront tel fonds sous leur serment,
et comme ils pouvront le mieux, selon les vieilles
marques et témoins qui auront fréquenté ledit
fonds plusieurs années en avant, et le magistrat
leur fera suivre ce qu'après la division appartiendra à l'un et à l'autre...

§ 6. *Règles pour les bois, haies et chemins.*

Sénéchaussée et comté de Boulnois.

Art. CLXXII. Si aucunes haies sont entre aucuns
jardins sans bornes, et question se meut entre les
parties, on se doit fonder sur les anciennes épines,
portant ligne de l'un à l'autre, et se doit enquête
faire de la première fondation et édification de la
ville; et celui qui sera trouvé premier fondé en
rallongeant la ville, et doit appréhender à son
droit ladite haie, et ce se doit faire par mesureurs
jurés.

CLXXIII. Si aucunes divisions sont entre bois et
terres *ahanables* sans bornes, les terres se doivent
labourer jusqu'à pied et demi près des vraies ron-
ces, et se doit-on fonder sur les anciennes épines,
hêtre ou autre bois, portant ligne de l'un à l'autre;

et s'il y avait apercevance de fossés, soit à l'encontre des jardins, terres ou bois, soit avise auquel lez le reject est jeté, et celui qui a le rejet peut prendre tout ledit fossé a son droit; et s'il est autant rejeté d'un lez que de l'autre, ce se doit prendre à moitié dudit fossé.

CLXXIV. Si aucunes divisions sont entre bois sans bornes et sans fossés, et il y eut haies anciennes d'aucun bois sous âge; c'est à savoir, grosses épines, hêtres, charmes et autres bois, on se doit fonder sur celles qui portent plus droite ligne de l'un et l'autre, et doivent être à icelles haies par moitié, à chacune desdites parties.

Coutume de la ville et châtellenie d'Audenarde. Rubrique XIV des servitudes et des droits du voisinage.

XXI. Dans les mesures des terres, des bois et des préries vendus et estimés, l'on est de coutume de déduire la largeur d'un chemin commun ou du pas de l'homme qui est au moins 3 pieds pour le moindre chemin; pour un chemin commun à l'église, de conduite au marché, 5 pieds;—pour un chemin de conduite par où l'on mène une vache par la laisse, ou par lequel un cheval de selle passe, 10 pieds;—pour le chemin d'un pont ou d'une porte cochère, 21 pieds;— pour un grand chemin d'une ville à une autre, 42 pieds;—pour une porte commune, par où l'on puisse passer avec des fruits ou gerbes, 14 pieds, quelquefois plus, jamais moins;—pour le moindre fossé où l'eau court, que le bailli ne visite point, 3 pieds ;—pour un fossé où l'eau court, dont le bailli a la connaissance, et qu'il fait nettoyer, 5 pieds ;—pour tous ruisseaux par lesquels il y a dans le plat pays des moulins qui tournent, 10 pieds, et des moulins jusqu'à la vanne, pour détourner l'eau où l'on veut, 20 pieds.

§ 7. *De la compétence.*

Coutume de la ville et châtellenie de Bailleul. Rubrique XXIX. Des séparations des terres et des bornes sous la châtellenie.

II. Où ils ne sont point communs et indivis, mais seulement l'un contre ou proche de l'autre, la séparation des terres devra être faite par des bornes *devant le juge de la terre du voisin,* et les bornes seront mises par des arpenteurs, et cela aux dépens du requérant en cas que sur cela il ne tombe point de difficulté.

Coutume de la ville et châtellenie de Cassel. Des séparations et des bornes des terres.

CCCCXXXIX. Et la susdite séparation de terre (le bornage) doit être demandé pardevant le juge *de la terre du refusant dudit propriétaire de la terre voisine.*

§ 8. *Procédure.*

Chartes et coutumes locales de la ville de Binch.

Art. 1er. XXXI. En matière de désabornage et de difficulté sur limites d'héritages la plainte s'en fera verbalement, ou par écrit pardevant lesdits prévost et jurés, pour celui qui prétendra que bornes soient mises entre son héritage y confinant; sur laquelle plainte, à la semonce du prévost, les jurés ordonneront que celui contre lequel la plainte se dresse, soit ajourné pour voir ordonner sur le léal abornage et à jour assigné. Le prévost, accompagné de quatre jurés, fait récit de la plainte faite, et qu'ensuite d'icelle les parties doivent procéder.

XXXII. Que si l'adjourné accorde léal débornement (que l'on dit d'ancienneté cerquemanage), les parties seront assignées pour comparoir à certains jour et heure sur le lieu des limites contentieuses.

XXXIII. Au jour servant, celuy qui a faict la plainte doit déclarer les abouts et limites de son héritage tels qu'il les prétend du costé dont il faict plainte, en déclarant que tenant à son profit tous les actes de jouyssance par luy et ses prédécesseurs en l'estendue qu'il met en avant de son dit héritage, il insiste que selon icelle les bornes soient plantées, offrant preuve nécessaire, rejettant la superflue.

XXXIV. Et de la part de l'adjourné sera déduit ce qu'il pensera faire à sa défense et pour maintenir l'estendue de son héritage et respondre à ce que l'adverse a allégué; offrant pareille preuve de la mise en avant, prenant toutes les deux parties conclusion selon leurs intentions.

XXXV. Et en cas que sur ce intervienne difficulté et que lesdites parties se rencontrent contraires en faicts, seront appointées à en faire vérification, le plaignant y satisfaisant le premier et le
défendeur après : *produisant chacune lesdites parties
tesmoins qui sachent à parler de la situation des deux
héritages, grandeur et estendue d'iceux;* même sça-
chang recognoitre les pierres ayans servi ou ser-
vantes de bornes, et le lieu et endroit où elles ont
été plantées ; et pourront aussi les parties produire
tiltres et enseignement, si aucuns en ont justifica-
tifs de leur intention.

XXXVI. Et par la confection desdites enquêtes,
sera la partie assignée pour voir jurer tesmoins ;
et le surplus de l'instruction de telle cause, se fera
comme une autre instance d'action réelle et propriétaire.

XXXVII. Que si le respondant à la première assignation refuse d'entendre au léal abornage, ou
que tendant à dilation, il die s'en vouloir conseiller; lors lui sera donné pour ce faire nouveau
terme, et jusques que par la loy soit condamné à
accorder le débornement; et s'il le dénie après que
trois fois il sera semoncé par l'un desdits jurez
d'entendre à l'abornage requis, il eschera en onze
livres six deniers de loix, pour desdits de jurez et
être désobéissant au jugement et n'avoir voulu accorder abornage léal, ou cerquemanage selon le
mot ancien.

Coutume de la ville et chastellenie de Cassel. Des séparations et des bornes des terres.

CCCCXXXVII. Quelqu'un voudroit-il se plaindre d'une séparation d'héritage, il conduira l'amman ou le bailly et deux eschevins sur le lieu, et spécialement sur sa part et portion s'il la peut montrer, déclarant justement sa grandeur, ou, autrement, sur la pièce entière, et là il requerra, par des allégations qui y conviennent, que la partie soit appelée pour faire poser des bornes entre les deux ; et, par ordonnance des eschevins, on ordonnera, à la requeste d'adjourner les parties et ceux à qui les terres voisines appartiennent, y pouvant avoir intérest.

CCCCXL. Si la partie comparoist et reconnoist la demande du plaignant, on ordonnera, par sentence des eschevins, que la séparation sera faite, dans le temps de quinze jours, par un arpenteur pour poser les bornes ; mais la terre est-elle encore commune, l'on fera tirer à la courte-paille, ou jeter les lots, par les eschevins, pour sçavoir à quel costé la part du demandeur tombera, et on fera mention de la grandeur, et ordonnera qu'il sera posé des bornes, comme il est dit cy-dessus ; et si quelqu'un estoit en défaut d'y satisfaire, il seroit en l'amende de LXII sols ; et sur la plainte ou à la requeste de la partie, *le bailly ou l'amman et les eschevins seront tenus d'estre présents à l'apposition des bornes.*

CCCCXI. Et si la partie ne comparoissoit point au troisième adjournement, elle seroit condamnée par contumace et en l'amende de LXII sols ; et le demandeur seroit admis à la preuve, afin de bien et duement prouver son droit ; lequel estant prouvé, on posera des bornes par l'amman ou le bailly et les eschevins, ainsi qu'il est dit cy-devant.

§ 9. *Des dépens.*

Coutume de la ville et chastellenie de Bailleul. Rubrique XXIX.
Des séparations des terres et des bornes sous la chastellenie.

Art. 1er. Dans les questions pour séparation de rentes et de bornes, la partie qui a intérest est adjournée par le bailly, afin de comparoistre devant lui et deux eschevins au moins, au lieu contentieux, et y déclarer la grandeur et la quantité de chaque portion, et pour poser des bornes entre les deux, ainsi que l'on fera par des arpenteurs à *frais commun*, du requérant et de la partie, au cas qu'ils soient communs et indivis, et pour qu'à mesme temps ils puissent être d'accord, en jettant les lots ; ou autrement, sans plus long délai ou opposition.

II. Où ils ne sont point communs et indivis, mais seulement l'un contre ou proche de l'autre ; la séparation des terres devra être faite par des bornes, par devant le juge de la terre du voisin, et les bornes seront mises par des arpenteurs comme ci-devant, et cela *aux dépens du requérant,* au cas que sur cela il ne tombe point de difficulté.

III. *Mais en cas de différend* il est ordonné à chacun de donner ses allégations par écrit et d'en faire telle preuve qu'il trouvera à propos, afin d'ensuite en estre ordonné, ainsi que l'on trouvera convenir, *aux despens du tors.*

Coutumes générales de Cambray. Titre XXV.

XXXII. En matière de cerquemanage, quand les deux parties viennent à emologuer le premier cerquemanage, *les dépens se doivent payer par moitié :* mais si l'une des parties ne veut emologuer ledit premier cerquemanage, et qu'il en demande un second, celuy qui succombe audit second, doit payer les despens s'il ne se pourvoit d'un troisième cerquemanage, auquel parcillement celui qui succombera doit payer les despens et ne peut plus demander un quatrième.

Coutumes de la ville de Valenciennes. CHAP. XIII.
Des cerquemanages.

XCVIII. Quiconque demandera cerquemanage l'aura, et se payeront les despens par celuy qui le requiert, si avant qu'il soit trouvé avoir tort, en fut que les parties *accordassent de payer par moitié,* ou à *portion des héritages,* desquels se fera ledit cerquemanage, ou se paieront à l'ordonnance de justice.

XCVIII *bis.* Si quelqu'un demande cerquemanage contre un qui est absent et expaysé, notre dit mayeur y sera appellé au lieu dudit expaysé, pour

estre présent et veoir faire ledit cerquemanage, et
y dire ce qu'il trouvera en cas appartenir, et dé-
boursera celuy qui le demandera, les dépens dudit
mayeur, sauf son recouvrement sur la partie.

Coutumes de la ville et chastellenie de Cassel.
Des séparations et des bornes des terres.

CCCCXXXVIII. S'il estoit qu'il parut que cely qui
veut avoir la séparation de terres, eut sommé auparavant ceux à qui la terre voisine appartient et
qu'il en fit refus, au cas qu'il falut et que la séparation en dût estre faite par justice, ledit refusant tomberoit dans les dépens de ladite séparation; si ce n'est lorsqu'il fit apparoistre de cause
raisonnable de son refus.

Chartes du pays et comté de Hainaut. CHAP. XLV.
Du cerquemanage et abornage.

XXIV. Le cerquemanage estant décis par sentence ou accord des parties, les commis et gref à
la requeste d'icelle, ou de l'une d'elles, planteront
bornes au désoivre, soit une ou plusieurs, selon
qu'ils voiront estre requis ensuite de ladite sentence ou accord, pour par chacune desdites parties contribuer à la despense par moitié, et desdites bornes ainsi plantées sera depesché acte à
celuy qui le requerera à ses dépens.

XXVIII. En matière de cerquemanage les dépens s'adjugeront à l'advenant que chacun obtien-

dra ès-coups par lui frappez, ne fut que pour autres raisons la Cour en ordonne autrement.

Coutumes de Lille. Chap. XXI. Des bornages, cerquemanages.

Art. II (in fine).... Et lors s'il n'y a opposition, est ordonné que tel cerquemanage ou visitation doit sortir, et se décrète, en ordonnant que les emprises d'un costé et d'autre se retrancheront. Et là où ne seroit trouvé qu'il y eut emprises, les despens dudit cerquemanage doivent estre aux dépens du requérant.

§ 10. *Voies contre un cerquemanage.*

Cité et duché de Cambray et du pays et comté de Cambresy.

XXX. Un cerquemanage se peut destruire par trois voies, à sçavoir par un autre cerquemanage requis devant que de emologuer le précédent, ou par lettre conforme, ou record de loy.

XXXII. Et quand on procède au second cerquemanage, un ou deux des cerquemaneurs qui ont fait le premier y doivent estre appelez avec les nouveaux; et pareillement au troisième cerquemanage, un ou deux de chacun des deux cerquemaneurs précédents.

§ 11. *Refus de cerquemanage; peine corporelle.*

Chartes et coutumes du chef-lieu de Mons. Chap. LIV.
Des cerquemanages.

Item que chacun soit tenu d'accorder cerque–

manage, quand plainte s'en fera par son voisin héritier machissant et à journée servant, et pour ce
assignée faire serment, et férir ses coups léallement
par chacune partie, si avant qu'il entend son héritage devoir aller : et s'il en est refusant, et il soit
jugé le devoir faire par trois fois, il doit et devra
par le mayeur estre calengé, *et mis prisonnier, pour*
l'attaindre en telle correction, punition et loix, qu'il
sera ordonné par ledit chef-lieu de Mons. Et si
celuy ou ceux contre qui telles plaintes de cerquemanage se feront estoit demeurant hors du jugement où son héritage sera gisant, que dénonce-
ments soient faits au lieu accoustumé par trois
dimanches afin qu'il vienne quérir copie de la
plainte, et y répondre par la manière que dit est
dessus, dedans un mois en suivant lesdits dénonce-
cements expirez, on fourclos par le plaidant obtenir en ses coups frappez sur son dit serment.

Coutume de Chimay. CHAP. XV.

I. Chacun est tenu d'accorder cerquemanage
quand plainte s'en faict par le voisin et héritier
machissant, et avant y procéder, les deux parties
doivent respectivement faire serment de désigner
et férir leurs coups léallement, et selon qu'elles entendent l'héritage devoir aller : et si l'intimé sur la
plainte refuse de passer avant audit cerquemanage,
outre qu'il sera condamné de le faire, le mayeur
le pourra faire calenger, pour, par lesdits, du magistrat le punir, et au cas que celuy ou ceux estans

pris à partie par la plainte, seroient résidens hors du jugement soubs lequel l'héritage seroit gisant, où n'auroient censier au lieu, dénoncemens seront faits au lieu accoustumé par trois dimanches routiers, afin qu'ils aient à venir quérir copie de la plainte, et y assentir ou dissentir en dedans un mois en suivant, à peine de forclusion, et d'obtenir par le plaignant en ses coups frappez sur son dit serment.

Loix, statuts et coutumes du pays de France.

Des bornages ou des divisions des terres communes.

LXXX. Ceux qui souhaitent procéder au bornage ou à la division des terres communes, le pourront faire et adjourner ceux qui y ont part ou les partionniers à la vierschare, pour y entendre ; et au cas de quelque raison au contraire, de les alléguer, afin que sur cela il en soit ordonné en connaissance de cause, et au cas d'un jugement de division, les parties que cela concerne seront tenues d'y entendre sans y contredire ou faire aucune résistance, à peine de l'amende de chaque fois trente livres parisis, dont le seigneur aura vingt livres parisis et la partie dix livres parisis.

LXXXI. Et si la partie condamnée ne satisfaisoit pas à la division dans les quinze jours après qu'elle aura esté sommée judiciairement de ladite division par iceluy qui l'a requise, en ce cas la loi pourra, à la réquisition de la partie, commettre pour le défaillant un ou plusieurs hommes, afin de, conjointement avec celuy choisi par l'autre partie, procéder à ladite division et bornage, ainsi qu'il appartient; le tout aux dépens du défaillant.

§ 12. *Déplacement et enlèvement de bornes.*

Coutumes du pays et duché de Bretaigne. CHAP. XXIV.
(De l'ancienne coutume.) — Des crimes, amendes et confiscations.

Art. DXCIV. Celuy qui oste ou arrache bournes de fait à pense, doit l'amende à l'arbitrage du juge outre les dommages et l'amende à la partie; et *qui mettoit faulses bournes doit estre puni comme larron.*

CHAP. XXV. (De la nouvelle coutume.) — Des crimes, amendes et confiscations.

Art. DCXXXV. Ceux qui ostent ou arrachent bornes sciemment, et ceux qui mettent fausses bornes, doivent estre punis comme larrons.

Coutumes de la ville et chastellenie de Cassel.
Des séparations et des bornes des terres.

Art. CCCCXLIII. Quiconque osteroit, transporteroit ou feroit enfoncer les bornes, il en seroit à l'amende de LX livres, et bien par dessus cela de restituer à la partie tous les dépens, dommages-intérêts au jugement et à la discrétion de la loy, et ce fait serait jugé par les hommes.

CCCCXLIV. Et si ladite transposition de bornes arrive, ou soient ostées ou enfouies de nuit, celuy qui l'auroit fait seroit puni criminellement ou civilement à la discrétion des hommes.

Coutume de la salle et chastellenie d'Ypre. Chap. XCV.

De retirer les bornes.

I *Item*. Quiconque seroit trouvé qu'il déplaçât des bornes, les fît enfoncer, ou les obscurcît par autre moyen ; celui-là encoureroit l'amende de ix livres parisis et par dessus payeroit à la partie les dépens, dommages et intérests, à la discrétion et au jugement des eschevins : *et si le déplacement, l'enfoncement ou l'obscurcissement arrivoit pendant la nuit, il seroit puni pour crime* et pour le civil aussi à discrétion.

Coutume de la ville et chastellenie de Bailleul. Rubrique XXIX.

Art. V. Quiconque oste, change de situation ou fait enfoncer par dol quelques bornes, sera puni du *fouet*, du bannissement, ou d'autres punitions arbitraires.

Coutumes particulières du bailliage de Saint-Omer. Titre II.

Art. XIV. Par ladite coutume, quiconque arrache bornes, couppe ou abbat une épine réputée et tenue pour borne, il commet vers le seigneur vis-comtier amende de soixante sols parisis ; et si se fait entre deux seigneurs, icelui doit à chacun seigneur pareille amende, et *néanmoins s'il le faisoit malicieusement pour oster à autrui le sien, il écherroit plus grande punition*, à l'arbitrage du juge auquel la connaissance en appartiendroit ; mais toujours le viscomtier auroit son amende.

Coutume d'Artois au bailliage de Saint-Omer.

Des droits des seigneurs, tant fonciers, viscomtiers, comme de la haute justice.

Art. XXVI. *Item* quiconque arrache bournes, couppe ou abbat une espine réputée et tenue pour bourne, il commet vers le seigneur viscomtier en la juridiction duquel lesdites bornes ou espines sont assises ou plantées, amende de soixante sols parisis, et si lesdites bournes ou espines estoient entre deux juridictions, celuy doit envers chacun desdits seigneurs pareille amende de soixante sols parisis, et ne peut ou ahaner ou fouyr à pied et demy près dudit bourne ou espine sur ladite amende. Et néanmoins qui le arracheroit malicieusement pour trouble et oster à autruy le sien, iceluy escheeroit en plus griefve punition à l'arbitrage du juge auquel la connoissance en devroit appartenir, en laquelle le viscomtier auroit son amende de soixante sols parisis.

Ancienne coutume de Boulenois.

Peines en matière de crimes, forfaicts et délicts.

Art. IX. La coustume de ladite comté est telle, que d'aucun deffoint, arrache ou transporte de lieu en autre aucune bourne, ou coppe, abbat, ou démolit quelque épine ou autre arbre tenue et réputée pour bourne, sans autorité de justice, il commet envers le seigneur de la terre où cet œuvre a esté fait, amende de soixante sols parisis.

Nouvelle coutume de Boulenois. Titre **VII**.

. Des matières de crimes, forfaicts, délicts et amendes dues pour iceux.

Art. XXX. Si aucun rompt, arrache, efface ou transporte de lieu en un autre aucune borne, couppe, abbat ou démolit aucun arbre tenu pour borne et enseignement de séparation de terres, commet aussi pour chacune fois, envers le seigneur haut-justicier du lieu où a été faite ladite œuvre, amende de soixante sols parisis, et en outre sera tenu remettre ou faire remettre, ainsi qu'il appartient, les bornes par luy arrachées et ostées à ses propres coûts et dépens.

§ 13. *Des emborneurs; leurs devoirs.*

Coutume de la salle et chastellenie d'Ypre. Chap. **XCIII.**

De mesurer les terres.

Item, que personne ne fasse mesurer des terres pour les livrer, si ce n'est par arpenteur reçeu à serment, à peine de l'amende de iii livres parisis autant de fois qu'on le trouveroit, si ce n'estoit que l'on fit apparoitre suffisamment qu'il y eut du défaut dans le rapport dudit arpenteur.

Coutume de Brusselles.

Statuts concernant le bornage des héritages.

XCVIII. Lesdits emborneurs ne pourront partager les héritages, ny mettre des bornes, si ce n'est en présence des propriétaires des biens contigus, ou des autres en leur nom, et sans leur consentement commun. Et si les bornes doivent estre mises en terres, prairies ou jardins, au regard desquels les parties ne peuvent tomber d'accord, cela se fera par lesdits emborneurs, à l'intervention d'un géomètre sermenté qui en fera la dimension, et placera les bastons là où les bornes devront estre mises.

XCIX. Lesdites bornes estant ainsi mises en terre, elles seront proclamées par les emborneurs, tellement qu'une proclamation suffira, encore qu'ils en auroient plusieurs bornes en une campagne, lieu ou héritage ; laquelle proclamation se fait par les emborneurs–jurez en cette façon : Nous, emborneurs–jurez de la ville de Brusselles, en vertu de nostre office défendons à un chacun, d'occulter, changer ou oster les bornes ainsi deuement et loyalement mises à la réquisition et avec le consentement des parties, soit par luy–même ou par autres, sous peine arbitraire selon l'exigence de la cause.

Coutumé de la ville et chastellenie de Furne. TITRE XXII.

Des arpenteurs sous la jurisdiction.

Art. III. Personne tel qu'il soit admis à l'office d'arpenteur ne s'ingère de délivrer aucun arpentage et mesure, si ce n'est qu'il l'eut mesuré, à peine de l'amende de dix livres parisis comme dessus, et la mesure d'estre tenue de nulle valeur.

Etalonnement de leurs verges.

Coutume de la ville et chastellenie de Furne.

Des arpenteurs sous la jurisdiction.

I. Nuls arpenteurs ne pourront mesurer ny rendre compte de tenir le *zeule*, s'ils ne viennent une fois par an, entre Pasques et la Pentecoste, estalonner leurs verges contre la verge du pays; à peine de l'amende de dix livres parisis.

II. Les arpenteurs ne pourront mesurer non plus s'ils ne sont bourgeois et frères de loy, ou sujets et manants de la ville et chastellenie de Furne, ou de leur district, ou dans la ville de Loo, ayant premièrement presté sur serment en la chambre, lequel serment ils seront tenus aussi de renouveller tous les ans entre Pasques et la Pentecoste, à peine d'être délaissés et de suspension de leur dit serment, et, de plus, à peine de l'amende de dix livres parisis à distribuer, un tiers au profit du seigneur, et le second tiers au pays, et le tiers restant au dénonciateur.

Salaires.

Coutume de Brusselles.

Statut concernant le bornage des héritages.

XCVII. Lorsque les parties veulent avoir des bornes et marquent ensemble l'endroit où ils les veulent avoir, les emborneurs les placeront au lieu désigné par consentement des parties intéressées, de quoy les deux emborneurs auront entre eux pour salaire deux florins et seize sols, dans la ville, et le double hors la ville en sa franchise.

Coutume de la salle et chastellenie d'Ypre. Chap. XCIV.

Des salaires d'arpenteurs.

Item, que l'on donnera à l'arpenteur-juré xii sols parisis par jour, s'il venoit seul, ou xvi sols parisis par jour avec son valet ; comme encore ses dépens, tels que font ceux qui le mettent en œuvre. Et prendroit-il plus de salaire qu'il est dit cy-devant et qu'il en apparut duement, il encoureroit l'amende de iii livres parisis, bien entendu que s'il refusoit quelqu'un sans excuse légitime, il encourroit aussi iii livres parisis.

§ 14. *Usages et règlements.*

Il y a des provinces, dit l'*Encyclopédie méthodique*, telles que la Franche-Comté et la Lorraine, où les *arpentages* généraux sont en usage. Les juges les ordonnent lorsqu'un grand nombre d'habitants se plaignent qu'ils ne jouissent que d'une partie des terres que leur donnent leurs titres de propriété ; on fait faire, dans ce cas, si la matière y est disposée, l'arpentage général de toutes les terres d'une paroisse, par un arpenteur-juré ; et après que les propriétaires du territoire ont représenté leurs titres de propriété, on *attribue à chacun ce qui est justifié lui appartenir.*

L'ordonnance de Lorraine, donnée par Léopold en 1707, porte :

Art. 9, titre Ier. Pourront néanmoins les juges ordonner, à la requête d'une partie qui se plaindra de l'usurpation de son héritage, sans en pouvoir précisément désigner le détenteur, à cause des mutations arrivées par la longueur des temps, que tous les propriétaires et possesseurs des fonds situés dans un canton ou contrée particulière du ban et finage, seront tenus de produire leurs titres et enseignements pour preuve de leur droit de propriété; pourront aussi les propriétaires des deux tiers des héritages de la totalité d'un ban, demander un *démembrement* général, sans le consentement de la communauté en corps.

ARTICLE 3.

Dispositions de la loi de 1791 et du Code civil; passage sur le bornage tiré des observations de la Cour de cassation sur le Code de procédure; projets du Code rural de 1808; dispositions de la loi de 1838 et du Code pénal; et observations des Cours d'appel.

§ 1.

La loi de 1791 connue sous le nom de Code rural, porte, article 3 : Tout propriétaire peut obli-

ger son voisin au bornage de leurs propriétés contiguës, à moitié frais.

Cette disposition se retrouve dans l'article 646
du Code civil, au titre *des servitudes dérivant de
la situation des lieux* : Tout propriétaire, dit cet
article, peut obliger son voisin au bornage de leurs
propriétés contiguës. Le bornage se fait à frais
communs.

Dans la théorie du Code judiciaire qui devait servir de prolégomènes au Code de procédure de 1807,
la Cour de cassation a parlé des actions en bornage.

Cette théorie se trouve dans le recueil de Sirey,
la Cour y puise souvent des motifs de solution : elle
a pour titre : *Observations préliminaires de la Cour
de cassation sur le projet du Code de procédure
civile :*

LIVRE Ier. De l'administration de la justice en général.

TITRE Ier Des actions.

SECTION II. Des actions mixtes.

Art. 18. Il est des actions auxquelles on donne
plus particulièrement qu'à toute autre, le nom
d'action mixte, c'est-à-dire à la fois réelle et personnelle, parce qu'outre la revendication d'une
chose, elles embrassent presque toujours des prestations.

Art. 19. Les actions mixtes sont...... l'action en
bornage.

De l'action en bornage.

Art. 24. L'action en bornage appartient au propriétaire d'un héritage dont les limites sont confondues avec celles des héritages voisins.

Elle tend à faire cesser cette confusion, en replaçant les bornes déplacées, ou en en faisant établir de nouvelles à frais communs.

Art. 25. Si les parties ne sont pas d'accord sur les endroits où les bornes doivent être placées, et si les titres produits de part et d'autre ne suffisent pas pour les déterminer, le juge pourra admettre la preuve par témoins sur le placement des anciennes limites, et à défaut d'anciennes limites, sur une jouissance propre à opérer la prescription.

Art. 26. L'action en bornage ne compète ni au fermier ni à l'usufruitier, mais ils peuvent obliger le propriétaire à faire fixer dans un temps déterminé les limites de son bien.

Cette action s'intente contre les propriétaires des fonds adjacents et non contre les fermiers ou usufruitiers de ces mêmes fonds.

Titre II. Devant quels juges les actions civiles doivent s'intenter.

Art. 59. L'action en bornage s'intente devant le juge du lieu de la situation des biens qui doivent être bornés.

Chap. II. De la compétence des tribunaux civils.

Art. 118. Il y a en France quatre espèces de tribunaux civils : les justices de paix, les tribunaux

de première instance, les tribunaux de commerce,
les Cours d'appel.

§ 1ᵉʳ. *De la compétence des justices de paix.*

Art. 124. Si, dans une procédure suivie devant
un juge de paix, il s'élève une question d'état, ou
si une partie déclare vouloir s'inscrire en faux
contre un acte, ou dénie l'écriture, ou déclare ne
pas la reconnaître, ou prétend qu'on a abusé de la
signature en blanc pour le surmonter d'une obligation fausse, le juge de paix renverra ce débat au tribunal de première instance, et surseoira à l'instruction du principal.

§ 3. *De la compétence des tribunaux de première
instance.*

Art. 126. Les tribunaux de première instance
connaissent de toutes les affaires qui ne sont pas
réservées aux justices de paix. — (V. Sirey, *Recueil
des lois et arrêts*, t. 9, p. 1.)

Le projet du Code rural de 1808 contient quatre
articles.

CHAP. II. Du bornage.

Art. 38. Tout propriétaire peut obliger son voisin au bornage de leurs propriétés contiguës : le
bornage se fait à frais communs. (Art. 646 du Code
Napoléon.)

Art. 39. Dans le cas où un propriétaire réclame-
rait contre le placement d'une borne, les frais de

la vérification seront supportés en entier par lui, si sa réclamation n'est pas fondée.

Dans le cas contraire, les frais seront payés en commun, à moins qu'on ne prouve qu'une des parties, ayant déplacé les bornes, se trouve dans le cas prévu par l'art. 156 au chapitre *de la police rurale*.

Art. 40. Les propriétaires riverains étant d'accord, procéderont au bornage de leurs propriétés, comme ils le jugeront convenable.

En cas de contestation, le juge de paix nommera des experts et prononcera sur leur rapport.

Art. 41. A défaut de titres, de bornes et de tous autres renseignements, les experts procéderont d'après la notoriété publique. (V. Observations des commissions consultatives sur le projet du Code rural, tome 1. — 1810, p. 42.)

Du sein des commissions consultatives est sorti un nouveau projet qui ne m'a point paru, en ce qui concerne la compétence, être l'expression de la majorité. Il est toutefois utile de consulter ce projet.

Il comporte 20 articles :

CHAP. II. Du bornage des terres et de la forme d'y procéder.

Art. 1er. A défaut de limites apparentes et certaines, tout propriétaire peut obliger son voisin

au bornage de leurs propriétés contiguës. (Cod.
civ., art. 646.)

Le bornage peut aussi être demandé par l'usufruitier, l'engagiste et l'emphytéote, à la charge
d'appeler le propriétaire pour y assister, si bon lui
semble.

Il se fait à frais communs, et à proportion de
l'étendue de chaque propriété.

Art. 2. Les bornes seront plantées de la manière
et avec les signes usités dans chaque pays, pour
faire connaître en tous temps qu'elles ont été placées de main d'homme.

Elles seront ramenées, autant que possible, à la
ligne droite. On pourra faire à cet effet des compensations de terrain d'une propriété à l'autre ;
ces compensations seront traitées comme des
échanges, en ce qui concerne les droits d'enregistrement et le transfert des hypothèques.

Art. 3. Afin de procéder à un bornage régulier,
il pourra aussi, suivant la nécessité des circonstances locales, être démembré de petites portions
d'une propriété pour être incorporées à une autre;
à la charge par celui qui devra en profiter de payer
préalablement la valeur réelle des portions démem-
brées, avec un tiers en sus.

Art. 4. Lorsque la ligne de séparation entre deux
héritages est incertaine, on doit d'abord consulter
les titres et les anciennes marques ou limites, s'il
en existe, ensuite la possession, enfin des cadastres et autres renseignements publics; on pourra

aussi faire arpenter les deux héritages, afin de connaître la contenance précise de chacun.

Les anticipations peu considérables qui n'arrivent que par l'effet des variations réciproques dans le labourage des terres, dans le sciage des blés, dans le fauchage des prés, ou dans la coupe des bois taillis et autres cas semblables, ne tirent point à conséquence pour la prescription, si ce n'est du jour de la contradiction.

Art. 5. Lorsque les propriétaires sont d'accord sur le bornage, ils y procèdent ainsi et comme bon leur semble, et l'acte de bornage, s'il en est passé, se rédige dans la forme ordinaire des conventions.

Art. 6. Si les parties ne peuvent s'accorder sur l'opération du bornage, ou si l'une d'elles s'y refuse, le demandeur devra se retirer devant le juge de paix, s'il réside dans la commune, à l'effet d'obtenir, sous le titre de *bornage rural*, une cédule contenant les nom, profession et domicile du requérant, ainsi que les nom et demeure du défendeur.

Cette cédule indiquera sommairement le local dont le bornage sera demandé, et désignera pour y procéder trois prud'hommes ou experts nommés d'office.

Si le juge de paix ne réside pas dans la commune de la situation des héritages qu'il s'agira de borner, il pourra être remplacé à cet égard par le maire.

Art. 7. Les prud'hommes avertiront verbale-

ment les parties, du jour et de l'heure auxquels
ils doivent se transporter sur le lieu, pour tâcher
de les concilier ou pour entendre leurs observations respectives.

Et procéderont, quoiqu'en l'absence d'une des
parties.

Art. 8. En cas de conciliation, les prud'hommes
feront planter sur-le-champ les bornes, et il en
sera dressé acte entre les parties.

Si les parties ne savent pas signer, l'acte sera rédigé et signé par les prud'hommes ; et si aucun des
prud'hommes ne savait écrire, la rédaction sera
faite et signée par le greffier de la justice de paix
du lieu où ils auront procédé, ou par le secrétaire
de la mairie, selon qu'il y aura lieu.

Art. 9. Si les parties n'ont pu être conciliées sur
le bornage, les prud'hommes, après s'être procuré
tous les renseignements qui seront en leur pouvoir, marqueront la ligne de séparation sur le terrain, et la désigneront dans leur rapport.

Ils la désigneront aussi sommairement au bas
de la cédule ou copie de cédule de chaque partie
présente, ou seulement de la partie qui aura comparu ; si mieux ils n'aiment en dresser un rapport
spécial qui sera déposé au greffe de la justice de
paix ou de la mairie, suivant l'exigence des cas.

Art. 10. Le rapport des prud'hommes sera signifié dans la huitaine, à la requête de la partie
la plus diligente, avec opposition et assignation,
s'il y a lieu, ou avec interpellation à l'autre partie

de s'opposer et assigner dans la huitaine suivante, en l'avertissant qu'après ce délai, il sera passé outre au bornage, conformément à la désignation faite par les prud'hommes.

A défaut par la partie interpellée de s'être opposée et d'avoir assigné dans le délai de huitaine, les bornes seront plantées par les prud'hommes, qui en feront mention au bas ou en marge de leur rapport, et la limitation sera définitive.

Art. 11. L'opposition à l'avis des prud'hommes sera portée directement devant le tribunal de première instance ; et il y sera statué sans appel, sur les conclusions du ministère public.

Art. 12. Lorsqu'un ou plusieurs propriétaires se plaindront d'usurpations ou anticipations commises sur leurs héritages, sans pouvoir en désigner les auteurs, à cause des changements qui seraient survenus par l'effet d'éboulements ou par d'autres causes majeures, le tribunal de première instance pourra, suivant le besoin des circonstances et sur les conclusions du ministère public, ordonner le mesurage de tous les fonds situés dans le même finage.

Tous les propriétaires intéressés seront appelés pour assister à cet arpentage général, lors duquel chacun représentera les titres qui le concernent et les autres renseignements qui seront en son pouvoir. Lesdits propriétaires devront s'entendre à cet effet pour la nomination d'un arpenteur-géomètre et de deux prud'hommes, à défaut desquels, il y sera pourvu d'office par le tribunal.

Art. 13. Si les titres qui seront produits énoncent des contenances diverses à l'égard de même pièce d'héritage, il sera ajouté foi de préférence aux titres anciens.

A défaut de titres suffisants pour reconnaître la consistance particulière de chaque héritage, ou si les titres produits n'ont pas dix ans de date au moins lors de la vérification, il y sera suppléé au besoin par la notoriété publique.

Art. 14. La notoriété publique résultera du témoignage de cinq propriétaires ou cultivateurs, que le géomètre et les prud'hommes désigneront par la voie du sort, en présence du maire de la commune, sur une liste double formée par lui, parmi d'anciens répartiteurs ou autres personnes présumées avoir le plus de connaissances analogues à l'opération.

Art. 15. Le géomètre et les prud'hommes procéderont d'après les connaissances qu'ils auront acquises. Ils constateront d'abord la superficie totale du territoire dont le tribunal aura déterminé les limites, et fixeront ensuite la contenance particulière de chaque héritage.

Ils ne formeront qu'un seul avis, à la pluralité des voix.

Art. 16. Le procès-verbal de ces opérations contiendra le détail sommaire des titres produits, et les déclarations de notoriété, s'il y en a eu, et sera signé par le géomètre, les prud'hommes et les témoins appelés, ou l'on fera mention des causes qui les ont empêchés de signer.

Il sera ensuite homologué par le tribunal de première instance, sur les conclusions du ministère public, et déposé au greffe du même tribunal pour en être délivré des extraits à qui il appartiendra.

Art. 17. Après ces préalables, le géomètre, assisté des deux prud'hommes, procédera au bornage des divers héritages, en présence des propriétaires intéressés, ou après les avoir verbalement avertis de s'y trouver ; le procès-verbal de cette dernière opération sera annexé au premier.

Les vacations et frais du géomètre, et les frais seulement des prud'hommes, seront taxés par le président du tribunal, au bas de la minute de chaque procès-verbal de bornage.

Art. 18. Les frais de ces différentes opérations, excepté ceux relatifs à des contestations jugées mal fondées, lesquels resteront à la charge des parties qui y auront succombé, seront répartis entre tous les propriétaires intéressés, savoir : un tiers d'après le nombre total des pièces d'héritages vérifiées et bornées, et les deux autres tiers en proportion de la superficie de chaque héritage.

Art. 19. Les actes et procès-verbaux de bornage, ceux d'arpentage et de vérification qui y sont relatifs, ne sont assujettis qu'au droit fixe d'enregistrement.

Art. 20. L'action en bornage en ce qui concerne

4.

les chemins vicinaux et les bois dépendants du domaine public, ne pourra être poursuivie que par la voie administrative. »

D'après ce projet, il semblerait que les commissions consultatives se sont prononcées contre la compétence des·tribunaux de paix, et ont voulu que le bornage fût en quelque sorte tout administratif. Il n'en est rien, ainsi que nous allons le voir en faisant connaître les opinions diverses émises par ces commissions.

Et nous le croyons , l'auteur du projet s'est mépris, pour ce qui concerne le bornage, sur le sens le plus généralement indiqué par les commissions.

Comme corollaire concernant la compétence et conforme à la majorité des commissions consultatives de 1808, est intervenue , longtemps après, la loi si attendue du 25 mai 1838.

Cette loi est ainsi conçue : Art. 6. Les juges de paix connaissent en outre, à la charge d'appel :

1.º Des entreprises commises dans l'année sur les cours d'eau servant à l'irrigation des propriétés et au mouvement des usines et moulins, sans préjudice des attributions de l'autorité administrative, dans les cas déterminés par les lois et par les règlements ; des dénonciations de nouvel œuvre, complaintes, actions en réintégrande et autres actions possessoires fondées sur des faits également commis dans l'année;

2º Des actions en bornage et de celles relatives à la distance prescrite par la loi, les règlements particuliers et l'usage des lieux, pour les plantations d'arbres ou de haies, lorsque la propriété ou le titre qui l'établissent ne sont pas contestés ;

3° Des actions relatives aux constructions et travaux énoncés dans l'art. 674, Cod. civ., lorsque la propriété ou la mitoyenneté du mur ne sont pas contestées ;

4° Des demandes en pension alimentaire n'excédant pas 150 fr. par an, et seulement lorsqu'elles seront formées en vertu des art. 205, 206 et 207, Cod. civ.

Déplacement et suppression des bornes.

L'art. 32 du Code rural de 1791 portait :

« Quiconque aura déplacé ou supprimé des bornes ou pieds cormiers, ou autres arbres plantés ou reconnus pour établir les limites entre différents héritages, pourra, en outre du paiement du dommage et des frais de remplacement des bornes, être condamné à une amende de la valeur de douze journées de travail, et sera puni par une détention dont la durée, proportionnée à la gravité des circonstances, *n'excédera pas une année. La détention cependant pourra être de deux années, s'il y a transposition de bornes à fin d'usurpation.* »

Le projet du gouvernement soumis aux commissions consultatives de 1808, prévoyait également le cas d'anticipation.

Art. 156, 2ᵉ alinéa. Enlèvement de bornes, etc.

Ceux qui auront déplacé ou enlevé des bornes pieds cormiers ou autres arbres servant de limites, comblé ou reculé des fossés servant aussi de limites, seront punis d'une détention d'un mois, qui pourra être portée à six, et en outre, d'une amende de 50 à 200 fr.

Si, profitant de cet enlèvement, ils ont étendu leur culture ou leur jouissance, la peine sera double.

Dans le cas où sans enlèvement de bornes, un propriétaire aurait étendu sa culture sur le fonds de son voisin, il sera condamné à une amende de 50 à 200 fr.

S'il a joui d'une ou de plusieurs récoltes ou coupes de bois, il sera condamné à la restitution de leur valeur et d'une amende de 200 fr. au moins.

L'art. 32 du Code rural de 91 se retrouve, sauf la modification de la peine, au Code pénal de 1810, art. 456 : Quiconque aura déplacé ou supprimé des bornes ou pieds cormiers, ou autres arbres plantés ou reconnus pour établir des limites entre différents héritages, sera puni d'un emprisonnement qui ne pourra être au-dessous *d'un mois* ni *excéder une année*, et d'une amende égale au quart des restitutions et des dommages-intérêts, qui, dans aucun cas, ne pourra être au-dessous de 50 fr.

Nous approuvons la disposition contenue au projet de police rurale, rédigé en 1811 par l'auteur du recueil des observations des commissions consultatives. Cette disposition serait une des causes les plus efficaces de répression de ces délits et surtout de diminution des procès.

Voici l'article du projet révisé : —Sect. 11. Des contraventions de police. Art. 32. « Ceux qui, *sans enlèvement* de bornes, auront étendu leur culture sur le fonds ensemencé ou non du propriétaire voisin, seront punis d'une amende de 6 fr. jusqu'à 15 fr. inclusivement, et pourront en outre, suivant la gravité des circonstances, être condamnés à l'emprisonnement pendant 5 jours au plus. »

§ 2. *Observations des commissions consultatives.*

Douai. CHAP. II. Bornage.

Une contestation sur le *bornage* peut amener des questions de propriété : il serait dangereux qu'un juge de paix pût les juger sans appel ; il est nécessaire d'ajouter à cet article : *sauf l'appel s'il y a lieu.*

Besançon. TITRE II.

Sur l'art. 38, considérant que pour prévenir les difficultés qui naissent souvent à la suite des bornages, il serait utile que l'opération eût été constatée d'une manière authentique qui pût servir de titre à chacune des parties, la commission a pensé qu'il serait utile d'ajouter à la fin de l'article ces mots : et *il en est dressé procès-verbal.*

Art. 38 et 39 adoptés.

Les propriétaires riverains étant d'accord procéderont, etc.—En cas de contestation, le juge de paix nommera des experts et prononcera sur leur rapport.

(Nouvelle rédaction proposée.)

En cas de contestation, le juge de paix se transportera sur les lieux pour diriger le bornage; il pourra se faire assister d'un expert nommé par lui.

Les parties pourront aussi nommer chacune un expert, et la contestation sera terminée sans désemparer.

En cas de contestation pour le bornage, il convient que *le juge de paix soit obligé de se transporter sur le lieu,* pour reconnaître les causes de dissidence; ce transport paraît d'ailleurs conforme aux art. 41 et 42 du Code de procédure.

Les procès les plus compliqués et les plus dispendieux en raison inverse de leur matière, sont ceux relatifs aux limites, tracés, etc.; on ne peut les bien et promptement juger que sur les lieux mêmes ou après les avoir visités.

Pour hâter encore les décisions, l'on donne au juge de paix et aux parties la faculté de se faire assister par des experts, qui aideront à éclaircir les difficultés sur le terrain même.

Art. 41. *A défaut* de titres, de bornes et de tous autres renseignements, les experts procéderont d'après la notoriété publique.

(Nouvelle rédaction proposée.)

Les parties seront tenues de présenter sur les lieux, au juge de paix et aux experts, s'il en est nommé, leurs moyens de défense.

A défaut de titres, de bornes et de tous autres renseignements, il sera procédé d'après la notoriété publique.

Cette rédaction de l'art. 41 est la suite nécessaire des changements proposés à l'art. 40. Par ces nouvelles dispositions on met à l'instant et sur le lieu, dans les mains du juge, les moyens d'éclairer les faits et de hâter le jugement.

Nancy. Chap. II.

Rien de si simple et de si rapide que la marche tracée par le projet de Code relativement au bornage; elle peut suffire dans les cas les plus ordinaires où les difficultés de ce genre présentent moins d'intérêt réel que de caprice et d'humeur de la part des parties. Mais si l'on considère attentivement cette matière importante, on rencontre dans l'exécution des mesures prescrites, des difficultés sans nombre. D'abord il n'y a aucune disposition précise dans les lois nouvelles, relativement aux actions en bornage; le Code Napoléon consacre seulement le principe que, tout propriétaire peut

obliger son voisin au bornage de leurs propriétés
contiguës, qui se fait à frais communs. Le Code
de procédure indique par-devant quel juge de paix
cette action sera portée, et l'autorise à se transporter sur les lieux pour y entendre les témoins, s'il
y a lieu. Le projet du Code rural charge le juge de
paix de nommer des experts en cas de contestation,
et ceux-ci doivent procéder, à défaut de titres, de
bornes et de tous autres renseignements, d'après
la notoriété publique. Ainsi les juges de paix n'ont
aucune marche fixe tracée pour opérer, et les tribunaux auxquels seront portés les appels de leurs
opérations, n'auront aucun point de ralliement
pour les juger. On ne saura quel titre il faudra produire, ni par qui devra être faite cette production :
sera-ce par le demandeur seul, ou par chaque
partie? Si les titres manquent à l'une d'elles, les
autres obtiendront-elles tout ce que réclameront
les leurs, et n'adjugera-t-on pas ce qui restera des
terrains contestés, à celui qui n'aura que la possession? ou bien les documents matériels et la notoriété publique servent-ils de base à la décision
à intervenir? De quelle manière sera constatée la
notoriété? Enfin, si le demandeur ne trouve pas
dans le terrain de son voisin celui qu'il réclame,
quel recours aura-t-il? Telles sont les questions
qui se présentent tous les jours devant les juges
de paix; et le défaut de principes régulateurs pour
les juger, est le germe de la plupart des procès qui
naissent dans les campagnes. Ce serait donc rendre

la paix aux cultivateurs, et, sous ce rapport, concourir aux progrès de l'agriculture, que de donner, sur la matière importante du bornage, des principes fixes, comme il y en a sur toutes les parties du droit français.

Ce n'est pas dans le Code rural que peuvent être donnés tous les développements que réclament cette matière et celle plus importante encore des actions possessoires et des actions au pétitoire, sur lesquelles les deux Codes déjà promulgués n'ont énoncé que des principes généraux : mais on pourrait, par des additions au chapitre II du titre 2 du projet, prescrire la marche à suivre pour faire l'application des principes posés , en déterminant comment on parviendra à assurer les limites des propriétés contiguës, en cas de contestation.

L'ordonnance de Lorraine, donnée par Léopold en 1707 et rédigée d'après les principes de l'ordonnance de France et des diverses déclarations et arrêts de règlement dont l'expérience avait fait sentir la nécessité, contient sur cette matière des dispositions d'après lesquelles il s'était établi en Lorraine un usage assez invariablement suivi et qui pourrait être utilement appliqué aux bases du projet du Code.

La commission propose les articles additionnels qui suivent, en maintenant les articles 38 et 39 du projet :

1º Les propriétaires riverains étant d'accord, procéderont au bornage de leurs propriétés comme ils le jugeront convenable.

2º En cas de contestation, le propriétaire qui poursuivra l'action en bornage *la portera devant le juge de paix* de la situation de l'objet litigieux, et pourra demander d'appeler tous les propriétaires et possesseurs des fonds situés dans un canton particulier du territoire.

Un canton se compose de toutes les terres qui n'ont pas les limites certaines constatées, soit par des bornes, soit par leur position, ou par la forme de culture qui leur est donnée.

3º Les parties nommeront trois experts, dont l'un, au moins, sera arpenteur-géomètre ; à défaut d'en convenir sur-le-champ, les trois experts seront nommés par le juge de paix, sauf récusation.

4º Les possesseurs appelés produiront leurs titres de propriété entre les mains des experts ; en cas de production de plusieurs titres pour la même propriété, les plus anciens seront préférés aux nouveaux quant à la contenance de chaque pièce d'héritage.

5º Si quelques possesseurs ne produisent que des titres dont la date soit de moins de dix ans, ils ne pourront prévaloir, par rapport à la contenance de la pièce d'héritage, contre la notoriété publique dont il sera parlé.

6° A défaut de titres produits, il y sera suppléé, quant à la contenance de la pièce, par la notoriété publique.

Les articles 7, 8, 9, 10, 11, 12, 13, 14 et 15 sont relatifs au jury de la notoriété, de la récusation de ses membres, à la distribution des héritages d'un même canton, au procès-verbal constatant la déclaration de notoriété, son dépôt au greffe de la justice de paix, s'il y a consentement des parties pour l'homologation, sinon au greffe du tribunal civil d'arrondissement, aux frais ainsi répartis : moitié pour la totalité des pièces d'héritages, et moitié en raison des quantités, sauf ceux d'incidents.

Liége. Chap. II.

Il semble qu'en favorisant le bornage par tous les moyens possibles, ce serait encore provoquer les échanges ; et le moyen le plus sûr, ce serait de chercher à diminuer les frais de cette sorte d'opération. En conséquence, on désirerait que le propriétaire qui voudrait faire borner ses terres fût affranchi des droits d'enregistrement et de timbre pour toutes les assignations, les rapports d'experts, et tous actes quelconques qui seraient relatifs à ce bornage. Le fisc y perdrait sans doute quelques millions, mais l'intérêt général y gagnerait dans une proportion beaucoup plus forte. La commission est tellement convaincue de l'utilité du bornage, qui faciliterait aussi la confection du cadastre, qu'elle va même jusqu'à désirer qu'on en fasse une obligation ; elle voudrait que tous les propriétaires fussent tenus de faire borner leurs propriétés à mesure que les parcellaires sont dressés ; ces deux opérations marchent ensemble, s'entr'aident respectivement. Mais, en émettant ce vœu, la commission suppose que, comme elle vient de le proposer, on serait dispensé de payer aucun frais au fisc.

Angers.

Sur l'art. 40, second paragraphe. Dans plusieurs cas le juge de paix pourrait régler les parties sans qu'il fût besoin d'experts; c'est pourquoi la commission propose de rédiger ainsi l'article : En cas de contestation, *le juge de paix se transportera sur les lieux pour régler les parties*, ou nommera des experts et *prononcera sur leur rapport.*

Orléans. Chap. II. Bornage.

Art. 38, 39 et 40 adoptés.

Art. 41, modifié ainsi qu'il suit :

A défaut de bornes anciennement établies et reconnues, à défaut de titres ou de possession suffisante pour opérer la prescription, il sera procédé au bornage d'après la possession annale.

Cet article était fortement défectueux : il ne parlait point de la possession; cependant la propriété s'est toujours établie, ou par titre, ou par preuve d'une possession de nature à équivaloir un titre et à opérer la prescription.

On n'a sans doute pas voulu intervertir ces principes fondamentaux; la notoriété publique ne peut résulter que d'une enquête légale. Tels sont les motifs de la réformation proposée.

Poitiers. CHAP. II. Bornage.

Les art. 38, 39, et le premier paragraphe de l'art. 40, sont adoptés; mais la rédaction du second paragraphe de ce dernier article, et celle du 41, laissent à désirer quelques éclaircissements. La commission a donc pensé que le *but de la loi était mieux rempli par les art.* 38, 41 *et* 42 *du Code de procédure;* elle propose d'en rappeler ici et d'en suivre les dispositions.

¡Agen. CHAP. II. Bornage.

Art. 38, 39, 40 et 41. Rien n'est plus convenable sans doute que de recourir à l'autorité locale et paternelle du juge de paix pour les contestations qui s'élèvent dans les campagnes; mais le bornage tient au droit de propriété puisqu'il en fixe l'étendue et les limites. C'est une action réelle qui rentre dans les attributions des tribunaux de première instance; le juge de paix ne peut intervenir que par voie de conciliation.

D'après l'art. 38, le placement des bornes doit être fait d'accord et à frais communs, parce que c'est un véritable acte de propriété; il est donc étonnant, qu'en vertu de l'art. 39, l'un des deux riverains puisse y procéder sans la participation de l'autre, et que celui-ci ne puisse réclamer contre une voie de fait, sans s'exposer à partager les frais d'une vérification que l'entreprise de son voisin a seule rendue nécessaire. Combien n'était-il pas et plus simple et plus juste d'empêcher toute plantation de bornes sans le concours et le consentement des propriétaires adjacents! Les auteurs du projet l'avaient eux-mêmes reconnu. Personne, disaient-ils, ne peut avoir le droit de borner soi-même ou seul ses héritages, sans la participation et hors la présence des parties intéressées. Le déplacement des bornes est un véritable délit, qui devait trouver sa place et sa sanction au titre de la police rurale.

L'art. 40 rentre dans les observations qu'a fait naître l'art. 38. Quant à l'art. 41, la fixation des bornes, d'après la notoriété publique, est abandonnée à un vague qu'on pouvait facilement éviter. L'ancien et le nouveau cadastre, les matrices des rôles, une enquête à défaut de tout autre document, voilà ce qui doit déterminer le sens et remplacer l'expression de la notoriété publique.

Turin.

(Nouvelle rédaction proposée.)

Art. 39. Lorsqu'il s'élèvera une contestation relativement à la vérification des bornes existantes, le juge de paix déterminera dans quelle proportion les parties concourront au paiement des frais.

La commission a remarqué qu'il y a des cas où la vérification d'une borne peut être provoquée de bonne foi par un des propriétaires qui ignore sa véritable place : *le juge de paix peut seul juger des circonstances qui rendent la demande plausible* ou qui doivent la faire considérer comme une chicane; et il a paru convenable de lui laisser le soin de déterminer dans quelle proportion les frais doivent être supportés par les parties contendantes.

Art. 40 et 41 annulés. Ces deux articles n'ont paru que des répétitions des règles sur la forme de procéder, dont la place ne semble pas devoir se trouver dans un Code rural.

Colmar. Chap. II. Bornage.

L'art. 40, paragraphe 2, donne aux juges de paix une attribution qui ne leur appartient pas, puisqu'en connaissant des questions relatives au bornage, ils prononceront sur les propriétés. Le paragraphe 2 de cet article pourrait donc être ainsi conçu : *En cas de contestation , les parties se pourvoiront devant le juge compétent.*

Art. 41. La commission ne pense pas que dans des questions de propriété, la notoriété publique puisse jamais servir de base aux experts.

(Rectification proposée.)

Faute de titres ou de bornes, c'est la possession qui détermine.

Bruxelles. Chap. II.

Art. 38 à 41. Le Code Napoléon autorise, art. 646, tout propriétaire voisin à provoquer le bornage. L'exécution de ce principe appartient aux règles ordinaires de la procédure; trop de détail ne ferait que la rendre plus embarrassante.

La commission regarde comme inutiles toutes les dispositions de ce chapitre, et forme le vœu qu'il soit supprimé.

Amiens. Chap. II. Bornage.

Art. 38, adopté : c'est l'art. 646 du Code Napoléon.

L'art. 49 a paru à la commission conçu en termes trop généraux et trop absolus : ils pourraient faire supposer que, dans tous les cas, un propriétaire peut réclamer contre le placement d'une borne, sans égard, ni à la possession, ni à la prescription; ce qui anéantirait les dispositions du Code Napoléon sur ces matières, et introduirait des demandes en bornage qui jetteraient le trouble parmi les propriétaires ruraux. La commission n'a en conséquence admis cet article qu'en réclamant qu'on rappelât les dispositions du Code Napoléon sur la possession et la prescription.

Art. 40. La première disposition de cet article paraît inutile; la seconde étend d'une manière trop dangereuse la compétence du juge de paix, en lui attribuant la connaissance des matières réelles, qui lui est sévèrement interdite.

Une demande en bornage amène souvent l'arpentage de deux à trois cents hectares de terre, et nécessite la production d'une foule de titres. Il faut examiner les titres, les peser, dissiper l'obscurité de leurs clauses, juger les questions de droit qu'elles peuvent présenter; et un juge de paix le ferait sans appel, lorsque des affaires d'un bien moindre intérêt, après avoir été soumises à plusieurs magistrats éclairés, peuvent être portées dans les Cours; tant le législateur craint les erreurs et les méprises! une telle attribution renverserait notre hiérarchie judiciaire.

La commission n'adopterait donc l'art. 40 qu'avec cet amendement:

« En cas de contestation, les parties se pourvoiront devant les juges compétents. »

Extrait du procès-verbal des séances de la commission.

La loi du....... 1791, en instituant la magistrature patriarcale des juges de paix, leur avait attribué les fonctions honorables de conciliation et de paix. C'est par *exception* qu'elle a été obligée de leur conférer quelques attributions de l'ordre judiciaire; encore sa sagesse a-t-elle cru devoir les

circonscrire dans des bornes très étroites. Le Code
de procédure civile, en gardant le silence sur leur
compétence, a laissé l'organisation primitive dans
toute sa force. En donnant aux juges de paix la
connaissance des actions possessoires, elle a soumis leurs décisions à l'appel; elle leur a interdit
la connaissance des actions pétitoires et les a réservées aux tribunaux de première instance, etc.

Par l'art. 41, les rédacteurs du projet ne déterminent pas d'une manière assez précise les opérations des experts, ou leur confèrent des pouvoirs
trop étendus; l'espèce d'enquête qu'ils sont auto-
risés à faire, doit être exclusivement réservée aux
tribunaux; et ces mots, *ils procéderont d'après la
notoriété publique*, peuvent entraîner les plus graves
inconvénients.

Tous ces motifs déterminent la commission à
proposer une nouvelle rédaction de tout le chapitre II :

Art. 1er. « Tout propriétaire peut forcer son voisin au bornage de leurs propriétés contiguës : le
bornage se fait à frais communs. (Code Napoléon,
art. 646.)

Art. 2. « N'est réputée borne de foi que celle
dont le placement est constaté par procès-verbal
authentique, ou par écrit sous seing privé entre
les parties intéressées, déposé chez un des notaires
du canton.

Art. 3. « A défaut de bornes ou d'authenticité de

celles existantes, les parties ou l'une d'elles peuvent demander l'arpentage jusqu'à rencontre des bornes de foi.

Art. 4. « Si par l'arpentage il se trouve plus ou moins de contenance dans l'étendue arpentée, l'excédant ou le déficit sera réparti proportionnellement entre tous ceux qui y concourent.

Art. 5. « A défaut de bornes ou de titres valides, les contestations entre voisins, sur la contenance respective de leurs propriétés, sont réglées par la possession et conformément aux dispositions du Code Napoléon, au titre *des Prescriptions*.

Art. 6. « En cas de déplacement par un voisin d'une des bornes de foi, les frais de vérification et de remise en état des lieux sont à sa charge, sans préjudice des dispositions de l'art. 156 ci-après.

« Si l'auteur du déplacement n'est connu, les frais du replacement sont supportés en commun, conformément à l'art. 1er ci-dessus.

Art. 7. « Conformément à la loi du 6 oct. 1791, toutes les actions possessoires relatives au bornage sont portées devant les juges de paix ; les autres sont réglées par les juges ordinaires. »

Extrait du procès-verbal des séances de la commission.

Un membre dit qu'il existe actuellement très peu de bornes qui aient les caractères prescrits ci-dessus. Ce projet va donner lieu à une foule de demandes en bornage qui sémeront la confusion dans les campagnes et entraîneront les propriétaires dans de grands frais. La commission reste convaincue de la nécessité de déterminer les caractères d'un bornage authentique : c'est le seul moyen de prévenir bien des difficultés et d'assurer la propriété. Mais elle ne se dissimule pas les inconvénients qui pourront résulter de ces dispositions, tels que la multiplicité des demandes en bornage qui seraient formées, malgré l'authenticité du placement des bornes ; aussi elle n'adopte les articles proposés que pour servir d'indication et appeler sur cette importante matière l'attention des sections du conseil d'État chargées de la rédaction définitive.

Bordeaux. Bornage.

Art. 40. Les propriétaires riverains, etc.; il faut substituer au mot *riverains*, le mot *contigus*.

À ce chapitre, la commission propose d'ajouter un article qui détermine la forme des bornes: elles sont ordinairement de pierre ou de bois; au-dessous on pose des briques ou d'autres matières, qu'on appelle vulgairement témoins ; mais cette formalité n'est pas prescrite par la loi, et quand il se rencontre dans un champ une pierre que le voisin soutient être une borne, il s'élève souvent des contestations difficiles à juger. On ne peut pas d'ailleurs prescrire un mode uniforme de bornes, parce que les mêmes matières ne se rencontrent pas dans tous les pays. La commission propose l'article suivant :

« Les bornes seront placées dans la terre, de manière à être saillantes de 25 centimètres, et seront enfoncées de manière à ne pouvoir pas être facilement déplacées par la charrue. Elles porteront au dehors une marque ostensible, et au-dessous seront placés des objets d'une autre matière.

« Leur forme et leur matière seront, dans chaque département, déterminées par le préfet. »

Rennes. Bornage.

Le second paragraphe de l'art. 40 a donné lieu à deux observations :

D'une part, quelques membres ont pensé qu'il n'y a point de raison de faire sortir de la ligne du droit commun la procédure du bornage, et de priver les parties du droit de nommer chacun son expert en cas de contestation.

La commission n'a vu, *dans l'attribution donnée au juge de paix, qu'une salutaire économie de frais de procédure;* et, pour la rendre plus efficace, elle propose de borner la nomination à un seul expert, quand la contestation est entre majeurs.

D'une autre part, le cas de minorité n'a point été prévu dans le projet, et la commission a été d'avis d'y suppléer, en renvoyant pour ce cas aux formes prescrites par le Code de procédure.

D'après ces opinions, le deuxième paragraphe de l'art. 40 devra être ainsi rédigé :

En cas de contestation entre majeurs, le juge de paix nommera un seul expert, sur le rapport duquel il prononcera.

S'il y a des mineurs intéressés dans la contestation, il sera nommé trois experts, conformément à l'art. 303 du C. pr. civ.

Art. 38. Le comité ayant proposé quelques articles additionnels au chapitre du bornage, le principe d'imprescriptibilité établi dans le premier de ces articles a été adopté; et la commission est d'avis qu'il soit consacré par une disposition additionnelle.

Il en est de même du second article, qui assure à l'usufruitier, ainsi qu'à l'emphytéote, l'action de bornage, à la charge d'y appeler le propriétaire des terres dont ils ont la jouissance par emphytéose ou par usufruit.

Ainsi, l'art. 38 peut être ainsi rédigé :

Tout propriétaire peut obliger son voisin au bornage de leurs propriétés contiguës : le bornage se fait à frais communs.

Cette action est imprescriptible : elle peut être formée par l'usufruitier ou l'emphytéote, à la charge d'y appeler le propriétaire des terres dont il a la jouissance par emphytéose ou par usufruit.

Les deux autres articles proposés par le comité, ont paru à la commission n'être pas en harmonie avec les dispositions par elle adoptées sur ce même chapitre du bornage.

Art. 41. La commission demande la suppression de cet article comme absolument inutile, et même inconciliable avec l'art. 40, en ce qu'il attribue aux experts une sorte de juridiction qui n'appartient qu'au juge de paix et que l'art. 40 lui réserve expressément.

Caen. Titre II. Bornage.

Art. 39. Cet article est inutile; le déplacement est un délit à renvoyer au Code pénal.

Art. 40 et 41. A supprimer comme inutiles. A défaut de titres, la possession doit en tenir lieu, et il ne doit pas être question de recourir à des experts.

Riom. Bornage.

Art. 40. La commission voit avec peine que la rédaction de cet article semble faire un devoir au juge de paix de nommer des experts, et de ne prononcer que sur leur rapport; la commission pense que l'intérêt des parties, la dignité du juge de paix, réclament contre la nécessité de ce préalable. La commission désirerait qu'on laissât au juge de paix la faculté de se faire assister d'experts, suivant les circonstances.

Paris. Titre II. Bornage.

Art. 38 à 41. La commission propose d'ajouter à l'art. 38 :

Les frais de bornage seront supportés par les

contenanciers, à proportion de l'étendue de chaque propriété.

Elle conserve l'art. 39, et propose de remplacer l'art. 40 par celui-ci :

« *Toutes les contestations sur les bornages se- ront portées devant le juge de paix de la situa- tion.* »

Elle propose, pour l'art. 41, de substituer aux mots : les experts procéderont d'après la noto- riété publique ; ceux-ci : les experts procéderont sur les indications des anciens de la commune.

Rouen. Bornage.

Art. 39 et 40. La commission demande la sup- pression de ce chapitre et la croit suffisamment motivée, en proposant d'y substituer l'art. ci- après :

Si les parties sont d'accord, la plantation se fera comme il est dit à l'art. 38.

S'il y a contestation, *le juge de paix nommera des experts et prononcera sur leur rapport.*

Dans tous les cas il sera dressé procès-verbal de la plantation des bornes ; et aucune borne ne sera reconnue comme telle, s'il n'y a pas de procès- verbal de plantation.

Quant aux bornes anciennes, celles qui seront reconnues comme telles, seront constatées par un procès-verbal, s'il n'en existe pas.

Si elles sont constatées, elles seront reconnues

comme telles par la présence des témoins et suivant l'usage des lieux.

Les bornes ne pourront être placées au milieu des chemins publics.

Grenoble. LIVRE Ier. Des propriétés rurales.

SECTION Ire. Droits inhérents aux propriétés rurales foncières.

TITRE Ier. Bornage des terres.

Art. 38 à 41. L'état agricole constitue la propriété rurale; mais le bornage, en distinguant les propriétés particulières, est le point auquel se rattache tout l'exercice du droit de propriété.

Un Code rural doit donc, à son ouverture, régler ce qui concerne le bornage; outre que, par son importance, cet objet est des premiers à appeler l'attention du législateur.

L'art. 38 du projet transcrit l'art. 646, C. Nap.; hors cet article, la commission n'a vu, dans le projet, que des détails superflus ou des dispositions justement susceptibles de controverse.

Dans l'art. 39, il est dit que si un propriétaire réclame contre un placement de borne, il doit être condamné aux frais si sa réclamation est mal fondée. La condamnation aux dépens, de toute partie qui succombe, est une maxime générale de l'ordre judiciaire, qu'il a paru aussi inutile de particulariser en matière de bornage qu'en tout autre sujet de contestation.

La première partie de l'article 40 fournirait des réflexions du même genre.

La seconde partie du mêmè article est attributive de juridiction au juge de paix. Mais les questions pétitoriales de bornage, portant toujours sur des portions de propriétés foncières d'une valeur indéterminée, sont par là même du ressort des tribunaux de première instance, indépendamment des discussions majeures auxquelles elles donnent lieu le plus souvent. Il a donc prévu que ce serait reviser le principe fondamental des attributions de juridiction que d'admettre le système proposé.

Enfin l'art. 41 porte qu'à défaut de titres, de bornes existantes et de tous autres renseignements, on procédera d'après la notoriété publique.

Mais comment concevoir une question de bornage, s'il y a des bornes existantes ? Et s'il y a réclamation contre ces mêmes bornes, comment les prendre pour base de la décision ?

A défaut de titres, de bornes et d'autres renseignements, on consultera la notoriété publique. Mais quels peuvent être les renseignements préférables à cette notoriété, si, par là, comme on peut le supposer, on entend la possession matérielle, paisible et constante qui constitue la prescription représentative elle-même du titre.

La commission a donc pensé que cette partie du projet devait être refondue dans son entier.

Une loi féconde sur le bornage a paru devoir,

1° Y obliger autant que possible ;

2° Etablir des règles de limitation ;

3° Etablir un mode simple et facile d'exécution,

qui, en prévenant ou amortissant l'esprit de litige, engage les propriétaires à concourir au but de la loi.

La loi doit obliger au bornage autant que possible, parce que le bornage attache à la propriété, en tranquillisant le propriétaire, et que le défaut de bornes est une source habituelle de discorde et d'usurpation clandestine.

Elle doit prescrire des règles de bornage, parce que les limites tortueuses, outre qu'elles sont toujours l'effet de l'abus, sont plus difficilement reconnaissables, qu'elles rendent le travail du laboureur plus long et plus difficile, les clôtures plus étendues et plus dispendieuses, et qu'elles soustraient des terrains en pure perte à la culture. La ligne droite étant la voie la plus courte, les clôtures occupent d'autant moins d'espace, qu'elles se rapprochent davantage de cette ligne.

La loi enfin doit rendre le bornage facile, pour amener naturellement les propriétaires de terres au but désiré d'une limitation générale.

La commission a pensé que pour arriver efficacement à ce but, il fallait imposer aux propriétaires, respectivement, l'obligation de faire borner leurs propriétés contiguës, en déterminant ce que la loi exige à titre de bornage, et les soumettre à une amende, lorsqu'au bout du terme prescrit, ils se trouveraient engagés dans un litige quelconque, résultant du défaut de bornes.

Quant aux règles du bornage, on ne connaît pas de formules dans les lois françaises : mais les lois romaines en contiennent de précieuses sur ce sujet.

Elles disposent au titre du Digeste *Finium regundorum* :

1° Que les bornes doivent, autant que possible, être ramenées à la ligne droite.

2° Que pour parvenir à ce but, le juge ne doit pas s'arrêter strictement au résultat de la possession, mais procéder par voie de compensation d'une portion de terrain par une autre.

3° Que le juge peut même, si les circonstances l'exigent, obliger un des voisins à céder une portion de son terrain, en en recevant la juste indemnité.

Ces règles portent l'empreinte de l'esprit d'équité et d'ordre public qui les a dictées ; et il a suffi à la commission de s'en pénétrer.

Sur le troisième point, ou le mode de procéder, l'état actuel de la législation n'offre que l'épreuve de la conciliation ordinaire que doit précéder le débat judiciaire.

Mais ce mode n'a point paru répondre suffisamment au but d'une limitation générale.

On ne saurait douter que les propriétaires paisibles et de bonne foi ne désirent le bornage authentique de leurs terres : si donc elles ne sont pas bornées pour la plupart, on peut nécessairement en chercher la cause dans la difficulté d'y parvenir par les moyens actuels.

En effet, l'épreuve conciliatoire ordinaire est souvent plus spécieuse que solide.

1° En exigeant une citation revêtue des formes contentieuses, elle commence en quelque sorte un débat judiciaire qui retient les citoyens paisibles.

2° On sait d'ailleurs combien cette épreuve, toujours précipitée, est rarement efficace.

3° En matière de bornage, une conciliation éclairée exigerait ou l'accès du juge, devenu difficile dans l'étendue actuelle du ressort des justices de paix, ou une expertise intermédiaire dispendieuse.

En envisageant le bornage des terres sous son vrai point de vue, on doit le considérer comme un objet d'intérêt public et privé.

Sous le rapport de l'intérêt public, il faut que les terres soient bornées pour que la propriété porte sa garantie avec elle-même, et il importe à l'État que le laboureur paisible et de bonne foi ne soit pas détourné de la charrue et amené inopinément devant les tribunaux par un voisin inquiet et usurpateur.

Sous le rapport de l'intérêt privé il faut que la limitation soit équitable et conforme aux droits des propriétaires respectifs.

En considérant le bornage sous ce double rapport, la Commission a pensé qu'il pouvait être soumis à une sorte d'intervention administrative, jusqu'à ce qu'une opposition formelle d'intérêt privé appelât l'intervention judiciaire.

Dans cette vue, la Commission a accueilli la proposition d'un projet d'établissement de prud'hommes ruraux dans les communes, à l'instar de ce qui existe avec avantage dans les pêcheries et dans diverses manufactures.

Les détails de cette institution doivent trouver leur place sous un titre particulier, au livre de la police, mais il faut en indiquer les éléments pour l'objet actuel.

Les prud'hommes ruraux sont pris dans chaque commune, parmi les principaux propriétaires, de l'âge requis, et sachant lire et écrire. Ils sont institués à titre purement civique et officieux. Ils sont choisis et délégués par le maire dans chaque acte de leur ministère. Ils procèdent sommairement et sans frais, et ne constatent que le résultat de leur intervention, et leur intervention essentiellement conciliatoire demeure toujours subordonnée à l'opposition et au recours aux tribunaux, hors les cas où l'urgence ou l'évidence du fait exigent des mesures actuelles et péremptoires.

Un plus ample développement serait prématuré; si l'institution est avantageuse, son application à l'objet actuel doit porter les preuves de son utilité.

La commission propose les dispositions suivantes, dont voici la substance :

Définition.

Art. 1ᵉʳ. Bornage est la marque de la ligne séparative en l'absence de chemin, fossé, haie, mur ou autre clôture.

Obligation.

Art. 2. Obligation de borner et à frais communs.

Art. 3. Obligation de borner dans les 2 ans et les nouveaux possesseurs dans l'année.

Art. 4. Si litige du défaut de bornage ou pouvant être prévenu, amende d'office ou sur réquisition du ministère public.

Art. 5. Obligation de borner par les agents du gouvernement et par les maires,—et approbation par les agents supérieurs et par le conseil général de la commune.

Règles.

Art. 6. Ligne obscure, recours aux titres; à défaut, possession constante, et auxiliairement, cadastre et documents publics.

Art. 7. Ligne droite, mais étendue des propriétés conservée.

Art. 8. Compensation de terrains d'une propriété à l'autre jusqu'au 20ᵉ de la propriété la moins étendue.

Art. 9. Reprise d'un 20ᵉ au profit d'une autre pièce, paiement de ce 20ᵉ avec un tiers en sus.

Art. 10. Cette reprise doit être faite sur la plus grande propriété, s'il n'y a pas obstacle matériel, et si celui qui profite est prêt à rembourser la valeur.

Mode de procéder.

Art. 11. Bornage volontaire, convention ordinaire.

Art. 12. Refus au bornage, cédule de bornage rural délivrée par le maire avec nomination de deux prud'hommes ruraux.

Art. 13. Avertissement verbal — et opération en l'absence comme en présence des parties.

Art. 14. Si arrangement, limites placées par les prud'hommes et rédaction des conventions par les parties ; désaccord, la ligne est marquée, et désignation au bas de la cédule.

Art. 15. Visa par le maire de la cédule et signification au refusant avec sommation de s'opposer ou d'assigner, et, délai expiré, placement des bornes.

Art. 16. Défaut d'opposition et d'assignation, placement des limites par les prud'hommes, mention au bas de la cédule, inscrite au registre de la mairie et alors limitation définitive.

Art. 17. Si réclamation contre désignation des prud'hommes, notification de la cédule avec opposition et assignation.

Art. 18. Tribunal d'arrondissement compétent.

Rome. CHAP. II. Bornage.

Art. 38, 39 et 40. La commission propose d'ajouter l'art. qui suit : en cas de contestation dans la division des propriétés rurales, des maisons, greniers, fenils, cabanes, fontaines et autres bâtiments attachés à la culture des terrains, le juge de paix prononce sur l'avis des experts, et les parties devront s'en tenir provisoirement à son jugement.

Trasimène. CHAP. II. Bornage.

Art. 38 à 41. Les mesures proposées dans ce chapitre sur le bornage des champs, que les anciens jurisconsultes romains reconnaissaient sous le titre de *Finium regundorum*, sont analogues aux règles générales maintenues jusqu'à présent, si toutefois on ne croit point qu'il y ait été assez pourvu par le Code Napoléon, et par les lois qui règlent la compétence du juge de paix et le mode de la procédure.

Les documents qui précèdent ne sont pas tous sans doute d'une application rigoureusement légale; mais ils contiennent des règles qui, dans tous les temps, peuvent servir de guide.

CHAPITRE II.

Chez tous les peuples anciens et modernes, le bornage a été le règlement des limites des champs.

Le corps de droit romain contient un livre spécial qui a pour titre *Finium regundorum*, règlement de limites.

L'origine des règles sur le bornage en France est dans la loi romaine, le droit coutumier et les usages.

L'expression bornage qui a passé dans la loi du 6 octobre 1791, et qui a été reproduite par les rédacteurs du Code civil, n'est autre chose que la traduction du *Finium regundorum*, en effet les traducteurs du Digeste, du Code et des Institutes ont tous donné au titre romain le titre français du *bornage*. Le terme le plus générique a été employé pour éviter les deux mots correspondants et très explicites cependant, règlement de limites.

Le bornage peut être défini, le droit qu'a tout propriétaire de faire constater et fixer judiciairement et d'une manière certaine et invariable, l'étendue et les limites de sa propriété.

De là il résulte que le bornage présente une idée complexe, la recherche des limites, les reprises ou restitutions de terrains et la plantation des bornes.

La définition qu'en donnent les auteurs n'est pas identique, les uns ne semblent indiquer que la simple plantation de bornes, tandis que les autres considèrent le bornage à un point de vue plus large, comprenant dans l'opération les restitutions de terrains.

Nous préférons cette définition à celle des auteurs qui font une distinction entre l'arpentage et le bornage et entre le bornage et la délimitation.

Comme nous le disons, le bornage renferme en soi une idée complexe, la recherche des limites ou la délimitation, l'arpentage comme instrument, comme moyen de vérification, et la plantation de bornes comme consécration de l'opération.

Et ainsi que nous l'établirons plus loin, nous prouverons qu'il n'existe point en droit d'action en arpentage, pas plus qu'en délimitation et que la seule action en bornage contient tout à la fois et virtuellement ces deux voies de constatation des limites des champs.

Cette manière d'envisager le bornage est conforme au sentiment de jurisconsultes éminents.

En effet, les principaux d'entre eux, non-seulement parlent de placement de bornes pour fixer les limites des héritages, mais encore des restitutions des choses usurpées.

« Le bornage, dit M. PARDESSUS, qui a pour objet
de marquer d'une manière apparente le point où
finissent deux héritages, de prévenir l'anticipation
que deux voisins peuvent commettre (l'un sur
l'autre), soit avec intention, soit par méprise, et
de faire restituer *ce qui a été perdu par le fait de ces
anticipations* (est l'objet de l'art. 646, C. C.). » —
Voy. 6ᵉ édit., p. 175, et 8ᵉ édit. en 2 vol., t. 1ᵉʳ,
p. 295. 1838.

FAVARD s'exprime ainsi : « Tout propriétaire peut
contraindre son voisin au bornage, disposition également bonne pour prévenir les anticipations et pour
faire *restituer les choses usurpées*, qu'on peut appeler
amie de la paix, par la quantité de contestations
qu'elle empêche de naître et les moyens simples
qu'elle donne pour les résoudre. » — *Répert.*, t. III,
p. 158, sect. II, § 2, vᵒ *Servitude*.

TOULLIER et DURANTON le disent implicitement :

TOULLIER. — « Lorsque deux héritages contigus
n'ont jamais été séparés et qu'on n'a point fixé la
ligne qui doit les séparer, ou que les bornes ne
paraissent plus, les voisins sont exposés à *empiéter
l'un sur l'autre même sans le savoir;* il devient donc
nécessaire de déterminer les points précis où l'un
des héritages finit et où l'autre commence, et d'y
planter des bornes que l'on puisse reconnaître,

c'est ce qu'on appelle *bornage.* » T. III, sect. 2, *Droit de bornage*, n° 169.

DURANTON. — « Le bornage a pour objet de régler les confins des héritages, afin de prévenir les empiétements. » T. V, sect. 2, *du bornage,* n° 245.

LONCHAMPT. — « Lorsque les limites qui existent entre deux héritages ont disparu et qu'il n'y a été suppléé par aucun autre signe constatant que l'étendue des *droits respectifs de deux propriétaires voisins* est devenue incertaine, le bornage devient alors l'objet principal d'une convention ou d'une demande en justice. » — *Précis des lois et de la jurisprudence sur la police rurale,* p. 49.

CURASSON est encore plus explicite :

« Le bornage, dit ce jurisconsulte, est l'action par laquelle ceux qui ont des héritages voisins tenant et aboutissant les uns aux autres, agissent pour s'obliger réciproquement à les séparer par des bornes s'il n'en a jamais existé, à replacer les anciennes qui n'existent plus ou qui avaient été transportées ailleurs; aussi à reconnaître, fixer, ou rétablir des limites interverties, soit par cas fortuit, soit par le fait de l'une des parties. (CURASSON, t. II, p. 321.)

« Dans le langage du droit, continue cet auteur, le bornage n'est autre chose que l'action *Finium regundorum* des Romains, action qui a pour objet *de faire reconnaître la ligne délimitative de deux hérita-*

ges, plutôt que de fixer, par des bornes, une ligne qui serait convenue.

.... « L'action en bornage n'est intentée que pour faire statuer sur la difficulté que présente la fixation de la ligne délimitative. » — (*Idem*, p. 322.)

CHAPITRE III.

DE LA NATURE DE L'ACTION EN BORNAGE.

Notre but dans ce chapitre qui est pour ainsi dire la suite du précédent, est moins de rechercher si l'action en bornage est ou personnelle, ou immobilière, ou mixte, que de constater ce que c'est que le droit de bornage.

Le jurisconsulte PAUL qualifie cette action de personnelle : *Finium regundorum actio in personam est, licet pro vindicatione rei est.* Digeste, loi première. *Fin. regund.*

L'action de règlement de limites ou en bornage est personnelle, quoiqu'elle ait pour objet la revendication de la chose.

Aux Institutes, cette action est présentée comme mixte, participant des deux natures, personnelle et réelle, *in personam in rem.* Au n° 20 *de Actionibus*, l. IV, t. 6. *Quædam actiones mixtam causam obtinere videntur tam in rem quam in personam; qualis est... item finium regundorum actio, quá inter eos agitur qui confines agros habent.*

Item l'action en bornage qui s'agite entre ceux qui ont des champs voisins.

La raison qui en est donnée est que : *Permittitur judici rem alicui ex litigatoribus ex bono et æquo adjudicare, et si unius pars prægravari videtur, eum invicem certâ pecuniâ alteri condemnare.*

Il est permis au juge d'adjuger, selon l'équité, une chose à l'un des plaideurs, et si la part de l'un excède, le condamner à son tour à une certaine somme envers l'autre.

Ulpien, l. xliv du Digeste, t. vii, *de Obligationibus et Actionibus*, loi 37, parle des actions mixtes et leur donne ce caractère par une autre raison, parce que dans ces actions les deux plaideurs sont demandeurs, *mixtæ sunt actiones, in quibus uterque actor est ; ut puta finium regundorum, familiæ erciscundæ, communi dividundo, interdictum uti possidetis, utrubi* (ces deux dernières actions possessoires).

Pour l'interprétation de ces différents textes, nous citerons Cujas, t. ii, *des Posthumes*, 2e édit. de Colombet dit Longue-Barbe, page 560, dans ses récitations solennelles sur le livre xxiii de Paul, *ad Edictum*.

Ad leg. I, Fin. regund.

« Finium regundorum actio in personam est, « licet pro vindicatione rei est.

« Hic totus liber est de actionibus, quæ mixtæ « esse videntur, primùm quidem, quià tam in rem

« quam in personam esse videntur, quià cum re
« personales præstationes persequuntur, sive rem
« vindicant simul, et adversarium intendunt obli-
« gatum esse ad dandum aliquid vel faciendum. —
« Denique, quià *in eis actionibus uterque est actor,*
« *uterque reus, uterque petit, et ab utroque petitur.*
« Nam non illâ tantùm ratione, quod sint tam in
« rem quam in personam, sed et hâc ratione et
« mixtæ et duplices actiones esse dicuntur. L. 57,
« *de Oblig. et Act.* L. 10, *hoc tit.* Ejus autem gene-
« ris sunt hæ tres actiones quæ omnes sunt ex 12
« tab. finium regundorum, Fam. ercisc., Communi
« divid. Prima est actio finium reg., sive de finibus
« regundis quæ redditur inter vicinos, sive affines,
« qui inter se jurgant de terminatione finium : uno
« quoque sibi vindicante ampliores fines ac prop-
« terea intendente sibi dari aliquid, aut præstari
« oportere vel quod utilitatis ex eo loco vicinus
« percepit, qui suus fuit, vel quod ipse impendit
« agri mensoris adhibendi causa, ut l. IV, § I. Fin.
« reg. vel quod vicinus circa fines maliciosè egit.
« § ult. I. *de Offic.* jud. et statim in l. I. Fin. reg.
« ex hoc Pauli libro proponitur, hanc actionem
« finium regundorum esse mixtam tam in rem,
« quam in personam : his verbis, finium regundo-
« rum actio in personam est, licet pro vindicatione
« rei est, id est, licet principaliter sit rei vindicatio,
« nempè finium vindicatio, ut l. x, C. *de Evict.* et
« Novell. 69. Tamen est etiam in personam. »

On peut également consulter au tome II *de Jure fecit,* p. 63 , les paratiles ou expositions du liv. III du Code de Justinien, titre XXXIX, *Finium regundorum.*

« Inter judicia divisionis pono etiam actionem
« de finibus qui fortè confusi, vel obscurati, vel
« occupati sunt dirigendis, dirimendis, distermi-
« nandis inter affines quâ veteres Galli interpre-
« tantur (plet de bonnes) actionem arbitrariam, ut
« rei vindicationem non bonæ fidei, et dicere pos-
« sim de finibus erciscundis, ut Apuleius in Meta-
« morphosi, viæ erciscundæ. Nec ambigitur quin
« sit mixta in rem et in personam. Est igitur qua-
« drigamistarum actionum hæc, petitio hæreditatis,
« familiæ erciscundæ, communi dividundo, finium
« regundorum, quas tamen omnes existimandum
« est plerumque magis esse in rem quam in perso-
« nam; l. Si quis cum; D. commun. divid.; l. Si furio-
« sus.; D. de Obl. et Act. id est, principaliter esse in
« rem, nec enim sunt ex contractu, et hæreditatem
« potissimùm vindicant, vel id quod cuique com-
« petit in hæreditate aut re communi, vel etiam
« fines ut nov. 69. Sed et rationem admittit actio
« finium regundorum ejus quod affinem affini dare
« facere oportet; § Si finium I. *de Offic.* jud. l. IV, § 1.
« D. fin. regund. quæ actio personalis est. Et quia
« personales etiam eæ actiones sunt, ideò neque
« usucapio eis obstat, neque præscriptio longi
« temporis, id est x aut xx annorum, quæ tamen
« alio respectu quæ reales magis sunt videretur

« objicienda, sed placuit exigi xxx annorum spa-
« tium. Quia igitur actio finium regundorum datur,
« si lis consistat intrà pedes quinque (hic enim est
« finis finium) *actio in rem* si amplioris terræ con-
« troversia sit, hæc perimitur præscriptione longi
« temporis, illa non item, et quod ait l. penult.
« tit. quinque pedum præscriptionem esse sum-
« motam, hoc est, de quinque pedibus contro-
« versia arbitros tres ex xii (sicut in vindicationibus
« ex lege, si vindicem falsam tulit), vel arbitros sin-
« gulos ex lege Maniliâ judicare, non observatâ præ-
« scriptione longi temporis; l. ult. Cod. th. ead. et ut
« additur in eod. Cod. hâc solâ præscriptione actorem
« repelli, si veteribus finem cum signis limes inclu-
« sus congruum eruditâ arte præstiterit, in concilio
« spalensi ii. Si veteribus signis limes præfixus mon-
« straverit reo ejus esse retentionis et signis, ut
« poeta ait, signare campum; et Arcadius Augustus
« gromaticos. Cum signis et sigillis terminos con-
« stituimus. Ex lege duodecim, ex lege Maniliâ
« non erat usucapio intrà quinque pedes, quoniam
« hanc latitudinem iter ad culturas accedentium
« occupat, vel circumactus aratri, ut Aggenus
« Urbicus ait, et iter quidem ad eundum ambu-
« landum, id est servitus itineris cum prædio
« usucapi potest, iter ad culturas, vel ut loqui-
« tur Varro, iter limitare usucapi non potest,
« sed neque longo tempore acquiri. l. penul. et
« ult. »

Nous nous bornerons à ces deux citations tirées de Cujas. L'exposition de l'infinie variété des opinions des commentateurs du droit romain aurait le double inconvénient d'un travail immense et sans résultat pratique au surplus.

Voici comment s'exprime Pothier, second appendice *du Voisinage*. édit. de Debure, p. 252.

« Elle (cette action) est principalement personnelle puisqu'elle naît de l'obligation personnelle que les voisins contractent réciproquement l'un envers l'autre par le voisinage *quasi-contractu ;* elle tient aussi quelque chose de *l'action réelle*, en ce que par cette action le voisin réclame ce qui fait partie de son héritage et pourrait se trouver avoir été usurpé par son voisin.

« Cette action est aussi au nombre de celles *judicia duplicia*, car par cette action chacune des parties, celle qui est assignée aussi bien que celle qui a assigné, *réclame chacune l'une contre l'autre ce qui par le bornage sera déterminé faire partie de son héritage.* »

Si les interprètes du droit romain ne nous ont laissé qu'incertitude sur la nature de l'action en bornage, les auteurs modernes ne sont pas plus heureux : même confusion, même désaccord.

Mais, comme nous l'avons dit en commençant ce chapitre, ce qui importe c'est de constater ce que l'on entend par bornage, de connaître en un mot toute l'étendue de ce droit.

Nous citerons les auteurs dans leur ordre de publication :

PONCET a traité la question *ex professo;* son œuvre remonte à 1817.

Page 160. « L'action en bornage, dit cet auteur, pourrait aussi être qualifiée réelle, comme ayant pour but de recouvrer par le bornage *la portion de notre héritage que le voisin a pu comprendre dans le sien.* Tel est le sentiment de Voët, qui reconnaît cette prédominance de la réalité dans l'action en bornage. »

Poncet, après avoir fait connaître l'insuffisance des jurisconsultes romains et des docteurs, se prononce pour l'action mixte, parce que l'une et l'autre action réelle et personnelle dérivent tout à la fois du droit de propriété dans la chose à borner et de l'obligation légale de borner. V. p. 194.

Le *Répertoire de la nouvelle législation* qui a paru en 1823, t. 1er, v° *Action,* § 1er, n° 5, établit une distinction plus ou moins rationnelle. L'action serait mixte si à la demande se trouvent joints des restitutions de fruits, des dommages-intérêts, des prestations quelconques;—seule, la demande serait réelle. — L'action n'est personnelle sous aucun rapport; elle est purement réelle immobilière, puisqu'elle tend uniquement à faire déterminer une part dans un immeuble; mais s'il y a demande en prestation, l'action devient alors mixte.

Carré, *Lois de la compétence*, t. 1ᵉʳ, 1ʳᵉ édit. 1825, p. 476, déclare des plus essentiellement réelles l'action de bornage, parce qu'elle n'a pour objet que l'exercice du droit dans la chose.

Dans la *Théorie de la procédure* publiée en 1828, t. 1ᵉʳ, Introduction, chap. 5 *des Actions*, on lit, p. 74 : « Quant à l'action en bornage, souvent elle « se complique de la revendication d'une portion « de terrain usurpée dans la confusion des limites; « sous cet aspect elle serait réelle; mais reste tou- « jours le caractère de personnalité qui sort du « quasi-contrat de voisinage et d'une obligation « imposée par la loi. Elle est donc mixte, soit « qu'il y ait ou qu'il n'y ait pas de conclusions ac- « cessoires, afin d'obtenir des prestations person- « nelles.

« Il peut arriver aussi que la plantation de bor- « nes soit demandée pour l'état actuel de la pos- « session sans application de titres, sans arpentage « et sans revendication de terrain ; on aperçoit « alors dans l'action une grande prédominance de « personnalité. »

Chauveau, *Lois de la procédure de Carré*, ouvrage immense par la matière, ne reconnaît que les ac-tions mobilières et immobilières. Il cite Benech qui, dans son *Traité des Tribunaux de première instance*, a été forcé de détacher des actions quali-fiées mixtes les demandes en bornage qui lui pa-raissent évidemment des demandes immobilières.

D'après les sources où la loi a été puisée, l'opinion des auteurs et l'esprit de cette loi, on doit décider que l'action en bornage présente une idée complexe, la recherche des limites, et, par voie de conséquence, la restitution des terrains, et, comme consécration de l'opération, la plantation des bornes ; — Qu'en un mot, le bornage tel que l'entend la loi romaine, ainsi que la loi française qui n'a fait que reproduire peut-être trop succinctement le principe romain, comprend tout à la fois la délimitation et le fait matériel du placement des bornes.

Maintenant que nous savons ce que c'est que le bornage, que nous connaissons son origine, sa nature et toute l'étendue de ce droit, nous allons nous livrer à l'examen des questions les plus irritantes qui soient nées de la loi nouvelle de compétence des justices de paix du 25 mai 1838.

CHAPITRE IV.

DE LA COMPÉTENCE EN MATIÈRE DE BORNAGE.

Motifs de la loi nouvelle en ce qui concerne le bornage
et opinion des commentateurs de cette loi.

Comme je l'ai fait remarquer dans les observations préliminaires, depuis longtemps, peu ou point de procès en bornage n'apparaissaient plus devant les tribunaux d'arrondissement; la cause de cette amélioration venait-elle des dispositions pacifiques des habitants des campagnes, ou des magistrats populaires qui terminaient soit comme conciliateurs, soit comme arbitres ces différends? ou plutôt la cause ne provenait-elle pas d'une procédure ruineuse dont les simples opérations préalables coûtaient ce que coûtent des procès d'un grand intérêt? (Il s'agit de toute la procédure d'expertise.) Nos législateurs, ayant apprécié cet état de choses, y ont apporté un remède en déplaçant la compétence pour ces sortes d'actions.

§ Ier. *Exposé des motifs ou discours de présentation,*
rapports et discussions aux Chambres.

Le projet de loi de 1835 sur l'organisation judiciaire comprenait dans la longue nomenclature de
l'art. iv, n° 6, les actions en bornage *entre proprié-*
taires voisins, lorsque la propriété et les titres qui
l'établissent ne sont pas contestés.

L'exposé des motifs ou le discours de présentation à la Chambre des députés, séance du 23 janvier
1835, ne parle pas des actions en bornage.

Le ministre a cru suffisante cette énonciation :
actions en bornage entre propriétaires voisins, lorsque la propriété et les titres ne sont point contestés.
C'était faire connaître assez qu'il ne s'agissait pas
de possession, cette dernière attribution se trouvant portée au n° 1er et l'action en bornage entre
celle en élagage et celle concernant les gens de
travail.

Dans le rapport de la commission de la Chambre
des députés, M. Amilhau a dit : «L'action en bornage
était attribuée au juge de paix, lorsque la propriété
et les titres n'étaient pas contestés; les mêmes raisons existent pour placer sous cette juridiction les
questions relatives à la distance des arbres lorsqu'il n'y a aucun litige sur le fond du droit ; ce sont
des questions simples, objet d'une expertise et
d'une solution facile. »

Le premier projet de loi ayant été soumis à la
Cour de cassation et aux Cours royales, le gouver-

nement a publié l'analyse des observations de ces cours.

Voici ce qu'on lit p. 24 (art. iv, 6°) présenté par le gouvernement :

6° Des actions en bornage entre les propriétaires voisins, lorsque la propriété ou les titres qui l'établissent ne sont pas contestés.

Proposé par la commission.—Renvoyé à l'art. 5.

Suit l'observation : Tout le monde s'est accordé à ne confier la décision de ces sortes de contestations aux juges de paix qu'à charge d'appel. On s'est fondé sur ce qu'elles étaient trop *intimement liées avec le droit de propriété pour ne les faire dépendre que d'un seul degré de juridiction.* Nous nous rendons à ces motifs, et nous consentons à reporter cette disposition à l'art. 5, ainsi que le demande la commission.

Ce § 6 ayant été renvoyé par la commission à l'art. 3, il se trouve rangé sous le n° 2 ; en voici les observations : C'est sans doute par erreur que le rapporteur de la commission a dit que l'action en bornage était attribuée au juge de paix, lorsque la propriété n'était pas contestée. La loi du 24 août 1790 ne lui défère que les déplacements de bornes commis dans l'année, et cette action ne peut être confondue avec l'action en mesurage et bornage. Cette dernière action, par le nombre des parties ordinairement en cause, par la nécessité du renvoi devant le tribunal, lorsque la propriété et les titres sont contestés, ce qui arrive le plus souvent, doit être maintenue dans la juridiction des tribunaux de première instance. (Cour royale d'Amiens.)

— Au surplus, il est prudent d'exprimer nettement que le juge de paix n'est compétent que quand la propriété et *ses limites* ne sont pas contestées. (Cour de Metz). V. p. 41.

Nous ferons observer que l'opinion actuelle de la cour d'Amiens, qui a persisté dans celle par elle émise sur le projet du Code rural de 1808, n'a point été suivie, pas plus que celle de la Cour de Metz, pour les *limites*.

Dans la séance du 6 janvier 1837, l'ancien projet de loi a été reproduit par M. le garde des sceaux Persil.

« Le juge de paix, a dit le ministre, est juge ordinaire de la possession. Si le litige porte sur la propriété, l'examen des titres et la connaissance approfondie du droit sont nécessaires; dès lors doit cesser la juridiction exceptionnelle. C'est ce qu'explique le projet, en même temps qu'il défère au tribunal de paix les actions en bornage ainsi que quelques autres contestations qui naissent des rapports du voisinage, discussions toujours peu importantes dans leur principe, à l'occasion desquelles il est si regrettable de voir aujourd'hui engager devant les tribunaux de première instance des procès que l'amour-propre élève aussi souvent qu'un véritable intérêt, et qui, plus tard, n'entretiennent la division qu'en raison des frais considérables qu'ils ont entraînés, dont chaque plaideur s'efforce de repousser le pesant fardeau comme une cause de gêne ou de ruine. »

Ce passage, qui pourrait laisser quelque doute dans l'esprit, doit être ainsi entendu : Le ministre ne fait qu'énoncer une des attributions préexistantes des juges de paix en matière possessoire. Il annonce que, juges ordinaires de la possession, ils sont incompétents quand il y a litige ou contestation sur la propriété, —ce qui ne veut pas dire que l'action en bornage n'entrera dans leur compétence qu'en tant que possessoire, mais bien que les juges de paix ne connaîtront pas de contestations de propriété. — D'un autre côté, des regrets sont manifestés de voir les tribunaux d'arrondissement saisis de pareilles affaires excitées moins par l'intérêt que par l'amour-propre.

Au surplus, les motifs du renvoi de l'art. 5, motifs agréés par le ministre, prouvent que ce dernier n'entendait point ne conférer aux justices de paix qu'une compétence possessoire.

L'observation qui suit le renvoi à l'art. 5 détruit donc l'interprétation que l'on a donnée aux paroles du ministre.

Le 29 mars 1837, à la Chambre des députés, le rapport de la loi a été fait par M. Renouard, qui s'est exprimé ainsi sur l'art. 6 :— « Il contient, entre autres additions celle des actions en bornage que la loi du 24 août 1790 n'attribuait pas aux juges de paix, puisqu'elle ne leur déférait que les déplacements de bornes commis dans l'année. Cette extension de compétence était vivement réclamée, et la division toujours croissante des propriétés en rend la nécessité de plus en plus sensible. Les frais que les bornages entraînent les ont rendus beaucoup trop rares. Il importe à l'ordre public que les limites des propriétés soient fixées; par là on prévient des procès et des voies de fait, seulement il importait de constater que, si des questions de propriété se trouvent engagées dans le litige, le juge de paix n'en devra pas connaître. »

Le 18 mai 1837, adoption par la Chambre des députés.

Le discours de présentation à la Chambre des députés, fait par M. Barthe, ministre de la justice, porte : « Au nombre des fréquentes contestations que font naître les rapports du voisinage sont celles qui s'agitent au sujet de la *délimitation des propriétés*, de la distance à observer pour les plantations d'arbres ou de haies, et des constructions et travaux destinés à préserver de dommage les propriétés urbaines contiguës. Ces discussions ne se jugent bien que par la vue des lieux ; c'est en leur présence que *les titres s'interprètent* sans équivoque, et que les subterfuges échappent à la mauvaise foi, que les droits s'éclaircissent. Ordinairement plus à la portée de leur contentieux, et pouvant, dans tous les cas, mieux s'y transporter qu'un tribunal plus nombreux, le juge de paix évitera aux parties *les frais d'expertise*, il se servira à lui-même d'expert et de géomètre. La division sans cesse croissante des propriétés rend cette mission de plus en plus nécessaire.

Nous ne doutons pas que, si elle est bien comprise, ce magistrat ne trouve dans son accomplissement le principe de la plus heureuse influence. — Mais s'il s'agit moins de rechercher les bornes et de les poser que de statuer sur une revendication de propriété, ou si, à l'occasion, soit de travaux de précaution à faire, soit de la distance à observer dans les plantations, la propriété ou les titres qui l'établissent sont contestés, de trop graves intérêts étant alors engagés, la compétence exceptionnelle *s'arrêtera*. »

Le 19 juin 1837, M. Gasparin a fait le rapport à la Chambre des pairs. Sur l'art. 5, il a dit : « La loi nouvelle ajoute avec raison à la nomenclature de 1790 les actions en bornage et celles relatives à la distance prescrite par la loi pour les plantations d'arbres et de haies. Cette disposition éteindra de bonne heure une foule de contestations de peu d'importance. »

Lors de la troisième présentation le 15 février 1838 à la Chambre des députés, de la loi sur les justices de paix, le ministre Barthe a reproduit les motifs donnés à la législature de 1857 : — « Aux avantages de l'épargne des frais et d'une *décision* qui ne se fera pas attendre, le juge de paix join-

dra autant de garanties qu'une autre juridiction...
S'il s'agit moins de rechercher les bornes et de les
poser que de statuer sur une revendication de propriété... de trop graves intérêts étant alors engagés, la compétence exceptionnelle *s'arrêtera*. »

A la séance du 6 avril 1838, rapport par M.
Amilhau :—« Nous avons approuvé complétement
les dispositions relatives aux actions possessoires
qui sont comprises sous une meilleure définition,
les actions en bornage et celles relatives aux constructions et travaux énoncés en l'art. 674 du Code
civil. Quant aux actions en bornage, qui seules
avaient été l'objet d'une critique en 1835, avec la
division toujours croissante des propriétés, il importe à l'ordre public que les limites en soient
fixées ; c'est un moyen d'empêcher les usurpations
et d'arrêter les procès. Au reste, c'est lorsque le
fond du droit n'est pas en litige, que le juge est
autorisé à *prononcer*, et sa *décision* n'est jamais
qu'en premier ressort. »

Lors de la discussion à la Chambre des députés,
M. Taillandier a demandé la parole sur le second
paragraphe de l'art. 6.

M. Taillandier : Lorsque la propriété ou les titres ne sont pas contestés, ces mots s'appliquent-
ils au premier membre de la phrase, les actions en
bornage; ou au second, les actions relatives à la
distance prescrites par la loi, ou à tous les deux?

M. le rapporteur : L'intention de la commission,

comme de toutes les commissions qui ont examiné le projet de loi, a été d'appliquer cette disposition à tous les deux; mais ce n'est que quand la propriété n'est pas contestée, que le juge de paix connaît des actions en bornage.

M. Taillandier : Je demande à la commission comment elle peut supposer qu'un procès en bornage s'établira lorsqu'il n'y aura pas de contestation sur le titre? Il est évident que si l'on pense qu'il y aura contestation sur le titre ou la propriété, il y aura lieu à procès.

Une voix : Le juge de paix *s'arrêtera.*

M. Taillandier : Cela donnera lieu à mille difficultés de compétence pour savoir s'il y a difficulté sur le titre.

M. le rapporteur : *Lorsque le titre n'est pas contesté ou que les parties ne sont pas d'accord sur le lieu du bornage, chacun remet ses titres au juge de paix, qui fait une visite de lieux, et qui ordonne que la borne sera placée à l'endroit déterminé par un expert. Si l'on conteste le titre, alors c'est une question de propriété, il faut aller devant les tribunaux ordinaires* : voilà la distinction que la commission a établie.

§ 2. *Sentiments des auteurs.*

Les premiers commentaires qui ont paru sont ceux de MM. Gireaudeau, avocat, auteur des annales des justices de paix, et Victor Augier, avocat à la Cour de cassation et rédacteur du recueil *le Juge de paix.*

Le premier commentaire sur l'art. 6 est très-succinct. L'interpellation de M. Taillandier, député, et la réponse de M. Amilhau, y sont rapportées.

Après avoir rappelé que les actions en bornage n'étaient pas soumises à la juridiction des juges de paix par la loi de 1790, M. Giraudeau ajoute :

« Il faut bien se garder de confondre l'action en bornage, c'est-à-dire l'action qu'a tout propriétaire de contraindre son voisin à faire procéder à frais communs au placement des bornes séparatives de deux propriétés contiguës, avec celles en déplacement de bornes, qui pouvait, comme action possessoire, être soumise à la juridiction de paix, même avant la loi de 1838, A la différence de l'action en déplacement de bornes, l'action en bornage peut être intentée par tout ayant droit à la propriété.» *V.* Giraudeau, *Commentaire,* loi de 1838, p. 83.

Au mot *Bornage,* n° 1 du Commentaire de M. Augier, on lit : « La loi nouvelle, art. 6, § 2, attribue aux juges de paix, mais toujours à la charge d'appel, la connaissance des actions en bornage que leur refusait celle du 24 août 1790. — M. Chas, auteur de cet article, expose les principes généraux qui régissaient la matière avant la loi nouvelle. »

M. Marc-Deffaux, dans son Commentaire également très succinct de la loi de 1838, dit, p. 109 :

Bornage. — « L'action en bornage devra être intentée devant le juge de paix, lors même que le demandeur penserait que son adversaire contestera son droit de propriété ou son titre. En effet, il ne sera certain de la contestation que lorsqu'elle aura eu lieu devant le juge de paix qui, en définitive, peut apprécier si elle porte sur la propriété ou le titre. » — *V.* Marc-Deffaux, *Comm.*, loi de 1838, p. 109.

M. Masson fils, avocat à Neufchâteau, a consacré dix-huit pages aux actions en bornage. *V.* son *Commentaire de la loi de* 1838, p. 178, section 4. *Actions en bornage*, no 233. C'est sans doute une heureuse innovation que celle qui confère à la compétence des juges de paix la connaissance des actions en bornage. Il faut espérer que cette extension de leur juridiction déterminera les propriétaires à recourir à cette voie simple et peu dispendieuse pour faire fixer les limites de leurs propriétés ; mais on se demande comment les actions en bornage, toujours si difficiles à bien caractériser, quand elles se trouvaient dans le domaine des tribunaux de première instance, ont pu être attribuées au juge de paix !

Le professeur Benech, de Toulouse, a écrit sept pages sur le bornage. Après avoir annoncé qu'avant la loi nouvelle, la Cour de cassation, nonobstant l'opinion de Maleville, rejetée par tous les auteurs, avait constamment décidé que les juges de paix ne pouvaient connaître de l'action en bornage autrement qu'à titre d'action possessoire, cet auteur fait connaître que, dès la rédaction du projet primitif, on avait compris le besoin de changer les principes et de transporter dans tous les cas ces actions dans le domaine des juges de paix; et cette partie du projet n'excita aucune réclamation, à l'exception des Cours royales d'Amiens et de Nancy, qui crurent devoir demander le maintien des principes en vigueur. Cette opinion des deux Cours ne trouva aucun écho dans le sein des deux Chambres; aucune objection n'y fut proposée contre l'innovation projetée.

M. Victor FOUCHER, avocat général à la Cour royale de Rennes, sur l'art. 6, § 2, rapporte d'abord les discours prononcés aux Chambres, puis à la page 292 de son Commentaire, fait sur le § 2 quelques observations :

« N° 274. — Sous l'empire de la législation de 1790, les juges de paix ne connaissaient que des actions possessoires en déplacements de bornes; la loi nouvelle leur a donné les actions en bornage, non pas seulement comme *action possessoire* ou comme conséquence d'une action possessoire, mais comme *action ordinaire* tendant à constater *définitivement* les limites de la propriété.

275. — L'action en bornage a son fondement

dans l'article 646 du Code civil ; elle a pour but de faire cesser la confusion qui existe entre deux héritages voisins, en faisant pour la première fois placer des bornes, ou en remplaçant les bornes déplacées, ou encore en en faisant établir de nouvelles à frais communs. »

Carou, juge de paix à Nantes, a fait paraître, en 1839, un traité en deux volumes sur la Juridiction civile des juges de paix, ouvrage très remarquable. —Le tome 1er contient une section sur le bornage. L'auteur pensant que la Cour de cassation, par plusieurs arrêts, avait entendu faire entrer dans la compétence des justices de paix l'action en plantation de bornes, désapprouve ces décisions et dit: Quoi qu'il en soit, l'action en bornage est aujourd'hui dans les attributions des juges de paix ; cela résulte de l'art. 6, n° 2, de la loi de 1838 ; mais ce n'est pas moins encore une action distincte de l'action pour déplacement de bornes. Celle-ci est une action possessoire ; l'action en bornage, au contraire, *est une action ordinaire.*

Déjà en 1838, Carou, dans son *Traité des Actions possessoires*, avait dit, p. 91, n° 66 : — « Mais quand il s'agit de bornage proprement dit, c'est-à-dire de l'exécution de l'art. 646 du Code civil, ce n'est plus un fait ancien à vérifier, dont il faut retrouver les traces, ce sont des droits nouveaux à reconnaître, à fixer; mais pour cela il faut étudier les titres, déterminer quelle est la contenance respective des deux propriétés ; puis enfin, indiquer quelle en doit être, quelle en sera pour l'avenir la limite séparative. Cela ne peut se faire par l'action possessoire.—L'action en bornage pourrait néanmoins, en vertu de la nouvelle loi, être portée dans certains cas devant le juge de paix; mais ce serait comme action ordinaire, non comme action possessoire.

Curasson, en son *Traité sur la compétence des justices de paix*, œuvre qui a placé si haut son auteur, s'est le plus étendu sur les actions en bornage; le premier volume a 32 pages sur cette matière.

Il s'exprime ainsi, p. 330, § 11, n° 8 : « Autrefois, la compétence des juges de paix était restreinte aux actions possessoires ; en matière réelle et immobilière, ces juges ne pouvaient ordonner qu'une plantation de bornes provisoire et par suite d'une demande en complainte. C'est du *bornage définitif* que la loi nouvelle leur attribue la connaissance, lorsque la propriété ou les titres qui l'établissent ne sont pas contestés.

CHAPITRE V.

---

§ 1er. *Résumé de l'exposé des motifs.*

Ce qui doit frapper tout lecteur attentif, c'est que dans les rapports et discours faits aux chambres législatives et surtout dans la discussion, on a constamment entendu conférer aux juges de paix de nouveaux pouvoirs, de nouvelles attributions toutes pétitoires, on doit le reconnaître, sans doute avec de certaines conditions; mais ces modifications n'en altèrent pas la nature de l'action qui reste pétitoire, c'est-à-dire concernant, affectant essentiellement la *propriété* et non la *possession*.

En effet l'article 6, nos 2 et 3 de la loi du 25 mai 1838, n'a pas seulement donné aux justices de paix la connaissance des actions en bornage, mais encore celles relatives à la plantation des arbres et haies, à leur distance et aux précautions à prendre lors de certaines constructions, toutes actions qui, avant la loi nouvelle, appartenaient aux tribunaux d'arrondissement.

En citant le discours du ministre à l'appui du projet de loi présenté en 1837, nous avons fait une observation; nous en ferons en ce moment une seconde : si le ministre n'a pas entendu parler du possessoire en disant que le juge de paix est juge ordinaire de la possession, il n'a pas voulu non plus interdire au juge saisi de l'action en bornage, l'application des titres, même leur examen. Il ne s'agit dans ce discours que du litige portant sur la propriété, et alors le ministre dit que ce litige nécessitant l'examen des titres, il n'y a plus juridiction. Cela est exact, mais cela n'empêche pas, quand les titres ne sont pas contestés, de les examiner, de les appliquer, et je trouve que la critique de cette partie du discours n'est pas entièrement fondée. Le ministre aurait pu formuler peut-être plus expressément sa pensée; mais ce discours n'est pas en opposition avec ceux qui ont été ultérieurement prononcés. Il n'y a pas contradiction, c'est toujours le même motif qui prédomine, contestation sur la propriété ou sur les titres. S'il y a litige sur la propriété, nécessité d'examiner les titres, nécessité d'avoir recours aux principes du droit; nous ajouterons : nécessité surtout d'une garantie de plusieurs juges.

Nous n'aurions sur la loi que ce discours, qui trouve son complément dans des observations qui ont occasionné le renvoi du n° 6 de l'art. 4 à l'art. 5, que la pensée du législateur nous eût été suffisamment révélée, et que ce ne serait point témérité

8

d'en inférer que les tribunaux de canton ont reçu une nouvelle attribution.

Le rapport fait par M. Renouard est formel; ce député annonce que cette extension de compétence était vivement réclamée. Si les frais les rendaient trop rares, donc qu'il s'agissait d'autre chose que de poser simplement des bornes.

Le discours de présentation à la Chambre des pairs renferme des éléments précieux; il est question de *délimitation* de propriété, de discussions se jugeant sur la vue des lieux, d'applications de titres et de leur interprétation, de frais d'expertise évités, c'est-à-dire expertise des tribunaux d'arrondissement qui n'avaient jamais lieu que par trois experts.—Peut-on croire que si les juges de paix sont appelés à aplanir les difficultés et matérielles et résultant des titres, on n'ait fait de ces magistrats que de simples poseurs de bornes?

La dernière partie de cet exposé des motifs semblerait être en contradiction avec ce qui précède. S'il s'agissait, dit M. Barthe, moins de rechercher les bornes et de les poser, que de statuer sur une revendication de propriété,... de trop graves intérêts étant alors engagés, la compétence exceptionnelle s'arrêtera.

On pourrait dire que le juge de paix n'est préposé qu'à la recherche et à la pose des bornes; et s'il s'agit de reprises ou de restitutions, revendication alors et incompétence.

Ce n'est point ainsi que la restriction apportée à

la nouvelle attribution doit être interprétée; rechercher les limites, c'est aller à la découverte des
endroits où elles étaient auparavant, c'est les faire
replacer. Pour faire cette opération, il faut nécessairement que des terrains soient restitués, et
cela ne peut être appelé revendication proprement dite.

Si M. Barthe avait compris que ce fût là une revendication, il n'aurait pas parlé de *délimitation*,
d'interprétation de titres et de tout ce qui peut
constituer une opération de bornage; la contradiction eût été trop flagrante. Ce n'est pas le cas ici
de démontrer ce que c'est que la revendication
proprement dite : il en sera question en son lieu.

Le rapport de M. Amilhau à la Chambre des députés est peu étendu. Les propriétés ne peuvent
rester sans être limitées; par ce moyen, pas d'u-
surpation, pas de procès. — Litige sur le fond du
droit, le juge de paix ne peut en connaître, c'est
toujours la condition imposée de non contestation
de propriété et de titres : voilà ce que le rapporteur
entend par fond du droit.

La pensée de M. Amilhau, si féconde en résultats, s'est fait jour lors de la discussion à la Chambre des députés.

Sur l'objection présentée par M. Taillandier,
qu'il ne pouvait y avoir de procès sans contestation
de titres, M. Amilhau a dit que la mission du juge
de paix, quand les parties *ne sont pas d'accord* sur
leurs limites, est de faire mesurer les terrains, d'y

8.

appliquer les titres et de les borner.—S'il y a contestation de titres ou de propriété, renvoi devant
le tribunal d'arrondissement.

C'est ainsi que la réponse du rapporteur peut
être rendue sans quitter le vrai et le praticable.

Cette réponse de M. Amilhau est le document
qui caractérise le mieux l'objet de la loi. Aussi
nous aurons souvent occasion de rappeler cette
réponse.

§ 2. *Résumé des opinions des principaux auteurs.*

Tous les auteurs, même ceux que nous n'avons
pas cités, sont unanimement d'accord sur ce point,
que l'action en bornage déférée aux juges de paix
par la loi de 1838, est une attribution nouvelle et
surtout une extension de compétence qui a son
fondement dans l'art. 646 du Code civil.

GIRAUDEAU. — Les actions en bornage n'étaient
pas soumises à la juridiction des juges de paix sous
la loi de 1790. — Ne pas confondre cette action
avec celle en déplacement de bornes.

AUGIER. — La loi nouvelle attribue aux juges de
paix l'action en bornage que leur refusait la loi
de 1790.

DEFFAUX. — A l'avenir, toute action en bornage
doit être intentée en justice de paix.

MASSON. — Heureuse innovation que la transla-
tion des actions en bornage aux tribunaux de paix.

BENECH. — Dès le projet primitif, on avait senti

le besoin de changer les principes et de transporter dans tous les cas les actions en bornage dans le domaine des justices de paix.

FOUCHER.— L'action en bornage qui est donnée aux juges de paix est une action ordinaire.

CAROU. — L'action en bornage est aujourd'hui dans les attributions des juges de paix,.. Elle est distincte de celle en déplacement de bornes... c'est une action ordinaire.

CURASSON.—C'est du bornage définitif dont connaissent les juges de paix.

Nous ne nous étendrons pas davantage sur ces citations, parce que dans l'examen des questions qui vont suivre, nous aurons occasion d'en parler plus au long.

CHAPITRE VI.

DE LA NATURE DE LA COMPÉTENCE.

§ 1er. *L'action prévue par l'art. 6, nº 2 de la loi du 25 mai 1838, est-elle une action possessoire?*

La classification des actions en bornage qui n'est pas à l'abri de toute critique, a pu donner naissance à cette difficulté, qui, dès l'apparition de la loi, a pris quelque consistance, mais qui ne trouve plus, au moment où nous écrivons, que quelques partisans.

Le projet primitif, art. 4, comportait une longue nomenclature : Premier ressort, jusqu'à 150 fr.; et dernier ressort, jusqu'à quelque valeur que la demande puisse s'élever.

Le nº 1er rappelait toutes les actions possessoires sans qualification ;

Le nº 2, les demandes pour loyers, fermages, congés, expulsion de lieux et validité de saisie-gagerie, etc.;...

Le n° 3, les réparations locatives, les dégrada-tions, etc.;...

Le n° 4, les indemnités du locataire;

Le ne 5, les dommages aux champs, élagage et curage;

Le n° 6, les actions en bornage entre proprié-taires voisins, lorsque la propriété et les titres qui l'établissent ne sont pas contestés;

Les n°s 7, 8, 9, 10 et 11, des engagements entre maîtres et gens de travail, et des domestiques, des nourrices, des voyageurs; des injures et diffama-tions, rixes et voies de fait; des demandes en va-lidité, des saisies-arrêts dont la valeur rentrerait dans la compétence.

Ce projet amendé par la commission, l'article 4 a été scindé; les actions possessoires, les actions en bornage auxquelles on a joint celles en distance des arbres et haies, et les pensions alimentaires, ont formé l'article 5; le tout à charge d'appel.

Cet article dit encore que le juge de paix con-naît, 1° de toutes les actions possessoires; 2° des actions en bornage, etc.

Dans les projets de 1837 et 1838, sur les obser-vations de la Cour de cassation, les trois princi-pales espèces d'actions possessoires ont été rap-pelées. On a encore ajouté : et autres actions pos-sessoires fondées sur des faits commis également dans l'année.

Viennent ensuite, par un paragraphe séparé,

les actions en bornage, celles en distance pour plantations d'arbres et haies, et aussi par un paragraphe séparé, les actions relatives aux précautions à prendre pour certaines constructions ; et par un dernier paragraphe, les pensions alimentaires.

On a pu croire de ce que le paragraphe des demandes en bornage suivait immédiatement les actions possessoires, que les demandes en bornage n'étaient qu'une nouvelle espèce d'action possessoire.

On se confirmait dans cette idée surtout, quand on lisait dans le discours de présentation, en 1837, que le juge de paix étant juge ordinaire de la possession, s'il y a litige sur la propriété, l'examen des titres et une étude approfondie du droit deviennent nécessaires, la juridiction des juges de paix devait cesser.

Nous l'avons remarqué ailleurs : le ministre, en rappelant une des attributions ordinaires des tribunaux de paix, n'a pas entendu par là caractériser l'action en bornage, ni faire connaître que ce n'était qu'une action possessoire.

Il eût été préférable, sans doute, que le législateur eût fait une nomenclature séparée de l'extension de compétence en ce qui concernait les nouvelles matières.

Le simple rapprochement des différents projets de loi indique suffisamment que l'action en bornage n'a jamais été considérée comme possessoire.

Dans le premier projet, le n° 2 parle de toutes les actions possessoires, et les actions en bornage se trouvent rejetées au n° 6.

Ainsi, en remontant à l'origine de la loi, on voit que l'action en bornage n'a pu être une nouvelle espèce d'action possessoire.

D'après même les modifications qu'ont reçues les différents projets convertis en lois, on ne pourrait non plus en tirer cette conséquence, parce que, d'abord, le législateur a renfermé dans un seul paragraphe toute la série possessoire. Les expressions et autres actions qui terminent ce paragraphe démontrent qu'il contient tout ce qui est relatif à cette matière, et ce serait imputer au législateur une par trop grande inconséquence, que de croire qu'après avoir déposé dans un paragraphe spécial tout ce qui concernait la possession, revenant immédiatement sur ses pas, il eût créé une quatrième espèce d'action possessoire.

Ce qui a pu induire également plusieurs personnes en erreur, c'est l'apparition du Commentaire de M. Gireaudeau où cet auteur émet l'opinion que le juge de paix ne peut connaître des actions en bornage que dans l'*état de la possession actuelle,* question des plus importantes qui fera l'objet d'un examen approfondi.

Au surplus, on ne peut pas concevoir une action possessoire ayant pour but, pour objet principal, le bornage. Les éléments constitutifs du possessoire ne peuvent entrer dans cette action. —Comment pouvoir libeller, formuler une pareille action ? — Pour agir au possessoire, il faut un fait, un acte quelconque qui apporte quelque entrave à la libre possession et jouissance d'un immeuble; personne n'a rien fait, les champs sont ce qu'ils étaient, le soc de la charrue n'a point pénétré sur le voisin, la faux a respecté la récolte de chacun; de quoi peut-on se plaindre?... Les champs ne sont point bornés... Mais cette absence de signes délimitatifs n'est point un trouble donnant ouverture, soit à la complainte, soit à la réintégrande.

Si au contraire il existe des bornes, qu'il y ait déplacement ou suppression, voies de fait distinctes qui sont des méfaits punissables, s'il y a usurpation de terrain par labour, fauchage de partie de récolte du voisin, ou autres faits constitutifs de trouble, ces faits rentrent dans le domaine possessoire ; alors le juge dans le premier cas replace les bornes où elles étaient; dans le second, en peut placer, afin de conserver intacte la décision au possessoire et arrêter pour l'avenir toute usurpation.

C'est ainsi que l'on peut comprendre la simple plantation de bornes accessoirement et par suite d'une action possessoire; mais ce n'est point là une demande principale, ce n'est qu'un accessoire, un mode d'exécution du jugement sur complainte ou réintégrande.

Deux arrêts de la Cour de cassation des 27 avril 1814 et 26 janvier 1825, l'ont ainsi décidé. Le premier arrêt a été rendu à l'occasion d'une usurpation de terre par labour, et l'autre d'abatage d'arbres sur un terrain contesté.

L'arrêt du 27 avril 1814 peut donner lieu à quelque critique ; il ne s'agissait pas de déplacement de bornes ni de suppression, mais bien d'usurpation de sept sillons, et cependant la Cour s'est basée principalement sur ce que le juge, compétent pour déplacement de bornes, l'est par conséquent pour l'action en plantation.

Cette remarque n'a pas échappé à M. Carou ; mais nous pensons que cet auteur donne au motif de l'arrêt une portée qu'il n'a pas ; il pense que la Cour a entendu donner aux juges de paix les actions en plantation de bornes, mais c'est une erreur, ce n'est que comme accessoire et pour éviter les usurpations.

Cette décision s'interprète par le second arrêt de la même Cour qui porte que, si le juge de paix a autorisé une plantation de bornes pour prévenir de nouvelles entreprises, de nouveaux troubles, il a bien eu l'attention de déclarer que les bornes ne pouvaient nuire à l'action pétitoire.

C'est avec raison que notre collègue et ami M. Levreau, juge de paix de Granvilliers (Oise), a prétendu dans son jugement du 28 juin 1841 inséré au recueil le Juge de Paix, tome XI, p. 253, qu'aucune loi ancienne, ni nouvelle avant celle de 1838, ne reconnaissait d'action possessoire ayant pour chef principal le bornage.

Il permettra à l'amitié quelques observations même critiques : le neuvième considérant de son jugement ne me paraît pas exact : la loi nouvelle n'a pas remplacé les actions possessoires pour déplacement de bornes non intentées dans l'année; cette action subsiste toujours sous la dénomination d'action possessoire, et si l'action n'est pas exercée dans le temps voulu, on retombe dans le droit commun.

Mais une opinion que je ne partage nullement est celle relative aux usurpations par labour ne pouvant donner lieu à l'action possessoire de la part de l'usurpateur.

C'est ce que j'appelle une erreur commune, parce qu'elle est presque générale en théorie. — Notre collègue, qualifiant les usurpations qui se commettent entre voisins de clandestines et ne conduisant pas à la possession civile, partant de là, arrive à cette conclusion que la possession civile n'ayant pas lieu quant à la délimitation sans borne de foi, le simple bornage possessoire lui-même ne pourrait être fait dans les limites incertaines marquées par la jouissance ou la culture.

Je ne ferai toutefois qu'indiquer mes raisons contraires, quoique je ne sois pas encore hors de mon sujet.

Oui, en plaine, en l'absence de tout signe, les usurpations graduelles insensibles sont assez généralement inefficaces pour conduire à la prescription, partant à l'action possessoire; mais autre chose est quand il ne s'agit que d'une année d'usurpation.

L'arrêt de la Cour royale de Paris du 18 février 1821, qui a dû jeter les jurisconsultes et les magistrats du premier degré surtout dans l'incertitude, dit qu'il n'y a pas lieu à prescription pour anticipations graduelles et insensiblement faites.

Non, au pétitoire quand il s'agit ou de bornage ou de revendication.

Mais, lorsqu'il est question d'action possessoire, l'application serait erronée, parce que l'anticipation n'étant ni *graduelle* ni insensible, elle doit être admise et produire tous ses effets.

Je cite un exemple : un voisin anticipe sur son voisin de plusieurs sillons, leur donne tous les travaux nécessaires de culture, les ensemence, leur donne tous ses soins ; il récolte, l'année se passe, la possession annale est acquise. Mais le voisin, armé de l'arrêt de Paris de 1821, reprend ce qu'on lui a pris. Action au possessoire de la part de l'autre voisin, et preuve de la possession annale de plusieurs sillons. — Cette possession n'est ni graduelle, ni insensiblement faite, ni clandestine ; pas d'application de l'arrêt.

L'argument à contrario se trouve très légitimement déduit et doit avoir succès.

Si les raisons données par notre collègue doivent être écartées, il n'en aura pas moins prouvé que l'action possessoire ne peut avoir lieu en matière de bornage.

Cependant un professeur d'économie rurale enseigne le contraire et cherche à le démontrer par des exemples dans un article par trop écouté, car dans un livre de droit rural il semble que la matière du bornage y doit tenir sa principale place.

Voici ce passage, art. 310 : « En plaçant les actions en bornage dans les attributions des juges de paix, même avec la condition que la propriété ou les titres qui l'établissent ne seront pas contestés, le législateur de 1838 a introduit une dérogation à l'ancienne législation, et peut être n'a-t-on pas bien saisi toutes les difficultés qui pourront surgir à l'occasion de cette disposition : il ne faut pas perdre de vue que les actions possessoires, c'est-à-dire celles qui reposent sur la possession annale, forment la base de la juridiction des juges de paix en matières réelles. Suivant ce principe, nous pensons que les seules actions en bornage dont la connaissance rentre dans la compétence des juges de paix, sont celles qui auraient pour but de repousser un trouble apporté à la possession et qui seraient intentées dans l'année pendant laquelle les droits des parties se sont ouverts. Premier exemple : Paul jouit d'un héritage contigu à celui de Jacques ; il ne labourait ordinairement que jusqu'à une certaine distance ; mais tout à coup, il prolonge beaucoup plus loin les travaux de culture. Jacques devra dans l'année, intenter l'action en bornage devant le juge de paix de la situation des lieux : autrement, il sera tenu de suivre la

voie ordinaire, c'est-à-dire citer Paul en conciliation seulement devant le juge de paix, et, à défaut
de conciliation, de porter l'action devant le tribunal civil d'arrondissement.

Deuxième exemple : Paul et Jacques sont deve-
nus propriétaires d'un champ par succession ou par
acquisition ; l'un prétend s'emparer d'une contenance que l'autre lui conteste ; l'action en bornage
ne pourra être portée devant le juge de paix que
dans l'année de l'entrée en possession. Toutefois,
nous devons dire que nous n'admettons cette dernière supposition que comme une possibilité, comme
un moyen d'application de la loi. Ce ne serait pas
comme dans le premier exemple, une conséquence
de l'action possessoire, puisque ni l'une ni l'autre
des parties ne pourront se prévaloir de la possession. Au surplus, écoutons cependant Carré au
sujet des actions en bornage : « Dans le projet du
Code rural imprimé en 1808 par ordre du gouvernement, art. 40, comme dans le projet de la Cour
de cassation, art 24, on supposait que l'action en
bornage était dans les attributions des juges de
paix. Si ces articles sont jamais érigés en dispositions législatives, ce sera une innovation, mais il
est présumable qu'elle ne sera pas faite si l'on a
égard aux observations de plusieurs commissions
qui furent nommées dans les départements pour
l'examen du premier des projets, et qui s'étaient
fortement prononcées contre cette nouvelle attribution, par le motif qu'elle serait en opposition avec

la nature de la juridiction du juge de paix, limitée aux actions personnelle et mobilière, l'exception faite pour les actions possessoires n'est pas généralement approuvée ; son extension aux actions de bornage ne manquerait pas d'avoir de nombreux contradicteurs. (CARRÉ, *Compétence*, t. ii, p. 227.)

Du reste, l'art. 6 de la loi de 1838 réserve aux parties l'appel du jugement rendu en matière de bornage par le juge de paix ; c'est une sage précaution, qui aplanira sans doute bien des difficultés. » (V. *Commentaire sur les lois rurales françaises*, par M. NEVEU-DEROTRIE, p. 514, n° 310.)

L'auteur commence par reconnaître qu'il y a eu, par la loi de 1838, dérogation à l'ancienne législation, puis il ajoute aussitôt qu'il ne faut pas perdre de vue qu'en matière réelle c'est la possession qui fait la base de la juridiction des juges de paix, et partant de là il arrive à cette conclusion que l'action en bornage placée dans les attributions des juges de paix n'est et ne peut avoir que le caractère possessoire.

Le principe posé par M. le professeur de Nantes est juste et exact, mais il me paraît inconciliable avec cette autre règle qu'il recommande avec tant de soin, que le juge de paix n'est juge que du possessoire.

En effet, à quoi aurait servi l'extension de compétence, puisque le juge de paix avait juridiction avant la loi nouvelle pour ces sortes d'actions?

Pour qu'il y ait innovation, extension, déroga-

tion, il faut absolument autre chose que du possessoire, sans cela le législateur ferait une chose
sans portée, surabondante, inutile par conséquent.

Si l'auteur avait porté son attention sur les attributions conférées aux tribunaux de paix par la loi
nouvelle, il est à présumer qu'il ne se serait pas prononcé de la sorte, car il suffit de lire les articles relatifs à l'élagage des arbres et haies, aux distances à
observer pour la plantation des arbres et haies, aux
précautions à prendre pour les constructions entre
voisins, pour reconnaître que ces matières sont
toutes étrangères au possessoire.

Au surplus, il a été démontré ci-dessus, qu'une
demande en bornage ne se pouvait concevoir au
point de vue de la possession; que les conditions
essentielles à ce genre d'action ne se rencontrent
point au cas de bornage.

A l'appui de son opinion, M. Neveu cite deux
exemples où l'action possessoire en bornage aurait
lieu.

Le premier est relatif aux anticipations qui se
font par labour, c'est le cas le plus ordinaire;
mais tout le monde sait que les voies de fait relatives aux usurpations de terre se répriment par la
complainte possessoire. — Sans doute, si on laisse
passer l'année du trouble, cette voie est fermée,
et l'on ne peut plus agir qu'au pétitoire; mais
ce n'est pas une raison pour créer une nouvelle
action à côté de celle-là, la vouloir faire disparaître et remplacer.

L'auteur a évidemment confondu l'action possessoire ordinaire avec l'action en bornage, et cependant le législateur de 1838 n'en a point changé la nature , il n'a fait que déplacer la compétence, et encore avec une certaine restriction, et l'on ne comprend pas comment on peut être amené à considérer l'action de bornage comme participant de la nature de l'action possessoire.

Ainsi, d'après M. le professeur d'économie rurale, ya-tt il anticipation par un voisin sur la terre de son voisin, en prolongeant sa culture contrairement à sa possession ordinaire, on n'aura plus recours à la cmplainte possessoire, mais à une nouvelle espece d'action qualifiée de bornage possessoire ?

Outre que cette action se trouve en opposition avec les règles les plus élémentaires, elle ne présente aucun des avantages qu'on semblerait en espérer, car on n'ignore pas que sur la demande ordinaire possessoire, le juge peut ordonner une plantation de bornes comme maintien de la décision intervenue, et afin qu'à l'avenir il n'y ait plus de difficultés à cet égard.

Si donc le juge de la possession a le droit d'ordonner que la jouissance respective des parties sera constatée par des bornes, il n'est pas besoin de l'introduction d'une action bâtarde qui n'aboutit à rien et ne présente pas d'utilité.

Le second exemple présenté par l'auteur est

encore moins heureux, et l'on ne voit pas d'application possible.

Ce sont deux propriétaires d'un champ par suite de succession ou d'acquisition, dont l'un veut s'emparer d'une quantité qui lui est contestée; l'action en bornage, dans ce cas, ne pourrait être intentée pendant l'année.

D'abord, si les deux propriétaires avaient acheté ou hérité chacun un champ distinct, l'action possessoire pourrait encore être exercée, puisqu'il est de principe que la possession du vendeur profite à l'acquéreur, la même personne étant censée se continuer.

Mais s'il ne s'agit que d'un seul et même champ indivis entre deux personnes qui en sont devenues, depuis moins d'un an, propriétaires, par succession ou acquisition, il n'y a pas lieu à l'action possessoire, la possession répugnant à un semblable état de choses. — Personne n'a pu jouir, n'a pu posséder; donc, personne n'a droit de se prévaloir de la possession.

Aucune demande en cette circonstance, qui aurait pour base la possession, ne peut donc être accueillie, parce qu'il n'y a pas eu possession pendant une année au moins, et à titre légitime, pouvant conduire à la prescription.

La seule action qui pourrait être exercée est l'action pétitoire en bornage, et peut-être mieux et avec plus de certitude l'action d'indivision ou de partage.

9.

L'auteur termine par la citation d'un passage de Carré, au sujet de l'action en bornage.

Cette opinion de ce célèbre jurisconsulte ne peut avoir d'influence dans l'occurrence, puisqu'il écrivait avant la loi de 1838.

Il se prononce sans doute contre le projet de faire entrer dans la compétence des juges de paix, les actions en bornage, mais cela ne prouve qu'une seule chose, c'est que Carré n'était pas partisan de cette réforme de l'extension de compétence, bien que la majorité des commissions de 1808 ait été d'un avis favorable.

Voici comme s'exprime Carou dans sa 1re édition des principes des actions possessoires : «Cette action (déplacement de bornes) a tous les caractères de l'action possessoire ; il ne nous paraît pas qu'il en soit ainsi de l'action en plantation de bornes ; cette action est une action directe, ce n'est autre chose que l'action en bornage. Cette action donc ne peut être intentée sous forme d'action possessoire.

M. Victor AUGIER, dans un article sur l'action en bornage inséré dans son recueil le Juge de Paix, T. II, p. 274, dit : « Que si elle n'était que possessoire, on n'aurait pas besoin d'une disposition nouvelle pour la faire entrer dans la compétence du juge de paix ; les actions possessoires d'ailleurs ne peuvent être exercées que dans l'année du trouble, et l'action en bornage est imprescriptible.

C'est là ce qui distingue cette action de l'action pour déplacement de bornes, qui, d'après l'art. 3 du Code de pro. civ., n'est de la compétence du juge de paix que lorsque le déplacement a été commis dans l'année. »

Il faut donc reconnaître, ainsi que je l'ai consacré par un jugement du 8 avril 1842 imprimé au *Juge de Paix*, t. xii, p. 201 et suivantes, qu'en ne consultant que les textes de la loi nouvelle de compétence, il devient constant que les actions en bornage de l'art. 6 ne sont point possessoires; — Que bien que la classification des matières contenues dans cet article ne soit pas à l'abri de toute critique, cependant on voit que le législateur n'a pas voulu les confondre sous la même dénomination d'actions possessoires, puisqu'il les distingue et en fait autant de paragraphes dont la connaissance n'est attribuée au juge de paix qu'en premier ressort; que dans le n° 1er se trouvent toutes les actions possessoires rangées sous une meilleure dénomination; que les expressions *et autres actions* possessoires démontrent que ce paragraphe renferme tout ce qui est relatif au possessoire; — Que les n°s 2, 3 et 4 sont évidemment des matières étrangères au possessoire, puisqu'il s'agit d'action en bornage avec application de titres, de distance pour arbres ou haies, et de précautions à prendre pour certains travaux, et, dans ce dernier paragraphe, de pensions alimentaires, toutes matières, qui, avant la loi de 1838, étaient de la compétence

des tribunaux d'arrondissement ; que sous la loi
de 1790 il existait deux manières d'agir au possessoire en plantation de bornes : 1° Lorsqu'il y avait
déplacement ou suppression de bornes ; 2° Par
suite d'actions possessoires, afin de conserver intacte la décision au pétitoire, et d'arrêter pour l'a-
venir toute anticipation, mesure très sage, quoique
provisoire et sanctionnée par la Cour suprême.
—Que la loi de 1790 n'a pas sur ce point son complément dans le paragraphe 2 de l'art. 6 de la loi
de 1838, parce que la plantation de bornes par
suite de déplacement ou de suppression a son fondement dans le § 1er, où se trouve le principe générateur de toutes les actions possessoires.

§ 2. *Suite de la nature de l'action relative à la compé-tence.*

Si l'action en bornage n'est pas proprement
possessoire, n'a-t-elle pas lieu dans l'état actuel
de possession ou de jouissance, ou plutôt dans
l'état où se trouvent les propriétés au jour de la
demande ?

A ce point de vue, la question mérite une attention très sérieuse, d'autant plus que c'est là où
convergent maintenant tous les adversaires pratiques de la loi, tous les hommes d'affaires de haut
et de bas étages ; quelques tribunaux même, hési-
tant encore à se prononcer, ont pris cette voie
douteuse ; d'autres l'ont rejetée, et ont proclamé

les vrais principes qui déjà ont commencé à se faire jour et finiront par triompher.

C'est dans le commentaire de M. GIRAUDEAU, qui a paru aussitôt la loi, que je trouve émise cette opinion extraordinaire.

Pour que le juge de paix soit compétent, dit cet auteur, sur ces sortes d'actions, il faut qu'il ne s'agisse que de la *jouissance actuelle* des propriétés au jour de la demande ; car si ces actions étaient formées par l'assignation en ces termes : « Pour voir ordonner l'assigné que le juge de paix fera procéder à l'arpentage des propriétés respectives des parties pour établir sur la ligne les bornes divisoires : » dans ce cas, le demandeur formerait une *demande en revendication* d'une partie de terrain ; de là la conséquence que le juge de paix s'arrogerait un droit que la nouvelle loi ne lui accorde pas, attendu qu'en pareille matière il s'agirait *d'interpréter les titres* de propriété; il faut donc dire que les actions en bornage ne doivent et ne peuvent être entendues que dans l'état *de la possession actuelle* des parties, c'est-à-dire au moment où la demande est formée. — V. *Commentaire*, loi 25 mai 1838, p. 84.

Cette conclusion de M. Giraudeau doit paraître d'autant surprenante qu'il rapporte la réponse de M. Amilhau à l'interpellation de M. Taillandier et l'adopte tellement qu'il ajoute : « Les actions dont parle le § 2 n'étaient pas soumises à la juridiction des juges de paix par la loi de 1790 ; il est donc très important de ne pas oublier pour son interprétation la *distinction établie* par la commission et sanctionnée par la Chambre et qui n'est pas très clairement indiquée par le texte. »

Dans l'alinéa qui suit, il recommande bien de ne pas confondre l'action prévue par l'art. 646, C. civ. avec celle en déplacement de borne qui pouvait comme *action possessoire* être soumise à la juridiction de paix même avant la loi de 1838. — Tout *ayant droit à la propriété* peut intenter cette action.

Cette contradiction de raisonnement et de conséquence est inconciliable.

Comment, vous reconnaissez d'abord que, lorsqu'il y a *désaccord sur les limites, les titres sont remis au juge de paix qui fait une visite, fait mesurer les terrains, y applique les titres et borne d'après le travail de l'expert*, et puis vous viendrez conclure en terminant vos observations sur l'examen du § 2 de l'art. 6 de la loi, qu'il ne s'agit que de *jouissance actuelle*, de *possession actuelle ?*

Pourquoi ensuite faire ressortir la distinction de la commission, puis dire que tout ayant droit à la propriété peut agir par cette action ; pourquoi rappeler les principes, renvoyer à l'arrêt de Rouen pour l'exercice de l'action par le mari ? Tout cela était inutile quand vous alliez décider que l'action en bornage n'était en quelque sorte que possessoire, car on a beau déguiser le mot, la chose reste. — Prétendre qu'il ne s'agit que de la jouissance actuelle des propriétés au jour de la demande, que la demande ne peut être formée que dans l'état de la possession actuelle, ce n'est jamais là que du possessoire en définitive.

A quoi servent les titres donc? sera-ce pour éclairer le possessoire? mais le possessoire n'aurait même pas besoin de lumière, l'opération n'ayant lieu que dans la jouissance actuelle au moment de la demande.

Il ne peut y avoir non plus de désaccord sur le lieu de bornage, puisque c'est la jouissance actuelle qu'on envisage; on borne les propriétés comme elles sont, comme elles se trouvent, les limites étant connues.

Que faire également d'un expert? pour creuser des trous et y placer des bornes? Les propriétaires n'ont pas besoin d'un être inutile et parasite, et la commission par l'organe de son rapporteur, en parlant d'expert qui déterminerait l'endroit où la borne serait placée, a voulu évidemment que l'expert-géomètre allât à la recherche des limites en mesurant, en arpentant les pièces de terre soumises au bornage.

Nous arrivons au passage lui-même. Comme nous l'avons dit, d'après les motifs qu'il venait d'exposer, l'auteur aurait dû déduire une tout autre conséquence et adopter l'opinion opposée.

Quelques raisons sont sans doute données; mais elles ont si peu de valeur, de force, qu'il sera facile de les refuter.

D'abord, première observation : si la citation a pour but l'arpentage pour établir sur la ligne les bornes divisoires, revendication d'une partie de terrain.

Où a-t-on vu que *l'arpentage* conduisait à la *revendication ?* Ce moyen employé est le seul praticable pour rechercher les limites de chaque propriété. — Jusqu'à un certain point on concevrait encore cette prétention, si, arguant d'un déficit et annonçant qu'il est dans la pièce immédiatement contiguë, on demandait le mesurage; mais dans la formule de M. Giraudeau, il n'est point du tout question du déficit ; pour voir ordonner, dit-il, l'assigné que le juge de paix fera procéder à l'arpentage des propriétés respectives des parties pour établir sur la ligne les bornes divisoires.

Assurément il n'y a rien dans ces conclusions qui puisse faire présumer une revendication quelconque. Les propriétaires ne savent pas souvent eux-mêmes ce que contiennent les pièces de terre, et du reste les répartitions de terrains qui ont lieu par suite de la recherche des limites ne sont pas des revendications.

La seconde observation porte sur ce point, qu'en pareille action il s'agirait d'interpréter les titres de propriété et que le juge de paix n'a pas ce droit.

Si au possessoire les titres peuvent être interprétés pour savoir quelle est la partie qui a le plus de droits, dans l'occurrence, ils le peuvent être bien plus encore.

En ce cas, l'interprétation des titres ne serait encore qu'exceptionnelle et assez rare, et dès lors la règle devrait reprendre son empire, parce qu'en supposant que les titres ne puissent être interprétés (*ce qui est une erreur*) on ne pourrait en nier au moins leur application aux terrains.

M. Giraudeau cite par forme de renvoi Henrion de Pansey, chap. 24, et Carré, t. II, 272.

On sait que ces deux auteurs n'ont point écrit sur la loi de 1838 : la citation n'est relative qu'aux actions pour déplacement de bornes ; elle ne concerne point le bornage.

Quand nous disions, il n'y a qu'un instant, que le bornage, dans l'état de la possession actuelle, n'était encore en définitive qu'une action possessoire déguisée, notre prévision était exacte ; car cette qualification, étrange sans doute, de l'action en bornage a été suivie par un ancien juge de paix, M. Biret, qui, publiant une nouvelle édition du Manuel de Levasseur, y a joint un petit commentaire de la loi de 1838.

Sur le § 2 de l'art. 6, M. Biret, après avoir annoncé que le bornage doit être placé au rang des actions pétitoires, en ce qu'il produit une espèce de division de propriété, ou du moins une délimitation, — et que c'est pour cela que la loi de 1790 ne l'avait pas compris dans les attributions possessoires des juges de paix, « dit qu'à présent le juge

de paix est compétent pour statuer sur les actions
en bornage comme il l'est et le fut toujours pour
juger les déplacements de bornes. Ces deux sortes
d'actions sont réputées d'une *même nature possessoire par la loi actuelle.* Cependant il faut admettre
une grande différence entre elles. Le bornage n'est
dans la compétence des juges de paix que lorsqu'il s'agit de la possession des objets contigus et
non lorsque la propriété en est contestée en tout
ou en partie. Le déplacement des bornes au contraire est toujours dans la même compétence, car
il n'est par lui-même qu'un fait ou voie de fait qui
trouble le possesseur. Ainsi, dans le cas de revendication de propriété ou de contestation sur les
titres dont il faut faire l'application au terrain, le
juge de paix est compétent pour statuer sur le
bornage. »

Nous sommes étonné d'un pareil raisonnement
de la part d'un juge de paix qui doit savoir mieux
que personne ce que c'est qu'une action possessoire, et quels sont les éléments essentiels de ces
sortes d'action.

Nous demanderons à M. Biret s'il peut comprendre une action possessoire ayant pour objet principal le bornage. Nous renverrons à ce que nous
avons dit plus haut. — Pour exercer cette action,
il faut une possession annale, un trouble dans cette
possession, et la mise en mouvement dans l'année.
Où sera le *trouble ?* Sera-t-il dans *l'absence* de signes délimitatifs ? Non bien certainement. C'est

autre chose qu'il faut, un acte, un fait quelconque conduisant ou ne conduisant pas à la possession, peu importe.

Où M. Biret a-t-il vu que l'action possessoire en déplacement de bornes et l'action en bornage étaient réputées d'une même nature possessoire par la loi actuelle?

Est-ce la classification de l'article 6 qui a pu faire naître cette idée? Elle serait des plus fausses, le paragraphe 1er contenant tout ce qui a rapport au possessoire, et le paragraphe suivant ayant pour objet des matières entièrement étrangères au possessoire. Elles se trouvent réunies sous le même article à cause du *ressort ;* elles auraient pu être rangées sous un meilleur ordre, mais cet inconvénient n'en change pas la nature.

« Le bornage, dit encore cet auteur, n'entre « dans la compétence du juge de paix que lorsqu'il « s'agit de la *possession* des objets contigus, et non « lorsque la *propriété* en est contestée en tout ou « en partie. »

Le sens de la loi est ici faussé dans son expression. La loi dit que le juge de paix connaît des actions en bornage, lorsque la propriété ou les titres qui l'établissent ne sont pas contestés.

Il n'est pas question d'un bornage possessoire ou provisoire, mais du bornage définitif, sans contestation, ni de titre, ni de propriété, la connaissance

de ces contestations appartenant exclusivement
aux tribunaux d'arrondissement.

M. Biret semble croire que lorsqu'il s'agit de
propriété, il y a toujours contestation, et il refuse
au juge de paix toute connaissance de l'action en
bornage. Cette conséquence serait exacte si telles
étaient les choses ; mais il n'en est rien , car le
bornage peut avoir lieu définitivement et produire
tous les effets ordinaires de ces sortes d'opérations, sans qu'il y ait la moindre contestation, ou
au moins sans que le fond du droit soit essentiellement affecté. — Alors, mais seulement alors, la
justice de paix ne pourrait être saisie de ces difficultés.

Les Annales de la science des Juges de paix, originairement sous la direction de M. Giraudeau,
actuellement sous celle de M. Jay, qui a fait subir
à ce recueil de notables changements, d'excellentes améliorations, surtout sous le rapport des
annotations faites avec savoir et beaucoup de soin,
contiennent plusieurs articles sur le bornage, sur
lesquels je reviendrai ; je m'occuperai en ce moment de l'article qui a rapport à la question. J'en
citerai quelques passages. V. année 1841, t. VIII,
p. 80.

La question posée concerne un déficit, et par
conséquent l'arpentage comme moyen nécessaire.

L'auteur anonyme décide d'abord que c'est là
une délimitation, et que délimiter c'est circon-

scrire, étendre les droits de propriété, et que le juge de paix ne peut régler la délimitation.

Puis il ajoute : Le bornage, sous quelque point de vue qu'on le considère, ne s'applique qu'à la possession, il s'efface avec elle. Il cite à l'appui un arrêt d'Orléans, de 1816, un autre de Besançon, de 1828, arrêts dont nous parlerons plus loin.

Ce qui se passait sous la loi de 1790 est rappelé : « Compétents pour déplacements de bornes, les juges de paix en connaissaient par voie de complainte ou réintégrande, par conséquent n'ayant que l'examen du simple fait de possession ou de dépossession, leur juridiction ne pouvant, en aucun cas, dépasser l'année du trouble; franchir cet espace, c'eût été aboutir au pétitoire, et le législateur ne l'a pas voulu, parce que l'on aurait touché au fond du droit. — Distinction entre l'action en rétablissement des bornes déplacées et celle en plantation de bornes est faite : l'une est possessoire, l'autre est trop près de la propriété. — Ce n'était qu'exceptionnellement et incidemment qu'il y avait placement de bornes au cas de complainte.

L'auteur se demande si la loi de 1838 a changé les principes de compétence, il décide que non. Il donne l'opinion du rapporteur.—S'il en était autrement, on bouleverserait la hiérarchie judiciaire; plus de juridiction de Cours royales. Non, en matière d'immeubles ou de droits immobiliers, la loi de compétence de 1838 n'a pas fait entrer *le pétitoire* dans les attributions des juges de paix ; c'est ce qu'indique au surplus *l'article 6 lui-même par la nomenclature qu'il donne des cas possessoires, et au nombre desquels est comprise l'action en bornage.* — Il y aurait lieu à cassation du jugement contradictoire ou de défaut, si le juge de paix n'avait point égard à la résistance du possesseur sur le droit de propriété, à moins que le demandeur, n'insistant que sur le fait de possession, ne veuille obtenir qu'un bornage possessoire, et sans préjudice de se pourvoir ensuite au principal.

Cette opinion, qui se produit sous de spécieuses apparences, a pour fondement des raisonnements vrais pris abstractivement, mais faux relativement à la matière.

La délimitation, nous n'en parlerons pas en ce moment ; nous dirons seulement qu'il n'existe pas d'action en délimitation pas plus qu'en arpentage : borner, c'est délimiter, c'est tout un.

Ce que vous dites de la loi de 1790 est fort bien dit. Vous avez raison de décider que l'action en plantation de bornes était trop près de la propriété pour appartenir aux juges de paix. — La plantation de bornes, comme nous l'avons prouvé, n'avait jamais lieu qu'accessoirement et jamais par voie principale, c'était l'exécution du jugement possessoire.

Sous l'empire de cette loi et du Code judiciaire de 1807, le juge de paix avait quelques attributions relatives aux immeubles qui n'étaient pas de nature possessoire : les dommages aux champs, les réparations locatives, les dégradations, les indemnités pour non-jouissance ; toutes actions incontestablement qui pouvaient n'être point intentées dans l'année.

Je suppose même que les juges de paix n'avaient rien de pétitoire avant la loi nouvelle, ce ne serait pas un motif pour que le législateur de 1838 ne lui ait pas déféré quelques attributions de cette nature.

L'anonyme n'est pas heureux dans sa citation pour établir que la compétence n'a pas reçu de changements ; car il cite la réponse de M. Amilhau comme faisant connaître l'esprit du texte qui était en discussion. C'est là précisément où l'on aurait dû voir que c'était l'action ordinaire en bornage de droit commun que l'on déférait aux tribunaux de paix. On ne conçoit pas qu'en présence d'un semblable document, on puisse ne voir que le possessoire.

Le renversement de la hiérarchie judiciare n'a que faire dans l'occurrence. Et pourquoi, nous le demandons, les causes en bornage resteraient-elles dans la juridiction des Cours d'appel?—On n'ignore cependant pas les vrais et urgents motifs de cette extension de compétence.—Au surplus, les garanties existent toujours et le propriétaire n'a rien à craindre des erreurs de son seul juge qui ne peut pas entrer dans la connaissance des incidents, des

10

difficultés de propriété ou de titres; et les questions matérielles qu'il a pu résoudre peuvent encore être revisées, puisque ce n'est jamais qu'en premier ressort qu'il a attribution.

La prétention des plus erronées que nous avons signalée plus haut se trouve reproduite dans l'article; il y est dit : *qu'au nombre des actions possessoires est comprise l'action en bornage.*

Nous renverrons à ce que nous avons dit à cet égard en commençant ce paragraphe. — Nous n'insisterons pas, car l'évidence se touche du doigt.

Nous terminerons l'examen de la question du bornage possessoire, ou dans les limites reconnues, par la citation d'un ouvrage qui a paru dans ces derniers temps sur le droit de possession et les actions possessoires, du traité de M. BÉLIMÉ, professeur à la faculté de droit de Dijon.

Voici ce que dit cet écrivain, p. 229, n° 214 :
« La loi de 1838 attribue au juge de paix la connaissance des actions en bornage, lorsque la propriété ou les titres ne sont pas contestés ; mais, a-t-on dit, comment entendre cela ? Peut-il y avoir procès en bornage sans contestation sur la propriété ? De deux choses l'une : ou bien les parties sont d'accord sur la limite de leurs héritages et il n'y a pas de procès ; ou bien elles ne sont pas d'accord, l'un prétendant que la *borne* doit être placée à *tel endroit*, l'autre à tel autre, ce qui se présente toujours, et alors il y a litige sur la

propriété, de sorte que le juge de paix ne sera jamais compétent. »

M. Bélime recherche quelle a été la pensée du législateur; il ne rencontre que la réponse de M. Amilhau qu'il trouve fort insuffisante. — Il est d'avis que la loi ne doit pas être ainsi comprise. Le rapporteur ne parlant que de contestation de titres, il pense que ce dernier s'est abusé et n'a eu en vue que les titres. — Il croit au contraire qu'une question de propriété s'élève lorsque les deux propriétaires disputent *sur la place des bornes*, que tout l'espace intermédiaire est litigieux, que chaque partie le revendique et que si c'est une question de propriété immobilière, le juge de paix n'aurait pas qualité pour la trancher.

Arrêtons-nous là, et pesons ces raisonnements d'un professeur de droit romain qui a publié un traité à vues larges et neuves et dont la diction est remarquable pour un tel ouvrage.

Si je ne m'abuse, je crois que M. Bélime s'est mis à côté du vrai.

D'abord la réponse du rapporteur de la commission à la Chambre des députés, sur l'interpellation qui lui avait été faite, n'est pas tout ce qui a été dit sur la question. — La pensée du législateur se révèle dans les discours des années précédentes. Cette réponse de M. Amilhau nous semble étroitement interprétée par l'auteur. — En ne parlant que du titre, le rapporteur n'a pas entendu qu'il n'y avait que dans ce cas qu'il fallait aller

10.

devant les tribunaux ordinaires. C'est comme si
par ces mots : la borne sera plantée à l'endroit
déterminé par un expert, on en tirait la conséquence que l'expert ne doit point mesurer les terrains. — Et il est évident que le rapporteur n'a
pris qu'un des deux cas prévus et que sa pensée
s'est fixée plutôt sur le titre qui est la chose principale, que sur la propriété dont les contestations
sérieuses sont fort rares. — Il est donc certain que
la dernière partie de la réponse porte tout à la fois
et sur les titres et sur la propriété.

Mais ce qui a plus de gravité, c'est ce qu'ajoute
l'auteur : « N'est-ce pas, dit-il, une question de
propriété qui s'élève, lorsque les deux propriétaires disputent sur la place des bornes que l'un veut
placer ici et l'autre là ? Tout l'espace intermédiaire
n'est-il pas litigieux ? Chaque partie ne le revendi-
que-t-elle pas ? »

Je n'hésite pas à me prononcer contre un semblable raisonnement qui est contraire à toutes les
règles pratiques admises en matière de bornage,
et véritablement il faut ne pas faire attention à ce
qui se passe lors de ces opérations, pour décider
que, quand les plaideurs ne s'entendent pas sur le
lieu du bornage, la contestation tombe sur la propriété, et que le juge de paix doit renvoyer devant le tribunal d'arrondisssement.

En effet, que peut venir prétendre l'un des plaideurs ? Qu'ayant toujours joui de sa pièce de terre
comme elle est, il ne veut pas qu'elle varie ; —

Qu'il ne veut pas du terrain de son voisin ou qu'il n'entend pas non plus en remettre à d'autres; — Qu'il conteste le projet des reprises fait par l'arpenteur, et en un mot toute l'opération, tout le travail.

Eh bien ! dans ce cas, croit-on que le juge saisi devra s'arrêter? Qu'il sera paralysé dans la plus bienfaisante de ses attributions? Il dira au contestant : toutes ces choses sont la conséquence du bornage, ce sont des difficultés matérielles qui tiennent à son essence. — Pour arrêter le juge dans son opération, il faut des contestations touchant la propriété, par exemple la prescription trentenaire, et encore qu'elle ait l'apparence d'un droit; invoquée en plaine, elle devrait être écartée comme n'ayant pas de caractère légal.

M. le professeur de Dijon déplore les résultats de cette interprétation. Comment le juge de paix, compétent pour quelques sillons, peut-il l'être pour un espace de terrain considérable? et pourquoi pas? Au surplus, ces craintes manquent de fondement dans la pratique, parce que tout le monde sait que généralement les anticipations ne se présentent jamais pour des espaces considérables, et eussent-elles lieu, qu'il faudrait en subir les conséquences. Les tribunaux de paix ont ou n'ont pas dans leurs attributions nouvelles les actions en bornage : s'ils les ont, il est peu logique de baser une opinion sur le plus ou le moins d'intérêt. Un intérêt médiocre doit importer autant en

droit qu'un intérêt majeur, parce que la compétence est une, et que plus ou moins de valeur ne
peut paralyser, annihiler cette compétence.

Voici comme termine M. Bélime : « Le but du
législateur, méconnu, à ce qu'il nous semble, par
la commission, sera facilement compris de tous
ceux que le contact des campagnes a familiarisés
avec les habitudes des propriétaires. Il n'est pas
facile de les amener à borner volontairement,
quand même aucune difficulté ne s'élève sur la délimitation des héritages. On leur parle, on leur
écrit même, ils ne répondent pas ; mais sur l'assignation qu'on leur donne, ils consentent à borner, en payant les frais jusque-là. Ce sont ces espèces de contestations, journalières dans les campagnes, que la loi a sagement placées dans les attributions de la justice de paix, parce qu'il est
déplorable d'obliger les parties à en saisir un tribunal éloigné, devant lequel les frais sont plus
considérables ; mais entendre autrement la disposition, ce serait en contrarier les expressions, non
moins que toutes les règles de la compétence. »

Nous sommes loin de partager à cet égard le
sentiment de M. le professeur de Dijon. Nous lui
dirons que nous, qui avons été et sommes encore
en contact habituel et incessant avec les petits
comme avec les grands propriétaires, nous traite-
rions de fou ou de méchant le propriétaire qui
exigerait, quand les limites sont connues et cer-

taines, que des bornes fussent placées par le magistrat cantonal dans des endroits incontestés et incontestables.

En effet, à quoi servirait l'intervention du juge
dans de semblables circonstances ? je dirai plus, à
quoi servirait même la présence d'un arpenteur ?
Ne sait-on pas que les cultivateurs jalonnent aussi
exactement que les hommes de l'art. Toutes les fois
qu'il ne s'agit que de placer des bornes, les cultivateurs s'y entendent aussi bien que qui que ce
soit. Voilà ce qui se pratique : — La résistance
des propriétaires ne vient jamais à l'occasion du
placement des bornes, mais bien de ce qu'ils crai-
gnent les reprises, ou déplacement, ou variation
de leurs pièces de terre. — Mais cette crainte n'existe point lorsqu'il n'est pas question de mesurer.
— Sans doute quelquefois il arrive que par taqui-
nerie on se laisse écrire, avertir même par le magistrat conciliateur ; mais une fois que les parties
se sont expliquées, une fois qu'elles se trouvent
devant le juge, leur contenance change ; des pré-
textes sont allégués pour ne pas s'être rendus sur
les lieux pour borner. Voilà les vraies habitudes
de tous les pays, et il n'est pas de juge de paix qui
n'ait en deux mots déjoué tous les subterfuges de
la mauvaise foi ou du mauvais vouloir ; et bien
certainement ce ne sont pas ces *espèces de contestations* que la loi a placées dans le domaine de la
justice de paix, mais bien les bornages ordinaires
dont les frais jetaient les familles dans la gêne

pour longtemps, s'ils n'entraînaient parfois leur
ruine.

Quand M. le professeur dit que la loi ne peut
pas être entendue en un sens qui changerait complétement la compétence du juge de paix et bouleverserait tous les principes admis, il nous semble
qu'il se met en contradiction avec ce qu'il dit plus
haut, en parlant des actions en distance pour
plantation, qui, selon lui, appartiennent au juge
de paix au fond et sous le rapport *pétitoire* (ce sont
ses propres expressions).

Nous citerons encore, pour terminer, l'examen
de la question du bornage dans les limites actuelles de la possession, un article inséré dans *le Juge
de paix* d'AUGIER, tome XIII, p. 57, signé des juges
de paix et suppléants de Chartres, et que nous ne
devons pas laisser passer inaperçu, parce qu'il
contient beaucoup d'erreurs.

Nous essaierons d'en présenter une analyse substantielle, si c'est possible.

Les auteurs commencent par exposer les deux
opinions tranchées.

Première opinion : — Bornage précédé d'arpentage conformément aux titres non contestés.—Ré-
intégration de parcelles usurpées.—Non-anticipa-
tion, bornage rare. — Trouble annal, action possessoire ouverte, mais le trouble étant difficile à
prouver, nécessité de l'action en bornage précédé
de l'arpentage.

Seconde opinion : — Propriété ou titres non contestés, bornage dans les limites de la possession ; porté en justice de paix, exclusion d'arpentage. —Usurpation d'un mètre de terrain, engagement d'une question de propriété, solution interdite au juge de paix. — Reconnaissance de la possession actuelle, seul pouvoir, sauf recours au pétitoire, si empiétement de plus d'un an.

Quelle doit prévaloir ? — Retirée aux tribunaux d'arrondissement et attribuée aux juges de paix pour faciliter les délimitations par une voie expéditive et peu coûteuse, garantie d'usurpations ultérieures, surtout celles peu sensibles, moyen d'éviter les contestations multipliées à défaut de bornes, but atteint par la plantation des bornes dans la jouissance actuelle.

Action en bornage formée en général pour usurpation, erreur ; but est de le prévenir ; beaucoup consentent ; si mauvaise volonté ou entêtement à cause des menus frais, recours à la loi de 1838. —Bornage de jouissance, consécration des usurpations, des ratirages, non ; réintégrande alors.

Si action en bornage, il n'aura lieu qu'après que l'usurpation aura été reconnue, donc pas d'usurpation consacrée.

Si action en bornage après l'année d'usurpation, recours alors à l'action en revendication par suite d'arpentage, au pétitoire devant le tribunal d'arrondissement.

C'est à cause de la négligence ou mauvaise foi des fermiers à laisser opérer des anticipations, que les actions en arpentage et en restitutions d'usurpations successives et insensibles ont été déclarées imprescriptibles; — pas de compétence pour les demandes en arpentage.

La règle de l'imprescriptibilité des usurpations insensibles n'est pas toujours d'application facile. *Exemple* : Titres de propriété : 150 hectares en 200 pièces, toujours différence d'un trentième, d'un vingtième, plus ou moins. — Cadastre et vérification des propriétaires démontrent qu'il n'y a pas accord des titres avec les contenances réelles. — Si le bornage est précédé d'arpentage, et si l'opération a pour but les restitutions, 90 ou 100 procès avec leurs voisins pour leur fournir leurs quantités, et même nombre de procès pour être fournis.

D'aucuns ne reconnaissent compétence que pour petites parcelles; — ou tombe dans l'arbitraire.

Avant la publication du Code civil, inexactitude dans les énonciations de contenance, presque toujours c'était environ; les uns interprétaient dixième, d'autres vingtième, d'autres trentième. — Extension du mot *environ* par la stipulation, comme elles se poursuivent et comportent. — Depuis le Code, *environ* est limité à un vingtième (1619); stipulation alors de non garantie au delà du vingtième.

Incertitude sur les bases, et alors les juges de paix ne peuvent résoudre les questions qui tiennent essentiellement à la propriété.

D'après la loi de 1838, compétence pour simple bornage ; lorsqu'on demande un arpentage, incompétence. — Quelques tribunaux dans ce sens ; jugement de Meaux, du 31 juillet 1839.

Citation de l'arrêt d'Orléans, du 4 août 1816 ; pas d'anticipation, pas d'arpentage. — Bornage dans la possession actuelle.

Principe juste en 1816, l'est également depuis 1838 ; les juges de paix ne peuvent connaître des questions de propriété, il y aurait cumul du possessoire avec le pétitoire.

Dans l'incertitude où sont les meilleurs esprits, s'abstenir, se rendre incompétent.

Nous suivrons MM. les juges de paix de Chartres dans leurs raisonnements dont nous venons de donner la substance.

Ils pensent que le but du législateur, en enlevant aux tribunaux d'arrondissement les actions en bornage, a été de prévenir les petites usurpations insensibles très fréquentes, et d'éviter d'autres contestations résultant du défaut de bornes, et que ce but se trouve atteint par la plantation de bornes dans l'état actuel de la possession.

Nous ne partageons pas cette opinion, parce que si un propriétaire s'aperçoit d'une usurpation, il la peut faire réprimer par la voie possessoire, si toutefois il ne laisse pas passer l'année ; et on

n'a pas besoin, dans ce cas, du secours du bornage
dans la possession actuelle. — Le but du bornage
est non-seulement de faire limiter les propriétés,
mais encore de faire rentrer chacun dans le terrain
qui lui manque.

Nous ne répondrons pas à cet argument banal,
que l'action en bornage n'est que le droit de faire
planter des bornes ; nous renverrons à ce que nous
avons dit ailleurs. — D'après cet article, la loi ne
serait faite que pour les entêtés et gens à mauvais
vouloir. Ce n'est pas là, certes, que le législateur
a voulu porter la réforme, il a été à la vraie difficulté. Si nos collègues de Chartres consultaient les
minutes du greffe du tribunal de leur ville avant
1838, ils ne verraient aucune affaire en bornage
qui ne tendrait qu'à la simple plantation de bornes.
Cette vérification est inutile ; car le bon sens est
plus fort que tous les raisonnements. Comme nous
le disions, il faut être ou fou ou méchant pour se
laisser faire un procès en plantation de bornes ; et
depuis que nous vivons parmi les habitants des
campagnes, cette race ne nous a point encore appa-
ru. On résiste un instant, mais on rougit bientôt
de cette résistance d'amour-propre.

Messieurs de Chartres répondent ensuite à un
argument de la localité, à savoir le ratirage, ou
usurpation par labour, sans doute. Nous sommes
de leur avis en cela ; la complainte et la réintégrande sont là : le bornage, dans l'état de la possession actuelle, n'a que faire dans l'occurrence.

Non, sans doute, l'usurpation ne sera pas consacrée ; mais si l'année est passée sans action de la
part de l'usurpé, il faudra, d'après nos collègues,
se pourvoir par l'action en revendication par suite
d'arpentage, qui est une action pétitoire. Oh! alors,
où sont les vues d'économie et la voie expéditive
qu'a désirées le législateur.

L'action en bornage ordinaire est bien plus simple, et c'est celle-là qu'a voulue la loi nouvelle.

MM. les juges de paix de Chartres donnent à
l'arrêt de Paris de 1821, une bien singulière base :

« S'il a été décidé que les usurpations successives et insensibles n'étaient pas susceptibles de
prescription, c'est à cause de la négligence et de
la mauvaise foi des fermiers qui laissent opérer
des anticipations et ne les font pas réprimer. »

De pareilles raisons seraient vraiment peu dignes
des tribunaux. Elles ont une autre base dans la
nature des choses : c'est qu'en plaine il est impossible d'établir de telles anticipations, et qu'elles
ne peuvent réunir les conditions exigées pour conduire à la prescription.

Viennent après les détails sur les contenances
avant comme après le Code civil, et la conclusion
que les juges de paix ne sont point appelés à résoudre les questions qui tiennent essentiellement
à la propriété.

Il semblerait vraiment que l'on raisonne comme
si la loi n'avait pas apporté à l'extension de com-

pétence des conditions. Eh bien ! dans les difficultés de contenance énumérées, si le juge y croit voir des contestations de titres, alors il en laisse la connaissance aux tribunaux d'arrondissement.

Mais ce n'est pas une raison, parce qu'il peut s'élever de nombreuses et importantes difficultés qui peuvent sortir de la compétence du juge de paix, pour refuser à ce magistrat le droit d'être saisi de l'action elle-même qui donne naissance à ces difficultés.

Une prétention qui ne nous paraît pas sérieuse est celle-ci : la loi, en attribuant aux juges de paix la connaissance des actions en bornage, les a uniquement chargés de l'application de l'art. 646 du Code civil, portant : tout propriétaire peut obliger son voisin *au bornage*. Voilà le cercle tracé de l'attribution des juges de paix dans cette matière; lorsqu'on demande *un arpentage* on sort de ce cercle, et par conséquent les juges de paix sont incompétents.

Nous ne ferons pas le reproche à nos collègues d'un chef-lieu de département et d'une grande ville de ne pas connaître la source d'où a été tiré l'article 646 de notre Code. *Bornage* ne veut pas dire placement de bornes seulement, il suffit de consulter tous les auteurs anciens et nouveaux pour se convaincre du contraire : *bornage* est une expression complexe, c'est l'action *de Finibus regundis*, du règlement de limites.

Ils ont pris à la lettre l'art. 646, au risque de faire dire à la loi ce qu'elle n'a jamais voulu dire. — Il n'existe pas d'action en arpentage et l'on ne sort pas du cercle tracé en demandant d'employer le seul moyen possible pour rechercher les limites.

Nous ne parlerons pas en ce moment des arrêts cités, seulement nous ferons observer à nos collègues de Chartres, qui reçoivent des recueils de jurisprudence, qu'ils sont dans l'erreur en annonçant que la Cour de cassation n'a point encore été appelée à statuer sur cette difficulté ; il existe un arrêt de rejet de cette Cour, à la date du 1er février 1842, qui, jugeant que c'est par dérogation au droit commun que l'action en bornage a été déférée aux juges de paix, décide nécessairement que cette action rentre dans leurs attributions.

Avant de passer à un autre chapitre, nous devons nous arrêter un instant sur une opinion émise par quelque membres du barreau du chef-lieu du département de l'Aisne :

Voici ce que nous lisons dans une consultation :

« On distingue l'action en bornage proprement dite d'avec l'action en arpentage et bornage.

« L'action en bornage a pour objet la délimitation, rien que la délimitation des pièces d'héritage contiguës l'une à l'autre. Elle a lieu toutes les fois qu'un propriétaire veut que les limites, souvent vacillantes à raison de la culture, ne soient changées et que des anticipations, souvent difficiles à constater, ne soient commises à son préjudice.

« Cette action, d'après la disposition du n° 2 de l'art. 6 de la loi du 25 mai 1838, qui est plus explicite sous ce point que la loi de 1790, est de la compétence du juge de paix.

« Ce magistrat connaît des *limites de la possession* à titre de propriétaire de chacun des voisins, prescrit des mesures pour que ces limites soient fixées et invariables, soit par la plantation de pierres, de pieux, suivant l'usage des localités, et peut même ordonner que les pièces bornées seront arpentées et portées sur un plan figuré sur un procès-verbal contradictoire, avec indication des portées de chaîne d'une borne à l'autre, afin de faciliter le récolement et le rétablissement des limites, si les bornes par accident, ou malveillance, ou par fraude, venaient à être déplacées ou disparaître.

« Voilà bien l'action en bornage dont parle l'article 648 du Code civil; l'opération du bornage a lieu à frais communs d'après cet article, c'est bien aussi cette action que le juge de paix doit connaître aux termes de la loi du 25 mai 1838. »

La distinction que l'auteur de la consultation établit entre l'action en bornage et l'action en arpentage et bornage est dépourvue de base fondée en droit; il sera prouvé que cette distinction est illogique.

L'action en bornage ne serait qu'une mesure préventive, et rien de plus d'après le consultant.

Elle aurait son germe dans la loi de 1790 puisqu'il est annoncé que l'art. 6 de la loi de 1838 est plus explicite. Je ne comprends pas bien cela ; on aurait dû au moins dire pourquoi cette dernière loi était plus explicite sur ce point que la loi primitive. Serait-ce parce que les juges de paix avaient compétence pour les déplacements de bornes ? mais, comme je l'ai prouvé, l'action en déplacement de bornes était toute possessoire, par conséquent trouble annal et exercice annal de l'action.

Le sens en est expliqué par ce qui suit : ce magistrat, dit-on, reconnaît les *limites de la possession* à titre de propriétaire par la plantation de bornes, peut ordonner l'arpentage avec plan figuratif, afin de faciliter le récolement.

Cette manière d'envisager la question paraît un peu moins étroite que les précédentes ; mais, en résultat, c'est toujours le même point de départ. Limites de la possession, à titre de propriétaire, ajoute-t-on. Cette addition est sans doute pour colorer les limites de la possession, et afin de donner le change et d'éviter que l'on ne confonde cette opinion avec celles qui se sont déjà produites.

On permet l'arpentage au magistrat saisi de l'action, mais c'est seulement pour constater les limites actuelles possessoires, afin de faciliter le récolement, si besoin était.

Cet arpentage n'est qu'un leurre ; il est inutile,

car le plan des pièces de terre, le procès-verbal qui
en contient la quantité matérielle avec balance
de bornes entre elles est suffisant, puisque la quantité, selon la possession ou jouissance actuelle, est
certaine ou reconnue par toutes les parties.

N'est-ce pas là toujours le bornage dans l'état
actuel de la possession au moment de la demande?

L'arpentage, comme il est entendu dans la consultation, pourrait avoir lieu dans un seul et unique
cas, lorsque les propriétaires étant d'accord de
rester dans leurs limites actuelles ne connaissent
cependant pas leur quantité effective et respective.
— Ce cas est extraordinairement rare, ou plutôt
ne se rencontre pas. Quand on est d'accord sur les
limites, on ne fait pas d'arpentage; on borne, et
voilà tout. Il n'y a pas de contestations ni difficulté, il n'y a rien.

Voici comme j'ai réfuté cette prétention dans
mon jugement, cité plus haut : cette action, qui a
tous les dehors d'une action possessoire, n'en est
cependant pas une, puisqu'elle manque d'un des
éléments constitutifs du possessoire, le trouble et
l'exercice annal de l'action ; d'un autre côté, s'il ne
s'agit que de planter des bornes dans l'état où sont
les propriétés au moment de la demande, si l'on ne
se plaint d'aucun déficit, si l'on est d'accord sur les
limites, si on ne veut seulement qu'une simple plantation de bornes, une pareille demande n'en est
pas une ; car à quoi sert une plantation de bornes
judiciaire quand on est d'accord sur les limites?

— En vain, pour colorer une action aussi inefficace, on prétendrait que le juge connaissant les limites de la possession, peut ordonner des mesures, afin de rendre invariables les bornes, comme l'arpentage avec plan figuratif indiquant les contenances et marquant les bornes avec portées de chaînes ; de semblables mesures seraient d'abord sans aucune utilité et l'intervention de la justice sans but, car quel est le propriétaire qui ne consente à planter des bornes à l'amiable sans la présence du magistrat cantonal ?

Les partisans du bornage possessoire, ou d'après la jouissance au moment de la demande, semblent tous avoir pris pour point de départ un arrêt de la Cour d'Orléans du 24 août 1816.

Cet arrêt se trouve dans les principaux recueils. Nous le donnons ici en son entier et le ferons suivre de quelques observations.

SOMMAIRE : — *Le propriétaire qui demande le bornage ne peut exiger que les propriétés contiguës soient préalablement arpentées lorsqu'il n'articule d'ailleurs aucune anticipation, et qu'on lui oppose une possession trentenaire.* — *Dans ce cas, le bornage doit se faire dans les limites de la possession actuelle des propriétés.*

Arnault.—C. Bertaud.

30 octobre 1814, assignation donnée à Arnault, de la part de Bertaud, son voisin, à fin d'arpentage et bornage de plusieurs pièces de terres contiguës.

— Devant le tribunal, Arnault demande que les bornes soient placées dans l'état de la possession actuelle des propriétés et sans arpentage préalable, attendu que sa possession remonte à plus de trente ans.—31 janvier 1816, jugement qui ordonne l'arpentage, et commet un notaire chargé de faire représenter les titres des parties et d'indiquer les lieux où les bornes devront être plantées d'après l'examen des titres et le résultat de l'arpentage.— Appel d'Arnault.— « En matière de bornage, a-t-il dit, l'arpentage ne peut être ordonné qu'autant qu'il y a contestation entre les propriétaires des héritages contigus qu'il s'agit de limiter, puisque l'arpentage n'a d'autre but que celui de mettre le juge à même de déterminer l'étendue des droits respectifs de chacun des contendants.' Or, dans l'espèce, Bertaud ne s'est plaint d'aucune anticipation, il n'a formé aucune demande en revendication ; le tribunal n'a donc pu ordonner un arpentage préalable, et il l'a pu d'autant moins, que l'appelant a articulé une possession trentenaire, qui avait pour objet de prescrire l'usurpation dont Bertaud pourrait se prévaloir. »

« LA COUR,—Considérant que le sieur Bertaud n'articule aucune anticipation, et qu'il n'y a lieu à procéder à un arpentage entre deux propriétés dont les héritages sont contigus, qu'en cas de revendication ; — Considérant qu'il est de principe, en matière de bornage, qu'il doit se faire dans l'état de la possession actuelle; infirme. » — Du 24 août 1816, C. d'Orléans.

Pour bien apprécier cet arrêt, il nous semble que les faits devraient être plus circonstanciés, car en les prenant tels qu'ils sont rapportés par les arrêtistes, la décision de la Cour d'Orléans ne s'explique pas complétement.

Si le défendeur à la demande en bornage avait opposé la prescription trentenaire, il suffisait de cette preuve pour écarter toutes autres prétentions de la part du demandeur.

C'était une fin de non-recevoir indivisible, et il n'eût point été besoin d'entrer dans la distinction entre le bornage pur et simple et la revendication de terrain usurpé.

Le défendeur soutenant et offrant de prouver qu'il avait toujours joui, comme il jouissait présentement, qu'en un mot il avait la possession plus que trentenaire de ses limites actuelles, une seule chose était à faire, la consécration de cette possession civile, établie par la plantation des bornes, d'après la preuve faite de la possession acquisitive prolongée pendant trente ans.

Voilà ce à quoi se réduisait tout le procès.

Mais il paraîtrait néanmoins que la discussion s'est portée encore sur un autre terrain; que le défendeur a dit au demandeur : « Vous réclamez l'arpentage et vous ne vous plaignez point de déficit; c'est une opération entièrement inutile et frustratoire que vous allez occasionner, vous n'en avez pas le droit parce que le bornage doit s'effectuer conformément à la possession des propriétés en leur état actuel.

Cette espèce, dont les faits ne sont pas parfaitement connus, doit être considérée comme particulière et ayant amené une décision spéciale, mais ne résolvant pas un point de droit absolu.

Ainsi, nous ne pourrions croire que la Cour, saisie sur l'appel, ait voulu poser comme théorème, que le bornage se résumait en une simple action possessoire en plantation de bornes, quand toutefois il ne s'y mêle pas une revendication de terrain.

Le bornage est tout pétitoire, et n'affecte et ne peut affecter que le fond et jamais la possession.

Ceci sera démontré plus loin, et nous l'avouerons, le dernier considérant de l'arrêt d'Orléans pose une règle des plus contestables.

Car dire qu'il est de principe, en matière de bornage, qu'il doit se faire dans l'état de la possession actuelle, c'est méconnaître l'autorité, la puissance des titres, qui à bon droit sont la principale base et sont le plus sûr guide dans les opération de bornage.

La possession est un bienfaisant et souvent véridique auxiliaire, mais ce n'est jamais qu'un auxiliaire.

L'arrêt d'Orléans ne peut faire et être considéré comme arrêt de principe, il ne doit être invoqué que dans les espèces à peu près semblables à celle qui s'est présentée. —Et évidemment on a fait produire à cet arrêt des conséquences auxquelles leurs auteurs n'ont assurément point songé... Comme par exemple de soutenir que l'action en bornage prenait le caractère ou de possessoire ou de pétitoire selon les exigences des cas, et qu'alors qu'il s'agissait de possessoire, l'action rentrait dans les attributions des justices de paix, seuls juges des actions possessoires.

Cette dernière conséquence n'a jamais été mise en pratique que nous sachions, et l'on n'a jamais vu avant la loi de 1838 d'action en bornage portée devant les juges de paix. Ce qui fait le procès à la règle, que le bornage engendre tantôt l'une, tantôt l'autre action.

Au surplus, la preuve la plus saisissante, que le législateur n'a pu entendre ne transférer aux tribunaux de paix que les actions de bornage dans l'état de possession actuelle, c'est qu'il est question dans l'art. VI, n° 2, *des titres,* et qu'en matière possessoire, les titres ne servent qu'à éclairer la possession et non à lui servir de base ; ici, au contraire, ce sont les titres qui sont tout. S'ils sont susceptibles d'être contestés, c'est que nécessairement le juge de paix a le droit d'en faire l'application, et alors comment concevoir une question dans l'état actuel de propriété avec application de titres, idées qui se heurtent et ne peuvent exister ensemble, l'une excluant nécessairement l'autre ?

Nous terminerons ce paragraphe par une obser-

vation générale relative au bornage soit possessoire, soit dans les limites de jouissance.

Un pareil bornage présenterait de fâcheux inconvénients ; au lieu d'assoupir les procès, il les
ferait naître.

En effet, il est constant que la limite indiquée
par la jouissance se rapporte rarement à celle de la
propriété. Celui qui aurait été forcé de borner dans
ces termes et qui éprouverait un déficit, s'empres-
serait de provoquer un bornage pétitoire devant
le tribunal d'arrondissement, et cependant la loi
ne reconnaît qu'un seul bornage, le bornage définitif.

Le bornage possessoire, ou selon la jouissance
actuelle ne serait jamais, en définitive, qu'un bornage *provisoire*, ce qui amènerait un résultat entièrement contraire à celui que les législateurs
ont eu en vue.

CHAPITRE VII.

ACTION EN BORNAGE TOUTE PÉTITOIRE.

L'action en bornage dévolue aux juges de paix par la loi de 1838 est-elle une action essentielle-ment—immobilière—pétitoire ?

A entendre quelques auteurs dont l'opinion est isolée, les tribunaux de paix ne seraient jamais juges que du possessoire; étrange aberration en présence et de l'ancienne loi d'organisation, et surtout de la nouvelle loi de compétence.

Pour ne parler que des matières nouvelles mises dans les attributions des juges de paix par la loi de 1838, nous citerons : 1° les actions relatives à l'é-lagage des arbres et haies; 2° celles en curage soit des fossés, soit des canaux servant à l'irrigation ou au mouvement des usines, lorsque les droits de propriété ou de servitude ne sont pas contestés art. (5 de la loi).

Nous citerons aussi et surtout : 1° les actions en bornage; 2° celles relatives à la distance prescrite pour les plantations d'arbres ou de haies, lorsque la propriété ou les titres qui l'établissent ne sont pas contestés ; 3° les actions relatives aux constructions et travaux énoncés dans l'art. 474 du Code civil, lorsque la propriété ou la mitoyenneté du mur ne sont pas contestés (art. vi, n⁰ˢ 2 et 3).

Toutes ces actions dévolues aux juges de paix ne peuvent être envisagées sous le rapport possessoire ; elles affectent toutes plus ou moins la propriété. Elles sont essentiellement immobilières.

On a prétendu pour un temps que ces actions devaient être intentées dans l'année des plantations d'arbres ou de haies, de constructions et autres travaux, et cela parce qu'on pensait que quelque chose de possessoire ou d'annal se mêlait à ces sortes d'actions. La méprise était aussi grande que celle de vouloir que les demandes pour dommages aux champs devaient être formées dans l'année.

La restriction qui est apportée à ces actions n'en modifie pas pour cela la nature. Le pétitoire ne tombe pas dans le possessoire par cela seul que celui-là se trouve borné.

Avant la loi nouvelle, ces actions appartenaient exclusivement aux tribunaux d'arrondissement, auxquels on n'a réservé que les contestations de servitude, de titre et de propriété ; et toutes les fois que ces questions ne sont pas élevées, le juge de paix connaît de ces matières.

D'après cela, le pétitoire se trouve, par la nature même des choses, divisé, partagé en deux catégories : pétitoire conféré au juge de paix, et pétitoire réservé au tribunal d'arrondissement.

Rien n'a changé par le déplacement de la compétence.—L'élagage est toujours l'action pour forcer à émonder arbres ou haies, comme auparavant; ainsi du curage.

Le bornage également n'a pas changé, c'est toujours l'action en recherche des limites, en reprise de terrain, ou plutôt en répartition de terrain, conformément aux titres représentés.

De même des plantations d'arbres ou haies; les règles pour les distances n'ont pas varié; ainsi quant aux précautions à prendre pour les constructions, toutes choses restant ce qu'elles étaient avant la loi de 1838.

Tous les mêmes pouvoirs sont délégués par la loi aux justices de paix, mais à une condition : que si la servitude, les titres, la propriété sont contestés, la compétence du juge de paix *s'arrête*, ne va pas plus loin.

Les tribunaux de canton sont dès lors juges du pétitoire, mais d'un pétitoire restreint, et soumis à de certaines conditions.

Je suis le premier qui ait donné à l'action en bornage la qualification de *pétitoire*.

Dans mon jugement du 27 septembre 1838, rendu dans une cause en bornage, on lit, septième considérant :

« Considérant que si, au possessoire, le juge a le

droit d'interpréter et d'appliquer les titres, de puiser même au pétitoire les motifs de décision, de baser en un mot son jugement sur les titres, il le peut bien plus encore dès là qu'il est juge *du pé- titoire.* » (V. *le Juge de paix*, t. VIII, p. 322.)

Dans un autre jugement du 13 juin 1839, je dé- cide que les tribunaux de paix ont le droit d'appli- quer, d'interpréter les titres, non pas pour éclairer la possession, mais pour éclairer *le pétitoire*, puis- qu'en cette matière ils sont juges du *pétitoire et non du possessoire.* (V. *le Juge de paix*, t. IX, p. 208.)

Cette manière d'envisager les nouvelles attri- butions a été adoptée par plusieurs juges de paix. —Nous rappellerons le jugement de notre collègue de Granvilliers (Oise):

« Ces actions, dit M. Levrau, ne peuvent être que celles pétitoires autorisées par le Code civil, art. 646, et précédemment par la loi de 1791, les an- ciennes coutumes et le droit romain, qui com- prenaient dans le bornage le cerquemanage, ou recherche des limites et la revendication même. (LL. *Finium regundorum.*)—Aucune loi ancienne ni nouvelle avant celle de 1838 ne reconnaissait d'ac- tion possessoire ayant pour chef principal le bor- nage. » (V. *le Juge de paix,* t. XI, p. 253.)

M. Victor Augier, dans un article sur l'action en bornage, partage également cette opinion.—N° 7. « La question de propriété était toujours plus ou moins engagée dans l'action en bornage, *proprie-*

latis controversiæ cohæret (L. 3.`C. *Fin. reg.*), M. le juge de paix du canton de Granvilliers a eu raison de qualifier cette action de *pétitoire* dans son jugement du 28 juin 1841.»—N° 28. « Avant la loi nouvelle, c'était aux tribunaux de première instance qu'appartenaient les actions en bornage, actions pétitoires qu'il ne faut pas confondre avec l'action possessoire en remplacement de bornes. » (V. *le Juge de paix*, t, XI, p. 274 et 280.)

Les auteurs ne se sont point occupés de cette question; ils reconnaissent cependant que ce sont des attributions nouvelles qui ont été dévolues aux tribunaux de paix. La plupart décident que le bornage est définitif, d'autres qu'il n'est que provisoire, n'ayant lieu que dans la possession actuelle.

L'auteur anonyme dont nous avons parlé et dont le sentiment est consigné dans les *Annales des juges de paix*, se prononce dans un sens contraire en matière d'immeubles ou de droits immobiliers : « La loi de compétence de 1838 n'a pas fait entrer le *pétitoire* dans les attributions des juges de paix. »

Il devait ainsi conclure, puisqu'il prétend que le bornage, en justice de paix, n'est que possessoire, ne peut être effectué que dans la possession actuelle, et que rien de *pétitoire* n'a été attribué aux justices de paix par la loi de 1838.

J'ai réfuté, je le pense, les deux systèmes prédominants, à savoir : bornage en tant que possessoire, et bornage en l'état actuel des propriétés, au moment de la demande.

M. Bélime, que nous avons déjà cité, considère les contestations qui naissent de la distance à observer pour les plantations d'arbres ou de haies comme des matières pétitoires tombant dans le domaine du juge de paix. La loi a entendu, dit cet écrivain, que même, après l'année, le juge de paix pourrait connaître de ces contestations, au fond et sous le *rapport pétitoire*, parce qu'il semblerait frustratoire de forcer les parties à aller plaider au loin pour une difficulté de cette nature, et que d'ailleurs, dans les questions où l'usage du lieu joue un grand rôle, c'est le juge le plus rapproché de l'immeuble litigieux qui est le mieux à même de les résoudre.

Le professeur établit cette vérité en comparant les textes.

Ne dirait-on pas que ces paroles sont faites, et doivent être appliquées aux actions en bornage qui ont un aussi intime rapport avec les actions contenues dans le même paragraphe et le paragraphe suivant? et cependant l'auteur, quittant le raisonnement qu'il venait de faire, ne semble conférer aux justices de paix que le simple pouvoir illusoire du placement des bornes.

En présence de semblables raisonnements si contradictoires, il faut dire que M. Bélime s'est mépris sur la portée de la loi nouvelle. Je lui demanderai si un avocat a jamais vu devant les tribunaux d'arrondissement des procès en simple plantation de bornes; et ce sont ces difficultés, qui n'en sont pas, qu'il voudrait laisser aux juges de paix. —Il suffit de renvoyer aux travaux des Chambres, travaux qui auraient pu être plus satisfaisants et couper court à bien des controverses, pour connaître que le législateur de 1838 a voulu étendre la compétence des tribunaux de paix, en leur attribuant tous les pouvoirs des tribunaux d'arrondissement, moins ceux qui s'étendaient à l'examen des dispositions touchant le fond du droit, questions qui ont été justement circonscrites dans ces deux points : *contestation de propriété ou contestation de titres.*

Je pourrais, à l'occasion de ce paragraphe, produire des preuves bien autrement déterminantes encore ; mais ces preuves se présenteront lors des différents chapitres qui vont suivre.

CHAPITRE VIII.

Existe-t-il en droit une action en arpentage et une action en mesurage et bornage?

L'arpentage est un art, c'est l'art de mesurer les terrains.

La loi romaine, les coutumes, le droit actuel français n'ont jamais connu d'action en arpentage ou mesurage, et cela se conçoit, parce qu'une telle action eût été contraire à la nature des choses. Que signifierait et quelle fin se proposerait-on d'agir en mesurage? Au surplus, une telle action ne serait pas reçue devant les tribunaux.

Il n'existe qu'une action en bornage, et l'arpentage ou le mesurage n'est que le moyen employé pour arriver à borner, et il est assurément peu logique de prendre le moyen pour la fin.

L'action en arpentage et bornage, ou mesurage et bornage, vient d'une pratique peu rationnelle et qui tend à dénaturer l'action en bornage.

Il est à présumer qu'originairement, par mesurage et bornage, les praticiens ont voulu faire entendre que pour borner, il fallait au préalable mesurer, et c'est pour cela que l'action se trouve qualifié de mesurage et bornage ; le bornage est précédée d'une opération préliminaire, le mesurage. Et c'est cette action qui a donné naissance à l'action en bornage proprement dite, et à l'action en arpentage et bornage.

Cette distinction n'est pas dans la loi : on ne connaît en droit français qu'une seule action, celle en bornage, qui dérive de l'action *Finium regundorum*, qui en est la reproduction française.

Et c'est ce qui a fait dire à M. Giraudeau, dans son *Commentaire* de la loi du 25 mai 1838, que, si ces actions étaient formées par l'assignation en ces termes : « pour voir ordonner l'assigné que le juge de paix fera procéder à *l'arpentage* des propriétés respectives des parties pour établir sur la ligne les bornes divisoires, dans ce cas, le demandeur formerait une demande en revendication d'une partie de terrain. »

Ainsi M. Giraudeau croit donc qu'il existe une action *en arpentage*, puisque sa formule avait pour objet *l'arpentage*.

Généralement, ce n'est point de la sorte que sont libellées les demandes en bornage, et ces demandes, pas plus que les actions en arpentage et bornage, ne peuvent engendrer une revendication ordinaire proprement dite.

Par l'action en bornage, on va à la recherche des limites, et l'on fait rentrer les pièces de terre dans leur état naturel. Le moyen employé, moyen tout matériel, est l'art de l'arpentage ou mesurage des terres.

L'auteur de l'article *Arpentage*, dans le *Répertoire du Notariat*, deuxième édition, publiée sous la direction de M. Rolland de Villargues, conseiller à la Cour royale de Paris, a reproduit cette distinction que nous tenons pour des plus fausses.

« N° 7. — Remarquons qu'autre est l'action à fin *d'arpentage* ou de *délimitation*, qui ne peut avoir lieu que dans le cas d'usurpation alléguée, et autre chose l'action de *bornage*, qui ne peut être intentée sans qu'il y ait eu anticipation.

« N° 8. — Non-seulement les propriétaires peuvent exercer l'action en *arpentage* ou *délimitation* de leurs propriétés, mais encore les emphytéotes, les usufritiers, etc. »

Nous sommes étonné que M. Rolland de Villargues, esprit si éminemment supérieur, ait laissé passer un article semblable.

En effet d'après cette qualification de l'arpentage, cette mesure qui n'est que toute matérielle devient dans l'esprit de certains auteurs un droit aussi puissant, aussi fécond en conséquences que le droit de bornage ou règlement de limites. Ils l'assimilent à la délimitation, qui n'est encore qu'un mode, comme nous l'établirons, du droit de bornage.

On semble faire un retour sur cette opinion dans le numéro qui suit : « N° 9. — Quant à la manière de procéder à l'arpentage, aux conséquences et aux effets qui en résultent, nous renverrons au mot *Bornage*, parce que l'action en *arpentage* n'étant presque *toujours* que *l'accessoire* de celle en bornage, il deviendra intéressant de réunir les mêmes règles en traitant de cette dernière action. — En cela, d'ailleurs, nous nous conformerons à l'usage observé *par tous les auteurs.* »

Cette fois on rentre dans le vrai, et l'on a raison de dire que l'arpentage n'est que l'accessoire du bornage. — C'est ainsi que le décident tous les jurisconsultes, de l'aveu même de l'auteur de cet article.

Dans la consultation que nous avons déjà citée, il est dit que si un propriétaire se plaint d'une anticipation, et que l'action possessoire pour en obtenir la répression ne soit pas admissible, il doit alors former l'action appelée *improprement* l'action en arpentage et en bornage.

L'avocat consultant prétend que c'est bien réellement là une action pétitoire en revendication.

Il a raison d'appeler impropre la prétendue action en arpentage et bornage; n'ayant jamais été dans la loi, elle doit être rejetée.

Quant au déficit dont se plaint un propriétaire,

12.

ce n'est point du tout par la voie de la revendication qu'il se recouvre, mais bien par suite de l'action en bornage , ce qui sera plus amplement
démontré ultérieurement.

Quant à présent, nous avons voulu établir qu'il
n'est pas du tout conforme à la logique de nommer action en arpentage ou même action en arpentage et bornage, l'action connue et ainsi qualifiée par les législateurs de tous les temps,
l'action en bornage. Enfin nous ne cesserons de
répéter que l'arpentage est le moyen d'arriver au
bornage , et alors ce serait prendre le moyen
pour la fin , ce qui répugne au simple bon sens.

CHAPITRE IX.

DE LA DÉLIMITATION.

La délimitation est-elle distincte de l'action en bornage ? et peut-elle constituer à elle seule une action ?

Lors de la définition de l'action en bornage on a vu que cette action avait pour but principal la recherche et le règlement des limites : ce qui est exactement exprimé par le texte romain *Finium regundorum*, règlement des limites : borner c'est rechercher les limites ; rechercher les limites, c'est les régler ; les régler, c'est répartir les terrains conformément aux titres ; et les limites une fois connues, la constatation se fait par des signes appelés délimitatifs, parce qu'effectivement ils servent à déterminer d'une manière certaine et invariable les limites des champs.

Nous ne devons pas nous dissimuler que ces idées toutes simples et naturelles qu'elles soient et basées sur les vrais principes, ont rencontré des adversaires, qui, tirant d'un arrêt de Cour royale une conséquence inexacte, ont créé une action nouvelle, la *délimitation*.

Ce système se trouve résumé dans un article du *Juge de paix*, signé F..., avocat. Cet article est ainsi conçu : « Il est deux actions qu'il ne faut pas confondre, malgré leur intime connexité ; c'est l'action en *délimitation et l'action en bornage*. La première a pour but de faire *reconnaître* par les tribunaux la ligne sur laquelle doivent être placées des bornes, tandis que le bornage se réduit à *constater immuablement* la délimitation. — La demande en délimitation est toujours motivée sur un *défaut de contenance* dont se plaint le demandeur ; elle tend toujours au désistement, par le propriétaire limitrophe, d'une portion quelconque de son terrain. Il s'agit donc pour le juge, de prononcer sur une *question de propriété*, qui est hors de la juridiction des tribunaux de paix. — L'action en bornage au contraire n'a pour but que la fixation *matérielle* des limites. C'est un *procès-verbal* que l'on demande plutôt qu'un *jugement*. — Il est vrai que, lorsque les limites ne sont pas certaines, lorsque chacune des parties prétend les faire reculer dans l'héritage de l'autre, la délimitation est un préalable nécessaire ; mais dans ce cas, il y a *presque toujours contestation* sur les titres ou sur la propriété, et dès lors la compétence du juge de paix s'évanouit. C'est seulement lorsque les parties de bonne foi remettent leurs titres au magistrat pour qu'il les apprécie et en fasse l'application, que celui-ci peut, avant de poser les bornes, procéder *à la délimitation*. » (V. *le Juge de paix*, t. IX, p. 33, année 1837.)

Nous demanderons à l'avocat anonyme ou pseudonyme en vertu de quelles règles il ne faut pas confondre la délimitation et le bornage. — Et si d'après lui leur connexité est si intime, on ne doit donc les séparer qu'avec beaucoup de réserve; ou plutôt en tant qu'action, elles ne se conçoivent pas séparément.

La délimitation ne prend naissance qu'après une opération préliminaire, l'arpentage; ce n'est qu'à ce moment que les vraies et légitimes limites peuvent être connues, aussi c'est pour cela que la loi les confondant, les a résumées dans son expression la plus générique, le *bornage*. — On se serait exprimé avec moins d'inexactitude si, au lieu *d'action* en délimitation, on avait supprimé le mot action. — Nous ne voyons nulle part que l'on ait érigé en action la délimitation, c'est-à-dire cette voie préliminaire qui conduit à la connaissance des limites.

La distinction faite, on lui fait prendre cette transformation que, d'accessoire qu'elle était, on la veut faire devenir principale, et l'on annonce que la délimitation se constate par les tribunaux et le bornage, sans doute par les parties ou par des experts. — Mais quels tribunaux alors devront en connaître? La pensée se complète et l'on ajoute : La demande en délimitation étant toujours motivée sur *un déficit* de contenance, alors désistement d'une portion quelconque de terrain et question de propriété. — *Demande en délimitation* : Les actions de ce genre ne sont pas connues et aucun formaliste, que nous sachions, n'a encore donné un protocole, une formule de cette action. — Les hommes d'affaires ne connaissent que les demandes en bornage qu'ils motivent de diverses manières : tantôt les exploits portent l'énonciation du déficit, tantôt ils ne le portent pas. Cela est indifférent, parce qu'il n'est pas besoin de motiver la demande en bornage, autrement que par le défaut de bornes. — Parler de déficit dans la citation, ce n'est point en changer la nature; c'est toujours une demande en bornage. La demande ne tend pas plus au désistement qu'à la délimitation; aucunes conclusions à cet égard ne sont prises. — Toutes ces choses sont la conséquence forcée de l'action en bornage. — Voici ce qui se passe : quand des pièces ont un déficit, et d'autres un excédant, l'expert fait son travail de répartition de terrain, lequel se trouve soumis aux parties intéressées. — Si ce travail est approuvé, plantation de bornes; désapprouvé, le juge statue définitivement, et s'il s'élève des incidents qui soient hors de la juridiction des tribunaux de paix, ils sont renvoyés devant les tribunaux d'arrondissement.

Il peut être question de propriété dans ces opérations ; il le faut même, la nature de l'action étant telle. Mais autre chose est une répartition de terrain, et une contestation de propriété. — Au juge appartient une foule de questions matérielles d'exécution qui touchent à la propriété, et ce ne sont pas là des questions de propriété, ou pour me servir de l'expression légale et qui ne laisse dans l'esprit aucun doute, ce ne sont pas là des *contestations*. — Quand *contestation*, il faut pour qu'elles soient sérieuses, qu'elles aient au moins l'apparence d'un droit ; le juge de paix en est appréciateur, encore bien qu'il n'en doive pas être juge ; s'il en était autrement, et s'il suffisait d'élever la moindre contestation pour dessaisir le juge saisi, il n'y aurait plus que perturbation dans l'ordre des juridictions.

La compétence ayant été déplacée, la restriction apportée à la loi doit être comprise dans un sens restreint. Les tribunaux de paix sont juges ordinaires de ces actions, et ce n'est que dans ces deux cas précis que leur compétence s'arrête.

La distinction que l'on cherche à faire prévaloir est poussée tellement loin que l'on va jusqu'à prétendre que l'action en bornage n'a pour but que la *fixation matérielle des limites*.

C'est étrangement méconnaître l'action en bornage qui a sa source dans d'autres principes ; car le bornage est le règlement des limites, et les limites ne se règlent qu'en répartissant les terrains conformément aux titres. Voilà le bornage tel qu'il est compris sous toutes les législations, romaine, coutumière et française actuelle.

C'est un *procès-verbal* que l'on demande, plutôt qu'un *jugement*, continue-t-on.

Oh! voilà la pensée de l'auteur dans toute sa vérité.

Il faut avouer que si l'examen de la question, les débats auxquels elle a donné lieu, n'avaient abouti qu'à faire du juge de paix un simple expert, pas même encore, un simple planteur de bornes plutôt, on serait en droit de faire des reproches mérités aux législateurs et de leur imputer toute l'insuffisance, toute la nihilité d'une semblable innovation, qui n'eût été en réalité qu'un non-sens, une dérision. — Nous le répéterons, les propriétaires n'ont pas besoin qu'un magistrat soit chargé de planter des bornes dans des limites connues et incontestées.

Les motifs des législateurs ne se sont pas perdus dans l'enceinte des délibérations. On sent pourquoi ils ont fait entrer dans la juridiction de paix les actions en bornage, ainsi que celles en distances de haies et d'arbres, et en précautions à prendre pour les constructions.

Au surplus il eût été facile de ne donner aux tribunaux du premier degré que des actions en plantation de bornes seulement; on eût évité par là de se jeter dans l'écueil des contestations de propriété et de titres.

L'avocat anonyme termine par reconnaître toutefois que la délimitation est un préalable nécessaire, lorsque les limites ne sont pas certaines et que chaque partie prétend les faire reculer ; mais dans ce cas, il y a *presque toujours* contestation sur les titres ou la propriété.

Le *presque toujours* est à noter et prouve qu'il y a juridiction et que la compétence ne s'évanouirait qu'alors qu'il y aurait contestation.

On semble faire ici une distinction entre la délimitation pour cause de déficit et la délimitation pour cause d'incertitude de limites, mais, ajoute-t-on, il y a presque toujours contestation sur les limites ou la propriété.

Qu'importe ; l'action doit être d'abord portée devant le tribunal de paix, et s'il survient des contestations, le juge connaît ses devoirs et n'ira pas, commettant un excès de pouvoirs, empiéter sur la juridiction supérieure.

Dans les deux cas : déficit, ou incertitude de limites, le juge de paix a toujours attribution, c'est à lui à savoir ce qu'il a à faire dans certaines circonstances données, et ce n'est pas raisonner que de dire : mais il s'agit, mais il y aura contestation.

Le juge de paix, continue-t-on, pourrait procéder à la délimitation dans la seule circonstance de remise de titre de bonne foi par les parties.

Que signifie une remise de titre de bonne foi ? je ne comprends pas ce langage extra-légal. Ce n'est plus au magistrat qu'on s'adresse, mais au simple particulier; et pourquoi parler de magistrat, s'il n'a aucun pouvoir de juger?

Un autre auteur anonyme dont nous avons déjà parlé, est d'avis que la délimitation rentre dans les attributions des tribunaux ordinaires.

Cette opinion est ainsi présentée : « Par la délimitation, on indique la ligne sur laquelle les bornes seront placées, au lieu que par le bornage on constate l'endroit précis où les limites doivent finir. Il suit de là aussi que si aucun citoyen ne peut se soustraire à la demande en bornage, sous prétexte d'une délimitation préexistante, parce qu'aux termes de l'art. 646, Cod. civ., tout propriétaire est fondé à exiger que son voisin connaisse et respecte le point où il doit s'arrêter, on ne peut pas non plus, sous prétexte de bornage, faire régler *la délimitation* par le juge de paix, parce que délimiter, c'est *circonscrire ou étendre les droits de propriété de celui qui en est l'objet.* » (V. *Annales,* t. VIII, p. 80.)

Pourquoi distinguer entre le droit d'indication de ligne, et la constatation des limites ?

Indiquer les lignes est l'œuvre du bornage, ce n'est là qu'une opération matérielle, qu'une vérification de faits. Sans doute il faut l'application des titres au terrain, parce que sans les titres on ne peut faire concorder les quantités trouvées avec les quantités écrites. Une opération de bornage ne se conçoit pas autrement.

Refuser au juge de paix le règlement des limites ou la délimitation, sous prétexte que délimiter c'est circonscrire ou étendre les droits de propriété de celui qui en est l'objet, est une grande erreur. Est-ce que par hasard, dans l'esprit de l'auteur, ce serait là une *contestation de propriété?* — Prendre à l'un pour remette à l'autre, établir les reprises conformément aux titres, est-ce là contester? Non bien certainement : Il s'agit de propriété, mais la loi n'a pas dit que, quand la propriété était en jeu, le juge de paix cesserait d'être compétent.

L'opinion de M. Masson, semble avoir servi de texte à l'avocat anonyme que nous avons cité au commencement de ce *chapitre.*

A la page 181 du *Commentaire* de M. Masson, on lit : « Aujourdhui, que les demandes en bornage sont exclusivement attribuées aux juges de paix, il est indispensable d'établir la différence qui les distingue de l'action en *délimitation.* La première a pour objet, ainsi que nous l'avons démontré, une opération purement matérielle, qui consiste à placer les bornes entre plusieurs propriétés contiguës, dont les limites ne sont pas *douteuses.*—Par la seconde, au contraire, il s'agit de rechercher des limites incertaines à raison des anticipations successives, commises sur la propriété ; par cela même elle comprend toujours, au moins implicitement, une demande *en désistement* qui lui est subordonnée. Or, cette demande *est réelle* de sa nature, elle soulève *nécessairement* une contestation au sujet de

tout ou partie des propriétés à délimiter; le titre
ou la jouissance de la partie contre laquelle elle
est dirigée, deviennent suspects à l'instant même
où elle est formée; il faut pour en apprécier le mérite se livrer à une interprétation de la possession
ou des titres ; il n'est pas douteux qu'elle ne peut
être soumise à la juridiction du juge de paix, et
sur-le-champ et sur le vu de la citation, il doit se
déclarer incompétent. »

Il y a des ressemblances tellement frappantes
dans ces deux opinions, que nous aurions pu jusqu'à un certain point leur appliquer les mêmes
raisonnements.

Nous venons de voir qu'il n'existe pas d'action
principale en délimitation, et que c'est l'action en
bornage qui engendre cette dernière, parce que
pour borner il faut délimiter.

Ces principes n'ont jamais varié, et la loi nouvelle n'y a apporté aucun changement. — Avant
cette loi on ne distinguait pas, comme le pense
Masson, l'action en bornage de l'action en délimitation.—Quand les propriétés n'étaient pas bornées, ou qu'un propriétaire remarquait du manque
dans sa contenance, il agissait toujours par l'action
de bornage, parce que la loi n'a jamais donné que
cette action, — Aussi aucun tribunal n'a jamais
eu à juger une demande en délimitation proprement dite. — L'arrêt de 1818, qui parle de
délimitation, n'a pas créé une nouvelle espèce
d'action ; par cet arrêt il a été justement décidé que

des arbres ou épines, dites de foi, ne constituaient pas le bornage, que les propriétés se trouvaient sans doute délimitées, mais non bornées, et voilà tout.

Les demandes en désistement, par suite d'anti-cipation, étaient également ignorées ; la loi ne re-connaît que l'action en bornage.

Que cette demande existe implicitement, qu'elle soit réelle, peu importe, puisqu'il est incontestable que les juges de paix ont été investis de matières réelles au nombre desquelles l'action en bor-nage.

Mais venir prétendre qu'une semblable demande soulève nécessairement une contestation au sujet de tout ou partie des propriétés à délimiter, c'est avancer un fait absolu des plus contestables, c'est dire ce qui n'est pas.

Comment ? parce que chaque pièce de terre sera remise dans son état primitif par la voie des répar-titions de terrains, reprises ou restitutions, il y aura contestation : et sur quoi ? sera-ce à l'occasion du refus d'un propriétaire qui ne voudra pas que sa pièce de terre change de place, ou bien qu'on en détache la moindre parcelle, parce que, par ses travaux, ou par la nature du sol, sa propriété vaut mieux que celle de son voisin, ou sur ce qu'il vou-dra que la figure de sa pièce de terre n'éprouve pas le moindre changement, reste telle qu'elle est ? mais ces sortes de résistances sont des difficultés ordinaires qui rentrent éminemment dans les attributions de la justice locale ; certes de semblables contestations n'ont pas le caractère de celles définies par la loi.

Au surplus, ces prétentions ne se rencontrent pas toujours, c'est la répartition des terrains qui, le plus ordinairement, fait toute la difficulté des opérations de bornage.

Les titres et la jouissance, ajoute M. Masson, deviennent suspects par la nature même de la demande en délimitation, et pour les apprécier il faut les interpréter ; de là incompétence formelle.

Cette proposition est si étrange, si éloignée des choses les plus simples de la pratique quotidienne, que je suis à me demander si j'ai bien saisi ce qu'entend notre auteur, et si l'interprétation dont il parle ne serait pas celle qui concerne la preuve de la possession trentenaire, ou la validité des titres ; certes dans ce cas il aurait raison.

Mais ce n'est point là ce qu'a entendu M. Masson, puisqu'il distingue l'action en placement de bornes de l'action en délimitation, et qu'il décide que sur le vu de la citation en délimitation, le juge de paix doit se déclarer immédiatement incompétent.

Lorsqu'il y a eu anticipation et que le demandeur ou autres parties ne retrouvent pas la contenance, la jouissance et les titres ne deviennent pas pour cela suspects.

En effet les anticipations sont entièrement indépendantes des titres.

Quant à la jouissance, tant qu'elle n'est point

trentenaire, elle est impuissante, et pour qu'elle devienne trentenaire, il lui faut encore des circonstances bien caractéristiques.

Ainsi donc la délimitation eût-elle une existence en tant qu'action principale, n'en devrait pas moins être admise en justice de paix, parce qu'elle ne constitue pas à elle seule une contestation de titre ou de propriété.

C'est cependant le contraire que veut M. Masson; mais il est dans l'erreur, ce qui est démontré par les principes et la pratique.

Reprendre à l'un pour compléter la quantité de l'autre n'est qu'un fait matériel, qui n'entraîne pas après soi une contestation de titre ou de propriété. —Si ces contestations se présentent, alors la juridiction du premier degré se trouve arrêtée pour un temps seulement.

M. AUGIER en son recueil *le Juge de paix*, t. XI, p. 275, partage notre opinion.

« N° IX. Quelques jurisconsultes établissent entre l'action en bornage et l'action en délimitation une distinction qui nous paraît peu fondée. Le résultat de celle-ci, disent-ils, est d'attribuer à l'une ou à l'autre des parties la propriété des portions d'héritage qui sont l'objet de la contestation ; l'action en bornage au contraire ne tend qu'à conserver à chacune des parties l'intégrité de son héritage.

C'est là, selon nous, un pur jeu de mot. La *déli-*

13

mitation et le bornage tendent au même but, qui est de conserver ou de restituer à chaque partie ce qui lui appartient légitimement. La seule différence entre la délimitation et le bornage, c'est que l'un est le moyen, l'autre le résultat. *Pour arriver au bornage, il faut commencer par la délimitation.* »

CHAPITRE X.

DES RÉPARTITIONS DE TERRAINS, REPRISES OU RESTITUTIONS.

La restitution de terrain contestée ou non contestée peut-elle être ordonnée par le juge de paix?

Une fois les quantités matérielles connues par la voie de l'arpentage, une fois l'application des titres non contestés faite par le juge de paix, il ne reste plus qu'une seule chose à faire, la répartition des terrains. — Or, l'expert, d'après les indications données par le magistrat, opère les reprises selon les règles de son art, toujours eu égard aux titres des parties, c'est-à-dire, qu'il retirera à l'un ce qu'il a de trop pour remettre à l'autre à qui il en manque.

Cette opération est une opération purement d'expert. — On doit conserver le plus possible aux pièces de terre leurs configurations actuelles qui, par suite de tradition, sont l'image de la figure primitive qui aura été conservée, malgré les anticipations

13.

actives ou passives qu'elles auront faites ou auront eu à souffrir.

Les reprises sont tellement la conséquence du bornage que ce n'est que pour atteindre ce but que l'on a recours à cette opération.

Ce qui se passe en cette circonstance est extrêmement simple ; il ne s'agit que de constater des faits, de faire rentrer les pièces de terre dans leur *état normal*. Pour la plupart du temps, il ne se présente aucune contestation , si ce n'est pour quelques légères difficultés matérielles qui se trouvent bientôt aplanies.

Ce point de vue n'a pas encore été indiqué par les auteurs.

Dans notre jugement du 27 septembre 1838, nous disions que les juges de paix avaient le droit de décider non-seulement les incidents relatifs à l'opération matérielle, mais encore de *faire la répartition des terrains, et d'ordonner les restitutions qui sont la conséquence de l'opération.*

Un de nos collègues de l'Oise, M. Frion, a publié en 1839 un article sur plusieurs questions intéressantes relatives à la matière. — Il prétend que les juges de paix peuvent statuer sur cette action lorsque les titres produits ne sont pas critiqués, soit sous le rapport de leur validité ou sous celui de leur application au terrain qu'il s'agit de borner, ou lorsque le voisin à qui l'opération du mesurage fait passer une portion de son champ de l'autre côté de la ligne, ne *s'oppose pas à la restitution.*

Nous ne pouvons adopter cette manière de voir qui est contraire aux règles qui régissent les compétences, et auraient bientôt jeté la confusion dans l'ordre des juridictions.

S'il suffisait de s'opposer à ce qu'une chose se fît, on serait son propre juge à soi-même. Jamais les juges de paix n'ordonneraient de restitution à moins que les propriétaires n'y vissent leur intérêt ; le *statu quo* du reste est si naturel, des embarras peuvent résulter du déplacement des pièces de terre. —Dans la répartition de terrain il peut se rencontrer aussi des portions plus ou moins bonnes : on est susceptible de recevoir un mauvais terrain, comme on l'est d'en donner un bon.

Le juge de paix n'est pas ici conciliateur, il est juge jugeant. Sans doute qu'il faut que l'esprit de paix l'anime incessamment ; mais quand il a fait tous ses efforts, il doit, organe de la loi, la faire exécuter.

Que serait, dans ses mains, le droit d'ordonner les restitutions, si à la moindre opposition son pouvoir était réduit au néant? La justice ne serait plus qu'un vain mot, on se jouerait d'elle.

Le juge en l'occurence se trouve investi du droit non-seulement d'apprécier le genre de contestations qui sont présentées, mais même de les juger si elles ne sont ni une contestation de propriété ni de titre.

Notre collègue a senti l'insuffisance de sa proposition, il y revient un peu plus bas.

Par l'effet, dit-il, du mesurage opéré à la suite d'un action en bornage, il est reconnu que la ligne de séparation des deux héritages doit être placée à un ou deux mètres de la ligne de division actuelle. —Au moyen de cette nouvelle délimitation, chacun des voisins se trouve avoir la contenance qu'indiquent ses titres, et l'examen des lieux ne fait pas présumer que le voisin sur lequel doivent être repris les deux mètres ait pu en acquérir la prescription.— Néanmoins il s'oppose à la restitution et n'en *explique pas le motif*. — Le juge de paix peut-il passer outre? (Ici M. Frion cite l'opinion des auteurs relativement à la contestation du fond du droit en matière d'indemnité pour non-jouissance de chose louée, et lesquels décident qu'il faut que le propriétaire donne le motif de sa résistance.) Cette opinion dans un cas qui a une parfaite analogie avec notre espèce nous paraît devoir être également suivie. Ainsi, lorsque le voisin se refuse à restituer, en articulant des faits de possession, ou en déduisant tout autre motif, encore *qu'il paraisse mal fondé*, le juge de paix *doit s'arrêter*; mais lorsqu'au contraire le voisin se borne à dire vaguement : je m'oppose, je conteste, le juge de paix peut et doit même passer outre. (V. *Annales* 1839, p. 83.)

D'après ce développement assez circonstancié, je m'attendais, je l'avoue, à une tout autre décision. C'est tourner dans un cercle vicieux. Autant maintenir sa première opinion et dire que le juge ne peut statuer que quand on ne s'oppose pas à la restitution.

Des motifs? mais on en trouvera toujours; de quelles ressources n'est pas douée la chicane? toutes les armes lui sont bonnes, et elle ne s'en ferait pas faute si un tel système pouvait prédominer! — Donner de futiles motifs ou qui paraissent mal fondés, c'est n'en pas donner ; autant vaudrait dire : Je m'oppose, parce que je m'oppose.—C'est assurément retomber dans les mêmes inconvénients signalés en commençant.—Aucune juridiction, au surplus, ne doit être livrée au caprice du plaideur.

M. Frion cite, parmi les auteurs qui ont décidé qu'il fallait que le propriétaire contestant le fond du droit donnât les motifs de sa contestation, Henrion de Pansey et Favard.

Ces auteurs se sont bien gardés de dire qu'il fallait des motifs même paraissant mal fondés.—Henrion de Pansey qui a émis d'abord cette opinion (les premières éditions de sa *Compétence* sont antérieures à 1823, époque de la publication du *Répertoire*), dit formellement que, pour qu'il y ait lieu au déclinatoire, il faut que la défense du propriétaire soit telle qu'elle forme une fin de non-recevoir contre la demande du fermier. Ch. 29. — Favard, au *Répertoire*. V. *Justice de paix*, § 7, n° 2, reproduit en d'autres termes la même idée.

Ce qui a pu faire croire à notre collègue qu'il suffisait de motiver telle quelle la contestation, c'est peut-être ces expressions du *Répertoire* : « Mais si au lieu de donner le *motif* de son exception, le défendeur se borne à dire qu'il conteste. »

En supposant que le juge de paix se trouvât arrêté par l'opposition à la restitution, il faudrait encore que cette opposition fût sérieuse, eût au moins l'apparence d'un droit.

Au surplus, si la difficulté, si la contestation ne rentre pas dans les deux cas prévus par la loi, contestation de propriété, ou de titres, le juge saisi doit prononcer. — Et nous sommes étonné de la conclusion par trop générale de notre collègue ; d'après lui, il suffirait de motiver d'une manière plus ou moins fondée l'opposition à la restitution, pour que le juge de paix ne pût statuer.

Nous devons dire que depuis, dans sa brochure sur le Bornage, publiée fin de 1841, M. Frion a proclamé les vrais principes conservateurs de l'ordre des juridictions.

Voici ce qu'il dit, p. 54, n° 47 : « Mais ce qu'il faut bien faire observer, c'est que le juge de paix ne doit se dessaisir sur une contestation relative à la propriété ou aux titres, que lorsqu'elle a pour objet une *prétention suffisamment colorée pour la faire présumer fondée.* — Autrement, et si de vagues allégations, si des prétentions sans apparence de fondement, mais parce qu'elles concerneraient la propriété ou les titres, pouvaient suffire, la loi aurait donné aux parties

la faculté de décliner arbitrairement la juridiction du juge de paix, et c'est ce qu'on ne peut
supposer. »

M. Frion se fonde avec raison sur la règle faite
pour la loi forestière, art. 182, mais que l'on doit
considérer comme générale.

En résumé, une opération de bornage ne pouvant se concevoir sans répartition de terrain, le
juge saisi a nécessairement le pouvoir d'ordonner l'exécution de cette mesure par la restitution
des parcelles de terre qui se trouvent quelquefois
en partie dans les pièces de terre voisines.

S'il arrive qu'un des propriétaires critique le
mode adopté par l'expert, ou vienne s'opposer
aux restitutions, cette difficulté peut-elle dessaisir le juge de paix, fondée ou non qu'elle soit?

Si l'opposition aux restitutions ne se traduit
pas en une contestation de propriété ou de titres,
le juge de paix passera outre. — Si relative à ces
deux cas, mais non fondée, le juge de paix statuera également.

CHAPITRE XI.

DU DÉFICIT.

De l'énonciation d'un déficit dans la demande et conclusion afin d'arpentage. Est-ce là une revendication ?

L'énonciation dans la demande d'un déficit constitue-t-elle une revendication ?

Il est différentes manières de motiver les demandes en bornage. — Quelquefois l'exploit contient la simple mention que les propriétés n'étant pas limitées par des bornes, ou que n'existant pas de bornes, le bornage est demandé.

Souvent aussi, et le plus ordinairement quand le déficit est connu, il en est question dans la demande, et l'on conclut au bornage, et, comme moyen d'y arriver, à l'arpentage.

Dans ce dernier cas, est-ce là une demande en revendication ? Non assurément, cette demande n'en offre aucun des caractères. Et, en effet, dire

qu'il existe un déficit dans une pièce de terre ;
c'est annoncer que la contenance matérielle trouvée n'est pas conforme à la contenance écrite ac-
cusée par les titres ; c'est, en un mot, énoncer un
fait que le demandeur a pu plus ou moins exactement vérifier, car il n'est pas obligé de s'en assurer pour former la demande. — Il suffit, pour
agir en bornage, que les limites des propriétés ne
soient pas fixées d'une manière invariable.

Pour la plupart du temps le demandeur ignore
quelle est la quantité de terre en moins qu'il
éprouve ; et surtout il ne sait pas d'une manière
précise où se trouve le déficit ; il ne peut donc
point y avoir alors matière à revendication proprement dite. — Et l'énonciation du déficit est
indifférente, elle ne conduit qu'à une seule mesure, la recherche du déficit par le moyen de
l'arpentage. Et rien de contentieux, de litigieux
n'existant dans une semblable opération, le juge
de paix doit conserver la connaissance de la cause
ainsi formulée.

La question est des plus simples et ne devrait
donner lieu à aucune difficulté ; cependant l'énonciation du déficit arrête encore beaucoup de personnes, et il est des tribunaux d'arrondissement
qui, lorsque les demandes sont portées devant eux
se décident, d'après le libellé littéral de l'exploit.
Si l'on demande le bornage sans énoncer qu'on
éprouve un déficit, la justice de paix est compétente, et ils renvoient devant elle. — Si au con-

traire on se plaint d'un déficit, ces tribunaux
retiennent la cause.

Nous ne connaissons pas entièrement les motifs
de cette distinction ; nous croyons les entrevoir
dans la consultation de l'avocat du barreau de
Laon, du 7 avril 1842, consultation que nous
avons déjà citée relativement au bornage dans
l'état de possession actuelle.

Voici ce qu'on y lit sur la question :

« Mais il est une autre action d'une tout autre
nature, et qui a un tout autre objet qu'un simple
bornage. — Si le propriétaire se plaint d'une
anticipation, et que l'action possessoire pour en
obtenir la répression ne soit pas admissible, il
doit alors former l'action appelée improprement
l'action en arpentage et bornage. — Cette action
est bien réellement une action pétitoire en revendication de terrain, seulement elle porte sur une
partie d'un corps d'héritage, au lieu de porter
sur un corps d'héritage tout entier. — Elle tend
en effet à obtenir *la restitution* d'une portion de
terrain qui a été usurpée par un riverain, voilà
bien son objet; aucune équivoque ne peut avoir
lieu à cet égard. — Il ne faut pas confondre le
but, l'objet de l'action, avec les voies d'instruction qui tendent à atteindre ce but, à constater
les *faits articulés* par le demandeur pour justifier
l'action. — Le plus souvent l'absence de signes
délimitatifs, la vacillation continuelle des limites

par les actes de culture opère une confusion qui remonte à un temps plus ou moins éloigné, mais qu'on ne peut préciser. — Il faut, pour rétablir l'ancien état de choses, mesurer toutes les pièces voisines de celles du demandeur, et examiner sur leurs titres ceux qui ont de l'excédant et ceux qui ont du déficit; il y a donc lieu à une opération préparatoire, à un arpentage des pièces des voisins, afin de rechercher et reconnaître où se trouve, en excédant, le déficit dont se plaint le demandeur. — Cette opération préparatoire ne change rien, du reste, à la nature de l'action en elle-même, qui est bien pétitoire. Cette action est donc dans les attributions exclusives du tribunal de première instance, et à aucun titre le juge de paix ne peut en connaître; il ne le peut même avec prorogation de juridiction dans les termes prévus par l'art. 7 du Code de procédure civile. »

L'auteur de la consultation est d'accord avec nous sur la mauvaise et illogique appellation d'action en arpentage et bornage, l'action en bornage avec déficit; il la qualifie justement d'impropre.

Mais nous sommes diamétralement opposés sur les conséquences à en déduire, et sur leur application. — S'il rejette l'action en arpentage et bornage, c'est pour chercher à lui imprimer le caractère de la revendication. Aussi, dit-il, si un propriétaire se plaint d'une anticipation, l'action par laquelle elle est réclamée est une action pétitoire en revendication de terrain.

L'expression anticipation n'est que particulière à un cas donné et ne généralise pas suffisamment la position d'un propriétaire qui ne trouve pas sa contenance primitive conforme à ses titres. Le titre *déficit* est plus exactement vrai, parce que le manque, le déficit provient de différentes causes au nombre desquelles se rencontrent la négligence, la méprise, aussi bien que la mauvaise foi, toutes choses résultant de l'incertitude des limites.

L'argumentation de la consultation peut se résumer en ce peu de mots : pour faire cesser l'usurpation, deux voies sont ouvertes, l'action possessoire ou la revendication.

Dans le premier cas, le juge de paix est seul compétent, parce qu'il s'agit de possessoire, et que cette matière rentre exclusivement dans ses attributions.

Dans le second cas, l'action étant toute pétitoire, elle appartient aux tribunaux d'arrondissement, parce que eux seuls connaissent de ces actions. — Il ne faut pas faire attention au mode de procédure employé; car c'est le but, c'est l'objet de l'action qui doit seul être envisagé.

Cette argumentation, ainsi réduite, loin d'être affaiblie, est présentée dans toute sa force.

Oui, quand on ne peut recouvrer par la voie

simple et peu dispendieuse de l'action possessoire le terrain que l'on a perdu, il faut bien avoir recours à une autre action.

Mais quelle est cette action? Voilà précisément toute la difficulté, qui n'en est pas une assurément, car cette action est devenue, par la loi nouvelle, aussi simple, aussi prompte et économique que l'action possessoire, c'est l'action en bornage prévue par l'art. 6, n° 2, de la loi du 25 mai 1838.

Elle est éminemment pétitoire, nous l'avons démontré; et malgré cet attribut, elle a été dévolue aux tribunaux de paix, avec d'autres actions de même nature, et l'on doit être surpris d'entendre, non pas émettre un doute, mais décider formellement que le juge de paix ne peut en connaître à aucun titre, pas même avec prorogation de juridiction, conformément à l'art. 7 du Code de procédure civile. Nous n'examinerons pas ici la question de savoir si les matières pétitoires peuvent être soumises à la prorogation de juridiction. Il est de graves auteurs qui l'ont décidée affirmativement, et nous doutons que la loi nouvelle ne vienne pas fortifier cette manière de voir; car, dans l'espèce, le juge de paix aurait *germe de compétence*.

Que l'on prétende que la demande en bornage basée sur un déficit tienne de la revendication, cela peut être; mais que l'on ne soutienne pas que la demande ainsi formulée étant toute pétitoire, elle sort de la compétence des tribunaux de paix; cependant c'est ainsi que le décide la consultation. Nous ne reviendrons pas sur ce qui a été dit dans le chapitre qui traite de la nature de l'action en bornage, nous dirons seulement que ce qui prouve mieux que c'est l'action en bornage pétitoire ordinaire qui a été attribuée aux justices de paix, ce sont les autres actions qui accompagnent et suivent cette dernière action, actions que l'on ne qualifie pas de possessoires, mais bien de pétitoires, parce qu'il ne serait pas possible d'envisager sous un autre aspect ces sortes de matières.

Il ne faut pas confondre, dit-on, le but, l'objet de l'action avec les voies d'instruction qui tendent à atteindre ce but, à constater les faits articulés par le demandeur pour justifier l'action.

Où a-t-on vu que, lorsqu'il s'agissait de demande en bornage avec ou sans déficit, il fallait que le demandeur articulât ce déficit? Ce dernier n'a rien à articuler, rien à justifier, à l'exception de sa qualité de propriétaire; il suffit qu'il n'y ait pas de bornes, ou qu'il prouve un déficit quelconque pour être fondé à agir. Et l'on ne peut évidemment appliquer à cette action les règles des demandes en revendication, parce que les actions en bornage, fondées sur un déficit, ne sont pas des demandes en revendication; nous en avons dit un mot en commençant ce chapitre.

Non, il ne faut pas confondre les voies d'instruction, les moyens employés pour arriver à tel résultat, avec le résultat, avec la fin proposée.

Ainsi, l'on ne doit pas prendre l'arpentage pour le bornage ; car alors on tomberait dans une grande méprise, puisque l'on prendrait en ce cas le moyen pour la fin, l'arpentage n'étant jamais et ne pouvant jamais être qu'un moyen d'arriver au bornage.

Au surplus, quand un bornage est demandé, que doit-on faire ? On doit suivre la marche indiquée dans tous les temps et par tous les auteurs ; on doit procéder au mesurage des terres, seul moyen efficace d'obtenir ce que l'on demande.

A l'égard de l'action en revendication, on ne peut pas s'y méprendre et la confondre avec la demande en bornage.

Pour agir en revendication, il faut qu'un tiers se soit emparé de notre propriété, que ce tiers en soit en possession, que celui-là qui détient la chose d'autrui soit connu, et que de plus le propriétaire revendicant soit en état de prouver que la propriété qu'il réclame est bien la sienne ; cette preuve doit être administrée d'une manière à ne laisser aucun doute ; telles sont les conditions qu'exigent les principes pour que la revendication soit admise, soit fondée.

En matière de bornage, au contraire, il suffit de s'adresser à ses voisins pour exercer cette action ; on n'a pas besoin de dire que l'on a ou que l'on n'a pas sa contenance, qu'on éprouve, en un mot, un déficit. Si ce déficit est énoncé, on n'est pas forcé, il n'est même pas nécessaire de le préciser, parce

14

que, dans cette action, il ne s'agit jamais que de règlement de limites.

Une autre anomalie qui frappe bien plus encore est celle qui concerne le détenteur de l'héritage revendiqué, de la portion de cet héritage, si l'on veut.

En bornage, il est presque toujours inconnu. On ne sait pas effectivement si c'est le voisin de droite, celui de gauche, ou ceux des extrémités qui ont ce qui manque; il arrive souvent que ce n'est aucun d'eux, ou parce qu'ils n'ont que leur compte, ou que le déficit se trouve dans des pièces de terre d'arrière-voisins. — Quelquefois aussi il peut se faire qu'il ne se rencontre nulle part; cela se voit fréquemment.

Dès lors, impossibilité de désigner, de déterminer, au moment de la demande, la chose réclamée; on ne le peut pas, tout dépendant d'une opération matérielle, d'une vérification.

Les excédants de terrain sont parfois si insaisissables, que c'est un protée qui se présente sous une infinie variété de formes.—Et en effet ce qui manque à l'un peut se trouver dans plusieurs pièces de terre.

C'est donc à tort que l'on qualifierait de revendication la demande en bornage ayant pour cause un manque de contenance, un déficit.

CURASSON, dont les décisions en matière de justice de paix font autorité, s'exprime ainsi sur la revendication :

« Il ne faut pas confondre le bornage avec la revendication proprement dite ; il existe entre ces deux actions une énorme différence. La demande en revendication a pour objet, soit un corps de domaine, soit un héritage ou une portion d'immeuble qui doit être parfaitement déterminée, tandis que dans l'action en bornage chacune des parties ne demande qu'à rentrer dans ce qui sera prouvé manquer à la contenance de son héritage par le résultat de la délimitation; ce n'est point l'immeuble, ce ne sont que les limites que le litige a pour objet ; la revendication de ce qui peut manquer à la contenance n'est donc que l'accessoire, la conséquence du bornage. » (V. t. 2, p. 322, 1ʳᵉ édit. de son *Traité de la Compétence des juges de paix.*)

Dans le supplément à la première édition publié après sa mort, Curasson à donné à cet égard à sa pensée tout le développement nécessaire :

«Gardons-nous de confondre l'action en bornage avec la demande en revendication ; il existe entre elles une énorme différence.

« Dans la demande en revendication, loin qu'il s'agisse de fixer les limites, le corps de domaine ou le fond revendiqué est si peu équivoque, que sa contenance et ses confins doivent être précisés dans l'exploit d'ajournement à peine de nullité. Le demandeur qui revendique ainsi un objet parfaitement déterminé, avoue par la nature même de sa demande, la possession du détenteur; il est donc

14.

tenu de prouver que cette possession est illégale;
le détenteur est réputé propriétaire jusqu'à preuve
contraire. Ainsi c'est au demandeur à détruire cette
présomption légale, en établissant sa propriété par
un titre formel, ou par la preuve d'une possession
qui en tienne lieu. Jusque-là le défendeur qui détient n'a rien à prouver, et peut se borner à dire :
Possideo quia possideo.

« Dans l'action *Finium regundorum,* c'est différent:
il s'agit de fonds ou de deux corps de domaine contigus, et dont la propriété est reconnue à chacune
des parties : la difficulté ne porte que sur l'étendue
des héritages respectifs, attendu l'incertitude des
limites qu'il s'agit de fixer et de reconnaître. Chacune des parties ne demande qu'à rentrer dans ce
qui sera reconnu manquer à la contenance de son
héritage par suite de la délimitation : que la propriété de telle ou telle étendue de terrain dépende
du bornage, toujours est-il que la contestation ne
porte point sur le corps de l'immeuble, les limites
seuls sont l'objet du litige; il n'y a donc pas de
raison pour dispenser l'une des parties de prouver
en rejetant sur l'autre tout le fardeau de la preuve.
— Cette distinction entre la demande en revendication et l'action en bornage est attestée par les
lois, les auteurs et la jurisprudence. » (V. *Supplément,* p. 106.)

Curasson ajoute dans la 1re édition comme dans
son supplément différents motifs de dissemblance
entre les deux actions.—Dans l'action en bornage,

l'une et l'autre partie réunissent le double rôle de demanderesse et de défenderesse; il n'en est pas de même dans la revendication.—Quant aux preuves elles diffèrent également; le demandeur en bornage n'a rien à prouver, rien à justifier ; au contraire, le demandeur en revendication a tout à prouver, tout à justifier.

Avant de terminer, on nous permettra de rapporter une des lettres que nous adressions à plusieurs de nos collègues du département de l'Oise, le 30 juillet 1839 :

«Pour mon compte personnel je n'hésite pas à décider que l'on a méconnu les principes des actions en bornage et que l'on me paraît avoir confondu cette dernière action avec celle en revendication. —On ne s'est occupé que de la citation; en supposant que cet acte fût mal libellé, ce n'était pas une raison pour changer la nature de l'action. — Je soutiens encore que, quand bien même la citation porterait que le demandeur éprouve un déficit, et que ce déficit se trouvât soit dans l'une des pièces d'un des défendeurs, soit même dans celle du défendeur immédiatement contiguë, en ce cas, il ne s'agit jamais que d'une action en bornage qui comprend nécessairement la recherche des limites, la répartition et restitution de terrain et la plantation de bornes.—En matière de bornage, quand un des propriétaires a un excédant, cet excédant n'est le plus souvent que le résultat d'anticipations insensibles faites sur plusieurs pièces de terre. Les restitutions de terrain ne sont que la conséquence nécessaire de l'action en bornage.

« La revendication ne se peut concevoir que dans le cas d'un propriétaire limitrophe qui, en faisant par exemple un fossé, une plantation, ou en labourant, ou en construisant, ou en faisant d'autres ouvrages, s'est emparé en globe d'une certaine portion de terrain; voilà si je ne me trompe le principal caractère de la revendication. Alors ce n'est plus une demande en bornage qui doit être intentée; si on demande le bornage, évidemment on dénature l'action. — Par la revendication le demandeur est obligé de prouver que le détenteur-défendeur s'est emparé de telle portion de terrain en commettant telle ou telle voie de fait. — Par la demande en bornage, au contraire, inutile de dire que tel ou tel a un excédant; on agit, ou parce qu'il n'y a pas de bornes ou parce qu'elles ne sont pas appuyées d'un procès-verbal, ou ne présentent pas un caractère d'immutabilité. — Si l'on avait pénétré dans les entrailles de la question, on se serait convaincu que la demande en revendication est impossible en fait de culture. — C'est pour rétablir l'équilibre et rendre à chacun ce qui lui appartient selon ses titres que l'action en bornage a été introduite par les législateurs de tous les temps.

« Un dernier motif me paraît décisif, c'est que, en matière de revendication, la grande prescription trentenaire peut être efficacement invoquée contre la demande, tandis que lorsqu'il s'agit de demande en bornage, il n'y a jamais lieu à prescription de l'action.

« Quand l'anticipation est le produit d'une seule voie de fait, la revendication du terrain usurpé n'est plus possible au bout de trente ans.

« En matière de bornage, il n'y a que des anticipations insensibles, clandestines, partant impuissantes.

« En un mot, les actions pétitoires en bornage, en distance de haie, etc., ont été transférées aux justices de paix, et il n'a été réservé à cet égard aux tribunaux d'arrondissement que les questions graves de contestations de propriété ou de titres. »

Telle était notre opinion lors de l'apparition de la loi nouvelle de compétence. Le temps, nos recherches et la réflexion n'ont fait que la fortifier, sauf quelques légères modifications que nous aurons occasion d'indiquer.

Nous citerons, pour terminer, un exemple qui se rencontre le plus fréquemment dans les opérations de bornage, c'est lorsque le manque de contenance, le déficit, en un mot, se trouve dans la pièce de terre d'un arrière-voisin assez éloigné.

Comment s'y prendra le demandeur en revendication? ira-t-il diriger son action contre cet arrière-voisin? qui lui répondrait immédiatement, s'il avait cette témérité : Mais je ne vous connais pas; est-ce que j'ai pu m'emparer de la plus petite

parcelle de votre propriété? la chose est par trop
matériellement impossible.

Si, comme cela arrive souvent aussi, le déficit se
trouve répandu dans beaucoup de pièces de terre,
il faudrait donc que le demandeur s'adressât à chaque propriétaire qui aurait dans sa propriété, en
excédant, un sillon, plus ou moins.

Tandis que dans l'opération de bornage, ces inconvénients disparaissent.—Si les quantités matérielles trouvées concordent avec celles énoncées
aux titres, les opérations s'opèrent pacifiquement.
—On fait rentrer chaque pièce de terre dans son
état légal.

*Observations sur les chapitres qui précèdent et ceux
qui vont suivre.*

Quoique les matières traitées dans ces chapitres
paraissent être spéciales aux principes et aux opérations de bornage, cependant, ayant un plus intime rapport avec la compétence et présentées dans
ce but, nous croyons devoir en ce moment nous
occuper d'une manière plus particulière du bornage proprement dit; nous aurons parfois occasion
de rappeler les principes qui déjà ont été développés, mais nous ne le ferons que très succinctement, afin d'éviter les redites.

CHAPITRE XII.

ARTICLE PREMIER.

Qui peut l'exercer?—L'usufruitier, le fermier, le tuteur, le mari, le curateur à l'absence, les envoyés en possession provisoire et définitive et le possesseur ont-ils cette action?

§ 1er. *De l'usufruitier.*

Nous avons vu aux chapitres de la définition du bornage et de la nature de cette action, que son principal caractère, le seul, peut-être, était d'être réel immobilier, puisqu'elle affecte essentiellement la propriété immobilière.—Aucune action ne peut être plus réelle que celle-là, s'agissant de règlement de limites, de faire rentrer les propriétés dans leur état normal par la voie des répartitions de terrain.

Cette action ne peut appartenir qu'au maître de

la chose, et c'est pour cela que le Code dit : Tout
propriétaire peut obliger son voisin au bornage.

Cependant, d'après les anciens principes, presque tous les auteurs qui ont écrit depuis le Code
civil ont accordé, étendu à l'usufruitier le bénéfice
de l'action en bornage; je dis étendu, parce que
cela me paraît être une dérogation à la rigueur des
saines doctrines.

Quoique le droit de l'usufruitier soit un démembrement de la propriété, il n'en est pas moins vrai
que ce droit n'est relatif qu'à la jouissance de l'objet auquel il s'applique; que ce droit n'est assurément pas à mettre en parallèle avec la propriété
elle-même, avec le *dominium*.—Jouir d'une chose
est sans contredit un bien grand avantage, mais
c'est n'en être point encore le maître; car on ne
peut en disposer, et pour borner, il faut avoir le
pouvoir de disposer.

Le bornage peut avoir des résultats tellement
importants, qu'il est indispensable que le véritable
maître seul agisse, et c'est pour cela que la loi a
donné l'action au propriétaire.

Les auteurs qui ont accordé à l'usufruitier
l'action en bornage, ont senti les inconvénients
d'un bornage fait seulement avec ce dernier, puisque presque tous prennent la précaution d'indiquer la mise en cause du propriétaire comme
sauve-garde des intérêts de tous. C'est effectivement le parti le plus sage, mais ce n'est encore
qu'un conseil qui peut n'être pas suivi.

Nous ne pouvons pas mieux faire que de rapporter ici en substance la discussion forte que Carou a donnée en commentant l'art. 646 du Code civil.

L'action en bornage est immobilière, touchant essentiellement le droit de propriété; elle n'appartient qu'au maître de la chose, le fermier ne l'a pas.—Quelques auteurs la donnent à l'usufruitier qui possède *pro suo*, l'usufruit étant un démembrement de la propriété. Toullier est de cet avis, mais avec la mise en cause du propriétaire, autrement, bornage provisoire.

Opinion inexacte; le bornage ne prévient pas seulement la confusion des propriétés, il fixe de plus les droits eux-mêmes de propriété. Cette action est une sorte d'action en revendication de propriété ou peut le devenir, s'il s'élève quelque contestation. Elle fixe les droits des parties, et l'usufruitier, possesseur temporaire et non maître, ne l'a pas.—Si le propriétaire n'est pas lié, si l'usufruitier est sans qualité, s'il ne peut reconnaître un droit définitif au profit du voisin, comment ce dernier serait-il contraint à borner, la position étant égale?—La marche tracée par Toullier est impraticable. D'abord les actions sont intentées par ceux qui y ont intérêt ou par des représentants légaux. Ensuite l'usufruitier n'étant pas maître de la chose, n'a point d'action personnelle contre le voisin. Il n'existe de liens qu'entre lui et le propriétaire, et il ne peut s'adresser qu'à ce dernier pour sa jouissance complète. L'action de la part de l'usufruitier est une interversion des règles de procédure et de droit.—Toullier fait une autre objection : la possession *pro suo* fait présumer l'usufruitier propriétaire, et le voisin n'a rien à exiger. De deux choses l'une ; si usufruitier, pas d'action ; si propriétaire, sa qualité peut être contestée. Mais peu importe s'il agit comme possesseur ou propriétaire, il n'y a plus à examiner ses droits comme usufruitier.— Cependant, l'usufruitier possesseur du fonds et propriétaire des fruits a intérêt évident ; oui sans doute ; mais comme le dit Favard, le fermier et l'usufruitier ne peuvent que forcer le propriétaire à faire fixer les limites de l'héritage. (V. Carou, t. I, p. 647, n° 198.)

Augier, qui approuve l'opinion de Carou, présente la question sous un nouvel aspect :

« Sur quoi, dit-il, se base-t-on pour accorder à l'usufruitier le droit de réclamer le bornage ? Sur ce qu'il possède *pro suo*. Mais il ne suffit pas de posséder *pro suo* pour intenter une action en bornage, il faut posséder à titre perpétuel, car autrement (tous les adversaires de notre doctrine en conviennent), le bornage ne serait que provisoire, et il dépendrait du propriétaire d'en demander un nouveau quand bon lui semblerait. Or, comment l'usufruitier pourrait-il obliger le voisin à faire un bornage provisoire ?

« On objecte que le voisin ne peut exiger de l'usufruitier la preuve de son droit de propriété; car la possession le fait présumer propriétaire.

« L'erreur est manifeste. Un fermier a la possession tout aussi bien qu'un usufruitier. Si le voisin ne pouvait exiger de lui la preuve de son droit de propriété, l'action en bornage lui compéterait donc; cependant, il n'est pas un jurisconsulte qui ne la lui refuse.

« En invoquant, d'ailleurs, pour l'usufruitier, la présomption de propriété qui résulte de la possession, on reconnaît implicitement que le titre de propriétaire est indispensable pour l'exercice de cette action. Mais alors, ce n'est plus l'usufruitier, c'est le propriétaire présumé qui agit; et le voisin n'aura-t-il pas le droit de contester le titre qui établit la propriété du demandeur?

« Nous pensons comme Carou et comme Favard, que l'action en bornage tenant essentiellement au droit de propriété, ne compète pas plus à l'usufruitier qu'au fermier. Ils peuvent seulement obliger le propriétaire à faire fixer, dans un temps déterminé, les limites de son héritage. » (V. *le Juge de Paix*, t. xi, p. 277.)

Cette solution est conforme à la théorie de la Cour de cassation sur le projet du Code de procédure de 1807 : de l'action en bornage, art. 26. L'action en bornage ne compète ni au fermier ni à l'usufruitier; mais ils peuvent obliger le propriétaire à faire faire dans un temps déterminé les limites de son bien.

Arm. Dalloz nous paraît introduire un milieu entre les deux opinions absolues, en imposant à l'usufruitier la condition de mettre le propriétaire en cause :

« L'usufruitier peut-il, dans son intérêt personnel, intenter lui-même l'action en bornage? Curasson se prononce pour l'affirmative. Il nous semble qu'il ne peut le faire qu'à la *condition de mettre en cause le propriétaire*. Autrement, le voisin qui, d'après l'avis même de Curasson, pourra être contraint à un nouveau bornage par le propriétaire, à la fin de l'usufruit, se verrait ainsi inutilement exposé deux fois aux charges et aux frais d'une opération de bornage pour la même propriété.

« Mais nous pensons que l'usufruitier a le droit, sur l'action intentée par le propriétaire pendant l'usufruit, d'y défendre et d'intervenir dans l'instance. » (V. *Dictionnaire*, 3e supplément, v° *Servitude*, art. 2, § 2, 193, 2°.)

D'après les trois jurisconsultes dont nous avons rapporté le sentiment, les droits de l'usufruitier seraient principalement à considérer par rapport au propriétaire voisin. Cet aspect est d'une justesse remarquable et doit trancher la difficulté contre l'usufruitier.

Cependant, M. Mongis, dans un article très remarquable inséré dans l'*Encyclopédie du Droit*, cherche à concilier l'un et l'autre système ; ce magistrat signale les inconvénients graves de la non-présence du propriétaire :

« N° 37. Dans tous les cas, il est bon de remarquer qu'il importe toujours d'appeler en cause le propriétaire, qui évidemment ne peut souffrir des concessions et des arrangements faits à son insu, et à l'égard duquel le bornage serait réputé *res inter alios acta.* Il faut donc que le bornage soit fait contradictoirement avec lui, sans quoi il pourrait en demander un autre à l'expiration de l'usufruit, dit Toullier ; en tout temps, suivant nous, car s'il est du droit de l'usufruitier de jouir des choses d'autrui, à la charge d'en conserver la substance (art. 578, Cod. civ.), il entre nécessairement dans les droits du propriétaire de veiller en tout temps à ce que cette substance ne soit jamais altérée par la collusion ou la négligence du tiers détenteur. (V. MM. Pardessus, Proudhon, *Traité de l'Usufruit*, n° 1343.) L'usufruitier assumerait même une grave responsabilité, si, provoqué au bornage ou menacé d'une usurpation, il ne s'empressait point d'avertir le propriétaire. Faute de cette dénonciation, il est responsable, porte l'art. 614, de tout le dommage qui peut en résulter pour le propriétaire, comme il le serait des dégradations commises par lui-même.

« 38. Le bornage ainsi fait avec l'usufruitier seul n'a donc qu'un caractère provisoire, et si le propriétaire voisin veut faire quelque chose de définitif, il doit appeler en cause le nu propriétaire.

« 39. Si cependant, l'usufruitier ou l'emphytéote, en dissimulant leur véritable qualité, ont agi comme propriétaires et surpris la bonne foi du voisin, il peut arriver, suivant les circonstances, que la bonne foi profite à ce dernier et le conduise à la prescription de dix et vingt ans, sauf le recours du propriétaire lésé contre les auteurs de la fraude. (V. au surplus Proudhon, t. III, n°s 1243, 1244, et surtout 1246 et 1247.)

« 40. Il est donc bien entendu que le droit d'intenter l'action en bornage appartiendrait encore au nu-propriétaire, alors même que tout aurait été réglé entre l'usufruitier et le voisin; seulement on peut se demander quel serait l'effet d'un jugement qui reconnaîtrait à la nue propriété, plus ou moins de terrain qu'il n'en avait été attribué à l'usufruit.

« 41. Cette attribution purement provisoire aurait-elle force de chose jugée à l'égard de l'usufruitier? Nous ne le pensons pas; l'usufruitier, quant à la jouissance, n'est autre chose que le propriétaire lui-même; la loi de celui-ci devient la loi de celui-là. L'usufruit est un démembrement de la propriété; or, la propriété n'est également que ce que le jugement l'a faite : il répugne qu'un droit d'usufruit s'exerce sur ce qui est jugé ne pas faire partie de la propriété soumise à cet usufruit, et l'auteur de l'usufruit n'a pu transmettre au delà de ce qu'il possédait lui-même. L'usufruitier serait donc fondé à dire au voisin : Je n'ai pas entendu traiter à forfait avec vous de ma jouissance; le premier bornage n'a eu qu'un objet, celui de fixer provisoirement les limites de la propriété sur laquelle devait s'étendre mon usufruit. Aujourd'hui, ce provisoire tombe devant une mesure définitive. »

§ II. *Du fermier.*

Quant au fermier, n'ayant aucune espèce de droit dans la chose, et ne la détenant que pour lui faire produire ce qu'elle peut produire, n'étant que le représentant du propriétaire, et toute action possessoire lui étant même refusée, ne possédant pas *pro suo*, il ne peut à plus forte raison jamais avoir celle en bornage, qui est une action toute pétitoire immobilière.

C'est un point si universellement admis parmi les jurisconsultes, qu'il serait inutile d'entrer dans de plus longs développements.

Cependant, comme quelques-uns d'entre les auteurs semblent émettre une opinion qui tendrait à conférer aux fermiers une apparence de droit, nous en citerons d'abord les principaux, puis ceux dont nous n'adoptons pas l'avis.

Voici comme s'exprime LEPAGE, *Lois des bâtiments* : « Puisqu'il faut avoir un droit quelconque de propriété dans un héritage, pour être fondé à

15

le faire borner, on doit conclure que celui qui le
possède à titre précaire, tel qu'un fermier, n'a pas
qualité pour intenter l'action *Finium regundorum*;
le fonds lui est loué tel qu'il se trouve; s'il est
troublé dans la jouissance des objets compris en
son bail, par des contestations relatives aux limites
respectives, il n'a pas d'autre voie que celle de
dénoncer le trouble à son bailleur et de lui demander qu'il fasse borner. Un fermier, en effet, ou
un locataire, ne peut agir qu'en vertu de son bail;
il ne peut donc réclamer que contre le bailleur par
une action purement personnelle, et non pas contre un tiers qui ne lui a point souscrit d'obligation, et qui n'est tenu de connaître que le propriétaire de l'héritage affermé. » (*Lois des bâtiments*,
t. i, p. 28, art. 4, § 2.)

Dans les notes rejetées à la fin de l'édition de
1838, Lepage explique les droits des fermiers :

« (7) Quand un fermier est troublé dans sa jouissance, il doit examiner si c'est par son bailleur ou
par un tiers. Au premier cas, il agit contre celui
dont il tient son bail. — Au second cas, il faut distinguer si le trouble n'a d'autre but que de nuire
à son droit de récolter sans attaquer la possession
d'aucune pièce de terre. On conçoit que s'il s'agit
seulement de récolte actuelle, c'est une contestation qui n'intéresse que lui, et qu'ainsi lui seul
doit se pourvoir contre le tiers qui lui cause du
tort. — Mais si le trouble annonce une prétention

à la propriété ou jouissance d'une portion des terres conférées au fermier, celui-ci est tenu de dénoncer l'usurpation au propriétaire qui est garant du bail, et qui seul a qualité pour défendre contre le trouble; le fermier serait mis hors de cause, s'il n'avait personnellement rien à demander. »

Lepage a rendu sensibles par des applications les dispositions des lois relatives aux troubles que peut éprouver le fermier.

CARRÉ, *Compétence*, t. i, p. 530, n° 232, refuse aux fermiers toute action en bornage, mais il leur accorde avec Duparc-Poulain le droit d'agir contre le bailleur, afin, par des poursuites en bornage de la part de ce dernier, de rendre la jouissance paisible et dans toute son étendue.

Dans son *Recueil alphabétique*, DALLOZ reconnaît que le fermier n'exerçant aucun droit réel ne peut exiger le bornage; il peut seulement, s'il est troublé dans sa jouissance, ou si après un bornage opéré il se trouve lésé, recourir contre le bailleur; c'est aussi le sentiment de Toullier et de Delvincourt; ce dernier ajoute que le fermier n'a pas qualité pour intervenir dans une action en bornage intentée par ou contre le propriétaire. (V. *Servitudes*, sect. ii, art. 2, n° 3.)

Au supplément de l'*Encyclopédie des Juges de Paix*, p. 23. M. CHAS admet avec Delvincourt la

15.

doctrine de Favard, en ce qui touche le fermier qui n'a pas le *jus in re* et qui peut seulement dans le cas de trouble apporté à sa jouissance, demander ou que le propriétaire le fasse cesser en procédant au bornage, ou que son bail soit résilié avec dommages-intérêts.

Ces citations doivent suffire et démontrent les droits négatifs du fermier, en quelque sorte.

Toutefois, comme nous l'avons dit, quelques auteurs semblent lui accorder certains droits.

M. Foucher annonce que la jurisprudence paraîtrait admettre l'action du fermier, au moins comme conséquence de l'action possessoire, pourvu que le propriétaire intervienne et prenne fait pour le fermier avant contestation en cause. En effet, cette intervention rend l'action contradictoire avec le propriétaire. Il cite un arrêt de cassation du 8 juillet 1818 ; c'est 1819 : les recueils portent cette dernière année. (V. *Comm.*, p. 297.)

Par cet arrêt la Cour n'a conféré aucun droit au fermier ; elle n'a fait que confirmer une procédure quelque peu vicieuse, mais qui, en justice de paix, pouvait être réparée ; le fermier avait cité au possessoire, mais à l'audience le propriétaire est intervenu. C'est comme si les parties avaient comparu volontairement. Le fermier disparaissait devant le propriétaire, il n'y avait plus que ce dernier en cause.

Aucune induction ne peut donc être tirée de cet

arrêt pour accorder au fermier l'action en bornage; mais, répondra-t-on, cette action n'est donnée que comme conséquence de l'action possessoire.

Il n'existe pas d'action possessoire de ce genre. Voici ce qui arrive en pareille circonstance lorsqu'il y a anticipation, et que le juge a statué sur la complainte possessoire; il peut, les restitutions faites et comme consécration de sa décision, faire placer des bornes sur la nouvelle ligne. — Je ne vois pas comment le fermier pourrait agir en bornage par la voie indirecte du possessoire, la marche est impraticable.

Nous trouvons dans le *Juge de Paix* d'Augier une induction de l'arrêt du 8 juillet 1819, qui nous paraît plus conséquente.

Après avoir décidé que le bornage ne peut être provoqué ni par le fermier, ni contre le fermier, il ajoute : Néanmoins si le propriétaire, avant toute contestation en cause, était intervenu, et avait pris fait et cause pour son fermier demandeur ou défendeur au bornage, l'action pourrait suivre régulièrement son cours. » (V. le *Juge de Paix*, t. xi, p. 278.)

L'arrêt de 1819 n'a réellement décidé qu'une question de forme et très réparable surtout en justice de paix; mais cette décision ne peut pas attribuer au fermier des droits dans la chose et lui transférer une action réelle qui ne doit jamais lui appartenir.

L'interprétation donnée à cet arrêt est forcée et sans application; c'est, nous le répétons, une simple question de forme qui a été jugée.

Avant de terminer, nous croyons devoir signaler à l'attention des jurisconsultes la doctrine émise par les auteurs des Codes annotés.

Au *Commentaire* de l'art. 646, Cod. civ., n° 11, on lit : « Il n'est pas aussi certain cependant qu'elle (l'action en bornage) puisse être exercée par le fermier, parce qu'il n'a pas le droit foncier, ni l'exercice des actions possessoires. — N° 12. Mais nous ne ferions aucune difficulté de la lui accorder comme possesseur de la chose, et comme ayant droit à la délivrance effective et réelle de la totalité de l'héritage qui lui a été donné à bail.—N° 13. Et ceux qui en principe lui refuseraient cette action, seront bien forcés de convenir qu'il peut l'exercer au moins *indirectement en citant lui-même le propriétaire concurremment avec les propriétaires voisins* pour les forcer à opérer entre eux le bornage en sa présence, afin que la délivrance puisse être opérée en sa faveur. »

Il faut avouer que MM. TEULET et SULPICY ont fort mal interprété les droits du fermier. D'abord le fermier ne peut être considéré comme possesseur de la chose; il n'est que simple détenteur, et ce n'est qu'à ce titre qu'il peut jouir du bénéfice de l'action en réintégrande. — A l'égard des propriétaires voisins, il n'a aucune espèce de droit à faire valoir contre eux. Si on ne lui délivre pas la chose louée dans toute sa plénitude, il a recours contre le propriétaire qui lui en a garanti implicitement la jouissance.

Les jurisconsultes dont nous avons parlé en commençant ce paragraphe ont tracé la marche à suivre, et l'on doit être étonné qu'un ouvrage aussi pratique que son titre l'indique tombe dans une méprise aussi grande.

Le fermier, en un mot, qui ne retrouve pas la contenance déclarée ou qui est inquiété par ses voisins doit s'adresser seulement et uniquement à son propriétaire et pas à d'autre par l'action ex conducto. — C'est au propriétaire à employer la marche qu'il croira devoir prendre, mais il n'appartient pas au fermier de s'adresser tout à la fois et au bailleur et aux propriétaires qui ne doivent pas le connaître, dès là qu'il s'agit de la propriété.

§ 3. *Du tuteur. L'autorisation du conseil de famille lui est-elle nécessaire ?*

La solution de cette question dépend du point de vue sous lequel le bornage est envisagé.

Si le bornage est réduit à une simple plantation de bornes, la difficulté n'a pas besoin d'être soumise à l'examen, elle se trouve bientôt décidée ; ce ne serait là assurément qu'un acte de simple administration très permis à un tuteur, qu'un acte conservatoire en un mot.

Mais si le bornage est ramené à son but primitif, si c'est du règlement de limites, des reprises ou restitutions de terrain qu'il s'agit, alors la question changeant de face a de l'importance et mérite examen.

Ce qui prouve que c'est sous ce dernier rapport que les jurisconsultes l'ont envisagée, c'est qu'ils diffèrent de sentiments.

Toullier cité est plus combattu que. suivi : « L'action en bornage ne tend qu'à conserver à chacune des parties l'intégrité de son héritage, c'est donc un acte d'administration qui peut être fait par le tuteur sans consulter le conseil de famille, sauf à prendre son avis sur les incidents qui feraient naître une question de propriété. » (V. t. III, n° 182.)

Lepage développe cette idée et entre dans l'application. Il donne les raisons pour et contre, et conclut à l'autorisation dans le cas seulement de revendication par le mineur ou par le voisin.

Pour. — L'action est mixte, partant immobilière et application de l'art. 464, Cod. civ.

Contre. — L'action est principalement personnelle. — Réelle, accidentellement. — Intention de la loi; elle ne veut pas qu'on puisse agir légèrement relativement aux biens des mineurs. — Demander le bornage, c'est sagesse; on évite les usurpations et l'on prévient toutes sortes de difficultés. Les biens limités, le tuteur peut veiller à leur conservation. — Autorisation pour borner n'est pas matière à délibération. — Le bornage ne peut mettre en danger les droits immobiliers du mineur ; il tend à les constater par des limites apparentes. — Mais si usurpation, nécessité de l'autorisation pour former demande appuyée sur le travail des experts. — Si réclamation par le voisin de portions de terrain, pas d'acquiesce-ment sans autorisation.

Conclusion. — Bornage en lui-même est un acte d'administration et pas d'autorisation ; mais si revendication, soit par le mineur, soit par le voisin, autorisation. (*V. Lois des bâtiments*, t. I, p. 27.)

Lonchampt qui distingue le bornage de la de-mande en partage, acquisition ou aliénation de droits immobiliers est d'avis de la non-autorisa-tion. Il cite Pothier comme ayant parlé de cette formalité. Ce qui est inexact. (*V. Précis sur la Police rurale*, p. 50.)

Masson, p. 291 : « Le tuteur peut agir sans l'au-torisation du conseil de famille, sauf à le consul-ter sur les incidents relatifs à la propriété. »

Perrin ne se prononce pas, il cite Toullier, Delvincourt et Pardessus.

Tels sont les auteurs qui ont adopté la négative.

Nous allons parler de ceux qui ont le plus exa-miné la question.

CURASSON reconnaît la nécessité de l'autorisation du conseil de famille.

« La demande en bornage, dit-il, peut être formée par le tuteur au nom du mineur ou contre lui. M. Toullier prétend (t. III, n° 182) que ce n'est là qu'un acte d'administration qui peut être fait par le tuteur, sans consulter le conseil de famille, sauf à prendre son avis sur les incidents que ferait naître une question de propriété ; mais il est rare que le bornage n'ait pas pour objet la réclamation ou la *restitution de quelques parties de terrain usurpées*. C'est donc ici une action relative à des droits immobiliers, et pour l'exercice de laquelle l'art. 464 du Code exige l'autorisation du conseil de famille. » (V. CURASSON, t. II, p. 328.)

CAROU se prononce d'une manière encore plus formelle. « Toullier enseigne que le tuteur peut, sans consulter le conseil de famille, intenter l'action en bornage. Mais c'est qu'en ce point encore Toullier a méconnu le vrai caractère de l'action en bornage ; il ne l'a considérée que comme un acte d'administration. Or, c'est plus que cela : ce n'est pas une simple action conservatoire ou provisoire, c'est un acte qui fixe irrévocablement les droits des parties ; elle tend, comme le dit l'auteur lui-même, à conserver à chacune des parties l'intégrité de son héritage. Encore une fois, l'action en bornage n'est autre qu'une sorte de demande en revendication ; et comme en fait elle a trait à une chose immobilière, c'est aussi une action immobilière; soumise aux règles ordinaires de ces sortes d'actions : le tuteur ne peut l'intenter sans l'autorisation du conseil de famille, ainsi que le veut l'art. 464 du Code civil. » (V. Carou, t. I. p. 650.)

Cette argumentation porte la conviction; il est difficile d'y répondre.

Parmi les auteurs qui ont adopté l'affirmative nous citerons encore Marchand : « On peut ranger, parmi les actions immobilières, celle qui a pour objet d'obliger le propriétaire, voisin du mineur au bornage de leurs propriétés contiguës, opération qui se fait à frais communs (646, C. civ.); le tuteur doit donc être autorisé. — Le bornage pouvant amener une réduction de la propriété du mineur, si avant lui il y avait eu anticipation, ce n'est pas au tuteur seul qu'il appartient d'apprécier une semblable mesure; mais il pourrait sans autorisation, répondre à une action en bornage. » (V. Code de la minorité, p. 320, n° 62.)

On peut en outre consulter Pardessus, Traité des Servitudes, 8e édit., t. II, p. 305, n° 333. — Action pétitoire relativement aux servitudes, autorisation.

Dalloz, art. 2, n° 4, qui paraît embrasser l'affirmative.

Vaudoré, Droit rural, t. I, p. 37, l'opération présentant un caractère immobilier, bornage judiciaire et autorisation.

Solon, *des Servitudes*, p. 78, avis de la famille et intervention de la justice.

Tardif-Fournel, t. i, p. 215, action immobilière, autorisation préalable.

Rolland de Villargues, t. ii, p. 275, n° 21. Le tuteur peut-il agir sans autorisation? (Il existe une faute typographique : lire la négative au lieu de l'affirmative.)

Supplément à l'*Encyclopédie des Juges de Paix*, p. 23. Autorisation indispensable, bornage, caractère immobilier, il rapporte son opinion au mot *Tutelle* de l'Encyclopédie.

Le *Juge de Paix*, t. xi, p. 278, autorisation plus légale.

Brochure de M. Frion, sur le Bornage, p. 9, action réelle de nature immobilière, autorisation, assimilation à l'action en partage.

Vaudoré, *Droit civil des Juges de Paix*, t. i, p. 262, n° 6, autorisation nécessaire.

En résumé, le dissentiment qui paraîtrait exister entre les auteurs, n'est pas aussi grand qu'on pourrait le croire. Tous sont d'avis, à l'exception d'un seul, que, quand il y a réclamation ou restitution de portion de terrain, le tuteur ne peut pas agir sans l'avis de la famille.

Les uns, trois à quatre, prétendent que l'avis

de parents n'a lieu qu'alors que la difficulté, que la question de propriété prend naissance, parceque l'action en bornage n'est à leurs yeux qu'une simple opération matérielle de plantation de bornes en quelque sorte.

Les autres, au contraire, et ils sont en très grand nombre, veulent une autorisation préalable avant toute espèce d'action.

Ce dernier parti est plus conforme aux principes et à la nature de l'action qui, nous l'avons dit, est éminemment, essentiellement réelle immobilière pétitoire, ayant pour fin incessante les reprises, restitutions, répartitions de terrains.

§ 4. *Du mari. Faut-il le concours de la femme pour les biens personnels de cette dernière ?*

Le mari n'étant qu'administrateur intéressé des immeubles de la femme, et ne pouvant jamais les aliéner soit directement soit indirectement, on doit décider qu'il ne peut agir seul en bornage.

Les règles que nous avons posées pour le tuteur lui sont applicables, encore bien que le mari, en gérant les biens de sa femme, en tire des avantages, des profits personnels ou plutôt tombant dans la communauté conjugale.

Nous n'examinerons pas ici la question de savoir si le mari, dans le silence de la loi, peut avoir seul les actions pétitoires de la femme, cet examen sortirait de notre sujet.

Ce que nous devons démontrer, c'est que le

mari, y eût-il intérêt, ne peut pas transiger et
faire décider les questions de propriété que pourrait soulever l'action pétitoire en bornage, ce
serait là une aliénation indirecte.

En supposant même que l'action en bornage ne
donnât pas naissance à des contestations graves
de propriété qui seraient de la compétence des
tribunaux d'arrondissement, que l'opération n'eût
pour résultat qu'une simple répartition de terrain,
comme il pourrait se faire que l'immeuble de la
femme éprouvât une diminution, le mari ne peut
seul consentir une telle aliénation.

Le maître de la chose doit être présent à l'action; nous l'avons décidé pour l'usufruitier, et
de plus fort le dirons-nous pour le mari.

Tous les auteurs étant unanimes sur ce point,
nous ne rapporterons leurs opinions que très
substantiellement :

DURANTON.—253. « L'action en bornage n'étant
pas possessoire comme celle en déplacement, le
mari qui a celle-ci sous la communauté n'a pas
qualité pour intenter seul celle-là, de manière que
chose jugée contre le mari, chose jugée contre la
femme. » (T. v, p. 239.)

VAUDORÉ.—« Le mari jouissant des biens de la
femme a l'action possessoire en bornage; il est
l'administrateur légal des propres ou dotaux, 1428,
1480 et 1549, C. civ. — La participation de la

femme au bornage de ses biens n'est nécessaire qu'au pétitoire. » (V. *Droit rural*, p. 82.)

DALLOZ. — Il cite Duranton : « Le mari en communauté ne peut intenter seul l'action en bornage pour une propriété de sa femme. » (V. *Bornage*, p. 4.)

SOLON. — « Le bornage possessoire peut être demandé par le mari; pour le bornage pétitoire, concours de la femme. » (Pag. 78.)

MASSON. — « Le mari ne peut agir en son nom personnel ; il faut que la femme soit en cause. » (Pag. 190.)

AUGIER. — « Le mari ne peut agir seul, Duranton et arrêt de Rouen, — en tous cas, s'il a agi seul, si question de propriété, nécessité absolue de l'intervention de la femme. » (V. p. 23, supplément.)

CAROU. — Duranton et Augier cités ; doctrine exacte; elle est évidemment fondée sur les principes établis à l'égard du tuteur. On n'a pas considéré que l'action en bornage fût un simple acte d'administration. (T. I, p. 651.)

CURASSON. — « Comme administrateur, a les actions possessoires, mais l'action en bornage n'est pas un simple acte d'administration, telle, s'il n'y avait aucune contestation, si ligne délimitative convenue ou recherche d'un ancien bornage ; donc mari et femme en cause serait prudence. (T. II, 329.)

AUGIER parle de l'arrêt de Rouen du 6 novembre

1835 qui a donné l'action au mari au cas de non
contestation de possession ou de délimitation. —
Lorsqu'il s'agit de décider si la femme est ou non
propriétaire d'une certaine quantité de terrain dis-
putée par un tiers, nécessité alors de l'intervention
de la femme ; sans cela, bornage provisoire, et
mariage dissous, second bornage ; — Biens de la
communauté, droit de les aliéner, mari a seul l'action » (T. xi, p. 278.)

FRION.—« Elle ne peut être exercée pour ou contre le mari seul, même pour le bornage en la possession actuelle, parce que l'étendue de terrain
peut être inférieure au titre, et alors aliénation
indirecte, ce que ne peut faire le mari. » (Pag. 8.)

PERRIN.—« N'a pas l'action en bornage et encore
bien moins au cas de séparation de biens. » (P. 229.)

VAUDORÉ. — « Le mari a qualité pour abornement de biens dotaux, extradotaux, propres de
communauté à la femme, — l'opération portant
sur la propriété ne peut lui être opposée. » (T. I,
p. 262).

De tous les auteurs Arm. Dalloz et Lonchampt
sont les seuls qui reconnaissent au mari le droit
d'agir seul.

LONCHAMPT, après avoir dit que le tuteur n'a
point besoin d'autorisation, parce qu'il ne s'agit
que de conserver l'intégrité d'un héritage et qu'il
n'y a pas atteinte aux droits immobiliers de la

femme, décide que, d'après ce principe, le mari a le droit de poursuivre le bornage des biens personnels de sa femme (arg. de l'art. 1428, C. civ.) (V. *Précis des lois rurales*, p. 50.)

Quant à Arm. DALLOZ, il nous semble avoir mal saisi Duranton et Curasson, lorsqu'il dit : « A l'égard du mari, Curasson pense, contrairement à notre avis et à celui de Duranton, qu'il ne peut intenter l'action en bornage des biens de sa femme sans mettre celle-ci en cause. »

DURANTON paraît assez explicite, s'il n'est pas parfaitement clair, pour la mise en cause de la femme. — Curasson dit sans doute que le bornage ordinaire ne rentre pas dans les actes d'administration, mais ensuite il n'émet son avis que sous forme de conseil. — Il aurait posé comme règle absolue la présence de la femme dans la demande, qu'il n'eût suivi que les principes particuliers sur la nature de l'action en bornage.

Duranton, dans la dernière édition de son *Cours du Droit français*, a fait une distinction applicable au tuteur et au mari, en ce qui concerne, soit l'autorisation préalable nécessaire au tuteur, soit le concours de la femme, distinction que nous n'approuvons pas parce qu'elle n'est pas dans les vrais principes.

« Art. 255. D'après la distinction, dit cet auteur, entre le cas où il n'y a pas de contestations sur la propriété d'une partie quelconque des ter-

16

rains qu'il s'agit de limiter par des bornes, et le cas contraire, on doit décider dans le premier, que le mari, qui a l'administration des biens de sa femme, a le pouvoir d'intenter l'action en bornage devant le juge de paix, au sujet de ces mêmes biens, et par la même raison, celui de défendre à une action de cette nature; car, quoique ce ne soit pas là, à proprement parler, une action possessoire, puisqu'il peut fort bien n'y avoir aucun trouble de possession ; néanmoins c'est une action qui a également pour objet la conservation des biens, comme les actions possessoires elles-mêmes , lesquelles par cette raison compètent au mari. » (Art. 1428.)

« Et nous déciderions la même chose dans le cas de tutelle : le tuteur pourrait intenter cette action, ou y défendre, sans avoir besoin dêtre autorisé à cet effet par le conseil de famille ; mais si, au contraire, il y a contestation sur la propriété d'une partie quelconque des terrains à limiter par des bornes, comme l'action n'est plus de la compétence des juges de paix, c'est la femme, dûment autorisée de son mari, qui doit intenter l'action ou y défendre ; et le tuteur, soit en demandant, soit en défendant, a besoin de l'autorisation du conseil de famille, car l'action a tous les caractères des actions immobilières proprement dites ; or, le mari, sauf ce qui est relatif au cas du régime dotal (art. 1549), n'a pas l'exercice des actions immobilières qui concernent sa femme ; et le tuteur ne peut exercer celles qui concernent le mineur qu'autant qu'il est autorisé à cet effet par le conseil de famille. » (Art. 482.) (V. *Cours de Droit français*, 4ᵉ édit., p. 231.)

M. Duranton aurait dû donner, ce me semble, plus de développement à sa pensée; car le passage que nous venons de rapporter fait supposer que le professeur n'envisage les opérations de bornage que sous deux aspects, la simple plantation de bornes dans des limites reconnues et avouées par les parties, et les contestations de propriété ; et alors, déduisant les conséquences de cette règle, il décide que l'autorisation du tuteur et la présence du mari ne sont pas nécessaires, quand il n'y a lieu qu'à poser des bornes, et qu'elles le deviennent alors au cas de contestation.

M. Duranton restreint par trop évidemment les opérations de bornage, ou plutôt n'entre pas dans la pratique de ces opérations, sans cela il verrait qu'il est une foule de circonstances qui ne présentant pas de contestations de propriété, ne rentrent pas pour cela dans le bornage qui n'a pour but que le simple placement de bornes.

En effet, et comme nous l'avons établi plus haut et à différents endroits, les répartitions de terrains ne constituent pas des contestations proprement dites, voire même les restitutions; elles sont la conséquence forcée de l'obligation imposée à chacun de se borner, et de rendre ce que l'on peut avoir de trop.

Nous devons donc persister dans notre opinion

16.

précédemment exposée, et décider toujours que quand il s'agit de limiter des terrains et les borner, il faut l'autorisation du conseil de famille pour le tuteur, et la présence ou le concours de la femme au procès, ou mieux, la demande formée par la femme autorisée de son mari.

§ II. *De l'absent.*

Tout individu qui a quitté son domicile ou sa résidence sans donner de ses nouvelles et dont on ignore le sort, est réputé absent; ce sont au surplus les circonstances du départ qui peuvent au bout d'un certain temps le faire considérer comme tel : les causes ordinaires sont le mauvais état des affaires, et parfois les chagrins domestiques.

Si l'absence se prolonge, les propriétés peuvent en souffrir, et les voisins profiter de cet état de choses, nécessité alors de veiller aux intérêts de l'absent.—Dans ce cas, le tribunal, d'après un acte de notoriété, nomme un curateur au présumé absent toutes les fois qu'il est nécessaire, même pour défendre à un procès ou en intenter un.

Le curateur est ici un mandataire judiciaire, et il peut diriger contre les voisins toute action en bornage.

Comme les voisins de l'absent peuvent avoir intérêt à ce que leurs propriétés soient limitées avec celles de ce dernier, ils peuvent provoquer la nomination d'un curateur contre lequel la demande serait intentée.

Les envoyés en possession provisoire n'ayant les biens qu'en dépôt, ne pouvant aliéner les immeubles, ont besoin, pour agir en bornage, de l'autorisation de la justice.

Quant à l'envoyé en possession définitive, à la différence de l'envoyé en possession provisoire, recueillant une quasi-succession, conditionnelle sans doute, il a sur sa tête le *dominium ;* il peut aliéner, détruire même ; partant, il peut, sans aucune autorisation, former toute demande en bornage et y défendre.

§ VI. *Du possesseur, quel ?*

Nous avons vu qu'il n'y avait qu'au propriétaire, au maître de la chose qu'appartenait l'action en bornage, que cette action était déniée à l'usufruitier et autres possesseurs *pro suo,* qu'elle ne compétait point au fermier, que le tuteur ne pouvait l'exercer sans avoir consulté le conseil de famille, et le mari, sans le concours de la femme.

Maintenant, de quel possesseur s'agirait-il ? Serait-ce du possesseur apparent ? Ses droits, effectivement, reposent sur une fiction de la loi, qui le répute véritable propriétaire.

Les jurisconsultes qui ont attribué l'action en bornage au possesseur ne se sont point autrement expliqués à cet égard ; s'ils étaient interprétés à la lettre, la simple possession paraîtrait être suffisante, ce qui serait une erreur qui aurait des résultats désastreux.

Voici ce que dit Pothier, qui a été suivi par quelques auteurs : « Le possesseur d'un héritage qui s'en porte pour le propriétaire, soit qu'il le soit effectivement, soit qu'il ne le soit pas, est partie capable pour intenter cette action (le bornage); il n'a pas besoin, pour cela, de justifier de son droit de propriété; sa possession le fait présumer propriétaire. (V. second appendice du *Voisinage*, p. 233, n° 232.)

VAUDORÉ reproduit Pothier. En général, le possesseur d'un héritage, qui passe pour en être le propriétaire, a qualité pour intenter une action en bornage; il n'a pas besoin pour cela de justifier de son droit de propriété; sa possession le fait présumer propriétaire. (V. *Droit rural*, t. I, p. 37, n° 81.)

LONCHAMPT cite Merlin, *Répertoire*, v° *Bornage*, n° 3 : « Le possesseur qui se dit propriétaire peut exercer l'action en bornage, sans qu'il faille pour cela qu'il prouve son droit de propriété. La raison en est que la possession le fait présumer propriétaire. » (V. *Précis sur la Police rurale*, p. 50.)

PERRIN rappelle également l'opinion de Pothier : « L'expression propriétaire, dont se sert l'art. 646 du Cod. civ., n'est pas limitative; il faut entendre, par ce mot, tout possesseur qui se dit propriétaire; la possession le faisant au moins présumer propriétaire, il n'est pas tenu de prouver son droit de propriété. Ainsi, continue l'auteur, peuvent in-

tenter l'action en bornage : 1° le propriétaire apparent, 2° etc. » (V. *Code de la contiguïté*, p. 223.)

VAUDORÉ, dans son *Droit civil des Juges de Paix*,
reconnaît le droit de bornage aux détenteurs des
fonds à diviser ; ainsi est admissible à exiger l'a-
bornement le propriétaire apparent et investi de
la possession. (V. t. 1, p. 252.)

Par possesseurs il ne faut pas entendre de simples détenteurs d'immeubles, mais des possesseurs
qui aient toute l'apparence de vrais propriétaires ;
c'est du temps et des circonstances que dépend
leur investiture.

A ces titres, l'action en bornage ne peut être refusée aux possesseurs qui ne sont pas en état de
justifier de leur propriété.

ARTICLE II.

Contre qui l'action en bornage peut-elle être formée ?

Si celui qui provoque le bornage doit être propriétaire, celui-là contre lequel on agit le doit être
également ; il y a parité de raisons ; l'action ne
changeant pas de nature, et les parties ayant des
droits égaux, leur position est la même, quoique
leur rôle ne paraisse pas l'être.

On pourrait, ce nous semble, poser une règle
absolue et décider que l'action doit être dirigée,
non pas contre l'usufruitier, mais contre le pro-

priétaire seul ; non pas contre le tuteur sans autorisation, mais contre le tuteur autorisé ; non pas
contre le mari seul, mais contre la femme et son
mari, ce dernier par respect pour l'autorité ma-
ritale.

Les auteurs se sont peu ou point occupés de la
partie contre laquelle la demande était formée.

FAVARD, après avoir annoncé que l'action en bornage ne compète ni au fermier ni à l'usufruitier,
parce qu'elle tient essentiellement au droit de propriété, décide par la même raison qu'elle ne peut
être intentée ni contre le fermier, ni contre l'usufruitier, qu'elle doit toujours l'être contre le propriétaire. (*Répertoire*, t. IV, v° *Actions*, p. 106,
nº 8.)

CAROU, approuvant cette opinion, dit que Favard lui paraît avoir mieux compris l'esprit de
notre législation et des formes de la procédure.
(T. I, p. 650.)

AUGIER, cité à l'art. 1er, § 1er, et dont l'argumentation est décisive, déclare que, par la même
raison, l'action en bornage ne peut être intentée
ni contre le fermier, ni contre l'usufruitier ; elle
doit toujours être dirigée contre le propriétaire.
On évite ainsi toute collusion frauduleuse entre
l'usufruitier et le voisin, au détriment du propriétaire, et l'on subvient à tout ce qu'exige l'intérêt
de l'usufruitier. Au nº 17, Augier ajoute que le
bornage ne peut être provoqué ni par lui ni contre
lui. (V. le *Juge de Paix*, t. XI, p. 277.)

M. FRION pense que si celui qui est appelé au bornage est fermier, il doit être mis hors d'instance en nommant le bailleur ; mais que, s'il ne justifie pas de sa qualité et s'il ne nomme pas le propriétaire, il restera en cause comme propriétaire. 1727 et 2230 du Code civil. (V. p. 10.)

Si le demandeur avait cité le fermier, sachant qu'il avait cette qualité, la procédure serait assurément vicieuse.

Le second cas aurait ses dangers, malgré l'apparence de droit ; la partie qui agit doit s'assurer de la qualité de la personne contre laquelle elle dirige son action.

Au surplus, tout dépend des circonstances dans lesquelles les parties se trouvent.

Si le détenteur de l'immeuble par lui ou par ses auteurs a depuis plusieurs années fait acte de possession ; s'il en a toujours, sans contradiction, recueilli les produits ; mais s'il ne prouve pas qu'il en est propriétaire, il n'en sera pas moins réputé tel par la possession, et à ce titre appelé à se présenter à une opération de bornage, soit en défendant, soit même en demandant.

C'est de la sorte, nous le pensons, que doit être interprété le sentiment des auteurs qui attribuent au possesseur l'action en bornage.

Quant au tuteur, si l'on assimile la demande en bornage à la demande en partage, il semblerait que la conséquence à en tirer serait que l'on pourrait procéder contre un tuteur sans qu'il fût pourvu d'autorisation du conseil de famille, parce que le bornage est forcé comme le partage.

Cependant, comme il peut arriver, par suite de l'opération de bornage, que le propriétaire voisin vienne réclamer une portion de l'héritage du mineur, ou même que le tuteur soit obligé de reprendre sur la propriété voisine, ou que l'héritage du mineur éprouve un déficit, chaque propriété ayant subi une réduction proportionnelle en raison de la quantité manquante, il faut nécessairement, dans ces divers cas, que le tuteur soit autorisé par le conseil de famille à consentir de semblables opérations qui touchent, on ne peut plus intimement, à la propriété, et qui tendent à une aliénation ou à une acquisition.

Néanmoins quelques auteurs ont décidé que le tuteur pouvait défendre sans autorisation à une demande en bornage dirigée contre son pupille. (V. supplément de l'*Encyclopédie des juges de paix*, p. 23; Frion, p. 9; Vaudoré, *Droit civil des juges de paix*, v° *Bornage*, p. 262, n° 5.)

LEPAGE, qui avait déjà examiné la question lorsque le tuteur est demandeur, s'en occupe de nouveau, le tuteur étant défendeur.

Il donne l'opinion pour et contre; il cite d'abord l'art. 464 du Code civil; et l'action étant mixte, est conséquemment immobilière sous un certain rapport, et l'autorisation serait nécessaire. — Puis il oppose à l'art. 464 les art. 646 et 645 du Code civil, et décide que le bornage et le partage étant forcés, à quoi servirait alors une délibération du conseil de famille pour un simple bornage, quand elle n'est point exigée pour le partage. — Mais il termine par faire remarquer que si, par suite de l'opération, il est reconnu que le voisin a usurpé, et qu'il faille former contre lui une demande pour le forcer à restituer, le tuteur s'y fera autoriser par le conseil de famille. Dans le cas où l'usurpation se trouverait faite au profit du mineur, il faudrait un avis de parents pour autoriser le tuteur à acquiescer aux réclamations du voisin.

L'on voit ici quelle influence peut avoir la qualification plus ou moins exacte de l'action en bornage.

Ne s'agit-il que de simple plantation de bornes, le tuteur n'aura pas besoin d'autorisation; mais, comme nous l'avons prouvé, l'action de bornage étant autre chose qu'une simple opération de placement de bornes dans des limites connues et avouées; ayant au contraire pour but incessant la recherche des limites, des répartitions de terrains, reprises ou restitutions; étant essentiellement immobilière; l'autorisation du tuteur devient indispensable; soit pour agir, soit pour défendre.

À l'égard du mari et du possesseur apparent, comme le bornage ne peut avoir lieu qu'entre les maîtres de la chose, l'action n'est valablement intentée que quand elle se trouve dirigée contre la femme, et le mari l'autorisant. Le possesseur qui a toutes les apparences du véritable propriétaire peut être également actionné ; car il est d'ordre public que les propriétés ne restent point sans limites certaines. — Le demandeur propriétaire voisin a aussi intérêt à ce que sa pièce de terre soit bornée d'avec celle du possesseur, ne serait-ce que pour la récolte des fruits.

ARTICLE III.

Des arrière-voisins.

La loi ne parlant que du bornage entre les propriétaires dont les héritages sont contigus prohibe-t-elle le bornage avec les arrière-voisins ?

L'action peut-elle être dès l'origine dirigée contre ceux-ci, ou seulement leur mise en cause peut-elle être ordonnée en justice sur la demande des parties ?

En règle générale, le bornage ne peut avoir lieu que pour les propriétés contiguës. La nature des choses le veut ainsi : mais quand l'action est intentée, comme pour la plupart du temps elle ne l'est que pour recouvrer un déficit éprouvé et qui ne se trouve point dans les pièces de terre immédiatement contiguës, ce qui arrive quelquefois et même souvent, il est de nécessité que l'opération s'étendant, atteigne les propriétaires d'au delà, présumés avoir ce qui manque dans la pièce du demandeur. Cette opération se nomme l'abornement d'une plaine, d'un canton, d'un lieudit.

En vain l'arrière-voisin viendrait-il dire que

n'étant pas contigu au demandeur, celui-ci ne peut pas le forcer à borner; le demandeur lui répondrait, d'abord, que dans l'action actuelle il ne s'agit pas seulement de planter des bornes séparatives de deux ou plusieurs héritages contigus, mais bien de *rechercher* les limites des diverses propriétés, limites confondues par les anticipations successivement et insensiblement faites, et que les arrière-voisins sont les auteurs de ces anticipations, puisqu'elles ne se retrouvent pas dans les pièces de terre contiguës, et qu'alors il a intérêt et droit de former sa demande tout à la fois contre tous ses voisins contigus ou non contigus.

Du reste, ce serait à tort que l'arrière-voisin élèverait des difficultés, parce qu'il serait bientôt forcé de figurer dans l'instance par une autre voie, la voie rigoureusement légale, la citation directe par son contigu : celui-ci, en effet, aurait tout intérêt à en agir ainsi, puisque dans le cas contraire il supporterait proportionnellement la perte qu'éprouve son voisin.

Cette marche adoptée par quelques praticiens n'a que des inconvénients : elle entraîne à des lenteurs et surtout à des frais entièrement inutiles. C'est un circuit d'action que l'on doit chercher à éviter, et il est bien préférable de diriger l'action en même temps contre les arrière-voisins, en un mot de les comprendre tous dans la même demande.

D'un autre côté, le propriétaire dont la pièce de terre n'a pas la contenance peut demander aux tribunaux (les justices de paix), que les pièces voisines soient comprises dans l'opération. Cette mise en cause ne saurait être contredite, parce qu'elle est une mesure d'instruction éminemment utile et nécessitée par les circonstances du procès.

Nous l'avouerons toutefois, ce mode ne nous paraît point autant dans l'esprit de la loi que l'appel en cause direct. Il présente aussi de graves inconvénients. Ainsi un bornage est ordonné entre tous les contigus; il résulte du mesurage que les pièces de terre soumises à l'opération n'ont que leur compte, qu'il en manque même à quelques-unes, et que surtout le demandeur qui avait ouvert l'action ne retrouve point sa quantité; alors retour à l'audience afin de faire intervenir les arrière-voisins; jugement en ce cas qui prononce la mise en cause; citation nouvelle et nouveau jugement qui ordonne le bornage conjointement avec les arrière-voisins.

Cette procédure, fort régulière du reste, est vraiment fâcheuse et doit être évitée, et elle ne peut l'être que par la demande directe.

Il le faut reconnaître : malgré les imperfections signalées des deux derniers modes, il n'en est pas moins vrai qu'ils sont toujours préférables à la multiplicité d'actions distinctes en bornage.—Ce qui arriverait infailliblement si l'on ne pouvait prendre les voies indiquées, et surtout la première.

Aucun auteur ne s'est élevé, que je sache, contre ces mesures d'instruction. Je crois qu'elles ne sont même pas indiquées par eux.—Ils ont tous adopté plus ou moins explicitement l'avis émis par Toullier qui, le premier, a conseillé le mesurage des terres des arrière-voisins, sans donner les moyens d'y parvenir.

Les auteurs seront cités dans leur ordre de publication, afin de faire connaître et saisir ce qu'ils ont entendu par là.

Toullier. — « Il arrive quelquefois que la demande de bornage entre deux personnes occasionne ou nécessite la même opération entre un plus grand nombre, lorsque, par exemple, le premier propriétaire d'une plaine demande le bornage à son voisin, et que ni l'un ni l'autre ne se trouvent avoir l'étendue de terre portée dans leurs titres, on mesure le terrain du troisième, du quatrième, et ainsi de suite s'il est nécessaire, jusqu'à l'extrémité de la plaine. » (V. t. III, p. 102, nº 178.)

Vaudoré.—*Droit rural*, t. 1er, p. 38, sauf la substitution de quelques expressions, rapporte le passage ci-dessus.

Paillet. — *Commentaire sur les Servitudes*, art. 646, Cod. civ., cite textuellement Vaudoré.

Dalloz fait observer qu'il peut arriver que l'action en bornage nécessite la même opération sur plusieurs héritages successivement, le propriétaire de celui qui a un déficit cherchant à le retrouver sur son voisin. (V. *Recueil alphabétique*, V° *Servi-tudes*, art. 2, n° 21.)

Solon dit que les experts doivent alors obtenir des parties le droit de mesurer le terrain du troisième, du quatrième, ainsi de suite.

Dans le supplément à l'*Encyclopédie des Juges de Paix*, p. 23 et 24, on retrouve l'opinion de Tullier, mais on ajoute qu'il est évident que l'opération ne peut être d'aucun effet contre ces propriétaires (arrière-voisins), s'ils ne sont pas mis en cause ou s'ils n'y acquiescent.

Le *Répertoire du Notariat* donne l'opinion textuelle de Toullier, ainsi que l'observation de l'*Encyclopédie*. (V. Rolland de Villargues, v° *Bornage*, t. II, p. 275, n°ˢ 23 et 24.)

Perrin, parlant de la contiguïté en matière de bornage, cite l'opinion de Toullier et la rapporte comme devant faire exception aux règles qu'il vient de poser.

Dumay, dans son Appendice au traité de Curasson, applique la mise en cause à l'hypothèse actuelle, parce que l'inaction des propriétaires intermédiaires ne doit pas nuire à celui qui ne jouit pas de toute sa contenance. Ce dernier, à la vérité, ne sera pas recevable à appeler de prime abord en bornage la partie qui ne le joint pas immédiatement, puisque cette action ne peut procéder directement que contre le maître de l'héritage contigu; mais il pourra, en signalant le fait au tribunal, fait ordonner le mise en cause du propriétaire ou des propriétaires voisins de son voisin.

Il signale les moyens de fraude qui pourraient être employés; l'excédant passerait toujours dans la pièce de terre de l'arrière-voisin; par là, ils se trouvent déjoués.

Il cite ensuite une espèce jugée par le tribunal de Dijon, le 25 juillet 1832, et il est résulté, comme cela arrive toujours, que l'excédant a été retrouvé. (V. *Supplément*, p. 35.)

Arm. Dalloz se prononce pour la mise en cause; après avoir énoncé qu'il ne peut y avoir lieu à bornage qu'entre propriétaires dont les héritages sont contigus, il ajoute : « Cependant il peut se présenter une circonstance où des propriétaires séparés par une autre propriété, peuvent être mis en cause dans un bornage provoqué entre voisins contigus. C'est le cas dans lequel le fonds non contigu aurait une superficie plus grande que celle indiquée par les titres, et qu'au contraire le fonds du demandeur et du défendeur éprouverait un déficit de contenance; c'est dans ce sens que s'est prononcé un jugement du tribunal de Dijon, du 25 juillet 1832. » (V. 3ᵉ supplément au *Dictionnaire général*, v° *Servitude*, 194 et 195.)

Dalloz, ayant puisé dans Dumay ce qu'il vient de dire, et ne rappelant pas la restriction apportée par ce dernier, semble adopter implicitement l'ap-

17

pel en cause direct sans ordonnance de justice. S'il avait entendu interdire l'appel direct, il eût cité l'opinion de Dumay.

Notre collègue de Chaumont (Oise) partage notre sentiment. Après avoir établi que la mise en cause ne change pas la nature de l'action, quoiqu'elle ait pour conséquence la revendication du terrain en déficit, il fait observer que, pour appeler les arrière-voisins, il n'est pas nécessaire qu'il soit d'abord juridiquement constaté que les propriétaires contigus n'ont pas d'excédants ; le demandeur peut, au contraire, appeler en même temps les uns et les autres, parce qu'il suffit qu'il y ait intérêt, et que d'un autre côté il y a économie de frais et de temps à procéder ainsi. (V. p. 12 et 13.)

VAUDORÉ, en son premier volume paru en 1843, au mot *Bornage*, dit :

« Quelquefois le propriétaire d'une parcelle située dans une plaine, prétend n'avoir pas la contenance énoncée dans ses titres. Il forme alors une action en bornage au propriétaire contigu. Celui-ci allègue que si le déficit réclamé par son riverain lui est enlevé, il n'aura plus tout son terrain ; on doit, dans ce cas, procéder à l'abornement de la plaine, et rendre à chacun la superficie qui lui appartient. (V. le *Droit civil des Juges de paix*, t. 1, p. 264.)

Vaudoré autorise la mise en cause, mais il ne s'explique pas comment les choses devront se passer. La mise en cause sera-t-elle immédiate ? L'auteur ne le laisse pas supposer, puisque l'action formée, le voisin se plaint ; donc il y aura mise en cause par suite de jugement.—Quel est le propriétaire qui mettra en cause ? Sera-ce le demandeur primitif ? Non, d'après Vaudoré, puisque c'est le défendeur qui se plaint, et alors ce sera à ce dernier à agir.

Nous ne sommes pas de cet avis. Dans tous les cas, c'est toujours le demandeur originaire qui doit appeler en cause, parce que c'est lui qui a intérêt.—Et nous pensons que le voisin qui n'a que sa quantité, n'est pas forcé de fournir ou compléter son voisin. Au pis aller, il n'y aurait encore qu'une perte proportionnelle. Vaudoré est à côté du vrai dans l'occurrence.

Au surplus, la mise ou appel en cause n'en est pas moins reconnue comme constante en principe, et cela doit suffire.

C'est ainsi que je l'ai décidé dans un de mes jugements sur la matière : « La loi n'a dû poser que le principe général du droit de se borner, et décider en conséquence que le bornage s'opérait entre les propriétés contiguës ; mais cette conséquence n'a pu faire obstacle et proscrire le bornage d'une section de terrain par la même action et un seul et même jugement ; la mise en cause des voisins est dans l'esprit de la loi ; l'on évite par ce moyen des circuits d'action et une multitude de procès en bornage ; le demandeur a dû au préala-

ble s'assurer où pouvait être l'excédant; car s'il se
trouve dans les propriétés contiguës, la demande
serait inconsidérée. Sans doute, il arrive que l'on
ignore où devra s'arrêter une demande semblable;
mais si, par une opération préalable, le demandeur
a la certitude que tous les propriétaires appelés
recevront leurs quantités, alors l'appel en cause
n'a que des avantages. (V. le *Juge de paix*, t. XII,
p. 204.)

Dans l'ancien droit de Lorraine, l'appel en cause
des propriétaires d'un finage était permise.

Voici ce que porte l'Ordonnance de Lorraine
donnée par Léopold en 1707.

« Art. 9, titre 1er : Pourront néanmoins, les juges,
ordonner à la requête d'une partie qui se plaindra
de l'usurpateur de son héritage, sans en pouvoir
précisément désigner le détenteur, à cause des mutations arrivées par la longueur des temps, que
tous les propriétaires et possesseurs des fonds situés dans un canton ou contrée particulière du
ban et finage, seront tenus de produire leurs titres et enseignements pour preuve de leur droit de
propriété; pourront aussi les propriétaires des 2/3
des héritages de la totalité d'un ban, demander un
remembrement général sans le consentement de la
communauté en corps.

M. LÉPINE, *Code des Justices de paix*, reproduit
ce document avec quelques observations qu'il serait désirable de voir suivre par tous les tribunaux.

« Aujourd'hui, dit ce jurisconsulte, c'est une mesure presque généralement adoptée, elle se fait ou avec le consentement de tous les propriétaires, ou d'autorité de justice qui ordonne l'arpentage préalable jusqu'à bornes ou limites certaines ; elle consiste non-seulement dans la mesure et la plantation des bornes indicatives des limites des propriétés, mais encore dans un plan général des biens appuyé d'un procès-verbal régulier de l'opération, dressé par le géomètre, et déposé à la mairie pour y avoir recours au besoin. Cette opération n'est parfaite qu'après la remise à chaque propriétaire d'un bulletin de ses propriétés ; elle est inattaquable après l'expiration du délai porté au contrat fait entre les intéressés, ou après celui d'appel du jugement qui a homologué l'opération du géomètre. (V. *Code des Justices de paix*, par Lépine, p. 445.)

Le second projet du Code rural de 1808 rappelle en quelque sorte l'Ordonnance de Léopold.

« Art. 16. Lorsqu'un ou plusieurs propriétaires se plaindront de l'usurpation de leurs héritages sans pouvoir en désigner les auteurs, à cause des changements qui seraient survenus dans la longueur des temps, le tribunal de première instance pourra, suivant le besoin des circonstances et sur les conclusions du ministère public, ordonner que les héritages voisins seront mesurés ou arpentés.

« Pour que cet arpentage puisse servir de règle
contre les propriétaires voisins, il faudra les y
appeler : et chacun sera tenu de représenter ses
titres et renseignements à l'arpenteur géomètre. »
(V. *Observat. des comm. consul.*, t. III, p. 278.)

Cette dernière rédaction a subi quelques changements dans le 3e projet.

« Art. 18. Lorsqu'un ou plusieurs propriétaires
se plaindront d'usurpations ou d'anticipations
commises sur leurs héritages, sans pouvoir en
désigner les auteurs, à cause des changements
qui seront survenus par l'effet d'éboulements ou
par d'autres causes majeures, le tribunal de première instance pourra, suivant le besoin des circonstances et sur les conclusions du ministère
public, ordonner le mesurage de tous les fonds
situés dans le même finage. — Tous les propriétaires intéressés seront appelés pour assister à
cet arpentage général, lors duquel chacun représentera les titres qui le concernent et les autres
renseignements qui seront en son pouvoir.... »
(V. *Observ. consult.*, t. IV, p. 550.)

La jurisprudence se prononce dans ce sens.
Un arrêt de la Cour royale de Douai a décidé, à
l'occasion d'une question de frais, que les propriétaires non contigus pouvaient être appelés à une
opération de bornage.

Le mesurage nécessaire pour arriver au bornage
des propriétés devant s'étendre jusqu'à bornes fer-

mées, on ne saurait considérer comme frais frustratoires, devant rester à la charge de l'avoué, les frais que ce dernier a exposés en appelant dans la cause des propriétaires non contigus, mais dont les champs situés dans la plaine n'étaient pas bornés relativement au terrain du demandeur.

Le sieur Defrance de la Jumelle avait chargé l'avoué Guilleman d'une instance à fin de mesurage et de bornage d'un champ qu'il possédait à Tilque et dans lequel se trouvait une courteresse assez considérable. M. Guilleman assigna d'abord les propriétaires contigus du champ de M. Defrance, puis ensuite, sur une note qui paraît lui avoir été fournie par l'arpenteur investi de la confiance de ce dernier, il assigna les propriétaires des champs ultérieurs et non contigus, lesquels champs n'étaient pas limités par des bornes. Un jugement du tribunal de Saint-Omer déclara non admissible la mise en cause de ces derniers et déclara même la demande incompétemment formée devant le tribunal civil, vu que l'art. 6 de la loi du 25 mai 1838 attribuait aux juges de paix la connaissance des demandes en bornage même dans le cas où les limites n'étaient pas certaines. M. Defrance n'a pas cru devoir appeler de cette décision.

L'avoué Guilleman, après avoir soumis son état à la taxe, en demanda le montant s'élevant à 667 francs 80 cent.; refus de paiement de la part de ce dernier, prétendant que l'avoué Guil-

leman avait mal procédé, en assignant les défendeurs devant un tribunal incompétent; que dans
tous les cas les frais exposés contre les propriétaires non contigus devaient rester à la charge de
l'avoué comme frais frustratoires.

Le tribunal de Saint-Omer, par son jugement,
admit une partie des frais comme valablement
exposés, ceux relatifs à l'assignation délivrée aux
propriétaires contigus, vu que l'indécision des
principes exemptait l'avoué de responsabilité,
mais il débouta l'avoué de la demande, en ce
qui concernait les frais exposés contre les propriétaires non contigus.

Appel par l'avoué Guilleman, qui soutient qu'à
tort le tribunal de Saint-Omer a refusé de lui
allouer les derniers frais, puisque d'abord il a
agi d'après les règles d'une saine procédure; vu
que le mesurage pour être régulier et atteindre son
but, en fixant les limites des champs respectifs,
doit s'étendre jusqu'à bornes fermées, et qu'ensuite il n'a procédé de la sorte que sur la note
des propriétaires non bornés qu'il était essentiel
d'appeler en cause, note que lui avait remise
l'arpenteur de M. Defrance.

Au nom de ce dernier, on déniait expressément
avoir jamais donné mandat à M. Guilleman d'assigner d'autres propriétaires que ceux des champs
contigus, et en admettant même que l'opération
du mesurage dût s'étendre aussi loin que le prétendait l'appelant, c'était, disait-on, au proprié-

taire contigu à agir contre son voisin ; il y avait abus manifeste à poser en principe qu'un mandat donné à un avoué pour obtenir le mesurage d'un champ impliquait celui d'assigner les détenteurs innombrables de toutes parcelles de terre situées dans la plaine.

Le 15 janv. 1845, arrêt, 1re chambre, par lequel :

« LA COUR ; — attendu que l'appelant a occupé comme avoué dans une instance civile à la requête de l'intime, — attendu qu'il est dû pour débours et honoraires suivant état taxé, la somme de 667 fr. 80 cent.... qu'à tort les premiers juges ont retranché de l'état taxé, les frais exposés vis-à-vis quatorze propriétaires d'héritages non contigus à la propriéte de l'intimé ; — qu'en effet d'une part, ces propriétaires ont été assignés sur les indications données par l'intimé ou ses préposés ; — que d'un autre côté, l'action en bornage et mesurage dont il s'agit, devait, pour procéder utilement, être dirigée contre les propriétaires contigus jusqu'à bornes fermées ; — que les frais exposés vis-à-vis les propriétaires non contigus ne peuvent dès lors être considérés comme frustratoires et devant rester à la charge de l'appelant ; — que sur les mêmes motifs, il n'y avait lieu de donner acte à l'intimé, des réserves qu'il a faites de poursuivre contre l'appelant le recouvrement des frais auxquels il a été condamné vis-à-vis les proprié-

taires non contigus : — met le jugement dont est
appel au néant, et statuant par jugement nouveau,
condamne l'intimé à payer à l'appelant la somme
de 667 fr. 80 cent., montant de l'état taxé avec
intérêts à compter du jour de la demande, — dit
qu'il n'échet de donner acte à l'intimé des réserves
par lui faites. » (V. *Annales*, an 1845, p. 72.)

Le Répertoire général du journal du Palais partage ce sentiment :

« N° 89. Bien qu'en règle générale, le bornage
ne puisse avoir lieu que pour les propriétés contiguës, toutefois, si le déficit éprouvé par le demandeur ne se trouve pas dans la propriété contiguë,
il est nécessaire d'atteindre les arrière-voisins pour
compléter le déficit. Dans ce cas le demandeur
peut citer directement l'arrière-voisin, et si celui-
ci opposait l'article 646 qui n'accorde qu'au voisin
le droit d'exiger le bornage, une citation directe lui
serait donnée par le propriétaire contigu, qui aurait intérêt à agir ainsi pour ne pas supporter
seul le déficit.—Millet, *Tr. du Born.*, p. 150; Toullier, 3, n° 178 ; Vaudoré, *Dr. rur.* t. 1er, p. 38 ;
Rolland de Villargues, *Rép. du Not.* v° *Bornage*,
n 23 et 24.

M. DELAHAYE, dans un article inséré au *Journal
de Procédure*, a expliqué ainsi l'art. 646 :

§ 1. — *Action en bornage.* — Aux termes de l'art.
646. C. civ., tout propriétaire peut obliger son voisin au bornage de leurs propriétés contiguës : de

cette dernière expression les auteurs (Pardessus, n° 118; Arm. Dalloz, v₀ *Servitude*, n° 193), concluent que si les deux héritages sont séparés par la propriété d'un tiers, il n'y a plus lieu au bornage ; ce n'est pas ainsi que l'art. 646 est entendu dans les campagnes : on croit avoir le droit de contraindre au bornage toutes les personnes qui possèdent une parcelle dans le canton, alors même que leurs propriétés sont séparées de celle du demandeur par 3 ou 4 héritages intermédiaires. — (*Journal de Procédure*, t. VIII, p. 341.)

Il est à regretter que M. Delahaye, en adoptant la pratique des champs, ne l'ait pas fortifiée de raisonnements puisés dans le droit, la question étant encore indécise parmi les jurisconsultes.

Toutefois, par tout ce qui a été dit, on doit décider que la mise en cause des arrière-voisins est permise par les principes propres à la matière, et que la seule difficulté est relative au mode de procédure. — L'appel en cause de prime abord ou direct doit être préféré à la mise en cause par jugement. — Il résulte du premier mode économie de temps et de frais.

Cependant il serait peut-être prudent, dans l'incertitude où l'on est encore, que le demandeur en se présentant en justice, démontrant la nécessité de procéder ainsi, provoquât un jugement de mise en cause.

ARTICLE IV.

Quels sont les biens soumis au bornage?

La loi romaine nous a transmis des règles qui peuvent encore être suivies.

Le Digeste a plusieurs lois à cet égard. Les lois 4, 5 et 6 portent : — « Hoc judicium habet in confinio prædiorum rusticorum, urbanorum displicuit ; neque enim confines hi, sic magis vicini dicuntur ; et ea communibus parietibus plerumque disterminantur ; et ideò et si in agris ædificia cuncta sint, locus huic actionis non erit, et in urbe hortorum latitudo contingere potest, ut etiam finium regundorum agi potest. L. 4, § 10.

Sive via publica intervenit, confinium non intelligatur : et ideò finium regundorum agi non potest. L. 4. § 11.

Quia magis in confinio nec via publica vel flumen sit, quam ager vicini. L. 5.

Sed si rivus privatus intervenit, finium regundorum agi potest. L. 6.

Cette action a lieu pour les confins des héritages ruraux, elle est rejetée pour les urbains ; car ceux-ci ne sont pas dits contigus, mais plutôt voisins, et ces confins sont le plus souvent séparés par des murs mitoyens. C'est pourquoi, si dans les champs sont tous édifices, il n'y a pas lieu à cette action ; et dans la ville, l'étendue des jardins peut être contiguë de manière que l'on puisse agir par bornage.

Soit qu'une voie publique se rencontre, elle n'est pas considérée comme contiguë; et par cette raison on ne peut agir par l'action de bornage.

Parce que la voie publique ou le fleuve m'est plutôt contigu que le champ voisin.

Mais si ruisseau privé est entre, on peut agir par l'action de bornage.

Voici comme ces textes ont été commentés par Cujas, dans les récitations solennelles sur le livre XXII de l'édit. de Paul.

Ad § ultimum. — « In § ultim. ostenditur, hanc actionem locum habere in confinio tantùm prædiorum rusticorum, quod etiam suprà ostendit L. 2, hoc. tit. His verbis, *hæc actio pertinet ad rustica prædia, quamvis ædificia quædam interveniant, ut scil. in confinio poni aliquandò ædificia indicat §, sed et si quis hujus legis* 4 locum hanc actionem non habere in prædiis urbanis. M. Tullius in Trop. *in urbe fines non regi.* Neque enim, inquit Paulus, qui prædia urbana possident, confines sunt, sed magis vicini dicuntur. Quare minùs propriè loquimur, quùm dicimus hanc actionem reddidi inter vicinos. Vicinos, *inquit*, accipimus pro agris vicinis sive confinibus qui et ad fines dicuntur, *l. pen. hoc tit.* demonstrationem ad finium, id est possessionem ad finium, novos fines, inter fundos constituere. Et illo loco Salustii, *ut quisque potentiori ad fines erat, sedibus pellebatur.* Quod fit frequentissimè et addit Paulus, prædia etiam urbana non finibus, sed plerùmque communibus parietibus disterminari. Quocircà plerùmque in prædiis urbanis locum non habere actionem finium regund., sed communibus parietibus agi communi dividando. *Ut lege 4 de Servitute leg., lege si ædes, communia prædia.* Aliquandò tamen, quod notandum, in prædiis rusticis locum non habet actio finium regundorum, ut si in agris ædificia multa conjuncta, quæ communibus parietibus disterminentur : ut vice versâ aliquandò in prædiis urbanis hæc actio locum habet, ut si hortorum latitudo, qui in urbe sunt, id ferat et exigat, de hortorum finibus regundis quæretur hoc judicio etiam in urbe. Et postremò docet Paulus, agros confines non videri, si intercedat via publica, aut flumen publicum : et ideò inter eos accepi non posse judicium finium regund. quia magis est in confinio flumen, vel via publica quam ager vicini. » (V. tome II des Posthumes, Commentaire sur le livre XXIII de Paul, *ad Edictum*, p. 366.)

Il n'est pas question, dans ce passage, de la loi 6 relative au ruisseau privé, terme employé par la loi romaine, et qui, par analogie, comprend toutes les voies privées agraires, et même les arbres, haies et fossés...

Mais CUJAS s'en est occupé au tome III, *Récitations solennelles,* livre X, *ad l.* II, IV, V et VI, p. 524, ligne 29 : « Nunc si inter meum et tuum agrum intercedat rivus privatus vel via privata non ideo minus confines sumus et invicem finium regundorum agere possumus, cum hujus generis rivi aut viæ finem præstare et facere soleant, sicut ædificium quod sit tuum vel meum id est, si in confinio positum sit vel arbor interveniat, constat regundorum agi posse, eo *confinium non interrupi,* constitui et discerni potius. Sed si interveniat via publica, vel flumen publicum inter meum et tuum agrum *interrumpitur confinium.* »

La raison qu'en donne Cujas, c'est que le ruisseau est considéré comme nul. *Est enim latitudo rivi adeo parva, ut nulla esse videatur.* (V. tome II, p. 366, *ad l.* VI, *eod.*)

Les auteurs ont tous puisé dans les lois romaines leurs motifs de décision.

PARDESSUS les a rappelées dans son *Traité des Servitudes.* — « Le bornage concerne uniquement les héritages ruraux, seuls susceptibles d'une étendue qui puisse varier et qu'on ait besoin de déterminer par des bornes ; les héritages urbains consistant dans des bâtiments, quelque part qu'ils soient situés, ne sont pas susceptibles de bornage; ils sont plutôt voisins que limitrophes, et les murs qui les composent en déterminent l'étendue. — Tout propriétaire peut, suivant l'art. 646, obliger son voisin au bornage de leurs propriétés contiguës, Il ne faut pas ici confondre la contiguïté avec le voisinage ; car si deux héritages sont séparés par la propriété d'un tiers, il n'y a pas lieu à bornage entre eux. Ainsi, l'existence intermédiaire d'une rivière navigable ou flottable, d'un chemin ou de tout autre objet placé dans le domaine public ou municipal, empêche la contiguïté ; dans ce cas, chacun des héritages est plus proche de la rivière ou du chemin que de l'héritage voisin ; mais un sentier privé, un cours d'eau privé, un ravin dont l'emplacement fait partie des fonds qu'ils bordent ou traversent, ne serviraient de limites qu'autant qu'ils seraient déclarés ou reconnus tels par les titres de l'une ou de l'autre des parties ; on suivrait les principes en matière de possession et de bornage. » (V. p. 296, 2e édit.)

Il est bon d'observer ici que la qualification de ruraux et urbains tient surtout à la nature des héritages. — Les jardins et terrains en ville sont des héritages ruraux ; comme, à la campagne, les bâtiments, *œdificia multa conjuncta,* sont des héritages urbains. Cela est conforme à l'article 687 du Code civil.

Nous avons vu, dans l'article 3 qui précède, que la règle de contiguïté n'était point si absolue qu'elle ne souffrît exception.

Nous avons établi que telles circonstances pouvaient se rencontrer, que l'héritage voisin de l'héritage contigu devait être compris dans le bornage, lorsque, par exemple, celui qui provoquait le bornage ne retrouvait point dans la pièce de terre qui lui était contiguë le déficit qu'il éprouvait.

Cette décision des auteurs, admise par l'usage, peut encore s'expliquer par un motif qui nous paraît assez exact.

La règle de la contiguïté, conforme à la nature des choses (on ne peut limiter, borner que les terrains qui se touchent), ne se trouve pas encore enfreinte par la mise en cause des arrière-voisins, puisque le bornage a toujours lieu entre les propriétés contiguës. — Le demandeur ne demande qu'une seule chose, c'est que chacun reçoive la quantité à laquelle il peut avoir droit, et non pas de borner avec les arrière-voisins , ce qui serait impossible, du reste; et alors *primus* borne avec *secundus*, *secundus* avec *tertius*, *tertius* avec *quartus*, et ainsi de suite. — Et le principe de la contiguïté se trouve par là respecté.

Maintenant que nous savons quels sont les biens qui sont susceptibles de bornage, voyons si partie de ces mêmes biens peut être soumise à la même action.

Peut-on, par exemple, demander le bornage d'une haie, d'un rideau, d'un ruisseau, d'un ravin, d'une rivière, d'une fossé, d'un chemin privé, de simples sentiers, seulement et abstractivement des fonds de terre dont ils font partie?

L'affirmative n'est pas douteuse, parce que toute chose immobilière qui a de l'étendue, qui est susceptible d'augmentation ou de diminution , de

18

changement ou de variation, peut être déterminée par des bornes. — L'indivisibilité de la chose ne pourrait être invoquée par la raison que l'immeuble peut physiquement être divisé par partie, et que le bornage ou l'alignement a lieu aussi bien pour la partie que pour le tout.

Marc-Deffaux applique l'alignement aux limites des héritages et à la fixation des clôtures :

« Lorsque, dit-il, il n'y a jamais eu de séparation entre deux héritages, ou du moins lorsqu'il n'en existe aucuns vestiges, il y a lieu de fixer l'alignement ; cette opération se fait sur le vu des titres de propriété, et à leur défaut, sur la possession des voisins. — Lorsqu'au contraire il existe des signes apparents de délimitation, tels qu'une haie, un fossé, un mur ou des vestiges, on ne peut provoquer un autre alignement que celui existant ; il ne peut y avoir de contestation dans ce cas, que sur la *fixation de la largeur de ces clôtures, et la reconnaissance des lieux qu'elles occupent.* » (V. *Encyclopédie des huissiers,* t. i, v° *Alignement,* n° 2 et 3.)

Nous avons déjà eu occasion de borner des haies et des rideaux dont les lignes étaient sinueuses. Dans les pays où les haies ont de l'importance, il arrive fréquemment qu'elles se trouvent rejetées sur le voisin par l'emploi de différents moyens connus dans certaines localités.—Ces manœuvres ayant toujours lieu d'une manière occulte, on ne peut les atteindre que par un moyen indirect. Le bornage empêchera le retour de pareilles voies de fait.

Quant aux rideaux, si la pente va en diminuant insensiblement, il est intéressant pour le propriétaire du rideau de le borner avec la terre voisine à cause des empiétements. — S'ils ont une pente perpendiculaire, il peut encore être utile de les limiter afin de n'en pas permettre le déchaussement.

Dans ces cas, les rideaux sont supposés être la propriété exclusive des terres supérieures. Fussent-ils comptés pour moitié ou pour les deux tiers ou à jambes pendantes, ils seraient encore susceptibles d'être bornés.

Ainsi, pour toutes les voies privées, soit qu'elles appartiennent aux communes ou aux simples particuliers, leur délimitation est très praticable; c'est le seul moyen d'en empêcher la variation de-ci, de-là.

Souvent il arrive que les chemins, à cause de leur situation, redescendent dans les terres voisines ou y sont rejetés par le fait des riverains.

Il en est de même des rivières privées, ruisseaux et ravins; on fixe aisément leur étendue, et les empiétements volontaires sont alors réprimés.

Il semblerait que pour tous ces objets il s'agit moins de bornage que d'alignement, cela est vrai; mais l'alignement étant une espèce de bornage, on peut également avoir recours à cette voie en justice de paix.

Les terrains vains et vagues, laissés ou réservés

18·

au delà des bâtiments, entourant même les murs
de jardins, peuvent être également délimités.

Nous venons d'être consulté sur une opération
de ce genre : — Des propriétaires édifiant des bâtiments appelés le Couvent des Jésuites, et dont
les fondations ont été faites dans des prévisions
d'avenir, n'en placent pas un des murs sur la
ligne séparative d'avec la propriété voisine; ils
laissent un terrain au delà qu'ils veulent limiter. Le voisin s'y refuse. Quelle marche doit-on
prendre? le bornage ou l'alignement? Des bornes
seront plantées à chaque extrémité avec plan figuratif de ce mur et de l'espace de terrain laissé
entre le mur et la propriété voisine; de cette manière le propriétaire de la terre ne peut anticiper.

Autre espèce, dans laquelle nous avons également été consulté : Un vieux château, dont il
n'existe plus que l'emplacement, était entouré de
murs; au delà de ces murs se trouve réservé un
terrain engazonné en talus appelé glacis; le voisin
vient de culbuter tout le gazon et de pousser sa
culture jusqu'au pied du mur. — Deux voies sont
ouvertes, la réintégrande et le bornage. — Réintégrande : le juge de paix pourrait alors planter
des bornes comme consécration de sa décision;
mais elles ne seraient que provisoires.

Quoique les frais, qui sont les mêmes qu'au
possessoire, soient en commun, la demande en
bornage est préférable, parce que cette mesure
sera au moins définitive.

ARTICLE V.

En quel temps la demande en bornage peut-elle être formée?

Le droit de se borner étant une faculté, et chacun étant dès lors libre de demander le bornage de ses propriétés quand bon lui semble, ce droit devient imprescriptible.

Des auteurs assimilant le bornage au partage, et personne n'étant forcé de rester dans l'indivision, le bornage comme le partage peuvent toujours être demandés.

PARDESSUS.—« Quelque temps qu'on ait été sans être séparé de ses voisins par des bornes certaines, on ne peut se refuser à en laisser placer, parce que demander ou ne pas demander le bornage à son voisin étant une chose de pure faculté, le silence, quelque long temps qu'il ait été gardé, n'y rend pas non recevable. »(8e Edit., t. I, p. 320, n° 130, 6e ligne.)

DURANTON. — « Le droit de pouvoir réclamer le bornage est fondé sur une obligation qui naît du voisinage, et il peut être exercé à toute époque. Il est imprescriptible, parce que la cause qui le produit est toujours existante. » (T. V, n° 245.)

DALLOZ.— « L'action en bornage peut être intentée de tout temps ; elle est imprescriptible, parce que l'absence de plantation de bornes n'est qu'une

simple tolérance qui ne saurait fonder de prescription.» (V° *Servitude*, art. 2, bornage, n° 8.)

TOULLIER.—« Cette action dérive du même principe que l'action en partage; personne n'étant
obligé de rester dans l'indivision, personne aussi
n'est obligé de laisser indivise *la ligne* qui doit séparer son héritage voisin.— Comme l'action de partage, l'action en bornage est imprescriptible. Comme
on peut en tout temps sortir de l'indivision, on
peut en tout temps demander à faire cesser la confusion des limites de deux héritages et faire fixer
ces limites.» (V. t. III, n° 170.)

AUGIER.—« L'action en bornage est imprescriptible, par la même raison que l'on peut en tout
temps demander à faire cesser la confusion des
limites de deux héritages. Le défaut de plantation
de bornes n'est qu'une simple tolérance qui ne
saurait fonder une prescription.» (V. le *Juge de
Paix*, t. XI, p. 279.)

SOUQUET.—« Comme la demande en bornage est
un acte de pure faculté qui ne peut en conséquence servir de base à la prescription et que nul
ne peut être contraint à demeurer pas plus dans
l'indivision de *la ligne séparative de son héritage*
que de l'héritage lui-même, il s'ensuit que la demande en bornage peut être intentée en tout temps.»
(V. *Dict. des temps légaux.*)

TROPLONG, sur l'art. 2226, traite la question; il
considère, avec tous les auteurs, le bornage comme

une faculté simple et qui est imprescriptible; on ne l'exerce que sur soi-même et nullement sur autrui. Ce n'est ni une obligation, ni une servitude, et un propriétaire peut se borner lui-même.

Mais M. Troplong ajoute que, « quand il s'agit de faire plus qu'un abornement de propriétés *connues*, et qu'ignorant le lieu précis où les bornes doivent être plantées, il s'élève une question pétitoire qui peut engager le droit d'autrui, la prescription peut être invoquée aussi bien que les titres pour faire connaître la fin de l'héritage. » (V. *des Prescriptions*, t. I, p. 171.)

Si je ne m'abuse, il me semble que le célèbre jurisconsulte franchit les limites de la question et qu'il ne s'agit pour le moment que de celle de savoir si l'action en bornage est ou non prescriptible.

Que le voisin contre qui la demande est formée oppose qu'il a acquis par prescription une partie de la propriété dont il jouit actuellement; que dans le cas où il y aurait des bornes il a prescrit au delà de ces bornes, l'action en bornage n'en est pas pour cela atteinte par la prescription.

La question est une pour un cas comme pour l'autre. Que les limites soient certaines et reconnues, ou qu'elles ne le soient pas et qu'il puisse s'élever des questions de propriété, il n'en est pas moins vrai qu'à ces deux points de vue l'action en bornage est imprescriptible.

M. Troplong n'a pu assurément entendre autre chose.

On doit donc décider que l'action en bornage est imprescriptible, soit qu'on réclame simplement le bornage, soit qu'on le réclame en énonçant dans sa demande que l'on éprouve un déficit, soit encore lorsque les limites sont constantes ou qu'elles ne le sont pas, et que le propriétaire voisin aurait prescrit une quantité plus grande que celle énoncée dans ses titres, et même aurait prescrit un espace de terrain au delà de bornes existantes depuis longtemps.

CHAPITRE XIII.

DU JUGE COMPÉTENT.

L'action en bornage étant plutôt immobilière que mixte, doit nécessairement être portée devant le juge de la situation des biens. Eût-elle même ce dernier caractère que quelques auteurs lui reconnaissent, le juge territorial devrait encore seul en connaître.

La Cour de cassation, dans ses observations sur le Code de procédure civile, décide, art. 59, que l'action en bornage s'intente devant le juge du lieu de la situation des biens qui doivent être bornés. C'est un point désormais invariablement fixé. Du reste il ne pouvait être contredit.

Il est entendu que, quand des héritages sont situés sur des cantons différents, c'est toujours le juge du territoire du défendeur qui doit être saisi.

M. Frion se demande comment il sera procédé

en ce cas, puisque la juridiction de chaque juge de paix est limitée à chaque canton ; il pense que le juge du défendeur se fondant sur l'art. 1035 Code pr. civ., après avoir ordonné le bornage, chargera le juge du demandeur de procéder à l'opération, soit par lui-même, soit par des experts à sa nomination et dont il recevra le serment.

Le mode indiqué par notre collègue ne me paraît pas exact et serait d'une difficile exécution, l'opération de bornage étant indivisible. (Cette vérité n'a pas besoin d'être démontrée.) Un seul et unique juge doit en connaître, parce que des difficultés matérielles peuvent se présenter, et il n'y a que le juge primitivement saisi qui puisse les apprécier.

L'indivisibilité rentre dans la circonstance, dans la nature de l'action ; les limites étant confondues, l'héritage du demandeur peut s'étendre comme celui du défendeur sur l'un ou l'autre territoire cantonal.

CARRÉ, *de la Compétence*, sous le n° 230, pose la question et la décide par d'autres motifs : « Si les héritages, dit cet auteur, qu'il s'agit de borner sont situés dans plusieurs arrondissements, quel sera le tribunal compétent pour connaître de l'action ? » La compétence, répond-il, appartiendra naturellement au tribunal indiqué dans notre art. 235 pour connaître des actions revendicatoires de plusieurs immeubles situés dans différents arrondissements : disposition juste qui écarte les lenteurs et épargne les frais que l'on faisait autrefois pour obtenir en cette circonstance une indication de juges. »

En se reportant à l'art. 235 cité, on voit que notre auteur rapporte la disposition de l'art. 2210 Cod. civ., et la loi du 15 novembre 1808. — Le Code civil prévoit deux cas, l'exploitation principale ou le plus grand revenu. — Carré préfère ce mode à l'art. 55 du projet de la Cour de cassation qui désignait le tribunal de la majeure partie des immeubles. Il cite l'art. 1er de la loi du 15 novembre 1808 pour les expertises en fait d'enregistrement.

Malgré la préférence donnée par Carré à ces dernières dispositions de loi, nous croyons qu'en matière de bornage ce serait plutôt la majorité des immeubles qui devrait faire loi.—Une exploitation suppose un seul maître; dans l'espèce il ne peut y avoir de principale exploitation ni de revenu plus grand. — Nous pensons que la règle de l'indivisibilité de l'opération doit prévaloir, elle est plus conforme à l'espèce particulière, le bornage, qui ne peut avoir lieu que pour des héritages distincts et appartenant à différents maîtres.

Toutefois, CHAUVEAU, *Lois de la procédure*, de Carré, partage le sentiment du jurisconsulte de Rennes.

Au n° 258 *bis*, il pose ainsi la difficulté : « Quel est le tribunal compétent pour connaître d'une ac-

tion en bornage, si les héritages qu'il s'agit de borner sont situés dans divers arrondissements ? — Si
les héritages font partie d'une même exploitation,
ce sera le tribunal du chef-lieu de l'exploitation;
à défaut de chef-lieu, ou si les biens sont absolument distincts, ce sera celui où se trouve la partie
des biens qui présente le plus grand revenu d'après
la matrice du rôle. C'est du moins la règle que l'on
peut induire de la disposition analogue de l'art.
2210 du Cod. civ. » (V. *Lois de la procédure,* t. I,
p. 286.)

Malgré ces raisons, je persiste toujours dans
celles que j'ai données, basées qu'elles sont sur
l'indivisibilité de l'opération du bornage, et alors
le juge de paix opérera sur les deux cantons, et ce
sera toujours devant le juge de paix du défendeur
que la demande devra être portée.

CHAPITRE XIV.

DES FINS DE NON - RECEVOIR CONTRE LA DEMANDE EN BORNAGE.

L'existence d'un bornage, soit ancien, soit récent, est assurément un obstacle contre un nouveau bornage. Mais pour que cet obstacle forme une fin de non-recevoir invincible, il faut que le bornage soit établi, qu'il y ait des preuves de l'opération, et ces preuves ne peuvent résulter que d'un procès-verbal de bornage signé des parties ; d'un jugement entérinant un rapport d'experts ; d'un acte notarié et, depuis la loi de compétence des justices de paix, d'un procès-verbal fait par les juges de paix, ou d'un jugement rendu par ces magistrats.

En général, un bornage qui ne porterait pas avec lui ce cachet, qui est un titre probant, pourrait, selon les circonstances, être écarté.

Mais, comme dans la plupart du temps, dans ces sortes de matières, une rigoureuse justice pourrait devenir une injustice (*summum jus summa injuria*), il faut de nécessité pénétrer dans les habitudes des campagnes : souvent une opération de bornage importante, compliquée, et même présentant des difficultés, a lieu sans que les parties prennent le soin d'en faire rédiger par l'arpenteur un procès-verbal.

J'ai eu souvent occasion, dans mon ancienne résidence, de recommander aux arpenteurs l'accomplissement de cette formalité ; tous me répondaient que presque toujours les propriétaires ne s'en souciaient pas, que certains s'y opposaient même; alors il est arrivé dans ces pays, comme dans beaucoup de localités et sans doute par toute la France, que des bornages très régulièrement, très légitimement faits, existent sans titres.

Ces bornages doivent être respectés comme les autres, à moins qu'il ne résulte des circonstances que la partie réclamante n'ait été que trop évidemment lésée ou que les bornes aient été déplacées et que par ce moyen on ait commis des usurpations.

En disant que ces bornages doivent être respectés, nous entendons ceux qui ont été faits contradictoirement en présence de tous les propriétaires intéressés, parce qu'autrement ils n'auraient aucune valeur, n'étant pas permis de se borner soi-même, ou au moins de telles bornes ne pouvant lier les propriétaires voisins.

Mais qui devra prouver que les bornes ont été

placées du consentement de tous les propriétaires ?

Il nous semble que ce ne devrait point être le
demandeur, par la raison que, tant qu'on ne lui
représente pas des preuves écrites du bornage, il
est fondé dans sa demande. Ce serait donc au défendeur, qui s'oppose à tout bornage, à établir que
les bornes ont un caractère légal; par son opposition il serait considéré comme demandeur.

Cependant d'un autre côté le défendeur peut dire
avec avantage au demandeur :

« L'existence des bornes entre nos propriétés est
un fait matériel qui est la preuve la plus palpable
que nos héritages sont limités. Vous demandez un
nouveau bornage, c'est à vous à prouver que celui
qui existe n'a pas été fait contradictoirement.

« En vain, vous viendriez prétendre qu'un bornage qui n'est point appuyé d'un titre n'est pas
légal; le bornage n'a pas besoin de cette preuve, il
existe et voilà tout; il puise les preuves de son
existence dans son existence même. »

Ce dernier parti nous paraît devoir être préféré.

Dans tous les cas, les preuves que le bornage a
été ou n'a pas été régulièrement fait peuvent s'é-
tablir par tous les moyens possibles : de simples
présomptions suffiraient; le témoignage de l'arpenteur et des personnes employées à l'opération
devrait être déterminant. — Le serment pourrait
même être déféré.

A l'égard des usurpations résultantes de déplacement de bornes et dont se plaint le demandeur, il n'est pas besoin que le propriétaire lésé prouve que les bornes actuellement existantes ont été déplacées et que par suite le voisin a avancé sur lui; il n'a qu'une seule chose à faire, c'est d'établir qu'il éprouve un déficit.

Il suffit même que le déficit soit articulé pour que la demande en bornage soit recevable ; le déficit suppose usurpation, partant déplacement de bornes.

Ici il est nécessaire que le manque de contenance soit indiqué dans la demande à cause de l'existence des bornes.. — Si les bornes n'avaient pas été placées contradictoirement, la demande pourrait n'être motivée que sur ce fait unique.

M. Frion, que nous avons déjà cité, présente comme fin de non-recevoir à la demande en bornage, plusieurs hypothèses d'existence de bornes.

La première est relative à un bornage avec procès-verbal régulier. — La seconde à des bornes dont la plantation, de l'aveu du demandeur, remonte à plus d'une année.

On suppose que le demandeur agit dans le but de revendiquer comme conséquence du bornage une portion de l'héritage du voisin.

« Cette demande doit être rejetée, prétend M. le juge de paix de Chaumont, parce que l'action en bornage n'entraîne cette conséquence que lorsque les limites sont incertaines, lorsque, par exemple, il n'existe qu'un simple rayon de soc pour délimitation, qui peut être déplacé à chaque labour, tandis que dans ce cas, la limite est fixée par des bornes plantées depuis plus d'une année et que le voisin est légalement présumé propriétaire jusqu'à cette limite, sauf la preuve contraire. Ici, ce n'est donc pas par l'action en bornage, mais par celle directe de la revendication, que le propriétaire qui éprouve un déficit dans son héritage peut réclamer sur le voisin une portion correspondante de terrain. » — Arrêt de la Cour royale de Besançon.

Ce raisonnement est invoqué pour les héritages séparés depuis plus d'un an par un mur, une haie vive, un fossé.

Si l'existence annale des bornes était contestée, le juge de paix pourrait admettre la preuve et ordonner ou rejeter le bornage selon le résultat de l'enquête.

On applique les explications qui précèdent au cas de changement de bornes.

Si le déplacement plus qu'annal était nié, admission de la preuve et la demande en bornage en suivrait le sort. (V. p. 42 et 43.)

Il est nécessaire de bien préciser la position des parties : dans le premier cas, il semblerait qu'il y aurait déplacement de bornes, puisqu'on suppose que le demandeur réclame un déficit.—Et cependant, dans la seconde hypothèse, il est question du déplacement de bornes; le cas est spécialement prévu.

Il faut donc dire que le premier bornage est irrégulier et que le second regarde le déplacement de bornes.

Le demandeur, sur la réponse du défendeur à sa demande, reconnaît sans doute qu'il y a plus d'un an que des bornes ont été plantées, mais il ajoute que l'opération a été mal faite parce qu'il éprouve un déficit.

Le déficit est ici un fait tellement grave qu'il doit l'emporter sur le fait matériel de l'existence des bornes; alors la conséquence forcée est que le bornage doit être considéré comme n'ayant jamais existé.

Quant au déplacement de bornes, par cela seul qu'il y a déplacement, il n'y a plus de bornes régulières, il faut dès lors procéder à un nouveau bornage.

Dans l'un et l'autre cas, quelque temps qu'ait laissé écouler le propriétaire lésé, il doit toujours être en droit de réclamer et contre un bornage irrégulier et contre surtout un déplacement de bornes.

Mais on dit : non, il n'est plus temps après une année d'existence de bornes.

Comment? l'action en bornage est imprescriptible, et la simple possession annale pourrait l'atteindre.

On confond deux ordres d'idées très distinctes, la possession ou prescription des lieux dans leur état actuel avec l'action en elle-même.

Au surplus, en plaine, en l'absence de tous signes immuables, comment établir que les bornes sont toujours restées dans la même position ? ne sait-on pas que des bornes sans procès-verbal ou un plan qui en constate la position ou qui en empêche le déplacement par le moyen du balancement des bornes entre elles, ou portées de chaînes, sont aussi susceptibles de varier que les simples rayons tracés par la charrue ?

D'un autre côté, on ne comprend pas qu'à une demande en bornage toute pétitoire avec application de titres, on puisse jamais opposer pour fin de non-recevoir une possession annale quelconque.

S'il a été jugé qu'une demande en bornage ne pouvait être repoussée sous le prétexte qu'il existait des haies ou fossés ou tout autre signe de délimitation, à plus forte raison ne doit-elle point l'être en présence de bornes qui ont été déplacées.

M. Frion a été conduit à cette fin de non-recevoir pour un cas qu'il a cru analogue; il s'agit de savoir si un mur, une haie, un fossé établi par le voisin, empêche l'action en bornage. La question, quoique controversée, nous a toujours paru très simple et ne devoir pas embarrasser quand on considère l'action en bornage comme pétitoire et qu'on rejette tout alliage possessoire.

Nous allons laisser parler les auteurs. CURASSON est le premier qui ait motivé cette fin de non-recevoir : « Si l'un des voisins, dit-il, prétendant que son héritage doit outrepasser le mur, la haie ou le

19.

fossé, demande que les bornes soient plantées au delà, le bornage ne pourrait être effectué de cette manière sans ordonner la destruction du mur, de la haie, du fossé ; alors il s'agit moins d'une action en bornage que de la demande en revendication d'un terrain parfaitement déterminé; le voisin n'aurait que l'action possessoire s'il en était temps encore. » (V. t. II, n° 11, p. 236, ligne 20°.)

Au supplément, p. 108, on lit : « Il en sera de même (la revendication), si la limite est fixée par un mur, une haie, un fossé ; dans ce cas une position de bornes peut être requise, ainsi que l'a décidé l'arrêt de 1818, afin d'empêcher le changement de la limite existante; mais dans ce cas il n'y a rien à délimiter, parce que la limite est certaine, fixée par une clôture visible, l'état de possession ne saurait être légalement interverti que par le résultat d'une action directe en revendication. »

Curasson fonde cette décision sur un arrêt de la Cour royale de Besançon, du 10 mars 1828.

Cet arrêt est rapporté par Sirey-Devilleneuve, t. XXVIII, p. 276, 2° partie (an 1828).

Bornage (action en); revendication.

L'action en bornage n'est pas recevable lorsque, depuis plus d'un an, les héritages sont séparés par une haie ou un mur.—En ce cas le propriétaire qui prétend n'avoir pas la contenance de terrain qui lui appartient, ne peut agir que par la voie de revendication. (Cod. civ., 646.)

Ravenet et Rivière sont propriétaires de deux terrains contigus, provenant du même auteur. — En 1826, Ravenet a demandé contre Rivière le bornage, d'après leurs titres respectifs. — Le défendeur a soutenu que, depuis plus de deux ans, son fonds était séparé par un mur et une haie de celui du demandeur, que, par suite, l'action en bornage était non recevable, attendu que cette action ne peut être exercée que tout autant que les limites des héritages sont confondues ou susceptibles de l'être; que, dans l'espèce, le demandeur ne peut donc procéder que par la voie d'action en revendication, s'il s'y croit fondé.

21 août 1826, jugement du tribunal de Cray, qui accueille cette défense en ces termes : — « Attendu : 1° qu'il est reconnu, en fait, par toutes parties, que leurs héritages respectifs, du bornage desquels il s'agit, sont séparés par une haie vive, à l'une des extrémités de laquelle il existe même une partie de mur sur la même direction; que tel est l'état des lieux, exposé par le demandeur lui-même, et duquel il résulte encore que trois bornes existent de distance en distance, dans la même direction et dans la haie même; —Attendu, 2° que, de l'aveu du demandeur, cet état de choses subsiste au moins depuis deux années sans oppositions ni réclamations de sa part; — Attendu, 3° que l'objet principal de l'action en bornage, est de faire reconnaître et fixer les limites des héritages lorsqu'elles sont confondues ou incertaines;

qu'à la vérité cette action se complique communément de la revendication des portions d'héritages qui, par le résultat de la vérification des
limites, se trouvent avoir été usurpées par l'un
des voisins sur l'autre, et que cette revendication est ordinairement efficace, quelle que puisse
être l'ancienneté de l'usurpation, parce que lorsque les limites sont incertaines, les usurpations
qui se commettent insensiblement et à la longue,
ne peuvent procurer qu'une possession incertaine,
précaire et clandestine, qui ne peut servir de base
à la prescription, et que c'est sur ce motif qu'est
fondé le principe d'après lequel les limites ne se
prescrivent pas, qu'en ce cas, la revendication
n'est qu'une conséquence de la délimitation, n'est
que l'objet secondaire de l'action dont le bornage
est l'objet certain et principal, qu'il ne peut en
être de même lorsqu'il s'agit de propriétés closes
et dont la clôture, existant depuis plus d'un an,
fixe un état de possession publique, que rien n'autorise à considérer comme précaire, et qui fait
légalement réputer propriétaire celui qui possède
jusqu'à la preuve contraire : qu'en ce cas, l'action
en bornage ne peut plus être le moyen régulier
d'arriver à cette preuve, parce que les limites n'é-
tant ni confondues ni incertaines, il ne peut y
avoir lieu à l'action en bornage, dont le principal
objet est de les faire reconnaître et fixer, que la
seule action qui puisse alors compéter et à la revendication propre et directe, pour le succès de

laquelle il faut prouver, par les moyens ordinaires son droit à la chose revendiquée ;—Attendu 4° que, dans le cas particulier, le demandeur, loin de justifier, ou de se mettre en mesure de justifier, qu'il est propriétaire d'une portion du terrain possédée par le défendeur au delà de la clôture de leurs héritages, ne l'allègue même pas, d'où il suit que la revendication qu'il déguise sous la forme de l'action en bornage, est elle-même sans objet et non recevable, puisqu'il est avoué que les limites ne sont ni confondues ni incertaines, les héritages des parties étant séparés par une clôture visible qui subsiste depuis plus de deux ans, et qui fixe, pour chacune d'elles, un état de possession qui ne peut être légitimement interverti que par le résultat d'une action directe en revendication qui n'est pas celle qu'il exerce. »

Appel par Ravenet.—Selon l'appelant le système consacré par les premiers juges, a pour résultat de protéger la fraude en ce qu'il en résulte implicitement que chacun peut délimiter seul et comme bon lui semble ses héritages, ce qui n'est pas admissible. Il invoque l'opinion de M. Pardessus, des *Servitudes*, n° 118.

Arrêt.—La Cour, adoptant les motifs des premiers juges, confirme, etc.

Du 10 mars 1828, Cour royale de Besançon.

Mm. Dalloz a réfuté la doctrine de l'arrêt de Besançon approuvé par Curasson :

« Nous pensons, dit Dalloz, que cette opinion heurte les principes de la matière ; d'une part, en effet, il est unanimement reconnu que l'action en bornage est imprescriptible. En second lieu, il a été démontré qu'il ne fallait pas confondre la délimitation avec le bornage; que tant que l'action en bornage proprement dite n'avait pas été faite contradictoirement entre les deux propriétaires contigus, le droit existait toujours. Pourquoi dès lors n'accorder qu'un droit de *revendication* à l'un des propriétaires à cause de cette circonstance, qu'un mur ou qu'une haie forme la délimitation des propriétaires ? Nous n'examinons pas quelle a été la durée de cette délimitation ; eût-elle été trentenaire, immémoriale, l'action en bornage n'en existerait pas moins, puisqu'elle est imprescriptible; seulement les bornes devraient être placées sur les limites de la possession respective des deux propriétaires : *tantum possessum quantùm præscriptum.* (V. *Supplément*, v° *Servitude*, art. 2, § 2. N°ˢ 198-200). »

PERRIN est d'avis de la recevabilité de l'action

890. — La demande en bornage peut être formée encore qu'il existe un ruisseau particulier entre les deux héritages, de même aussi des limites bien visibles, si du moins ces limites n'ont pas le caractère ordinaire de véritables bornes. Il a toutefois été jugé par la cour royale de Besançon, le 10 mars 1828, qu'un mur et une haie formant depuis plus d'un an la séparation de deux propriétés contiguës,

devaient mettre obstacle à ce qu'une demande en bornage puisse être accueillie ; mais par arrêt du 27 février 1854, la Cour de Douai a décidé que le propriétaire qui a volontairement planté une haie sur son héritage n'a pas moins le droit de demander le bornage. La Cour de cassation avait déjà jugé ainsi par arrêt du 30 décembre 1818, et je pense que cette décision est dans les principes. (V. *Code des constructions et de la contiguïté*, p. 230). »

Un magistrat de la capitale qui n'a pas hésité d'entrer avec une allure franche dans l'esprit de la loi s'est ainsi exprimé sur la question :

« Je ne puis partager l'opinion de M. Curasson pour le cas où il existe entre les deux héritages un mur, un fossé ou une haie et où les deux voisins demandent que les bornes soient reportées au-delà. Dans ce cas, dit ce jurisconsulte, il s'agit moins d'une action en bornage que d'une action en revendication d'un terrain parfaitement clos. De fait ce terrain peut être parfaitement clos, mais en droit il peut l'être très irrégulièrement. Le voisin ne peut-il pas avoir bâti le mur, creusé le fossé, planté la haie sur la propriété d'autrui ? S'il prétend que les choses existent ainsi depuis plus de trente ans, revient la question de prescription ; s'il n'élève pas cette prétention, un arpentage peut seul trancher cette contestation ; l'existence du mur, du fossé ou de la haie ne change pas la nature de l'action. » (V. *Dissertation* de M. Delahaye, juge à

Paris. — *Journal de procédure*, t. 8, p. 341, et reproduite aux *Annales de la science des Juges de paix* par Jay, t. 10, p. 41.

L'arrêt de Besançon trouve sa plus complète réfutation dans l'article fort remarquable de M. Mongis, publié par l'*Encyclopédie du Droit*.

« N° 29. — Le droit que consacre l'art. 646 Code civil est absolu. Quel que soit l'état matériel des limites qui séparent deux propriétés, le bornage peut être demandé en tout temps, et les juges ne sauraient trouver dans les circonstances extérieures, non plus que dans la *possession annale, un motif pour le refuser.*

On a distingué cependant le cas où des limites apparentes et certaines séparent les propriétés, de celui où les limites sont incertaines et confondues. Dans ce dernier cas, dit-on, les usurpations clandestines qu'un tel état de choses a facilitées, ne constituant qu'une possession précaire, l'action en bornage est recevable. Mais dans le premier, et lorsque l'usurpation a été publique, flagrante, que par exemple, un propriétaire a porté son mur de clôture sur le terrain d'autrui, alors, et s'il a la possession annale, il n'y a lieu qu'à l'action en revendication (Besançon, 10 mars 1828. S. V. 28. 2.276). Ces raisons ne sont que spécieuses et reposent sur une confusion manifeste entre le bornage et la délimitation. « La délimitation ne sert qu'à indiquer la ligne sur laquelle doivent être placées les bornes ; tandis que le bornage a pour objet de constater d'une manière immuable cette délimitation. » (Cass., 30 déc. 1818 ; S. V. 19.1.233.). La délimitation est une simple opération qui peut être consommée par l'un des propriétaires ; le bornage qui ne peut être fait que contradictoirement, est une convention qui enchaîne les deux voisins.

Toutes les fois qu'un propriétaire a posé des bornes ou élevé une clôture, peu importe que les limites soient fixes et certaines, il suffit qu'elles aient été placées sans le consentement du voisin pour que celui-ci conserve l'action en bornage, qu'un fait étranger n'a pu lui enlever. Autrement l'art. 646, Code civil, dont les termes absolus n'admettent aucune exception, n'auraient pour la plupart du temps qu'une autorité illusoire, et le droit de bornage imprescriptible de sa nature se réduirait à une action subordonnée dans son exercice à la possession annale du voisin.

Quant à la distinction entre la possession occulte et la *possession publique* prolongée pendant plus d'un an, elle ne saurait avoir ici aucune application. Elle est spéciale aux matières de la possession et de la prescription, on sait que le privilège attaché à la possession annale a pour but de prévenir ou de simplifier les contestations en protégeant celui qui possède contre toute action qui le trouble dans sa jouissance, sans lui contester le droit de propriété. Or, c'est précisément ce qu'a fait l'action possessoire.

Mais tel n'est pas le résultat de l'action en bornage, elle ne trouble pas le possesseur, car elle
n'affirme pas le vice de sa possession; elle réclame
seulement une vérification dont l'issue est incertaine. — De plus *elle contient le germe d'une action
pétitoire*, puisque le bornage opéré pourra ôter à
l'un pour le restituer à l'autre à la fois la possession et la propriété. On voit donc que cette action
est d'une nature toute particulière, mixte, pour
ainsi dire, et *qui répugne à l'application des règles
de la possession annale.* Le privilège attaché à la
possession annale doit, comme tous les privilèges,
se restreindre aux faits pour lesquels il a été créé.
Cette distinction entre les principes de la possession annale et ceux de l'action en bornage, n'a
peut-être pas été jusqu'ici faite avec assez de net-
teté; elle manquait à la réfutation du système de
la Cour de Besançon (arr. préc.), et complète la
doctrine émise par la Cour de cassation dans un
arrêt remarquable du 30 déc. 1818 (S.-V. 19.1.
233). » — (V. *Encyc. du Droit*, vᵒ *Bornage*, n 29.)

Une fin de non-recevoir contre la demande en
bornage, qui ne nous paraît pas mieux fondée, est
celle que l'on voudrait faire résulter de l'existence
d'un sentier.

Quoi de plus variable, en effet, qu'un sentier,
qu'un chemin même? n'arrive-t-il pas tous les
jours que ces voies rurales, privées ou publiques,
remontent ou redescendent, ou décrivent à de certains endroits des courbes par suite du mauvais

état du chemin ou sentier et des anticipations qui se commettent insensiblement.

Un sentier ou un chemin ne peut être considéré comme borne naturelle et immuable, et, eût-il ces caractères, que le bornage serait encore admissible, l'action en bornage étant imprescriptible.

Cependant le contraire a été jugé par la Cour de Colmar.

Aussi cet arrêt a-t-il été l'objet de la critique.

« Ces principes, dit M. SOLON, en parlant de la mobilité des cours d'eau ne pouvant faire limites, nous portent à signaler comme une erreur grave la décision rendue, le 21 août 1821, par la Cour royale de Colmar (Dalloz, vol. 22.2.60), et qui a jugé que l'existence depuis plus de trente ans d'un sentier entre deux héritages constituait une borne suffisante. Que signifie, ajoute l'auteur, une pareille borne? est-il quelque chose de plus incertain que les lignes formant un sentier d'exploitation? cette incertitude n'augmente-t-elle pas tous les ans quand les héritages contigus sont cultivés, et surtout lorsque la culture en est confiée à cette classe de cultivateurs dont la charrue incline toujours sur la propriété voisine. » (V. Solon, *Traité des Servitudes*, p. 79, n° 61.)

Le *Répertoire général du journal du Palais* s'est aussi occupé de la question.

« N° 19. — Jugé aussi, mais à tort selon nous, que l'art. 646, Cod. civ., ne s'applique pas au cas

où il existe depuis plus de trente ans, entre deux
héritages, des limites patentes : par exemple, un
sentier. » — (Colmar, 21 août 1821, Armbruster.)
— M. Solon, *Traité des Servitudes réelles*, n° 61,
combat la décision de la Cour de Colmar.

Et l'auteur de l'article *Bornage*, au *Répertoire*,
rapporte les observations critiques de M. Solon.

M. Solon, après avoir combattu l'arrêt de Colmar, cite, comme devant être un obstacle à la demande en bornage, deux exemples qu'il puise dans
deux faits matériels : l'existence d'un mur, une
double rangée d'arbres ou de vignes.

Et voici comment il motive son opinion :

« N° 62. — Si toutefois les deux héritages étaient
exactement limités, quoiqu'il n'y eût pas de bornes
proprement dites, l'action en bornage étant inutile,
la justice ne devrait pas permettre d'y recourir ;
par exemple, il ne nous paraît pas douteux que
ceux dont les propriétés sont séparées par un mur
n'ont pas d'action en bornage. Nous pensons également que si deux voisins avaient planté une
double rangée d'arbres ou un double rayon de
vignes, ils seraient censés avoir laissé la ligne divisoire au milieu de l'un ou de l'autre ; ils ne pourraient donc demander d'autres limites, à moins que
le demandeur ne prouvât une erreur manifeste ;
disons toutefois que si la plus petite incertitude
pouvait s'élever sur la limite, il serait plus sûr de

s'en tenir aux dispositions générales et absolues de l'art. 646. »

Une simple réflexion suffit pour détruire ce raisonnement : est-ce à dire parce qu'il y a un mur, que ce mur est la véritable limite ? Même observation pour la double rangée d'arbres ou le double rayon de vignes. — Et les arbres et la vigne prouvent-ils par eux-mêmes la véritable limite ? Non, assurément non.

Au surplus, celui qui a édifié le mur, planté les arbres et la vigne, avait-il le droit de se faire à lui-même, sans la présence de son voisin, une limite ?

Les choses matérielles sont par elles-mêmes insignifiantes et ne peuvent évidemment donner aucun droit et empêcher l'exercice d'une action toute légitime que le temps ne peut détruire.

Cette fin de non-recevoir, admise par M. Solon, avec toutefois certaine réserve, rentre dans celle traitée plus haut par M. Mongis avec une si grande supériorité, et rejetée par ce magistrat.

CHAPITRE XV.

---

§ 1er. *De la demande ou citation.*

Quand tous les moyens amiables ont été épuisés,
convocation volontaire sur le terrain, sommation
et enfin avertissement et comparution préalables
devant le magistrat conciliateur, il ne reste plus
au propriétaire dont la pièce de terre n'est pas
bornée et qui se prétend lésé, qu'à agir par la voie
judiciaire.

Il est indifférent que la citation énonce ou n'é-
nonce pas que le demandeur éprouve un déficit
de contenance dans sa pièce de terre, parce que le
fait seul de la non-existence des bornes est suffisant pour motiver la demande.—Dans le cas où il
existerait des bornes, si elles avaient été irrégu-

lièrement plantées, il serait nécessaire que la demande énonçât ce vice, parce que leur existence
est une présomption contre un nouveau bornage
et qu'il faut faire connaître les causes de la suppression et du remplacement des anciennes bornes par les nouvelles. — Dans les cas aussi où le
demandeur, ne retrouvant pas son manque de contenance dans les pièces de terre immédiatement
contiguës, veut comprendre dans l'opération toutes les pièces de terre contiguës à celles de ses
voisins, il est obligé alors d'annoncer ce fait dans
la citation, lorsqu'il prend la marche de l'appel en
cause direct.

Dans la consultation dont nous avons déjà parlé
dans les chapitres précédents, on lit : « Or, pour
cela (la recevabilité de l'action en cas de déficit) il
faut que le demandeur articule et précise un déficit déterminé et qu'il justifie de titres probants et
dont le plus ancien ait plus de trente ans de date,
qui lui attribuent une contenance fixe. — Il faut,
ajoute-t-on, qu'il articule que ce déficit se trouve
en excédant dans les pièces voisines. »

Nous ne savons pas sur quelles règles est basée
cette prétention. Serait-ce sur ce que tout demandeur est tenu de justifier sa demande? Mais nous
répondrons que la demande se trouve justifiée par
l'absence de signes délimitatifs ou plutôt de bornes. La loi comme la raison n'en exigent pas davantage. La loi dit : « Tout propriétaire peut obli-

ger son voisin au bornage » ; la loi suppose nécessairement qu'il n'existe pas de bornes séparatives des héritages des voisins, ou, ce qui équivaut à l'absence de bornes, qu'elles n'ont point été régulièrement plantées, soit que l'opération ait été faite hors la présence des propriétaires intéressés, soit que les bornes aient été posées malgré les protestations d'un ou plusieurs propriétaires.

En supposant que la citation dût contenir, outre le motif que les propriétés ne sont pas bornées, celui de l'existence d'un déficit, le demandeur ne serait point encore astreint à articuler et préciser un déficit déterminé, et encore bien moins articuler que ce déficit se trouve en excédant dans les pièces voisines.

On comprend que tout propriétaire peut sans doute, par une vérification préalable des quantités contenues dans sa propriété, connaître ce qui lui manque, en constater le déficit (ce qui se fait quelquefois, on n'est pas forcé de le faire); mais être obligé d'articuler que le déficit se trouve en excédant dans les pièces voisines, c'est vouloir une chose, sinon impossible, au moins souvent fort difficile à constater, puisque ce préalable supposerait un arpentage préliminaire et l'exacte connaissance des titres de chaque propriété; ce serait, de plus, faire supporter au demandeur des frais qui ne doivent jamais être qu'en commun, parce que ce ne sont là que des frais d'opération.

Ensuite l'excédant peut se trouver répandu dans

plusieurs pièces de terre, soit contiguës, soit non contiguës.

La consultation va beaucoup plus loin encore ; il faut que le demandeur justifie de titres probants et dont le plus ancien ait plus de trente ans de date, qui lui attribue une contenance fixe.

Le demandeur n'a rien à justifier lors de l'introduction de l'action, ce serait une justification prématurée ; ce n'est qu'après une première opération, la levée du plan des parcelles, qu'il peut être question de titres. Nous n'examinerons point en ce moment le plus ou le moins d'ancienneté des titres ? nous dirons seulement que l'exigence de titres remontant à plus de trente ans est une hérésie en matière de bornage ; sans doute, et nous l'avons déjà décidé ainsi, les anciens titres sont présumés les plus rapprochés de la vérité, mais ils ne sont pas les seuls qui peuvent être admis ; ils ne sont pas exclusifs de moins anciens, même de titres récents. Les titres, au reste, ne peuvent jamais être examinés qu'alors que les quantités matérielles sont connues.

§ 2. Des qualités des parties; des difficultés qu'elles peuvent faire naître.

En justice, on entend par qualité le titre en vertu duquel on exerce un droit ; ainsi, celui qui forme une demande en bornage est obligé d'énoncer en vertu de quel titre il agit.—Si un usufruitier, un fermier, un tuteur, un mari, un simple

détenteur et autres prétendant droit et représentant soit un absent ou des établissements publics,
se présentent en justice à ces différents titres, en
demandant ou en défendant, chaque partie est habile à discuter la qualité de chacun. Le juge de paix
saisi de l'action peut-il connaître de ces difficultés
et décider toutes les questions qui se rattachent aux
qualités des parties ?

Nous n'en faisons aucun doute, parce que, juge
de l'action, il l'est des exceptions dont la connaissance ne lui est pas formellement interdite.

La loi du 25 mai 1838 porte, art. 6, n° 2 : « Les
juges de paix connaissent, à charge d'appel, des
actions en bornage, lorsque la propriété et les titres qui l'établissent ne sont pas contestés. »

Tout ce qui n'est pas contestation de propriété
ou de titres prouvant la propriété, rentre dans le
domaine de la justice de paix ; et si le législateur
eût entendu que le juge de paix ne dût point apprécier les qualités des parties, il eût ajouté : « et
lorsque les qualités des parties ne seront pas contestées. » On doit donc se renfermer dans les termes
de la loi, qui ne sont certes point en désaccord
avec son esprit.

En effet, quel inconvénient peut-on trouver à
ce que le tribunal de paix décide si un usufruitier,
un fermier, un tuteur, le mari, le possesseur ont
ou n'ont point le droit d'intenter une demande en
bornage, si cette action peut être étendue aux arrière-voisins, et d'autres questions semblables ? Le

jugement, au surplus, ne serait jamais qu'en premier ressort, la matière étant toujours susceptible d'appel.

En raisonnant par analogie, je pourrais citer comme précédent un de mes jugements sur un point assez controversé, à savoir si la qualité d'héritier bénéficiaire peut être discutée en justice de paix.

Voici, du reste, comme la question est posée : « Le principe que le juge de l'action est nécessairement le juge de l'exception est-il applicable aux tribunaux de paix, bien qu'il puisse conduire à l'examen de la qualité d'héritier et à la condamnation personnelle d'un héritier bénéficiaire ? »

Jugement.—Considérant qu'il est de jurisprudence généralement admise résultant de la nécessité des choses, que le juge de l'action l'est également de l'exception ;—Que l'on ne voit pas pourquoi le tribunal du premier degré serait privé de ce droit; que sans doute des questions graves, telles que celles relatives à l'état des personnes, les inscriptions de faux, et qui réclament les lumières de plusieurs magistrats, ont dû être distraites de sa juridiction; mais quand il s'agit de validité de titre, de son application, d'examen de qualité d'héritier ou d'associé, ou autres, sous lesquels les parties se présentent aux procès, le juge saisi doit statuer; Qu'il ne faut pas confondre l'état des personnes avec la qualité, le titre dont elles sont éventuelle-

ment revêtues, et qu'elles peuvent accidentellement perdre ; que nulle part nos lois n'ont refusé
compétence aux juges de paix à cet égard ; que l'on
ne doit point assimiler ces tribunaux à ceux de
commerce et leur appliquer l'art. 426 du Code de
procédure civile, parce que les règles des tribunaux
de commerce ne sont pas les mêmes que celles des
justices de paix ; que si le législateur avait entendu
les soumettre à l'empire de l'art. 426, il l'aurait
dit dans la nouvelle loi de compétence, comme il
l'a spécifié dans les différents cas des art. 4, 5 et
6 de cette loi ;—Que c'est en vain que l'on prétendrait que les incidents soulevés par la défense
doivent, pour que le juge exceptionnel puisse prononcer, rentrer dans le cercle de ses attributions
légales ; que ce principe, très contestable, ne tendrait à rien moins qu'à annihiler la juridiction
cantonale, deviendrait une source de procès, et
livrerait la plus utile institution au caprice du plaideur ;—Considérant que la justice de paix n'est pas
un tribunal exceptionnel, de délégation, mais bien
un tribunal civil ordinaire, ayant reçu de la loi
des attributions dont ne peuvent connaître les tribunaux d'arrondissement, sans porter atteinte et
troubler l'ordre constitutionnel des juridictions;
—Qu'en matière personnelle, la justice de paix est
un véritable tribunal de premier degré, prononçant jusqu'à 200 fr.;—Considérant que la question,
toute spéciale au procès, née de la défense, ne gît
que dans des faits matériels, le détournement

d'objets mobiliers ; que la solution de la difficulté qui dépend du témoignage, ne peut être autre devant une autre juridiction ; que l'on ne rencontre aucun inconvénient à laisser aux tribunaux de paix la constatation de tels faits ; — Considérant, au surplus, que la conséquence éventuelle que doit imprimer le jugement actuel au jugement à intervenir, ne peut être un obstacle, puisque le dernier état de la jurisprudence tend à restreindre au cas jugé la déchéance de l'héritier, tendance beaucoup plus rationnellement pratique ; — Que, dès lors, ni les débats occasionnés par l'incident, ni les effets des décisions ne peuvent arrêter ou paralyser l'examen de la question de détournement par le juge déjà saisi ;—Considérant que cette opinion est conforme à celle d'un grave jurisconsulte, Curasson, t. I, p. 196 ; que l'on peut citer à l'appui un jugement du tribunal de Pithiviers, de juillet 1837 (*Juge de Paix*, t. VII, p. 278);—Considérant que la demanderesse soutient et offre de prouver qu'avant son acceptation bénéficiaire, le défendeur avait soustrait de la succession de son père différents objets mobiliers; qu'il doit être réputé, *à son égard,* héritier pur et simple, et comme tel, condamné personnellement au paiement de la somme réclamée ;—Considérant que les faits articulés sont pertinents, concluants et partant admissibles, etc.

24 septembre 1841. M. *Millet*, juge de paix à Sissonne (Aisne).

Si, d'après ce qui précède, le juge saisi d'une demande de sa compétence, peut statuer sur la question de savoir si un héritier a conservé ou perdu sa qualité d'héritier bénéficiaire, et prononcer une condamnation en conséquence de cet examen, à bien plus forte raison le juge de paix devant lequel est portée une action en bornage a-t-il le pouvoir de décider si une partie a ou n'a pas l'action en bornage, la décision sur les qualités des parties n'entraîne pas de condamnation, l'office du juge en cette matière est de faire rendre à chacun ce qui lui appartient d'après ses titres.

Le magistrat de la capitale que nous avons déjà cité, décide la question dans notre sens.

« Si les défendeurs, dit-il, opposent l'exception de non-contiguïté, le juge doit-il renvoyer au tribunal de première instance?

« Pour l'affirmative, on peut dire que cette exception soulève une question de droit, que la compétence du juge de paix en matière de bornage se réduit à appliquer et à interpréter les titres.

« Pour la négative, on répond qu'une juridiction même exceptionnelle, est investie du pouvoir de juger toutes les questions qui se lient au genre de contestations dont la loi lui attribue la connaissance, à l'exception seulement de celles dont le jugement lui a été refusé par une disposition formelle.

« Ce principe doit servir de règle pour la question

qui nous occupe et pour toutes les questions analogues. Si l'on s'écartait de cette règle, la juridiction des tribunaux de paix serait continuellement entravée par des déclinatoires qui compliqueraient la procédure, augmenteraient les frais, contre l'intention qu'a eue le législateur en attribuant aux juges de paix la connaissance des actions en bornage. »

Plus loin, ce magistrat ajoute : « Le juge de paix peut et doit connaître des questions qui peuvent s'élever sur la qualité du demandeur, et dont voici quelques exemples :—L'action en bornage peut-elle être intentée par l'usufruitier, l'usager, par le mari à l'égard des biens personnels de sa femme? Le droit du mari est-il le même selon qu'il y a ou qu'il n'y a pas séparation de biens? Lorsque les époux sont mariés sous le régime dotal, ne faut-il pas distinguer entre les biens dotaux et les biens paraphernaux? Le tuteur peut-il intenter l'action en bornage sans l'autorisation du conseil de famille? Par qui peut-elle être intentée dans l'intérêt de l'absent?—Ces questions peuvent n'être pas sans difficulté ; elles exigent certainement une connaissance assez étendue du droit. Néanmoins, je n'hésite pas à penser que le juge de paix ne soit investi du pouvoir de les décider : en attribuant à un juge la connaissance d'un certain genre de contestation, la loi lui confère le droit de statuer sur toutes les questions de fait et de droit qui se lient à ce genre de contestation, et notamment sur celles qui concernent la qualité de celui qui intente l'action ; s'il en était autrement, le tribunal serait entravé dès le début par des déclinatoires sans nombre. » (V. *Annales des Juges de paix*, t. x, p. 41 et 43, 3e alinéa.)

§ 3. *Du jugement préparatoire contradictoire ou par défaut.—Le jugement de défaut profit-joint est-il applicable aux justices de paix ?*

Je crois devoir d'abord combattre une opinion émise par M. Frion, qui prétend que, comme le bornage peut être retardé par suite d'incidents en dehors de la compétence locale, le juge saisi doit, avant tout examen de la cause, appliquer la maxime *Spoliatus antè omnia restituendus*, au cas d'anticipation annale.

Je dirai qu'il est peu rationnel de venir enter un procès possessoire sur un procès pétitoire ; car en définitive, si le défendeur conteste, il y aura procès donnant lieu à une visite, à une enquête, quand le litige pendant peut faire cesser d'un moment à l'autre toute contestation, même au fond. Ce serait là un grand inconvénient qui ne serait balancé que par un mince avantage.

Ensuite la règle citée n'est relative qu'à la réintégrande ; et, on le sait, toutes les anticipations, les usurpations ne donnent pas lieu à cette action.

D'un autre côté, toutes les instances en bornage n'occasionnent pas des contestations pouvant retarder le jugement de la cause. Il faudrait donc faire exception pour ce cas, et M. Frion l'applique à tous.

Le juge de paix prononcerait là une espèce de jugement de provision, dont l'utilité dans l'espèce ne se fait pas assez sentir. Qui dit encore que, par suite des reprises, la restitution qui serait provisionnellement faite resterait à celui qui l'aurait obtenue ?

Nous commençons notre paragraphe 3.

Quand les parties citées se présentent à l'audience, soit en personne, soit par mandataire, et qu'elles consentent au bornage tout en faisant leurs réserves de faire valoir leurs moyens lors des opérations, le bornage est ordonné avec nomination d'expert, à l'effet de procéder au mesurage, s'il y a lieu.

Si les qualités dans lesquelles procèdent les parties sont attaquées ; si des fins de non-recevoir, des moyens d'incompétence, des exceptions sont présentées et qu'elles soient mal fondées, le juge les écarte et statue par le même jugement sur la demande, et ordonne le bornage.

Si au contraire elles sont fondées, ou la demande est rejetée, ou selon les cas il est sursis à statuer pendant un délai fixé par le jugement, ou plutôt la cause est continuée à une audience ultérieure à laquelle les justifications ordonnées peuvent être faites.

En parlant des arrière-voisins, nous avons vu

que leur appel en cause pouvait être demandé et
ordonné par la justice.

Deux cas, entre autres, peuvent se présenter :
celui où le demandeur, après avoir fait vérifier par
un travail préalable que les pièces de terre contiguës à la sienne, n'ont point l'excédant de contenance qui lui manque ; et celui où déjà un premier
jugement est intervenu, qui a ordonné le bornage,
et en vertu duquel on a opéré, et où, par suite de
l'opération, le demandeur ne retrouve pas dans les
propriétés contiguës le déficit qu'il éprouve.

Dans le premier cas, qui est beaucoup préférable puisqu'aucun jugement n'a encore été
rendu occasionnant des frais d'exécution, le tribunal de paix pourra, pour s'éclairer et écarter tout
esprit de chicane, consulter le travail représenté
par le demandeur, et ordonner la mise en cause
des propriétaires indiqués par ce dernier.

Nous croyons cette mesure très légale ; c'est un
moyen d'instruction qui ne peut être attaqué. Au
surplus, elle pourrait être ordonnée aux risques
et périls du demandeur ; et si par l'événement et
la vérification faite par l'expert nommé, le manque
de terrain se trouvait dans les pièces de terre immédiatement contiguës, alors le demandeur serait
condamné aux frais de sa téméraire et inconsidérée demande.

A l'audience même, les parties peuvent être in-
vitées à s'expliquer sur chaque quantité matérielle
trouvée ; et si l'opération était adoptée, on procé-

derait d'après ce document, qui sans doute ne serait pas contradictoire, mais aurait été reconnu par toutes les parties, et le deviendrait alors.

Nous recommandons ce mode comme remplissant les vœux de la loi et se trouvant parfaitement en harmonie avec les règles de la matière.

Le second cas a pour lui tous les dehors de la légalité la plus scrupuleuse; mais il présente trop d'inconvénients sous le rapport des frais : un premier jugement a été rendu, qui ordonne le bornage et nomme l'expert. Il y a visite de lieux, des difficultés matérielles sont vidées, le plan des terrains est levé, et il en résulte que les propriétaires défendeurs n'ont que leur quantité, ou qu'il en manque même, non-seulement au demandeur, mais encore à d'autres parties; alors la continuation de l'opération est demandée pour les pièces de terre du lieu dit, de la plaine, en un mot, la mise en cause des arrière-voisins est provoquée, et le demandeur ou d'autres parties la réclament afin de retrouver leur quantité.

Pour éviter des lenteurs et le déplacement des parties, le jugement qui ordonne la mise en cause peut être rendu sur les lieux mêmes à la suite du procès-verbal de visite.

Mais si l'expert a opéré seul, les parties se retirent à l'audience et demandent jugement de mise en cause des arrière-voisins.

Il est encore un moyen qui parfois réussit quand il n'y a qu'avec quelques voisins seulement qu'on

doive opérer, c'est de les faire appeler sur le terrain même, le juge peut les inviter par simple lettre ou billet d'avertissement.

Mais, nous le dirons derechef, il vaut beaucoup
mieux agir de prime abord contre tous les propriétaires qui doivent figurer dans l'opération. Le
demandeur prendra toutefois la sage précaution
de se munir d'un plan des pièces de terre contenant les quantités matérielles selon les jouissances
présentes, les parties pouvant l'approuver et procéder avec ce document.

Les jugements qui sont rendus ne sont jamais
que des jugements préparatoires.

Jusqu'à ce moment nous avons vu que toutes les
parties comparaissaient. Quelle marche doit-on
suivre lorsque quelques-uns des défendeurs ne se
présentent point ?

Doit-on ordonner le bornage contradictoirement
avec les parties présentes, et, par défaut, contre
celles qui ne comparaissent pas, et indiquer le
jour de l'opération ?

Ou doit-on procéder comme devant les tribunaux
d'arrondissement, prononcer un défaut profit-
joint, c'est-à-dire, donner défaut contre les non-
comparants, et continuer la cause à une audience
ultérieure pour être statué sur le fond, parties défaillantes réassignées ?

Le décret du 26 octobre 1790, contenant le règlement pour la procédure en justice de paix,
porte, titre III, art. 11, des jugements par défaut :

« Si, après une citation notifiée, l'une des parties ne comparaît pas au jour indiqué, la cause sera jugée par défaut, à moins qu'il n'y ait lieu à réassignation du défendeur au cas de l'art. 7 du titre 1er. »

L'art. 7 est relatif à l'inobservation des délais de citation ; il y a réassignation s'ils n'ont point été observés.

Dans le titre VI, art. 11, il est question des jugements préparatoires prononcés en l'absence d'une partie. Art. 11 : « Lorsque le jugement préparatoire aura été rendu par défaut contre une des parties, ou lorsque après s'être défendue contradictoirement, elle n'aura pas été présente à la prononciation du jugement, la partie qui l'aura obtenu se le fera délivrer et sera tenue de le faire notifier à l'autre partie en la même forme qui est établie pour les citations, avec sommation d'être présente à l'opération ordonnée. »

Tel est le règlement primitif de la loi organique. Le cas de plusieurs défendeurs n'y est pas prévu sans doute, mais la règle générale des défauts y est posée. Si le défendeur ne comparaît pas, la cause doit être jugée par défaut.

Quand il y a jugement préparatoire par défaut, le demandeur signifie au défendeur extrait de ce jugement avec sommation d'être présent à l'opération.

Le Code de procédure, livre 1er, des justices de paix, art. 19, a rappelé textuellement l'art. 2 du

décret, mais les dispositions concernant les jugements préparatoires ne l'ont point été. L'art. 28
du Code de procédure porte seulement : « Les jugements qui ne seront pas définitifs ne seront point
expédiés quand ils auront été rendus contradictoirement et prononcés en présence des parties. »
Ce qui veut dire que quand ils sont par défaut et
prononcés hors présence, ils doivent être signifiés.
—On ne sait pas pourquoi cet art. 2 a été supprimé,
car cette suppression laisse une lacune pour l'exécution des jugements préparatoires par défaut. Le
législateur aura sans doute pensé qu'il suffisait d'é-
noncer que les jugements contradictoires ne seraient point expédiés, pour dire que ceux par défaut le seraient.

Le Code de procédure de 1807 qui a fondu dans
un titre particulier les procédures précédentes des
tribunaux de paix, n'a pas cru devoir faire une
disposition spéciale pour le cas de plusieurs défendeurs, et cependant s'il y avait eu des inconvénients, le décret de 1790 avait déjà fonctionné
pendant près de dix-sept ans.

Le livre 2 du Code de procédure, titre VIII, traite
des jugements par défaut devant les tribunaux
d'arrondissement ; l'art. 153 a une disposition formelle relative à plusieurs parties assignées; si l'une
fait défaut, et l'autre comparaît, il y a remise de la
cause et réassignation, et il doit être statué par
un seul et même jugement.

Le mode de procédure indiqué par l'art. 153,

propre aux tribunaux d'arrondissement, n'est pas applicable aux tribunaux de canton par différents motifs; la loi veut pour ces derniers tribunaux une procédure simple, économique et prompte; et ensuite la classification des matières prouve suffisamment que les justices de paix ont leur procédure à part, comme les tribunaux d'arrondissement ont également la leur.— Si le législateur eût voulu les confondre ou bien seulement appliquer certaines dispositions, il eût pris le soin de l'indiquer, ce qui n'a pas été fait. Au contraire, il a compris dans la procédure des tribunaux du premier degré tout ce qui concernait ces tribunaux, et un livre spécial leur a été consacré.

Nous devons reconnaître toutefois qu'il peut se rencontrer des circonstances où l'on pourrait invoquer pour les justices de paix des règles de procédure faites pour les tribunaux d'arrondissement, comme par exemple la comparution des parties en personne. On doit être très sobre de ces applications. L'on ne pourrait pas pour une enquête en justice de paix appliquer les déchéances des enquêtes ordinaires, etc., etc.

Les auteurs qui ont écrit sur la procédure, diffèrent de sentiment.

On trouve dans *le Juge de Paix*, t. III, p. **201,** un article dans lequel l'auteur se décide pour l'application aux justices de paix de l'art. 153, Cod. proc. civ.; il se fonde sur ce que cet article prescrit une procédure éminemment utile pour prévenir la contrariété des jugements et compléter autant que possible la défense, sur ce que la Cour de cassation a jugé que cet article peut être appliqué à des matières pour lesquelles il n'a pas été écrit, comme les causes sommaires et les tribunaux de commerce.

Mais dans le tome IV, 1834, même recueil, page 169, Coin-Delisle a réfuté de la manière la plus péremptoire les arguments présentés par l'auteur de l'article précédent. — Nous nous permettrons d'en réduire les proportions à une simple analyse.

Contrariété de jugement : « L'art. 153 les prévient quelquefois, mais ce n'est pas là son but : son but principal est d'empêcher l'accumulation des défauts ; il peut y avoir contrariété de jugement dans les tribunaux d'arrondissement ; lorsque, par exemple, les avoués des défendeurs posent des conclusions, et d'autres pas, il y a jugement contradictoire et par défaut. — En justice de paix, pas de possibilité d'accumulation de défaut, rien à prescrire alors. — La mesure serait contraire à l'institution des justices de paix : économie et célérité; levée et signification du jugement de règlement d'audience ; déplacement et frais de mandataire. — Les jugements définitifs souvent ne se lèvent pas et celui-là le serait. »

Analogie : « Originairement, la loi de 90 pour les justices de paix, et ordonnance de 1667 pour les tribunaux d'arrondissement : premier livre, règlement pour les justices de paix et abrogation de la loi de 90, autant pour l'ordonnance de 1667.—Dès lors intention marquée de séparation. — Le Code de procédure contient des règles de droit et des règles de procédure, il les faut distinguer : l'art. 126 est le complément des art. 2059 et suivants du Cod. civ., les art. 130 et suivants pour les dépens ne sont que des corollaires de l'art. 1382 du Cod. civ. L'idoinéité des témoins, les reproches, les récusations sont des règles de droit. Ces règles peuvent être invoquées en justice de paix, elles appartiennent à tous les degrés, mais non la forme et la marche de l'instruction; et si alors on les applique, ce n'est encore que comme raison écrite. — Où est la règle qui empêche que l'une des parties fasse défaut, et cependant ce serait là le résultat de l'art. 153 : former opposition est de droit, et l'empêcher est une peine, et pas d'extension de peine. »

Arrêts cités : « Le premier décide avec raison que l'art. 153 est applicable aux affaires sommaires, ce titre est dans le second livre ; ainsi pas de distinction.—Le second, moins concluant encore, il juge qu'il n'y a pas d'excès de pouvoir d'appliquer au commerce l'art. 153; qui dit que le jugement ne serait pas encore susceptible d'opposition?—Il n'y a pas argumentation possible des jugements de commerce aux justices de paix ; la procédure commerciale étant encore dans le livre 2, et application au commerce des règles de procédure des tribunaux d'arrondissement. »

21.

En justice de paix, le réassigné peut être ordonné sans doute, mais avec beaucoup de circonspection, et malgré l'art. 153, il y aura toujours lieu à opposition.

En 1840, Chauveau, *Lois de la Procédure de Carré*, a publié, pour la première fois, de nouvelles additions du professeur de Rennes, qui, rétractant sa première opinion, se prononce pour le profit-joint en justice de paix.

Carré avait fondé sa première opinion sur un arrêt du 13 septembre 1809, portant qu'il n'est pas permis de suppléer aux dispositions spéciales qui régissent les justices de paix par celles qui concernent les tribunaux d'arrondissement; il s'agissait de l'art. 156, péremption de jugement.

La seconde, il la base, 1° sur ce que ces mots : *l'une des parties*, de l'art. 19, ne se rapportent qu'au demandeur et au défendeur, et non au cas où l'action porte sur plusieurs individus; il cite les art. 20, 21 et 22.

2° Sur ce que la disposition de l'art. 153 est fondée sur la raison et l'utilité publiques, elle prévient la contrariété possible des jugements, elle s'harmonise avec les dispositions qui concernent les justices de paix, et elle n'est point en opposition avec le texte.—Quant à l'arrêt, il en faut écarter la conséquence, parce que l'art. 156 ne peut être appliqué aux jugements de justice de paix qui se trouvent régis par l'art. 20; mais l'art. 19 n'ayant pas prévu le cas, application alors de l'art. 153.

Ce dernier raisonnement est attaqué par Chauveau. L'art. 20 n'a pas plus prévu le cas que l'art. 19, mais il se range de l'opinion de Carré, par le motif que l'art. 156 est exceptionnel, pénal, infirmatif de l'autorité des décisions judiciaires, ne pouvant s'étendre d'un cas à un autre, tandis que l'art. 153 est bienveillant, prévenant des décisions contradictoires.

L'opinion opposée de Coin-Delisle et de Chauveau laisse l'esprit en suspens, car l'une et l'autre ne manquent pas d'argument en leur faveur; mais, nous devons le dire, la pratique habituelle des justices de paix doit être le meilleur appréciateur dans ces sortes de questions. Je ne pense pas, quant à moi, que les inconvénients de la contrariété des jugements puissent contrebalancer ceux de la procédure de profit-joint. Je dirai plus, l'application de l'art. 153 est peu pratiquée, elle est généralement proscrite devant les tribunaux de paix.

Les motifs donnés par Coin-Delisle sont frappants de vérité et doivent porter la conviction.

Je pense, quant à la matière qui nous occupe, qu'il n'existe pas le moindre inconvénient d'ordonner le bornage contradictoirement et avec les parties présentes, et, par défaut, avec les parties non présentes, parce que le bornage étant forcé, si les propriétaires ne comparaissent pas, c'est qu'ils ne voient pas la nécessité de se trouver à un jugement de pure forme, et qu'ils n'ont rien à opposer à la demande.

Au surplus, toutes les fois qu'il ne s'agit que d'un jugement qui ordonne une simple mesure d'instruction, les parties pourraient souvent se dispenser de se présenter; il vaut toujours beaucoup mieux cependant qu'elles comparaissent, car leur absence occasionne des frais, puisqu'il faut lever et signifier le jugement, formalité qu'alors on ne serait pas obligé de remplir.

Le Code de procédure ne dit pas ce qu'il faut faire pour exécuter ces sortes de jugements, il dit seulement que les jugements préparatoires contradictoires prononcés entre les parties ne seront pas expédiés; mais nous trouvons dans le règlement de 1790 la marche à suivre; la partie, porte l'art. 2, qui l'aura obtenu, se le fera délivrer par extrait et le fera signifier à l'autre partie avec sommation d'être présente à l'opération ordonnée.

Nous pensons que ce mode peut être avantageusement suivi, surtout quand il y a beaucoup de parties défaillantes, on évite des frais. La règle toutefois est la signification du jugement en son entier, puisque le Code n'a point rappelé la disposition du règlement de 90, mais nous ne pensons pas qu'il y aurait irrégularité de n'en faire la signification que par extrait. — Il faut de plus une sommation afin que les parties qui n'étaient pas présentes aient connaissance du jour de l'opération et puissent s'y trouver.

Il est bon d'observer ici que le jour de l'opération doit être assez éloigné pour laisser le temps

au demandeur de faire lever et signifier le jugement, et par les parties non comparantes d'y former opposition si elles y ont intérêt.

§ 4. *Des experts.* — *La nomination des experts doit-*
elle être d'office ? — *Est-il libre au juge de paix de*
nommer un ou plusieurs experts ?

Les opérations de bornage nécessitent toujours
l'application d'un art, dont la connaissance est
souvent, pour ne pas dire presque généralement,
étrangère aux magistrats, c'est l'art de mesurer les
terres, ou les règles d'arpentage, la géodésie, en
un mot; le juge est donc obligé d'avoir recours aux
hommes de l'art.

Nous croyons à cet égard, que M. Barthe, dans
son rapport à la Chambre des députés, le 6 avril
1838, a trop présumé de la science géométrique
des juges de paix, en annonçant que le juge de
paix se servira à lui-même d'expert et de géomètre.

Non, nous le déclarons, nous ne pensons pas
qu'il soit de la dignité du magistrat de faire l'arpenteur, encore bien qu'il en sût les règles : elles
lui seront profitables du reste, il saura surveiller
et vérifier. Nous verrons plus loin qu'il est des
opérations préliminaires de mesurage que le juge
de paix peut ordonner hors sa présence.

Maintenant le juge de paix doit-il nommer plusieurs experts ?

S'agissant de procédure, nous remonterons en-

core au décret contenant règlement pour la procédure en justice de paix du 26 octobre 1790.

Titre v, art. 11 : Cas où il y a lieu de nommer
des experts. « Si le juge de paix et ses assesseurs
trouvent que l'objet de la visite et de l'appréciation exige des connaissances qui leur seront étrangères, ils ordonnent que les gens de l'art qu'ils
nommeront par le même jugement feront la visite
avec eux et leur donneront leur avis. »

L'instruction sur la forme de procéder approuvée par le comité de constitution a mis en action
cette disposition de loi. Le § 9 concerne les visites
et appréciations d'ouvrages d'art : « Attendu, dit
la formule, qu'il s'agit d'ouvrages sur lesquels l'a-
vis des gens de l'art nous est nécessaire, nous or-
donnons que le sieur Mouton, architecte, demeurant à... et le sieur Pascal, charpentier, demeurant
à.... que nous nommons à cet effet, seront cités à
se trouver le même jour audit moulin pour en faire
la visite avec nous et nous donner leur avis sur la
valeur des dégradations et réparations dont il
s'agit. »

Guichard, *Code des Justices de paix de l'an 3*, ne
fait également mention que de deux experts dans
sa formule n° 16 de jugement ordonnant visite et
appréciation.

Le Code de procédure civile, art. 42, rappelle
l'ancien règlement à cet égard. — Art. 42 : « Si
l'objet de la visite ou de l'appréciation exige des
connaissances qui soient étrangères au juge, il or-

donnera *que des gens de l'art*, qu'il nommera par le même jugement, feront la visite avec lui et donneront leur avis, etc. » (C'est le greffier qui dresse procès-verbal en cas d'appel.)

A ne consulter que les textes, il semblerait que le juge de paix ne pourrait jamais nommer un seul expert, puisque la loi en suppose plusieurs en disant : Il (le juge) ordonnera que les gens de l'art donneront leur avis.

Une simple réflexion suffit pour détruire cette interprétation textuelle. Dans quel cas le juge nomme-t-il des experts? C'est lorsque la nature de l'affaire exige des connaissances qui lui sont étrangères ; il a besoin alors des lumières de personnes qui lui expliquent les choses qu'il ne connaît point, qui lui fournissent en un mot les renseignements nécessaires pour le mettre à même de juger en toute connaissance de cause.

Si ces données sont exactes, le nombre des experts peut être en raison des difficultés que présente le procès et souvent surtout son importance : par exemple dans l'espèce, les opérations de bornage peuvent ne nécessiter qu'un, deux ou trois experts, selon le nombre des propriétaires en cause, ou plutôt selon les quantités de terrain à mesurer, eu égard aux contenances de chaque pièce.

L'expertise en justice de paix n'est pas une expertise ordinaire, et il nous semble que ce serait s'écarter de l'esprit de la loi que d'appliquer à un mode d'instruction les règles des tribunaux d'arrondissement, comme le nombre impair, le droit par les parties de choisir les experts, le juge étant le premier appréciateur, le premier expert, et n'ayant besoin de la présence d'hommes de l'art que pour l'éclairer.

L'art. 42 n'en a pas moins donné lieu à quelque divergence d'opinion.

D'abord la nomination des experts doit-elle être faite d'office ?—Nous n'avons point cru devoir poser cette question en tête du chapitre dont fait partie ce paragraphe, tant la question nous avait paru oiseuse.

Sans doute que le juge peut et doit même consulter les parties sur le choix à faire, parce qu'il n'est pas indifférent que l'expert soit l'homme impartial qui a la confiance des plaideurs ; par ce moyen il arrive souvent que les efforts du magistrat joints à ceux de l'expert se trouvent couronnés de succès, mais autre chose est une simple faculté avec un droit.

La nuance d'opinion gîte, ce nous semble, dans ceci : le juge doit-il consulter ou avoir égard aux indications des parties ? non, légalement ; oui, pratiquement parlant, cela ne peut avoir que de bons résultats.

Plusieurs auteurs de procédure ont pensé que le juge ne devait nommer d'office qu'alors que les plaideurs ne pouvaient s'entendre ; Carré était de ce nombre, mais il a été rallié à l'opinion de Chauveau, la nomination d'office, l'avis des parties ayant été préalablement pris.

Curasson, t. I, p. 113, décide que, quant aux choix des experts, il n'en est pas ici comme dans les tribunaux ordinaires où les experts ne doivent être nommés d'office qu'à défaut par les parties de s'accorder sur le choix dans le délai fixé par le jugement. C'est le juge de paix que la loi charge de nommer les experts.

Revenons à notre question principale, le nombre des experts.

Pour plus de clarté dans la continuation de la discussion de ce point, nous donnerons comme résumant la difficulté, le passage suivant tiré des *Lois de la Procédure de Carré-Chauveau* sur l'art. 42.

« 175. — Quel doit être le nombre des experts à nommer? Les experts, dans les justices de paix, ne rédigent pas à la vérité de procès-verbal, mais dans les causes sujettes à appel, le greffier doit tenir un procès-verbal, et dans les causes non susceptibles d'appel, on doit, aux termes de l'art. 43, insérer au jugement le résultat de l'expertise. On sent qu'en ces deux cas, il doit être présenté un seul avis : il faut donc qu'il ait été nommé un ou trois experts. C'est d'ailleurs l'esprit général du Code (art. 303); il veut éviter le partage d'avis qui pourrait embarrasser le juge dans sa décision. » (V° *Quest. de Lépage*, p. 89; Delaporte, t. 1, p. 37; *Biblioth. du barr.*, 1° part., 1810, p. 235.)

Cet article est de l'ancienne rédaction de Carré.
Ce qui se trouve entre deux crochets doubles appartient à M. Chauveau, ainsi :

« [[Nous croyons que le juge de paix fera sagement de se conformer à ce sentiment, quoiqu'aucune loi positive ne l'y oblige ; mais dans le système
de M. Pigeau, *Comm.*, t. i, p. 106, il faut toujours
trois experts, à moins que les parties maîtresses
de leurs droits ne consentent à la désignation d'un
seul. Dans celui de M. Thomine-Desmazures, t. i,
p. 115 et 116, il n'en faut que deux, parce que le
juge est le tiers expert ou l'expert suprême. Les
termes de l'instruction (contenant les modèles du
règlement de procédure de 90) paraissent démontrer que le juge de paix peut ne nommer que deux
experts, quand il se transporte sur les lieux. M. Curasson, t. i, p. 112, n. 24, accorde à cet égard, au
juge de paix, un pouvoir discrétionnaire.]] » (V.
Lois de la Procédure de Carré-Chauveau, t. i, p. 187.

Malgré l'opinion modifiée de Carré dans ses additions publiées par Chauveau, nous devons, afin
de prémunir les lecteurs, rapporter ce qu'il dit
dans sa *Juridiction des Justices de Paix* :

« 2813. — Le juge de paix peut ne nommer qu'un
seul expert si les parties y consentent, pourvu
qu'elles aient la libre disposition de leurs droits ;
si les parties nomment leurs experts, le juge doit
leur confier l'opération ; sinon, il les nomme d'office, et pour éviter le partage il doit en nommer

trois; c'est du moins un argument qu'on peut tirer de l'art. 303. Les parties ont, après cette nomination, la faculté de convenir d'autres experts (305; elles doivent le faire dans les trois jours de la signification, si le jugement est interlocutoire, ou dans les trois jours de la prononciation s'il est seulement préparatoire. Cette nomination est faite par une déclaration au greffe. » (V. t. IV, p. 85.)

Nous devons commencer par combattre le système de Pigeau et de Carré qui appliquent aux tribunaux de paix les règles des expertises ordinaires des tribunaux d'arrondissement. — Ce système ne peut se soutenir en présence de l'art. 42 fait pour les justices de paix, c'est le juge qui ordonne lui-même l'expertise, si ses connaissances personnelles lui faillissent, il n'a pas besoin que les parties l'en requièrent, il peut même se refuser à l'ordonner, et en ce cas comment concilier le pouvoir du juge avec le droit des plaideurs. Le juge est ici le seul appréciateur de l'opportunité de la mesure.

La procédure d'expertise des tribunaux d'arrondissement exige des formalités si peu simples que pour cela elle n'est pas faite pour les justices de paix. La loi a voulu une marche plus rapide et plus économique; c'est le juge lui-même qui fera l'expertise si ses connaissances le lui permettent, mais s'il a des doutes très louables, s'il craint ne point rendre une justice suffisamment éclairée, il s'adjoint un ou plusieurs hommes spéciaux.

On doit être surpris que Carré ait professé une doctrine aussi contraire à l'esprit des tribunaux de paix si justement affranchis de ces formalités ruineuses et où les nullités sont pour ainsi dire inconnues. Et du reste à quels inconvénients n'entraînerait pas une pareille procédure?

Le raisonnement de Carré, au n° 175 ci-dessus, équivaut à ceci : puisqu'il faut procès-verbal d'expertise ou son résultat au cas d'appel ou non appel, il faut donc un avis unique, il faut donc un ou trois experts.

Si je ne me trompe, on peut répondre à ce raisonnement que le juge de paix n'est pas obligé de baser sa sentence sur une majorité quelconque. Si la loi demande un procès-verbal de l'expertise pour les causes susceptibles d'appel, c'est qu'il est rationnel que les juges supérieurs puissent apprécier les motifs du jugement. Ils doivent examiner de nouveau l'affaire, ils faut donc qu'ils aient des éléments propres à asseoir leur décision.—La raison du résultat de l'expertise pour les causes de dernier ressort se fait moins sentir sans doute, mais comme le jugement est basé sur l'expertise, il devient nécessaire que le résultat en soit connu parce que tout jugement doit être motivé.

Curasson cite l'art. 303 : « Mais, ajoute-t-il, c'est dans le livre 2 relatif aux tribunaux ordinaires que se trouve cette disposition, laquelle, par conséquent, est étrangère aux justices de paix. L'art. 42 leur accordant la faculté de recourir à des gens de l'art, sans en déterminer le nombre, tout à cet égard est donc laissé à l'arbitrage de ces magistrats.—C'est au juge de paix qu'il appartient d'apprécier si la nomination d'un seul suffit, sans qu'il soit besoin pour cela du consentement des parties. » (V. t. 1, p. 113.)

En résumé, la nomination des experts doit toujours être faite d'office, parce que le juge seul doit savoir si ses connaissances lui permettent ou non de pouvoir, sans le secours d'autrui, apprécier le litige.

Il peut certes consulter les parties sur le choix à faire, mais il n'y est point obligé.

Quant au nombre des experts, le juge est entièrement libre à cet égard, la loi n'en a point limité le nombre.—Cela est laissé à son appréciation.— Dans les causes de peu d'importance il n'en nommera qu'un seul ; dans d'autres deux, dans de graves affaires il en devra nommer trois. — Du reste, le nombre est indifférent pourvu que ces experts ne réclament rien, ce qui arrive souvent quand ils n'ont pas de déplacement, et que l'affaire est minime.

Je pense qu'il en doit être de même en matière de bornage : un seul expert est presque toujours suffisant, à moins qu'il n'y ait un grand nombre de pièces de terre à mesurer. Ce serait, je crois, un abus, si l'on prenait à cet égard l'ancien mode de nomination de trois experts, suivi devant les tribunaux d'arrondissement.

§ 5. *De l'expertise hors la présence du juge, du plan parcellaire avec rapport oral à l'audience.*

Les juges de paix peuvent-ils ordonner une expertise hors leur présence et spécialement le bornage, comme le faisaient les tribunaux d'arrondissement par trois experts, dépôt, levée et signification du rapport?

Ne peuvent-ils pas pour les bornages compliqués remplacer cette procédure si peu en harmonie avec l'institution des justices de paix, par la représentation à l'audience du plan parcellaire avec rapport oral?

Si l'on s'en rapportait au texte des dispositions de l'ancien règlement de procédure de 1790, renouvelées par le Code de procédure civile, la question ne serait point embarrassante, parce que ces textes sont si formels qu'ils ne peuvent laisser place à l'interprétation.

« Ils (juges et assesseurs) ordonneront, dit le décret, que les gens de l'art qu'ils nommeront par le même jugement feront la *visite avec eux* et *leur* donneront leur avis. »

Art. 42, C. proc. civ. « Il (le juge) ordonnera que les gens de l'art feront la visite avec lui et donneront leur avis... le procès-verbal sera signé par le *juge, greffier* et experts. »

Nous croyons devoir faire ici une observation sur la composition des justices de paix d'alors; elles se composaient d'un juge et de deux assesseurs, ces derniers se recrutaient dans chaque municipalité. Il y en avait quatre dont deux pouvaient assister le juge là où il opérait.

Si le législateur à cette époque a cru nécessaire que le tribunal de paix (le juge, les deux prud'hommes assesseurs du jugement ou de chaque localité) se fassent assister de gens de l'art, cette nécessité doit se faire bien plus sentir encore quand il n'existe qu'un seul juge et surtout depuis et sous la législation nouvelle de 1838.

La préférence a été donnée en 1807 comme en 90 à la visite des lieux par le juge assisté d'experts, parceque un autre mode eût présenté l'inconvénient de lenteur et d'augmentation de frais.

Cependant nous pensons que le mode adopté n'est point exclusif d'autres voies d'instruction.

Le livre 1er du Code de procédure est si bref que souvent il est nécessaire de suppléer des mesures d'instruction qui ne sont pas prévues : telle par exemple celle si utile de la comparution des parties en personne; alors pourquoi ne pourrait-on pas, dans certaines circonstances, et par exception, envoyer un expert sur les lieux? — Une semblable expertise, si elle n'est complétement légale, ne pourrait vicier une décision qui serait basée sur elle.

Si l'on consulte les auteurs sur la question, quelques-uns ne l'ont examinée que dans sa généralité, d'autres par rapport aux opérations de bornage. Nous essaierons de concilier ces diverses

22

opinions, avec l'aide toutefois de notre collègue
de Chaumont (Oise) qui a parfaitement rendu,
sauf quelques faibles nuances, la pratique commune aux juges de paix de l'arrondissement de
Beauvais.

Voici ce que disent les auteurs sur la question
générale :

« FAVARD. — Devant la justice de paix les rapports d'experts sont ordonnés et faits d'une manière particulière. Ils ont toujours lieu en présence
du juge par des experts qu'il nomme d'office....
En parlant de l'expertise devant la justice de paix
la loi se sert toujours du mot experts au pluriel,
ce qui pourrait faire croire que le juge de paix doit
toujours en nommer plusieurs. Mais comme les
tribunaux de commerce peuvent n'en nommer
qu'un seul, il est difficile de croire que l'intention
du législateur n'eût pas été d'accorder la même
faculté au juge de paix. » (*Rép.* t. IV, v° *Rapport
d'experts*, p. 707, 11.)

CHAUVEAU, dans les *Lois de la procédure* de Carré a traité la question.

Au n° 172 *ter*, elle est ainsi posée « : Le juge de
paix peut-il ordonner un rapport d'experts sans
ordonner une descente ?

« M. Thomines-Desmazures, t. I, p. 115, décide
clairement qu'une expertise ordonnée par le juge
de paix ne peut avoir lieu qu'en sa présence; il
est lui-même, dit cet auteur, l'expert désigné par

la loi : les gens de l'art ne sont que des aides, que ses conseillers. — Il faut convenir que les dispositions et la rédaction de l'art. 42 sont bien faites pour accréditer cette opinion. — Ne semble-t-il pas que ces officiers soient nécessairement toujours ensemble, et ne puissent opérer séparément? L'art. 43 paraît encore en être une autre preuve. — Le Code ne trace d'ailleurs aucune règle pour la dresse, le dépôt du rapport dans le cas où les experts procéderaient en l'absence du juge. Nouvel argument en faveur de la solution de M. Thomines-Desmazures. — Cependant à y bien réfléchir, nous croyons qu'on doit se décider pour l'opinion contraire. M. Pigeau, *Comm.*, t. i, p. 108, la professe sans difficulté, et il en tire une foule de conséquences pour l'application aux expertises qui se font devant les justices de paix des art. 302 et suiv., relatifs aux expertises devant les tribunaux ordinaires. » (V. *Lois de la procédure*, t. i, p. 185.)

Chauveau appuie sa décision d'un arrêt de cassation du 20 juillet 1837 qui a déclaré qu'en ce cas le juge de paix ne commet pas un excès de pouvoir. — Il y avait eu déjà visite de lieux par le juge, et ce n'était que comme complément qu'il avait ordonné une expertise hors sa présence. Chauveau pense que la Cour ne s'est pas arrêtée à cette précision, qu'elle n'a mis aucune restriction à son approbation de la mesure arguée d'irrégularité.

Nous ne partageons pas cette appréciation des

22.

termes de l'arrêt : en supposant, dit l'arrêt, qu'elles (les irrégularités) constituent un vice de forme dans la procédure, elles ne sauraient entacher le jugement d'incompétence ni d'excès de pouvoir.

Si la Cour n'a pas vu dans la mesure prise un motif de cassation, le tribunal d'appel au contraire aurait pu la considérer comme irrégulière et infirmer le jugement du premier juge.

Ensuite Chauveau présente une considération qui est loin de nous paraître aussi puissante qu'à lui. C'est celle tirée de l'art. 8 du tarif relative aux frais de transport.

D'abord il appartient au juge seul d'ordonner ou ne point ordonner de visite ou d'expertise, la réquisition de l'une des parties est ici indifférente, parce que le juge qui connaît ses devoirs de magistrat, s'il croit nécessaire une expertise, la fera, nonobstant réquisition ou non réquisition. Et nous sommes étonné que M. le professeur de Toulouse ait douté un instant du zèle consciencieux et désintéressé des tribunaux du premier degré.

M. Chauveau va plus loin; il pense que le juge ne pourrait ordonner son transport sans réquisition.

C'est là une erreur des plus manifestes. La réquisition n'est encore une fois que relative aux frais de transport. Et que l'on n'ait aucune crainte, le juge ne restera pas sans lumière; il ordonnera la visite et l'expertise sans frais; cette dernière considération de l'auteur est donc sans force.

Quant à la question spéciale actuelle, le bornage, nous trouvons au recueil de M. Jay un article de M. Gireaudeau, ancien directeur de ce journal, où l'on reconnaît pour règle générale la visite en présence du juge, mais pour les cas particuliers comme le bornage, l'expertise avec dépôt de rapport au greffe de la justice de paix.

Après avoir dit que tout bornage devait être fait par des experts arpenteurs avec remise de titres, rapport avec plan des lieux, discussion de ce rapport et ensuite homologation, M Gireaudeau se demande si depuis la loi de 1838 il en est encore ainsi. Il répond qu'il ne le pense pas ; du moins il croit que cette manière de procéder ne doit pas être la plus habituelle.

« La nouvelle loi, dit-il, n'a point indiqué les formes à suivre dans ces sortes de procédures, ni fait connaître les dispositions législatives qui doivent servir de règle en pareil cas; mais en thèse générale il n'appartient point au juge de paix d'ordonner une expertise proprement dite, parce que cette procédure est incompatible avec la rapidité et l'économie qui doivent présider aux décisions qui émanent de ces magistrats. Nous pensons donc qu'en matière d'actions en bornage, comme en toutes autres matières, ils doivent le plus ordinairement visiter les lieux contentieux, en se faisant assister d'hommes de l'art s'ils le jugent convenable. Toutefois comme il n'y a rien d'irritant dans les dispositions des art. 41 et 42, Cod. proc.,

et qu'aucune nullité n'est prononcée en matière
de procédure devant les justices de paix, nous
croyons que s'il se présentait des cas spéciaux où
l'économie des frais demandât que les juges de
paix nommassent de véritables experts, alors ils
devraient être libres de suivre l'inspiration de leur
conscience et d'ordonner qu'un rapport fût déposé
au greffe de la justice de paix. » (V. *Annales*, t. VI,
p. 139, 5ᵉ question.)

CURASSON après s'être prononcé dans son premier volume pour la présence du juge dans les
expertises des cas généraux ordinaires, admet
l'expertise hors de sa présence pour les opérations
de bornage.

« Dans plusieurs affaires, dit-il, il est possible
que le juge de paix puisse se servir à lui-même
d'expert et de géomètre, comme le disait M. Barthe, mais s'il s'agit d'appliquer des titres, de rechercher des limites incertaines, cette application,
cette recherche, les mesurages nécessaires, com-
pliquent l'opération et rendent indispensable la
nomination d'un ou de plusieurs experts enten-
dus ; car les art. 302 et suivants du Code de procédure ne sont pas une loi pour le juge de paix.
— Ce magistrat peut présider à l'expertise, mais la
règle établie à cet égard par l'art. 42 dudit Code
n'est point absolue. Si donc ses occupations ne lui
permettent pas d'assister à l'opération, il peut statuer par un rapport d'experts, sauf à compléter

lui-même l'instruction sur les lieux, dans le cas où le rapport ne contiendrait pas des documents suffisants pour l'éclairer. La délimitation peut être importante et donner lieu à plusieurs jours de travail, s'il s'agit surtout du mesurage d'une grande étendue de terre, auquel seraient intéressés cinq à six voisins assignés par le demandeur, ou appelés dans la cause pour reconnaître lequel a anticipé, et dont chacun proposerait ses observations. En faisant procéder l'expert sans l'assistance du juge et en présence des parties, il y aura économie de frais pour elles, et économie de temps pour le magistrat. » (V. t. II, p. 343, n° 16.)

Maintenant j'ai hâte de citer notre honorable collègue M. Frion, qui s'est fait le si habile interprète de la pensée commune de tous ses collègues de l'Oise, et on peut ajouter de tous les juges de paix de France.

M. Frion commence par répondre à l'argument que l'art. 42 du Code de procédure contient une règle spéciale à laquelle on ne peut déroger; que cet article n'a été fait qu'en vue de simples expertises se terminant dans le jour, et non pour des opérations nouvelles qui demandent plusieurs jours sur les lieux et ne s'achèvent qu'en plusieurs autres dans le cabinet.

Il ajoute qu'il serait évidemment inutile, et conséquemment frustratoire pour les parties, contraire aussi à la dignité du juge qui ne doit non plus être soupçonné d'aucune vue d'intérêt, que durant tout le temps que les experts opéreraient sur les lieux, il restât là avec son greffier, spectateur oisif de leur opération, et qu'ensuite il les suivît dans le cabinet de l'un d'eux où dans un autre lieu désigné, pour y continuer le même rôle pendant qu'ils se livreraient à la confection du plan des terrains arpentés et aux nombreux calculs nécessaires pour arriver à la connaissance des quantités existantes, et à déterminer l'importance des reprises à exercer les uns sur les autres ; — Que d'ailleurs le temps que le juge doit consacrer aux autres affaires ne lui laisserait pas tout celui qu'exigeraient les opérations dont il s'agit.

M. Frion dit en note qu'il est de ces opérations qu'il a ordonnées, qui ont duré cinq, six et sept jours, sans y comprendre le bornage.

Il annonce ensuite que les expertises pour les brevets d'invention avaient toujours lieu hors la présence du juge de paix, et que jamais on n'a critiqué ce mode de procéder.

« Mais tout en professant cette opinion, je dois cependant faire observer, dit-il, que lorsque j'ai à procéder à un bornage au moyen d'un mesurage qui exige plusieurs jours (car j'assiste toujours à celui qui ne doit durer qu'un ou deux jours), j'ordonne que je me transporterai sur les lieux le jour où les experts commenceront l'opération d'arpentage, et que j'indique, à l'effet de recevoir leur serment, visiter avec eux les héritages, et vider, s'il y a lieu, les difficultés qui pourraient naître. En procédant ainsi, j'évite aux parties les frais de vacations qui seraient dus aux experts en venant exprès prêter serment.—Ensuite l'examen des lieux, les remarques, surtout sur les accidents de terrain, sur l'emplacement d'arbres, rideaux, chemins, et dont l'existence peut influer sur le travail des experts, me font comprendre et apprécier avec plus d'intelligence les énonciations de leur procès-verbal, ainsi que les dires et réquisitions que les parties peuvent faire, soit sur les lieux, soit lorsqu'il s'agit de l'entérinement du procès-verbal d'expertise.—Dans ce commencement de leur opération, je dirige et assure aussi la marche des experts. — Enfin, ma médiation est employée à terminer les contestations qui s'élèvent le plus ordinairement le premier jour, ou bien je statue sur celles qui sont de ma compétence, ou renvoie, dans le cas contraire, et les experts ne commencent pas ou discontinuent leur opération. — *Telle est la marche que j'ai adoptée, je crois qu'elle obvie à tous les inconvénients.* (Voy. l'*Opuscule de M. Frion,* juge de paix à Chaumont, Oise, p. 26 et suiv.) »

D'après tout ce qui précède, on peut conclure que toutes les fois qu'il s'agira de bornage dont les opérations ne sont pas susceptibles de durer plus d'un jour ou deux, le juge de paix ne devra nommer qu'un seul expert-arpenteur, lequel opérera en sa présence.

Que si le bornage est pour se prolonger plusieurs jours, comme au cas de mise en cause des arrière-voisins, où il faut mesurer un grand nombre de pièces de terre, le juge de paix nommera deux, trois experts, et plus si les circonstances l'exigent; il se rendra sur les lieux le premier jour, afin de vider toutes les difficultés matérielles d'exécution résultant, soit d'accidents de terrain, d'existence de chemins, rivières, ruisseaux, ravins, rideaux, arbres et haies, etc., et constatera la nature de ces objets, s'ils sont publics ou privés, s'ils sont faits de main d'homme, s'ils ont plus de trente ans de plantation, et comment ils doivent être comptés dans le mesurage. — Le juge examine, en un mot, toutes les difficultés que peuvent faire naître les accidents de terrain.

La mission du juge de paix, au premier jour de l'opération, est pour éclairer la marche des experts, afin qu'ils ne soient point arrêtés dans le cours de leurs opérations.

Les difficultés matérielles aplanies, ou s'il ne s'en rencontre que peu ou point, le juge indique le jour où la cause sera appelée à l'audience, eu égard au temps nécessaire aux experts pour faire l'arpentage, les calculs au cabinet, les reprises et la rédaction du plan.

Je crois qu'à cet endroit des opérations je diffère de mode avec mon collègue.

Il pense que le rapport doit être déposé au greffe, que le demandeur ou la partie la plus diligente doit le lever pour le faire signifier seulement à celles des autres parties qui n'en auraient pas pris connaissance ; que quant aux parties qui en auraient eu communication, il ne serait pas nécessaire, s'ils le constatent, de le leur notifier ;—que par le même exploit, il est donné citation à *toutes les parties en entérinement* de rapport, et que, sur cette citation, le juge de paix ordonne qu'au jour qu'il indiquera, les bornes seront placées en sa présence, par les mêmes experts, aux endroits fixés par le rapport ou le jugement d'entérinement qui l'aurait modifié.

D'abord je ne vois pas de quelle utilité peut être un rapport d'experts, surtout quand le juge a déjà pris connaissance des localités. Il me semble qu'un plan parcellaire avec simples notes doit être suffisant pour mettre le juge, ainsi que les parties, à même d'apprécier le travail des experts.

Voilà, selon moi, la marche la plus simple comme la plus économique ; j'ai déjà commencé à l'indiquer :—Parties, juge, greffier et experts examinent les difficultés de terrain qui peuvent se présenter, le juge les vide, procès-verbal de renvoi à l'audience est rédigé, et le juge et le greffier se retirent. — Les experts opèrent et continuent les jours portés dans le procès-verbal. Le mesurage terminé, ils se rendent au cabinet de l'un d'eux, font leurs calculs de chaque quantité trouvée, selon les jouissances actuelles, comparent ces quantités avec les quantités énoncées dans les titres, ensuite ils opèrent sur le papier les reprises et les font figurer en ligne rouge sur le plan. — Si des observations sont nécessaires pour l'intelligence du plan, les experts les consignent en marge.

Le travail des experts parachevé, les parties ainsi que les experts comparaissent à l'audience au jour fixé au procès-verbal du juge ; là, en présence ou en l'absence des parties, le jour ayant été contradictoirement indiqué, les experts déposent sur le bureau le plan de toutes les pièces de terre, avec indication des reprises opérées. Chaque propriétaire intéressé est appelé pour prendre communication du travail ; les experts fournissent tous les renseignements nécessaires. Si le travail est approuvé, comme s'il est désapprouvé, le greffier en tient note sur le plumitif : tous dires et observations sont consignés comme dans les affaires ordinaires.

Si le travail est entièrement approuvé, ou si les difficultés soulevées sont aplanies, le juge en fait mention dans le simple jugement de remise de la cause, et continue à tel jour pour la plantation des bornes en sa présence et en celle de toutes les parties. Les bornes plantées, procès-verbal en est rédigé, et on y joint le plan des experts.

Je dirai plus loin, en son lieu, ce que le juge doit faire en cas de contestations graves rentrant dans sa compétence ou en sortant, et ce que doit contenir le procès-verbal de plantation de bornes.

La marche que je viens de tracer doit réconcilier le texte de la loi avec son esprit, et il n'est nullement besoin alors d'avoir recours à une procédure étrangère chargée de formalités qui n'engendrent que des frais.

Dans mon système, tout est fait en quelque sorte par le juge, comme le veut l'art. 42 du Code de procédure, à l'exception du matériel de l'arpentage, qui appartient aux hommes de l'art, et auquel le juge n'a pas besoin d'assister.

D'un autre côté, je remplace le rapport par le plan ; des notes substantielles peuvent être jointes, le plan et les notes reçoivent leur développement oral à l'audience même.

La signification du rapport est tout à fait inutile, puisque les parties en prennent communication à l'audience.

A quoi sert la citation aussi en entérinement de rapport, puisqu'il y eu contradictoirement indication du jour, lorsque le juge s'est rendu sur les lieux pour commencer l'opération.

Je ne pense pas qu'une procédure ainsi faite puisse être l'objet d'attaque, encore moins de réformation par les juges d'appel ; elle a ce double avantage, qu'à l'économie des frais elle réunit l'observance des prescriptions de la loi et laisse au magistrat toute sa dignité, ne l'exposant pas aux malignes insinuations.

Je pourrais citer à l'appui de mon opinion un cas analogue rapporté par M. Coin-Delisle. Dans les causes sujettes à l'appel, il faut aussi, dit cet auteur, distinguer le cas où l'expertise se fait en présence ou en l'absence du juge ; — (en présence, les formalités sont connues, art. 42.) — Si l'expertise est faite en l'absence du juge, la marche la plus naturelle est celle que nous avons déjà indiquée (pour les causes non sujettes à appel), *les experts feront leur rapport verbalement à l'audience* où ils prêteront serment; le greffier constatera le serment et dressera procès-verbal du rapport, qui sera signé conformément à l'art. 42. (V. *Encyclopédie des juges de paix*, t. III, v° *Expertise*, p. 192.)

Ces observations ne concernent, comme nous l'avons dit, que les bornages compliqués demandant plusieurs jours. — A l'égard de ceux qui peuvent être terminés en un jour ou deux, le juge de paix ne prendra qu'un arpenteur et fera opérer sous ses yeux, suivant l'art. 42 du Code de procédure civile.

Quant au serment, si, en raison des circonstances, le juge de paix ne croyait pas devoir se rendre sur les lieux le premier jour de l'opération, il pourrait, afin d'éviter les frais de prestation de serment par procès-verbal séparé, recevoir le serment à l'audience même, immédiatement après avoir ordonné le bornage, et insérer dans le jugement cette prestation de serment.

CHAPITRE XVI.

Avant de procéder à l'arpentage des terrains, l'expert doit se faire bien préciser les points de départ et d'arrêt de l'opération. Pour arriver à ce résultat, il faut que toutes les difficultés d'exécution soient aplanies. La médiation du juge devient alors nécessaire, soit pour terminer à l'amiable les différends, soit pour les juger.

Ces difficultés peuvent être relatives à des accidents de terrain dont nous avons déjà dit un mot dans le chapitre précédent, en parlant de la nécessité de la présence du juge sur les lieux au premier jour de l'opération.

Nous commencerons par les chemins en général.

On distingue plusieurs sortes de chemins ; il ne s'agit ici que des chemins publics ordinaires, ainsi que des chemins privés.

Chemins publics. — Il semblerait que par cela

seul qu'ils font partie du domaine public ou municipal, ils ne dussent jamais être compris dans la contenance des propriétés particulières qu'ils bordent ou qu'ils traversent. Cette règle est généralement adoptée. Cependant il est beaucoup de localités où les arpenteurs, se conformant en cela à l'usage, les comprennent par moitié dans la quantité des pièces de terre. On présume alors que les chemins ont été fournis originairement par les pièces de terre qui les avoisinent. Il y aurait dans ce cas une distinction à faire entre les chemins proprement dits et les chemins qui ont moins ce caractère que celui de rue. Nous avons eu occasion d'appliquer cette distinction dans notre ancienne résidence.

A l'égard des chemins nouveaux, il est bon d'observer que, soit en raison de leur élargissement, soit à cause de leur changement de direction, une indemnité ayant été accordée au propriétaire lésé, la contenance de la pièce de terre doit être diminuée d'autant qu'il a été pris pour l'élargissement ou le changement, eu égard toutefois aux compensations de terrain, si elles ont eu lieu.

Tout cela dépend nécessairement des circonstances. Mais cette observation était nécessaire, quoique nous pensions qu'elle n'échappera pas aux voisins de celui qui longe le chemin ; ils y ont intérêt, du reste.

Chemins privés. — Qu'ils portent le nom de ruraux, vidange, sentiers, sentes, piésentes, étant communs aux propriétés qu'ils bordent, ils comptent aussi pour moitié ; s'ils les traversent, ils sont compris pour la totalité. Aucune difficulté ne peut s'élever à leur égard ; ils font corps avec les propriétés qu'ils joignent, ils ne font qu'une seule et même chose.

Voici ce que nous disions à cet égard dans notre premier jugement sur la matière, publié quelques mois après la loi de 1838 sur les justices de paix :—« Considérant qu'il est d'un usage traditionnel, attesté par les arpenteurs de la localité, que, dans la plupart des bornages, moitié des chemins publics ont été et sont encore compris dans l'opération de mesurage ; que cela tient sans doute à ce que, avant la révolution, certains chemins étant la propriété des seigneurs et faisant corps avec leurs domaines, il était rationnel de les comprendre pour moitié à chaque riverain ; que si la moitié des chemins n'était pas comprise, il y aurait mécompte, et l'opération serait matériellement irrégulière ; qu'il est constant qu'à H....., lieu contentieux, cet usage était suivi. » (V. le Juge de Paix, t. VIII, p. 323.)

Ayant parlé des chemins, nous dirons un mot des rivières.

Je n'examinerai point ici une des plus ardues questions de notre droit civil, à savoir si les rivières ordinaires non navigables ni flottables font partie du domaine public ou privé. Les esprits les plus éminents qui se sont occupés de la question diffèrent de sentiment. Je dirai seulement que l'instinct des populations, d'accord avec tous les États de l'Europe, considère les rivières comme propriété privée et appartenant aux riverains.

Aussi est-il d'usage de faire entrer dans les contenances des propriétés riveraines la moitié des lits de rivières qui les bordent, et la totalité si elles coulent au travers d'un héritage appartenant au même maître.

Dans ses précédentes éditions, Pardessus ne s'était point occupé des cours d'eau. Dans sa dernière, substituant ce qu'il disait pour les rideaux, clôtures et passages, il applique aux rivières la décision pour ces derniers objets, et il dit « qu'il ne faut pas perdre de vue que les cours d'eau, les sentiers ou autres passages qui ne sont pas publics font partie des propriétés qu'ils entourent ou qu'ils traversent; par conséquent, leur étendue doit compter dans celle du terrain, savoir pour moitié lorsque quelques-uns de ces objets sont mitoyens, et pour la totalité à celui à qui ils appartiennent exclusivement. »

« M. Frion pense que, quant aux rivières (et il n'entend parler que de celles non navigables), il paraîtrait que, sous le régime féodal, on ne comprenait pas ordinairement dans la mesure du champ la moitié des rivières qui le bordaient, parce qu'elles appartenaient alors aux seigneurs, mais qu'on y portait, comme aujourd'hui, la partie qui le traversait; depuis, et comme il a eu occasion de le remarquer, tantôt on a compris dans la mesure, tantôt on a laissé en dehors l'étendue de la rivière qui longeait l'héritage, sans doute parce qu'après l'abolition de la féodalité, la propriété des cours d'eau était devenue incertaine, et que, plus tard, le Code civil ne les a attribués aux propriétaires riverains que restrictivement. » (V. p. 48.)

Je crois que pour éviter toute méprise sur l'application des énonciations des titres qui s'expliquent rarement sur les confins des rivières, il est, avant de se prononcer, un moyen prudent à employer, c'est de mesurer d'abord moitié de la rivière ; et, si déduction faite de cette moitié, le riverain a sa quantité ainsi que les autres propriétaires, alors on ne comprend pas la rivière. — Si, au contraire, il résulte que la moitié de la rivière, dont la longueur peut être plus ou moins grande, a de l'influence sur la répartition des terrains, alors on mesure la rivière, et on en comprend la moitié dans les quantités que donnent les titres.

L'observation ci-dessus est applicable à bien plus forte raison aux chemins publics pour lesquels le motif n'est pas suffisamment démontré.

Nous passons actuellement aux tertres, rideaux, arbres, haies et fossés qui font évidemment partie, soit en totalité, soit pour moitié ou moins des héritages qu'ils entourent ou limitent.

Voici ce qu'on lit dans FOURNEL : « On appelle rideau une langue (c'est plutôt une éminence, une

23.

élévation de terrain) entre deux héritages voisins.
Dans quelques coutumes, cette portion intermédiaire est connue sous le nom de *tertre* ou *terme*. Il
y a de fréquents débats sur la propriété de cette
pente, et sur la question de savoir auquel des deux
héritages elle appartient : pouvant être considérée
par l'une et l'autre partie comme une prolongation
de son terrain. — Plusieurs coutumes adjugent le
rideau ou tertre au voisin supérieur : telle est celle
d'Ayren, locale d'Auvergne, qui porte : « Quand il y
a terme ou tertre entre les deux terres, le terme est
à la terre supérieure. » Mais l'usage le plus commun est d'adjuger la propriété du rideau au propriétaire inférieur et de ne laisser au voisin supérieur que les jambes pendantes. On appelle ainsi
l'espace que le propriétaire supérieur peut embrasser par ses jambes sur le côté du tertre. — Cet
usage est textuellement indiqué par quelques coutumes, et entre autres celle de Saint-Clément, locale d'Auvergne, en ces termes : « Au seigneur supérieur de l'héritage appartient le terme étant entre
deux héritages, tant que les pieds du seigneur de
l'héritage se peuvent étendre quand il est assis sur
ledit terme ; le résidu appartient au successeur de
la propriété qui est dessous. » — Rien ne serait
plus versatile que l'étendue de cette propriété si
elle pouvait varier d'un moment à l'autre suivant
l'étendue des jambes de chaque propriétaire, mais
l'usage l'a réglée à deux pieds. » (V. *Traité du Voisinage*, t. II, p. 407, v° *Rideau*.)

Souvent, dit Vaudoré, des tertres, rideaux, balmes ou lisières, séparent deux héritages dont l'un est plus élevé que l'autre ; on adjuge la propriété de ces terrains d'après l'usage le plus général au propriétaire inférieur, et on en laisse au propriétaire supérieur deux pieds à peu près afin que son héritage ne puisse s'ébouler.—Néanmoins on doit rigoureusement suivre les usages locaux. »

Vaudoré cite trois textes de coutumes, La Marche, d'Ayren (haut pays d'Auvergne), et Saint-Clément (locale d'Auvergne). On connaît les deux dernières, celle de La Marche porte : « Tertre et gorse étant entre un pré et une terre appartiennent au seigneur du pré, *s'il n'appert du contraire.* »

« On sent, ajoute l'auteur, que la coutume de Saint-Clément ne doit pas être suivie à la lettre quant à la manière de mesurer la part revenant à chaque voisin : l'usage a fixé la portion réservée pour l'héritage supérieur à deux pieds. »

« Lorsque, continue-t-il, les tertres, rideaux ou lisières présentent un plan horizontal, on les partage par moitié entre les deux voisins. La possession peut être déterminante. »

Vaudoré fait remarquer que, quand la propriété en est reconnue, les voisins peuvent se contraindre soit à les partager, soit à les attribuer par des bornes à celui auquel ils appartiennent.

Telle a été notre opinion lorsque nous avons dit que la partie des fonds comme rideaux, ruisseaux, peuvent être délimités séparément de ces mêmes fonds.

Nous avons vu que Pardessus appliquait maintenant aux rivières ce qu'il avait décidé pour les tertres, rideaux. Voyons ce qu'il pense relativement à ces derniers objets dans la huitième édition de son *Traité des Servitudes*.

« Il arrive souvent, dit-il, qu'à l'extrémité des propriétés qu'il s'agit de borner se trouvent des élévations résultant de l'inégalité de terrain, connus le plus souvent sous le nom de rideaux, tertres, lisières, ou sous d'autres dénominations locales. Quelques coutumes avaient à ce sujet des dispositions que l'on peut encore considérer comme des usages particuliers, utiles, d'après les art. 1159 et 1160 du Code, pour l'interprétation des titres. Ces rideaux, tertres ou lisières, lorsqu'ils présentent une pente ou un plan incliné, sont assez généralement considérés comme propriété de l'héritage inférieur, en laissant au propriétaire supérieur un espace suffisant pour le garantir des éboulements. Mais s'ils présentent un plan horizontal, il est plus naturel, en l'absence des titres ou à défaut de possession suffisante qui les attribueraient à un seul héritage, de les partager par moitié. » (V. 8ᵉ édition en 2 vol., t. I, p. 306.)

Les usages de chaque contrée sont tellement variables et contradictoires qu'il est difficile de poser des règles fixes. Aussi, Pardessus, au lieu de donner, comme il l'avait fait originairement, moitié du rideau à chaque voisin, s'en réfère maintenant aux usages et surtout à la disposition des lieux.

Dans le département de l'Oise et notamment dans l'arrondissement de Beauvais, les rideaux sont généralement ainsi attribués : les deux tiers au propriétaire supérieur et le tiers au propriétaire inférieur.

Dans l'Aisne, au contraire, c'est presque toujours la moitié. On applique assez généralement l'ancienne opinion de l'auteur du *Traité des Servitudes*.

Quant aux arbres et aux haies, ils sont toujours censés plantés en deçà de la ligne séparative, soit conformément aux anciens usages ou aux distances prescrites par nos lois nouvelles, sauf la preuve contraire qui peut résulter de la situation des lieux. Dans ce cas, l'espace du terrain au delà des arbres ou de la haie doit être mesuré, compté à l'héritage où se trouvent et la haie et les arbres.—Si les arbres ou haies sont mitoyens, moitié par conséquent à chaque propriétaire.

Quelquefois on rencontre des arbres et des haies plantés sur la limite des héritages et appartenant à un seul voisin ; que la plantation remonte à plus ou moins de trente ans, on ne doit rien compter en ce cas au delà desdits arbres et haies.

Il est ainsi des fossés ; une distance a pu être observée comme ne l'être pas, et souvent il arrive aussi qu'ils sont pratiqués sur la ligne. On sait quels sont les signes de mitoyenneté ou de non-mitoyenneté, le rejet des terres. Au surplus, la position des terrains a une grande influence sur toutes ces choses, et les décisions en dépendent presque toujours.

Les accidents de terrain réglés, soit à l'amiable, soit par suite de décision du juge, l'expert n'a plus qu'à procéder à l'arpentage des propriétés des parties en cause.

CHAPITRE XVII.

DES BASES D'APRÈS LESQUELLES LE BORNAGE DOIT ÊTRE EFFECTUÉ ;
TITRES, POSSESSIONS, PRESCRIPTIONS.

Observation.

Ce chapitre est sans contredit un des plus importants de la matière, car c'est au moyen des titres que l'on parvient, en réglant chaque pièce
de terre, à attribuer à chacun ce qui lui appartient.

Les titres font la règle générale en cette matière;
la possession ne sert qu'à les confirmer, et si parfois elle est invoquée, c'est parce qu'il n'y a pas de
titres.

Quand la possession, par sa durée, a passé à
l'état de prescription, elle participe alors de toute
la force du titre.

La pensée qui doit constamment dominer et
préoccuper dans les opérations de bornage est la
sincérité des titres. — Le juge alors doit faire représenter non-seulement les titres en vertu des-

quels on est actuellement propriétaire, mais encore les anciens titres ; c'est ainsi que cela se pratique dans beaucoup de justices de paix. — Si quelquefois des propriétaires ne peuvent les produire, ils doivent en ce cas indiquer l'origine de la propriété.

Si l'on se refusait à la représentation de ces titres, le juge pourrait, sur les renseignements fournis, ordonner l'apport de telle pièce. Il le peut sur la demande des intéressés, ainsi que d'office.

C'est le seul moyen de faire rectifier les erreurs qui ont pu se glisser dans les partages de famille comme dans tous les actes qui transfèrent la propriété.

C'est par cette voie surtout que seront déjoués les subterfuges de la mauvaise foi, ces fraudes inqualifiables qui consistent à faire porter dans les actes des quantités plus grandes que celles que comportent réellement les propriétés.

Ces manœuvres cependant ne sont pas aussi fréquentes qu'on pourrait le croire ; elles se rencontrent moins dans les ventes que dans les actes ordinaires de partages ou de libéralités.

La justice doit employer tous les moyens pour réprimer de pareils écarts, et les propriétaires, de leur côté, surveiller toute espèce d'anticipations quelque minimes qu'elles soient, faites ou non dessein.

Je crois que M. Dumay, et après lui M. Armand Dalloz, se sont exagéré le mal. Ces abus existent

cela n'est que trop vrai, mais le concert fraudu-
leux entre le vendeur et l'acquéreur est rare, il
n'est pas aussi praticable qu'on pourrait le penser.

M. Dumay prétend que ce genre de fraude est
très fréquent, et que, muni d'un semblable titre,
le nouveau propriétaire augmente successivement
sa contenance par de nombreuses anticipations
presque imperceptibles, et que lorsque chaque année ses voisins n'ont pas la précaution de faire réprimer ces entreprises par des actions en complainte ou en réintégrande, l'usurpateur finit par
joindre la possession au titre, et alors il peut se
présenter avec avantage dans une opération de
bornage.

Arm. DALLOZ reproduit la même manière de voir
et il annonce que cela est passé en usage : « Armé,
dit-il, d'un pareil titre (présentant une augmentation de contenance), le nouveau possesseur augmente successivement sa propriété par de nombreuses et imperceptibles anticipations annuelles.
Et s'il arrive qu'il ne soit pas réprimé dans sa spo-
liation, il finit par rendre la possession conforme
à son titre et par triompher lors de l'opération de
bornage. »

Nous avons annoncé que la collusion entre le
vendeur et l'acquéreur n'était pas déjà si facile ; et
en effet, comment concevoir qu'un vendeur, s'il
n'est intéressé dans la fraude, ira prêter la main à
une pareille manœuvre, et d'un autre côté, comment comprendre qu'un acquéreur, pour une chose

fort incertaine, toute d'éventualité, augmentera
le prix de son acquisition quand il n'en reçoit pas
l'équivalent.

En supposant même que le vendeur, qui obtient
un bon prix de sa chose, puisse consentir à augmenter, par titre, une quantité fictive, la difficulté
d'opérer les anticipations, l'incertitude de ne les
voir pas réprimées devraient suffire pour les empêcher.—Au surplus, les vendeurs de cette com-
plaisance sont fort rares, même parmi les plus
avides qui ne voudraient pas passer pour avoir
trempé dans une affaire qui ne leur rapporterait
que honte.

Cette pratique, du fait d'un malhonnête homme,
n'est ni aussi fréquente que le pense M. Dumay,
ni entrée dans les habitudes des campagnes,
comme pourrait le laisser croire Arm. Dalloz.

Voici la réalité et qui entraîne après soi des conséquences non moins fâcheuses :

Des propriétaires dont les champs ne sont point
limités et qui connaissent la négligence de leurs
voisins, se permettent souvent, à chaque labour,
d'usurper quelques sillons, tantôt d'un côté, tantôt de l'autre, et parviennent, par cette voie très
illégale, à augmenter leur propriété. — Les partages, les actes de libéralité, les ventes surviennent,
et alors les héritiers viennent recueillir l'héritage
impur de leur auteur. Au cas de vente, l'acquéreur peut être de bonne foi ; on lui dissimule les
titres primordiaux, et il achète la quantité qu'on

lui déclare. Dans ces deux cas assez fréquents, les usurpations reçoivent en quelque sorte du temps et de la loi une sorte de consécration. Et alors ce n'est plus que perturbation pour rétablir l'équilibre, pour faire rentrer chaque pièce de terre dans son état légal.—Ce qu'ont à faire les voisins, c'est de rechercher les vieux titres, d'avoir recours aux anciens du pays. Il se rencontre souvent par chaque village un cultivateur qui connaît les titres de son terroir et quelquefois de ceux des terroirs voisins.

Voilà les abus assez fréquents des campagnes, mais non pas passés en usage. Il est très rare que l'on achète une contenance fictive pour ensuite chercher à la réaliser. Sans doute que, dans l'un comme dans l'autre cas, il faut de multipliées, graduelles et imperceptibles usurpations ; mais la difficulté n'est pas là, elle est dans le plus ou moins de facilité, de possibilité de supposer une contenance mensongère.

Une fraude du même genre, qui pourrait paraître plus praticable, est celle qui consiste aussi à faire porter dans l'acte une contenance également supérieure, et ensuite, après quelques années, à provoquer un bornage et à chercher à obtenir, sinon la totalité du déficit apparent, au moins à faire réduire proportionnellement toutes les contenances des pièces de terre voisines.

Dans ce cas encore, le vendeur, s'il n'est intéressé, se prêtera difficilement à une semblable supercherie.

Les anciens titres, comme l'ancienne jouissance, seront encore là pour démasquer une aussi coupable ruse.

Nous allons parcourir les différents cas qui se présentent le plus fréquemment, et qui ont donné lieu aux règles suivantes :

1re Règle. — *Quantités matérielles conformes aux titres — Restitution de l'excédant à ceux à qui il en manque.*

La répartition dans ce cas est très simple. Il faut attribuer à chacun la contenance que lui donne son titre ; celui qui en a de trop remet à celui qui n'en a pas assez.

Le droit romain conforme à la raison le veut ainsi ; la loi 7 au digeste, livre 10, *Finium regundorum,* porte : *De modo agrorum arbitri dantur, et is qui majorem locum in territorio habere dicatur, cæteris qui minus possident integrum locum assignare compelletur : idque ita rescriptum est.*

« Pour le mesurage des champs, des arbitres sont donnés, et celui qui est reconnu avoir dans sa pièce une plus grande quantité, est forcé de fournir leur quantité intégrale aux autres qui en possèdent une moindre : cela est ainsi rescript. »

Pothier se basant sur la loi romaine, le décide ainsi : « Lorsqu'il paraît par l'arpentage que l'un des voisins a plus que la contenance portée par ses titres, et que l'autre en a moins, on doit parfaire ce qui manque à celui-ci, par ce que l'autre a de plus. » (V. *Appendice au contrat de société*, n° 233.)

TOULLIER. — « S'il est reconnu par le mesurage que l'un des voisins a plus que l'étendue portée dans ses titres, et que l'autre en a moins, on doit parfaire ce qui manque à celui-ci par ce que l'autre a de plus. » (V. t. III, n° 178, *in fine.*)

PARDESSUS. — « On peut.... obliger, suivant les circonstances, le propriétaire de la plus forte portion à faire aux autres qui ont des portions plus petites leur mesure entière, telle que leurs titres la leur accordent. » (V. t. I, n° 127, 3e aliéna.)

DUMAY se demande d'abord comment on devrait opérer si l'une des parties éprouvait un déficit, tandis que le voisin aurait une contenance supérieure à celle que lui assignent ses titres. « Le propriétaire qui a plus, répond-il, devrait rendre son excédant à l'autre, jusqu'à concurrence seulement du déficit de celui-ci. » A cet endroit, Dumay rapporte ce que dit Pothier ; il cite Toullier et Curasson comme ayant décidé dans ce sens. — La citation est exacte quant à Toullier, mais elle ne l'est point à l'égard de Curasson, qui ne parle pas de la question au n° 20 ni ailleurs : ce ne serait que comme induction alors.

Dumay indique ensuite le motif de la règle : « La raison de cette solution est que celui qui éprouve un déficit, a en sa faveur, pour combattre la présomption résultant de la possession de l'autre, un double titre, le sien propre, et celui de l'adversaire parfaitement opposable à celui-ci, et qui dément sa possession. La partie qui jouit d'une contenance supérieure à celle énoncée dans son acte, est dans une position plus défavorable que si elle n'avait point de titre, puisque la preuve qu'elle apporte tourne contre elle; c'est le cas de l'adage : *Meliùs est non habere titulum quàm habere vitiosum.* (V. *Appendice,* p. 52, n° 48, 6ᵉ alinéa.)

Dumay semble donner ici une bien grande puissance à la possession; elle aurait la prééminence sur les titres, puisqu'il annonce que le voisin qui a une quantité au delà de ses titres, est dans une position plus défavorable que s'il n'avait pas de titres.

Nous ne sommes pas de cet avis; car si le voisin n'avait que sa possession, son adversaire d'abord serait fourni, puis lui ensuite : c'est ce que nous verrons tout à l'heure.

Sans doute que le voisin a contre lui deux titres, mais cela ne fait pas sa condition pire; dans l'un et l'autre cas, il ne peut échapper à la restitution de l'excédant.

2ᵉ RÈGLE. — *Contenances matérielles inférieures à celles des titres. — Réduction proportionnelle.*

On doit supposer, dans ce cas, que l'on a compris, dans le bornage, toutes les pièces de terre qui devaient faire partie de l'opération, et que même les arrière-voisins ont été appelés, afin de pouvoir découvrir où pouvait se trouver le manque de terrain. — Si l'on n'y peut parvenir, alors comme on ignore où se trouve l'erreur, il faut nécessairement que chaque pièce de terre éprouve une diminution proportionnelle. Nous croyons cette règle de toute justice.

Je sais que quelques jurisconsultes prétendent que celui qui ne possède que la quantité portée dans ses titres n'a rien à démêler avec celui qui n'a pas son compte, et que la possession conforme aux titres doit être respectée. L'opinion contraire me semble devoir être préférée.

Voici ce que dit POULLAIN DU PARC dans ses *Principes du droit français* :

« Mais il arrive quelquefois que l'étendue portée dans les titres des deux parties ne s'accorde pas. Dans le cas où il n'y a pas de possession, si les titres respectifs réunis contiennent une étendue plus grande que celle de tout le terrain, il faut nécessairement faire une règle de proportion pour borner chacun à une partie du terrain ; par exemple, si le terrain est de six journaux, si les titres de l'un lui en donnent six, si les titres de l'autre lui en donnent trois, le premier doit être réduit à quatre journaux, et le second à deux. » (V. t. VIII, liv. IV, ch. 7, p. 29, édition de Rennes, de Vator.)

TOULLIER a rapporté en quelque sorte le sentiment de Poullain :

« Si, dit-il, les titres des deux voisins réunis

24

donnaient une étendue moins grande que celle de tout le terrain, il faudrait faire une règle de proportion pour partager la perte.... Par exemple, si le terrain ne contient que six hectares, si les titres de l'un lui en donnent six, et les titres de l'autre trois, le premier doit être réduit à quatre hectares, et le second à deux. » (V. t. iii, nº 176, *in fine*.)

PARDESSUS a également suivi cette doctrine :

« Les quantités énoncées aux titres peuvent excéder la totalité des terrains des parties qui procèdent au bornage, sans qu'on puisse opposer à l'une d'elles qu'elle a laissé usurper par des étrangers, ou que de toute autre manière elle diminue sa portion, chacun des intéressés doit alors être restreint proportionnellement : par exemple, si le terrain était de douze arpents, les titres de l'un lui en attribuant dix, et les titres de l'autre cinq, le premier devrait être réduit à huit, et le second à quatre. » (V. 7ᵉ édit., p. 186, nº 123.)

Ce passage est littéralement rapporté dans le *Répertoire du Notariat*, vº *Bornage*, t. i, p. 278, nº 53.

Mais dans la huitième et dernière édition de son *Traité des Servitudes*, Pardessus a apporté quelques modifications à son opinion.

Après ces mots : « Sans qu'on puisse supposer qu'elle a diminué sa portion, » il ajoute : « C'est alors que l'examen des titres et le fait de la possession deviendraient d'une grande importance.

Lorsque le titre de l'un lui donne expressément et déterminément une quantité et qu'il la possède de fait, la présomption d'usurpation serait bien difficilement admissible, surtout si les deux propriétés étaient d'un genre de culture différent; mais si le titre est vague, s'il ne donne qu'une certaine quantité, ou environ, si la possession présente quelque chose d'équivoque et d'incertain, il serait assez naturel que chacun des intéressés fût réduit proportionnellement. » (V. t. I, p. 312, n° 123.)

Cette dernière opinion se rapproche un peu de celle de DUMAY :

« Nous ne saurions, dit cet auteur, admettre le principe posé d'une manière trop générale par Toullier et Pardessus, et d'après lequel, si les titres des deux voisins donnaient une étendue plus grande que celle de tout le terrain, il faudrait faire une règle de proportion pour partager la perte. Cette décision ne peut recevoir d'application lorsque la limite de possession est constante. Elle ne pourrait guère être adoptée que dans le cas fort rare où cette limite serait incertaine ou rendue méconnaissable, soit par suite d'une inondation qui aurait fait disparaître les traces de la ligne séparative, soit parce que les parties s'étant, depuis plusieurs années, alternativement fait des anticipations, on ne pourrait déterminer jusqu'où s'étend la possession annale caractérisée, soit parce que les héritages n'étant pas de nature à être cultivés chaque année comme un pâquis, un bois, il y aurait impossibilité de reconnaître jusqu'où s'est étendue la jouissance de chacun. » (V. *Appendice*, p. 28, ligne 22e.)

Dalloz aîné est formel : « Lorsqu'il se trouve moins de terrain que n'en indiquent les titres, il est naturel de faire une règle de proportion qui détermine la perte de chacun, selon l'importance de sa propriété. » (V. v° *Servitudes*, art. 2, n° 19.)

Solon et Vaudoré en son dernier ouvrage, émettent le même avis.

Ce que l'on doit remarquer dans les différents passages des auteurs, c'est que tous adoptent, selon des cas donnés, la règle de la répartition proportionnelle, les uns d'une manière absolue, les autres avec modification en raison de la possession conforme aux titres.

Si je ne me trompe, les auteurs qui l'ont restreinte n'ont examiné la difficulté qu'à son point de vue particulier et non général. Je m'explique : lorsque, comme je l'ai annoncé en commençant, il existe un déficit dans une pièce de terre, et que le propriétaire sait qu'il n'est point dans les pièces de terre contiguës à la sienne, il doit appeler au bornage tous les propriétaires voisins comme ses arrière-voisins ; il doit, en un mot, pousser l'opération jusqu'à ses limites les plus reculées, ce qui ne peut se prolonger beaucoup, car une étendue de terrain comprise dans un lieu dit se trouve souvent circonscrite, soit par des limites naturelles, soit par des bornes ou autres signes.

Si le manque, qui peut aussi bien provenir de plusieurs pièces de terre que d'une seule, ne se retrouve pas, alors chaque pièce de terre doit être diminuée, et l'on ne voit pas de raison qui serait un obstacle à ce partage de perte proportionnelle par voie de retranchement.

La cause de cet état de choses est presque toujours inconnue. S'il existait la moindre présomption contre l'un ou l'autre propriétaire, il la faudrait admettre, et celui-là supporterait l'intégrale perte.

Au surplus, toutes et chacune des parties ont évidemment intérêt à aller à la recherche des renseignements qui peuvent être utiles à la découverte de la vérité.

Ainsi, quand la cause du manque de terrain n'est point établie, partage proportionnel.

Ce qui me confirme dans cette idée, que la plupart des auteurs ne résistent à cette interprétation que parce qu'ils n'ont envisagé la question que par rapport à des cas particuliers, c'est que tous ne parlent que de deux propriétaires. En effet, Poullain du Parc ne mentionne que les titres de deux parties, il ne fait la répartition qu'entre ces deux parties. — De même de Toullier, si les titres des deux voisins, répartition également entre les deux. — Ainsi de Pardessus, si les deux propriétés étaient d'un genre de culte différent. — Dumay également ne parle que de deux propriétaires.

A vrai dire, il n'y a que Pardessus, dans sa dernière édition, et Dumay, qui aient enseigné la nouvelle répartition proportionnelle appuyée d'un titre.

On ne peut pas dire que si les auteurs n'ont cité que deux propriétaires, ce n'est que par forme d'exemple, parce que les circonstances dans lesquelles ils se placent s'y refusent. Dumay présente comme exception les anticipations alternatives de voisin à voisin ; et si le manque se rencontre chez les arrière-voisins, les anticipations n'ont donc pu être faites alternativement.

Le conseil donné par Curasson indique en quelque sorte cette manière de voir; c'est le cas, dit-il, au n° 20, ligne 9e, où il peut être nécessaire d'appeler en cause d'autres voisins que ceux qui figurent dans l'instance. — Le bornage n'a donc lieu qu'entre quelques propriétaires seulement.

Nous n'avons rapporté de Dumay que sa conclusion pour ainsi dire, mais toutefois motivée.—Les principes généraux sur lesquels il base son raisonnement me semblent très douteux et ne devoir pas être admis en matière de bornage.

A ses yeux, tous les titres n'émanant pas d'auteurs communs sont entre les parties *res inter alios acta*, et l'acte n'acquiert, selon lui, véritablement de valeur, que lorsqu'il est appuyé de possession, et jusqu'à concurrence de l'étendue de cette possession. — Enfin, celui qui n'aurait que son seul titre ne pourrait exiger un relâchement du possesseur qu'autant qu'il pourrait intenter, soit l'action possessoire, s'il avait perdu la possession plus qu'annale depuis moins d'un an, soit l'action pétitoire en revendication, s'il établissait qu'il avait eu moins de trente ans ou moins de dix ans, selon les circonstances, une possession acquisitive de la prescription.

D'abord, en matière de bornage, les titres, sauf quelques exceptions, ne peuvent jamais être que des actes étrangers à chaque propriétaire : c'est la nature des choses qui le veut ainsi, et celui qui se présente au bornage avec un titre régulier, doit obtenir ce qu'il réclame.—Ce n'est pas une revendication qu'il forme. Il dit : « Mon titre, fortifié des anciens titres, porte tant. Je trouve dans ma contenance du manque, je le cherche par la voie du bornage. S'il ne se retrouve pas, il faut que chacun coopère à la perte, parce que mon titre ne peut pas être plus suspecté que celui des autres propriétaires. »

C'est ici le cas d'invoquer la règle si sage d'assimilation du bornage au partage. Nous la croyons plus conforme aux principes que celle invoquée par Dumay.—En vain le possesseur se retrancherait-il derrière la possession annale ; cette possession ne peut être utilement invoquée qu'alors qu'il n'existe pas de titres, parce qu'il faut bien que l'on prenne une base, et que la possession, en ce cas, est utile ; mais quand il y a des titres, les titres seuls font la règle.

Dumay cite un endroit isolé de Curasson ; il est

bon de se reporter au sentiment de cet auteur.

Au n° 20, Curasson se prononce pour la non-participation à l'excédant, quand chacun a sa quantité. Il va plus loin, il dit que si le voisin renfermé dans ses limites n'a que la contenance, le propriétaire qui éprouve un déficit n'a rien à réclamer. C'est alors qu'il indique l'appel en cause des autres voisins (afin sans doute de retrouver le déficit).

Curasson ensuite cite Dunod ainsi que Toullier, relativement à la perte ou au gain proportionnel; il ne combat point ces auteurs, il ajoute seulement: mais dans tous les cas où il existe du doute sur la fixation des limites, le possesseur, à ce qu'il lui semble, doit conserver ce qu'il possède, et il suffit de la possession annale, cette possession étant une présomption légitime dont l'effet ne peut être détruit que par un titre. Ce principe peut être appliqué au bornage comme à tout autre.

Dumay, après avoir rapporté ce passage de Curasson, déclare qu'il y aurait injustice intolérable à priver un propriétaire d'une partie de la contenance dont il jouit, et qui lui est assurée par un titre aussi valable que celui de son adversaire; qu'il se trouverait en butte à la mauvaise foi de son voisin, qui, en acquérant l'héritage limitrophe, aurait commis la fraude de faire porter dans l'acte une contenance supérieure.

Sans doute que le titre de celui qui n'a que sa quantité est aussi valable que le titre de son adversaire; mais la loi de la nécessité veut aussi que dans une opération de bornage, il y ait égalité, et que l'on assure autant que possible à chacun ce que lui attribue son titre.

Quant à l'abus que nous ne croyons pas aussi commun qu'on le pense, le déficit que l'un des propriétaires éprouve n'est pas une preuve de mauvaise foi, de fraude, c'est souvent une marque de négligence qui, prolongée, devient préjudiciable à son tour. Et qui dit que les titres des voisins ne sont pas infectés du vice reproché?—La possession ne le purifie point. D'un autre côté, il peut y avoir erreur dans les contenances accusées par les autres titres. Dans le doute, c'est le cas de la répartition proportionnelle au prorata des quantités.

En résumé, je crois que l'on peut décider que toutes les fois que le bornage n'a lieu qu'entre quelques propriétaires seulement, le partage de la perte ne doit point être proportionel, par la raison que le manque de terrain peut se trouver dans des pièces de terre d'autres propriétaires plus éloignés, et qu'il serait peu rationnel de faire supporter un retranchement qui pourrait n'être que provisoire, le déficit pouvant se retrouver en tout ou en partie dans les héritages des arrière-voisins.

La doctrine de Toullier et de presque tous les auteurs ne devrait alors être comprise que pour les cas les plus généraux et ne serait point applicable à un bornage limité à deux ou trois propriétés, tandis que celle émise par l'ardessus, dans sa dernière édition, et principalement celle de Curasson et Dumay, serait restreinte au cas prévu, c'est-à-dire à un bornage comme nous venons de le dire, composé de deux ou trois pièces de terre, et ne serait point étendue à une opération générale comprenant dans son ensemble, un lieu dit, une plaine.

Cette interprétation des deux doctrines, semblant opposée, nous paraît très praticable.

3ᵉ RÈGLE. — *Contenances matérielles supérieures à celles des titres. — Partage proportionnel du gain.*

Les mêmes motifs semblent devoir entraîner la même solution. Il est pourtant des circonstances où celui qui possède l'excédant doit le conserver. Par exemple, un bornage est effectué avec seulement les propriétés dont les héritages sont contigus. Après les reprises opérées et attributions faites selon les titres, un des derniers propriétaires a plus que sa quantité, on ne doit point y toucher, parce que les voisins de celui-ci, avec lesquels il n'est pas borné, peuvent réclamer et faire entrer cet excédant dans une opération ultérieure.

Les mêmes observations doivent être faites quand l'opération de bornage, continuée avec des arrière-voisins, se trouve arrêtée alors qu'on retrouve les déficits.

Le partage de l'excédant ne peut évidemment avoir lieu que quand on a acquis la certitude que cet excédant ne sera jamais réclamé par qui que ce soit; et l'on ne se trouvera jamais dans cette position que dans un seul cas, celui où l'opération est circonscrite par des limites naturelles, ou par un bornage préexistant, ayant fixé les droits des propriétaires d'au delà.

Les auteurs n'ont point fait remarquer ces circonstances et leur manière d'être envisagées; nous pensons cependant être dans le vrai.

Voyons ce que disent les jurisconsultes sur la question :

TOULLIER. — « Si les titres des deux voisins réunis donnaient une étendue plus grande que celle de tout le terrain, il faudrait faire une règle de proportion pour partager le profit. » (V. t. III, n° 176.)

PARDESSUS, 6e édition, 1825, n° 123. — « Si la quantité totale se trouvait plus considérable, il faudrait partager l'excédant de la même manière. »

Dans la dernière édition, cette solution a subi quelques variantes pour les motifs.—«Dans le cas inverse où la quantité totale serait plus considérable et où ni les titres, ni la possession ne seraient assez formels pour qu'on puisse se décider, l'excédant devrait être partagé proportionnellement. » (V. t. I, n° 123, 2ᵉ alinéa.)

FAVARD. — « Le bornage ne peut donner plus de terrain que n'en donne le titre, par la raison qu'il n'est pas attributif, mais déclaratif des quantités. — Ainsi, par le résultat d'un arpentage (opération qui précède toujours le bornage), un des deux propriétaires contigus a plus de terrain que n'en portent les titres, mais l'autre propriétaire a tout celui que ses titres lui donnent, entrera-t-il en partage de l'excédant de son voisin ? Non, car cet excédant peut aussi bien provenir de l'inexactitude des énonciations du contrat, des évaluations de mesure que du fait de l'usurpation. Et puis, si cette usurpation a eu lieu, elle a pu être faite d'un autre côté. Enfin, celui qui a son contingent, n'a rien à demander à personne. » (V. *Rép.*, t. V, V° *Servitude*, § 2, n° 2.)

DURANTON reproduit, sauf quelques faibles changements de rédaction, l'opinion de Favard. — Il suppose que l'excédant provient ou d'un arpentage ou d'un bornage déjà fait, et que l'excédant pourrait être le résultat d'une erreur dans l'opération. — « Et celui, ajoute-t-il, qui a la contenance portée à son titre, n'a point à se plaindre, et conséquemment n'a rien à demander au delà des bornes qui sont conformes à ce même titre. » (V. t. V, p. 243, n° 260, 6e alinéa.)

Dalloz aîné ne se prononce pas entre Toullier, Pardessus, Favard et Duranton.

SOLON, adoptant la règle de la répartition proportionnelle de la perte, dit : « Si au contraire la contenance générale excédait les contenances portées par les titres, l'excédant devrait être partagé dans les mêmes proportions. (*Des Servitudes* , p. 84, n° 71.)

Perrin déclare que chaque voisin doit profiter, dans l'excédant, d'une part proportionnelle.

Vaudoré a suivi cette règle dans son nouvel ouvrage paru en 1843. « Chaque voisin, dit-il, prend sur l'excédant une superficie proportionnelle au terrain que lui donne son titre. »

Curasson et Dumay sont contraires à l'opinion exprimée par Toullier. — Pardessus, 7° édition, Solon, Perrin et Vaudoré se rangent de l'avis de Toullier.

Voici ce que dit Curasson, au n° 20 : « S'il est reconnu que l'un des propriétaires a tout ce que lui donne son titre, et que l'autre possède un excédant et au delà du sien, le premier ne peut être fondé à demander le partage de cet excédant ; il n'a point à se plaindre puisque rien ne laisse croire qu'une anticipation ait été commise à son préjudice. »

Cependant, plus bas, Curasson donne, sans la désapprouver, l'opinion de Toullier.

Dumay doit nécessairement porter une décision conséquente avec son principe, que la position du propriétaire qui a titre et possession doit l'emporter sur celle du voisin qui n'a qu'un simple titre dénué de possession.

« Aussi, dit-il, même décision dans l'espèce où

l'une des parties ayant plus que son compte, l'autre aurait exactement le sien. »

Il cite Curasson et Favard.

L'une et l'autre opinion doivent recevoir des circonstances certaines modifications.—Si tous les arrière-voisins ont leur compte et qu'ils soient bornés, que l'excédant ne se trouve que dans une pièce de terre non délimitée avec celles contiguës, le partage de l'excédant doit s'effectuer malgré la possession de cet excédant puisqu'on en ignore l'origine, et que, dans l'incertitude, la simple possession annale ne doit pas prévaloir sur la raison d'équité.

Et comme nous l'avons dit d'abord des limites naturelles, un bornage certain et déterminé est suffisant pour que la règle de la répartition proportionnelle soit appliquée.

Et comme nous l'avons dit également en commençant, une opération non prolongée, faite seulement avec quelques voisins, serait inefficace et ferait prononcer en faveur du possesseur.

Souvent il arrive aussi qu'après l'opération terminée, un excédant provenant de plusieurs propriétaires soit laissé, non pas au possesseur, mais au dernier propriétaire, afin que si son voisin avec lequel il n'est pas borné, demande le bornage, ce surplus fasse partie des quantités d'une opération qui peut avoir lieu avec des propriétaires plus éloignés.

4ᵉ RÈGLE. — *De la contenance au delà des titres et des bornes, acquise par la prescription.*

Cette circonstance, se rencontrant encore assez fréquemment, nous avons pensé qu'elle devait trouver sa place immédiatement après les trois premiers cas que nous venons de parcourir.

La prescription n'a point toujours pour cause l'usurpation faite au détriment d'une pièce voisine, elle provient quelquefois d'anticipations sur des terrains vains et vagues : dépendances de chemins, ravins, rideaux ou d'autres accidents de terrain faisant partie du domaine public ou municipal.

Au surplus, que la prescription atteigne ou n'atteigne pas le voisin, elle vient toujours augmenter la contenance de l'héritage de celui qui l'a acquise. C'est ainsi que le législateur punit le propriétaire négligent qui, pendant un aussi long espace de temps, a laissé son voisin en possession d'une partie plus ou moins grande de sa propriété; n'ayant pas réclamé, il est réputé aussi s'être arrangé avec ce voisin.

Cependant nous dirons que la prescription en général, malgré la fiction du droit pour les cas particuliers, est réprouvée de la plupart des cultivateurs qui souvent n'en font pas usage.

C'est d'après cette impression toute louable que la question, je pense, doit être envisagée.

Tous les auteurs sont unanimes pour l'admission de la prescription aux cas donnés.

POULLAIN-DU-PARC.— « Si le voisin avait possédé pendant 40 ans, au delà de ses titres, une étendue assez considérable pour que sa possession ne pût pas être réputée clandestine, il faudrait suivre cette possession pour l'apposition des bornes. » (V. t. VIII, p. 28, n° 9.)

POTHIER. — « Cela (la reprise) souffre exception dans le cas auquel le voisin aurait une possession trentenaire de ce qu'il a de plus que sa contenance portée par ses titres; cela est décidé par la loi dernière au Code, *Fin. reg.* » (V. *Appendice*, p. 235, n° 233, 4ᵉ alinéa.)

TOULLIER. — ... « Les titres respectifs font la règle, à moins que par une possession..... trentenaire, l'un des voisins n'ait prescrit au delà de ses titres; car, si l'on ne peut prescrire contre son titre, on peut prescrire outre son titre, ou au delà de son titre. » (T. III, n° 175.)

PARDESSUS. — ... « Celui qui possède, même au delà de ses titres, depuis le temps requis pour prescrire, a droit d'être maintenu dans la propriété de cet excédant;.... ce n'est point là ce que l'on peut appeler prescrire contre son titre : cet axiôme de droit s'entend, suivant l'art. 2240, en ce sens que nul ne peut changer la nature et l'origine de sa possession, et l'on ne doit pas confondre ce qui est de l'essence du titre avec ce qui est accident. Celui qui a acheté un fonds indiqué de la contenance d'un arpent, peut, par la prescription, étendre son droit jusqu'à deux ou plus, parce que la nature et l'origine de son droit ne changent pas. Celui qui aurait vendu un terrain peut ensuite acquérir tout ou partie de ce même terrain par la prescription contre celui à qui il l'avait vendu.

A ces auteurs on peut ajouter Fournel, Rolland de Villargues, Duranton, Perrin, Vaudoré, dans ses deux ouvrages : *Droit rural* et *Droit civil des justices de paix.*

DALLOZ aîné a embrassé également le sentiment de tous ces auteurs : « Alors même, dit-il, qu'il existe des titres, l'une des parties peut demander à ce que le bornage soit fait d'après la possession qui lui donne plus que n'indiquent les titres. Les auteurs anciens et modernes reconnaissent que si l'on ne prescrit pas contre son titre, on peut, par une possession de 30 ans, prescrire outre son titre; c'est la doctrine de Pothier, du nouveau Denisart, Dunod, Bannelier, Legrand, Delaurières, Brodeau, et de Pardessus, Toullier et Duranton. » (V. v^is *Servitudes* et *Bornage,* n° 16.)

Le principe de la prescription une fois admis (et il ne pouvait être contesté, parce que le titre n'est point un obstacle à la possession d'un espace de terrain en outre de ce qu'on a déjà), il semblerait que son application ne devrait faire naître aucune difficulté, mais il n'en est point ainsi.

Beaucoup d'auteurs, se fondant sur une disposition de loi romaine, rejettent la prescription pour

25

quelques parcelles de terrain qui ne s'incorporent
que par une voie détournée successivement et insensiblement à chaque labour, et qui, dès lors,
devient clandestine, et ils n'admettent la prescription que pour un espace plus considérable.

Voici ce que disent les auteurs :

Poullain-du-Parc.—« On peut mettre au nombre des possessions clandestines, l'anticipation
faite par celui qui laboure la portion d'une pièce de
terre, lorsqu'il n'y a ni séparation, ni bornes placées entre sa portion et celle de son voisin ; de pareilles anticipations sont très difficiles à apercevoir, à moins qu'elles ne soient considérables ;
aussi dans tous les temps et nonobstant une très
longue possession, le retour aux titres doit avoir
lieu..... Mais pour peu que l'anticipation soit considérable, la possession ne pourrait pas être réputée clandestine et la prescription de 40 ans aurait
lieu. » (V. t. VI, p. 245, n° 22.)

Ailleurs, au t. VIII de l'*Action de bornage*, l'auteur
dit que les règles qu'on doit suivre pour cette opération sont nécessairement différentes suivant les
droits et les titres des parties, et ajoute qu'il ne
répétera pas ce qu'il a dit sur les anticipations peu
considérables qui n'opèrent qu'une possession
clandestine, incapable de produire une prescription.

Toullier. — « ...Il faut que la possession soit
bien caractérisée et qu'elle ne puisse être réputée

clandestine ; on réputerait telle une légère anticipation faite en labourant la portion d'une pièce de terre où il n'y a pas de bornes, ou lorsque les bornes ne sont plus apparentes. Il est difficile d'apercevoir une pareille anticipation à moins qu'elle ne soit considérable. » (T. III, nº 175.)

PARDESSUS.—« La possession..... ne doit être ni incertaine ni équivoque. Telles seraient les anticipations presque insensibles que les voisins font respectivement sur leurs héritages limitrophes et de même culture lors du bornage, du sciage des blés ou des fauchaisons. Elles sont très difficiles à apercevoir à moins qu'elles ne soient considérables, et ne doivent point tirer à conséquence pour la prescription. La possession que l'on acquiert à leur faveur ne doit commencer à courir que du jour de la contradiction. Elle est équivoque, et on peut dire presque clandestine, parce qu'il est difficile de bien se rappeler chaque année jusqu'à quel point précis on a prolongé ses sillons, ou fauché l'année précédente ; quelques sillons peuvent être usurpés par le voisin, sans que le propriétaire s'en aperçoive. » (V. t. i, p. 316, nº 126.)

DALLOZ aîné.—« Pour que la possession puisse être opposée, il faut qu'elle ne soit point équivoque, ni clandestine. Ainsi on considérerait comme clandestine et ne donnant pas lieu à la prescription, une légère anticipation faite en labourant ou en fauchant une pièce de terre où il n'existe point de bornes. De pareilles anticipations sont trop difficiles à apercevoir pour qu'on s'y oppose. Pardessus et Toullier énoncent et développent cette proposition conformément à la doctrine des anciens auteurs français. » (V. v° *Servitudes*, 18.)

Il existe un arrêt de la Cour royale de Paris, du 28 février 1821, qui, adoptant l'ancienne jurisprudence, rejette la prescription trentenaire pour les anticipations successives et graduelles.—On y lit, entre autres motifs, ceux-ci : « Considérant que les usurpations de terre qui se font graduellement en labourant sont presque toujours imperceptibles et ne donnent lieu qu'à une possession clandestine; qu'une pareille possession, quelque longue qu'elle soit, ne peut jamais faire supposer, de la part du propriétaire, l'abandon de ses droits, et servir de base à la prescription; que la preuve testimoniale d'une pareille possession ne pourrait jamais être concluante, parce qu'en raison de la clandestinité de cette possession, les témoins ne pourraient en avoir connaissance et attester sa continuité. »

Les auteurs ont approuvé cette jurisprudence. On peut consulter, outre ceux que nous avons déjà cités, Fournel, le *Droit rural* de Vaudoré, Rolland de Villargues, Solon, Perrin et Vaudoré, *Droit civil des juges de paix*.

Une possession ainsi acquise est qualifiée par les jurisconsultes de furtive et de clandestine, ne réunissant point les conditions exigées par la loi pour constater une véritable possession acquisitive, ou plutôt engendrant la prescription légale.

La clandestinité cessant, le principe général de possession ayant la durée voulue par la loi doit reprendre son empire. En effet, le propriétaire voisin ne peut plus ignorer les usurpations graduelles et insensibles effectuées sur sa propriété; la loi ne peut donc plus protéger sa négligence.

C'est là la conséquence qui doit être déduite des motifs présentés par les auteurs à l'appui de leur décision exclusive de la prescription.

Quels peuvent être alors les signes qui doivent faire cesser la clandestinité de la possession, et la présenter entourée de la certitude, de la publicité, et la faire considérer comme paisible, sans trouble ni opposition?

Ces signes sont ordinairement un rideau, un buisson, une haie, un rocher, un arbre, un ravin, un chemin, une rivière, des bornes territoriales, ou même des bornes ordinaires séparatives des champs voisins, et une foule d'autres accidents de terrain qui peuvent se présenter dans le cours d'une opération, dépendant des localités et offrant des démarcations plus ou moins sensibles.

C'est sous cet aspect que la question a été vue par Curasson.

La prescription serait aussi un moyen de terminer ce genre de difficulté; mais ici la possession n'est pas aussi facile à établir qu'en matière de re-

vendication, où s'agissant d'un héritage déterminé;
la possession suffisante pour prescrire s'est an-
noncée par des faits patents et qui se prouvent aisément, tels que la culture et la récolte des fruits
d'une pièce d'héritage. Quand il ne s'agit, au contraire, que d'anticipations d'une partie de tel
champ, de tel pré, ces anticipations sont censées
n'avoir eu lieu que successivement et d'une manière imperceptible; la preuve qu'elles existent
depuis plus de trente ans serait donc inadmissible,
à moins que des indices certains et reconnaissables, tels qu'un buisson, un fragment de haie, un
rocher, un arbre, ne puissent servir à attester le
point extrême où la culture s'est arrêtée constamment. En l'absence de ces signes, comment des
témoins pourraient-ils déposer d'une manière im-
partiale et sans erreur, et le juge statuer en parfaite connaissance de cause? Dans ce cas, on ne
peut que s'en rapporter aux titres et aux preuves
indiquées, ou s'en tenir à la possession actuelle à
défaut de tous autres. (V. t. II, *Comment. sur l'art.*
6, nº 4, 5ᵉ alinéa.)

On doit regretter que M. Troplong, qui a su al-
lier à l'étude des textes une haute philosophie, et
rendre à la science du droit une nouvelle splen-
deur, ne se soit pas rangé de l'avis, sinon des anciens jurisconsultes, mais au moins des nouveaux,
qui ont apporté à l'ancienne doctrine quelques
modifications amenées par le temps.

M. Troplong a jeté quelque critique sur l'ancienne jurisprudence et surtout sur l'arrêt du 28 février 1821, dont il a examiné les motifs. Il a pensé que cette jurisprudence était par trop exclusive, et qu'il fallait au moins attendre le résultat des enquêtes et non pas décider d'une manière absolue que les anticipations devaient toujours être considérées comme faites graduellement et imperceptiblement.

La partie opposant la prescription articulait que depuis trente ans elle possédait publiquement et paisiblement six verges de plus que la contenance indiquée aux titres ; c'était, dit M. Troplong, offrir de justifier que les usurpations avaient précédé le point de départ de la prescription, et assurément rien n'était plus pertinent que de telles conclusions. Cependant le tribunal et la Cour ont raisonné comme si les usurpations avaient eu graduellement lieu pendant trente ans.

M. Troplong, présumant qu'un des motifs déterminant pour les juges était la difficulté d'arriver à la preuve, explique que les cultivateurs ont souvent des moyens de reconnaître leurs jouissances respectives.

« Les cultivateurs, dit-il, ont ordinairement sur les limites des données positives ; un buisson, un fragment de haie, une pierre, un arbre, un alignement, un point quelconque de repère, peuvent indiquer le point extrême où la culture s'arrête depuis trente ou quarante ans ; et dans ce cas, la prescription doit faire maintenir ces limites, quand même elles seraient hors des contenances fixées par les titres. Le parti le plus prudent est donc d'admettre le résultat des enquêtes. Si elles déposent d'une possession continue, publique, dans des limites connues depuis plus de trente ans, il ne audra pas hésiter à se prononcer en faveur de la prescription, quand même le terrain disputé serait de peu d'importance ; l'on n'écoutera pas surtout le propriétaire voisin qui prétendra qu'à raison de l'exiguïté de la parcelle, l'usurpation a échappé à sa surveillance, et qu'ainsi la possession manque de publicité ; on ne saurait en effet transformer en acte clandestin une jouissance qui s'est produite au grand jour, et ce serait tout renverser que de mettre sur le compte de la ruse d'autrui la négligence dont on s'est rendu coupable envers soi-même. Mais si les témoins ne peuvent indiquer depuis combien de temps les anticipations ont eu lieu ; s'ils laissent croire que pendant trente ans ils se sont avancés d'une manière lente, occulte, imperceptible, on rejettera la prescription et l'on s'en référera aux énonciations contenues dans les titres. » (V. *des Prescriptions*, t. I, nos 352 et suiv.)

DUMAY pense que la preuve offerte de la prescription trentenaire ne doit point être admise ; dans tous les cas, elle aurait des dangers.

« Ainsi, dit-il, quand il s'agira de faibles portions de terrain, de quelques sillons, par exemple, réunis au moyen d'anticipations successives et pour ainsi dire imperceptibles, nous ne pensons pas que la preuve trentenaire doive être admise par les tribunaux, parce que, quand elle serait faite, elle ne devrait inspirer aucune confiance à raison de l'impossibilité où seraient les témoins de se rappeler que, pendant le laps si long de trente années, les choses ont toujours été dans l'état où on les voit actuellement.... Mais il en se- rait autrement s'il s'agissait d'une portion notable de terrain distraite en une seule fois de l'un des héritages pour être réunie à l'autre, ou si même s'agissant d'une parcelle d'une faible étendue, elle se trouvait séparée par des arbres, des portions de haie, des fragments de rocher, en un mot, par quelque chose d'apparent qui indiquât jusqu'où, pendant les trente années, s'est constamment éten- due la possession. Alors d'une part les témoins ont un point fixe, de l'autre, le voisin auquel on oppose la prescription a eu un moyen facile de re- connaître et ne peut être présumé avoir ignoré l'empiétement commis sur le fond... » (V. *Appen- dice*, n° 35.)

Armand DALLOZ, 3e *Supplément au Dictionnaire*, approuve la distinction de Dumay, dont il cite l'opinion, sauf quelques changements dans les termes.

C'est avec beaucoup de réserve, de circonspec- tion, qu il faut admettre la prescription dans le cas actuel qui nous occupe, et l'on doit tenir pour

très prudente et la suivre, l'opinion émise par Curasson, Dumay et Dalloz jeune. M. Solon, dans son
Traité des Servitudes, est du même sentiment.

« Il ne faut pas cependant, dit-il, admettre avec
trop de facilité une pareille possession, et l'expérience a démontré que l'absence de toutes bornes
rendait bien difficile la preuve d'une possession
contraire au titre. Il ne suffit donc pas que les témoins se bornent à dire que telle partie a joui
jusqu'à tel point de la propriété contiguë ; il est
indispensable qu'ils fassent connaître le fait qui a
déterminé leur conviction ; il est nécessaire que le
juge puisse voir dans la déclaration des témoins
le fait matériel sur lequel repose la certitude du
témoignage, et qui a empêché le témoin de prendre
une ligne pour une autre. Par exemple, il faut qu'un
témoin puisse dire : tel jouissait jusqu'à tel arbre,
jusqu'à l'alignement de telle muraille, jusqu'à un
banc de pierre, etc., etc. Si les dépositions n'ont
pas un caractère de certitude ainsi appréciable
pour tous, la preuve ne saurait être concluante.
Cela est d'autant plus juste, que si la *possession ne
se trouve pas indiquée et limitée, on peut la considérer comme clandestine.* C'est ainsi que la Cour royale
de Paris l'a fort justement décidé par son arrêt du
28 février 1821. » (V. n° 74.)

M. Solon, en parlant des témoins dans cet article, n'entend point assurément que les faits articulés doivent être admis sans examen de la part

du juge ; si, comme dans l'arrêt cité ils lui paraissent clandestins, il en rejettera la preuve.

En résumé, on peut décider que toutes les fois
qu'une des parties oppose la prescription trentenaire, il faut qu'elle précise les faits sur lesquels
elle prétend fonder sa demande ; qu'il ne suffirait
pas de dire que depuis plus de trente ans, on possède une quantité de..... excédant les titres de propriété, qu'il faut au contraire établir, indiquer
comment la possession s'est opérée.

Ainsi, on pourra considérer comme règle certaine le cas de signes, d'indices établissant que la
possession a dû être publique, et réunir toutes les
conditions de la loi.

On décidera alors qu'en plaine, s'il n'existe aucun signe, la prescription n'aura pu être que clandestine.

Dans tous les autres cas, la demande à fin de
preuve basée sur des circonstances résultant de la
situation des lieux sera toujours accueillie, et l'on
attendra le résultat de la preuve offerte.

C'est ainsi, ce me semble, que peut être restreinte
dans des limites toutes rationnelles la prescription
trentenaire.

Peut-on prescrire au delà des bornes ?

D'après la distinction exacte qui a été admise
par tous les jurisconsultes, entre les terrains dé-
pourvus de tous signes et indices et ceux où il en
existe, et pouvant légitimer la prescription, on doit

conclure, en général, que lorsqu'il existe des bornes, ces signes délimitatifs doivent au moins produire les mêmes effets. Toutefois il semblerait que ces signes, contradictoirement placés pour faire connaître les droits de chacun, devraient imprimer assez de respect pour ne les point franchir et aller usurper le bien d'autrui.

Les auteurs admettent généralement la prescription dans ce cas.

POULLAIN-DU-PARC. — « S'il y a des bornes placées entre les deux portions, l'anticipation ne peut plus être réputée clandestine. Ainsi la possession constante pendant quarante ans opèrerait la prescription. » (V. t. VI, liv. III, ch. 17, n° 23.)

TOULLIER, n° 175, en réputant clandestine la possession d'une légère anticipation d'une pièce de terre où il n'y a pas de bornes, ou lorsque les bornes ne sont plus apparentes, reconnaît par cela seul que la possession deviendrait utile au cas contraire d'existence ou apparence de bornes.

PARDESSUS. — « Il importe peu qu'il existe des bornes anciennes ou des limites certaines ; la prescription qu'on peut opposer contre des titres l'emporte, à plus forte raison, sur des signes qui ne sont que des présomptions. Il est naturel de croire que la possession trentenaire résulte d'échange dont les actes ont pu disparaître, ou des conventions verbales que cette exécution pendant trente

uns a précisément pour objet de sanctionner. »
(V. les édit. 7 et 8, n° 124, 3e alinéa.)

Favard, *in fine* du § 2 *du Bornage*, dit (en parlant de la prescription trentenaire) : « S'il n'y a
pas de bornes, elle (la possession) en fixera. la
place ; s'il y en a eu, elle les aura dépassées : l'é-
tendue du domaine devra être définitivement motivée sur l'étendue de la possession. » (V. *Rép.*,
v° *Serv.*)

Duranton.—« La possession du terrain pendant
le temps requis pour la prescription, assurerait
aussi, depuis le bornage comme auparavant, la
propriété du terrain possédé à celui qui le possé-
derait. S'il y avait des bornes, on les maintien-
drait ; s'il n'y en avait pas, la possession servirait
à déterminer le lieu où il en devrait être planté.
Dans les deux cas, elle donnerait toujours les véritables limites. » (Art. 2362, V. t. v, n° 260, 3°
alinéa.)

Dalloz aîné. — « Remarquez que la possession
de trente ans donne droit à ce qui excède le titre,
alors même qu'il existe des bornes anciennes ou
des limites certaines ; car ce ne sont que des présomptions qui doivent céder à la prescription, opposable même à des titres positifs. C'est aussi l'o-
pinion de Duranton, Favard, Pardessus et Delvincourt. » (V. v° *Serv.*, n° 17.)

Voici comment s'exprime Dumay sur la question : — « Dans l'ancienne jurisprudence, on tenait

assez généralement pour constant que l'on ne pouvait prescrire au delà des bornes, parce que, selon certains auteurs, *perpetuò clamant, hic ager meus est, ille tuus.* Nous pensons au contraire que, de même que l'on peut prescrire une contenance supérieure à celle portée dans les titres, on peut aussi prescrire au delà de ses bornes ; et qu'en outre, lorsque les bornes sont apparentes, elles rendent admissibles la preuve de possession, et par suite la prescription d'un certain espace de terrain situé au delà, qui, sans cette circonstance, n'eût pu être acquis par ce moyen. Si des témoins venaient, en effet, déclarer que, pendant trente ans, ils ont vu un propriétaire tracer plusieurs sillons au delà de ses bornes, de telle sorte que celles-ci étaient toujours, non à la limite de son champ, mais au tiers ou au quart de sa largeur, leur déclaration serait vraisemblable et devrait inspirer la plus grande confiance, parce que le souvenir du fait qu'ils attesteraient se rattacherait à quelque chose de fixe et qu'ils ont dû remarquer en raison même de la singularité. » (V. *Appendice* à Curasson, n° 36.)

Arm. DALLOZ le décide ainsi : « Peut-on, dit-il, prescrire au delà des bornes contradictoirement posées entre les parties ? » D'après cet auteur, on n'en avait pas le droit dans l'ancienne jurisprudence, par la raison que les bornes, dans la pensée des auteurs, *perpetuò clamant.* — « Malgré, ajoute-t-il, tout ce qu'il y a de juste dans cette doctrine , malgré la conséquence illogique que présente la théorie qui permet à un propriétaire, après avoir posé lui-même la limite de son héritage, de transgresser les bornes et de pouvoir prescrire au delà, il pense que l'opinion contraire doit être suivie sous notre législation. (V. *Dictionnaire général,* v° *Servitude*, nos 212-213, §§ 21-31.)

L'ancienne jurisprudence, comme l'on voit, était éminemment morale ; nous conseillons de n'en point rejeter loin de soi la doctrine. Si les moindres doutes s'élèvent sur la fixité des bornes, la demande afin de prouver que l'on a acquis au delà de ces bornes ne devrait point être admise.

En effet, le propriétaire qui prend cette voie pour commettre des usurpations sur son voisin, a recours à un moyen, c'est le déplacement des bornes. Une faible anticipation a-t-elle lieu, vite, et de nuit, on place les deux bornes à la nouvelle limite qu'on s'est donnée à soi-même, ruse très coupable et qui entraînerait à des poursuites correctionnelles, si le temps souvent n'avait pas déjà prescrit toute poursuite.

Une semblable possession, fût-elle trentenaire, ne présente rien de certain, puisque les usurpations étaient graduelles ; le prétendu point fixe se trouve des plus variables.

Dans ce cas, s'il existe un procès-verbal du bornage, et que la distance de borne à borne ait été prise, il sera facile de vérifier si les bornes ont varié.

5ᵉ Règle. — *Prescription décennale de quantité con-*
tenue dans un juste titre.

La prescription décennale puise son principe
dans l'art. 2266 du Code. « Celui, porte cet article,
qui acquiert de bonne foi et par juste titre un immeuble, en prescrit la propriété par dix ans… »

Si la propriété, le *dominium* se trouve consolidé
par un laps de temps déterminé, à plus forte raison la contenance qui n'est pas absolument essen-
tielle à l'acte doit-elle l'être.

Mais comme il s'agit de prescription, il faut nécessairement que la possession soit conforme au
titre en vertu duquel on possède.

Il n'y a cette différence entre la longue prescription trentenaire avec la prescription décennale,
que le titre qui abrège la durée du temps ; car,
dans l'un et l'autre cas, pour prescrire, il faut posséder ; la prescription décennale a donc besoin des
mêmes conditions.

Pour prouver que l'on a une possession conforme à son titre, il faut des circonstances matérielles résultant de la situation des lieux, pouvant
établir que l'on a possédé depuis tel point jusqu'à
tel autre point.

C'est ainsi que l'on a interprété notre collègue
de l'Oise, M. Frion, en disant que la prescription
ne peut être invoquée que par celui qui possède
depuis dix ou vingt ans, par juste titre et bonne
foi, ou depuis trente ans…. Mais on sent qu'il n'est

possible de faire la preuve de cette possession que lorsque, par exemple, la ligne de séparation actuelle des héritages se dirige sur des points invariables, ou qu'elle est très rapprochée d'anciens arbres....

Dumay traite la question dans son *Appendice*, sous le n° 37.—Il cite d'abord Pothier comme ne reconnaissant, en fait de contenance, que la prescription trentenaire qu'il base sur le droit romain, qui assimilait à l'usucapion la possession décennale. — Cette différence n'existant pas dans notre droit, Dumay en conclut qu'elle doit être admise en matière de bornage comme en matière de revendication ; il énonce deux circonstances dans lesquelles elle peut être invoquée : par celui qui jouit actuellement et depuis dix ou vingt ans d'une contenance égale à celle énoncée dans son acte d'acquisition, mais à qui on opposerait des titres antérieurs indiquant une contenance beaucoup moindre ; par celui qui a joui, mais qui a perdu sa jouissance depuis moins de trente ans.— Ensuite il rapporte deux espèces qu'il considère comme faisant exception à la règle : pas de possession conforme aux titres, pas de prescription décennale. C'est celle où le fonds aurait été vendu en tant que corps certain, comme un bois, une vigne, un étang, une oseraie, sans autre désignation de contenance. C'est au corps d'héritage que s'applique le titre, plutôt qu'à sa contenance. La seconde espèce est relative à un héritage clos de

26

murs, de haies, de fossés, ou sur le périmètre duquel existerait un ruisseau, un sentier, un ravin, des arbres, des rochers, des murées, etc. Après dix ou vingt ans de possession de la part de l'acquéreur, il serait impossible au voisin de vouloir outrepasser ces signes apparents, quoiqu'il eût une contenance inférieure aux énonciations de ses titres, et que l'acquéreur du fonds ainsi déterminé eût une contenance supérieure à celle indiquée dans son acte d'acquisition.

Ces espèces pourraient être contestées sous certains rapports; les circonstances dans lesquelles les parties sont placées en peuvent faire dépendre la solution.

6e RÈGLE.—*Absence de titre.— Documents pouvant y suppléer.—Possession annale.*

Lorsque les parties ne représentent aucun titre, soit parce qu'il n'y en a jamais existé, soit parce qu'ils ont été perdus, il faut bien recourir à des renseignements qui, sans être des preuves, peuvent mettre sur la trace de ce que pouvaient être dans un temps les propriétés à délimiter.

Ici il ne s'agit point de donner, de présenter des preuves de la propriété, mais bien des contenances, ce qui n'est pas du tout la même chose. Ce n'est point la propriété qui est en jeu, mais seulement les contenances.

La loi romaine porte : *In finalibus quæstionibus vetera monumenta, et census auctoritas antè litem*

inchoatam ordinati sequenda est, si modò non varie-
tate successionum et arbitrio possessorum fines, ad-
ditis, vel distractis agris, posteà permutatos probetur.
L. XI, fin. reg.

Dans les questions de limites, les anciens mo-
numents et l'autorité du recensement avant le procès commencé à être instruit, doivent être suivis,
pourvu qu'il ne soit pas prouvé que les bornes
ont été postérieurement déplacées par le changement des successions et par la volonté des possesseurs, les champs ayant été ajoutés ou distraits.

« Il n'est pas interdit aux juges, dit Pardessus,
d'employer, pour lever l'incertitude et reconnaître
les véritables droits des parties, d'anciens procès-
verbaux d'arpentage, des cadastres, des plans
non suspects, à défaut de renseignements plus
exacts.

« La possession, qui l'emporte sur les titres
lorsqu'elle a duré le temps fixé par la loi, doit à
plus forte raison, dans cette circonstance, décider
en faveur de celui qui l'invoque, s'il n'existe
point de titres capables de déterminer l'étendue
des deux propriétés contiguës, ou au moins de
l'une d'elles. Alors il n'est pas indispensable que
cette possession ait duré le temps nécessaire pour
prescrire. Le seul fait de son existence pendant un
an, sans trouble, établit, suivant l'art. 2230 du
Code civil, en faveur de celui qui l'invoque, une
présomption légitime dont l'effet ne peut être détruit que par un titre ou une possession antérieure

26.

d'une durée équivalant à un titre. » (V. t. 1, n° 127.)

DALLOZ aîné est encore plus positif.—« En l'absence de titres, et dans l'incertitude sur l'étendue des propriétés respectives, les juges peuvent consulter des procès-verbaux d'arpentage, des cadastres, des plans ; la possession doit les décider, si elle existe en faveur de l'une des parties. Remarquez qu'il n'est pas nécessaire qu'elle dure trente ans, comme lorsqu'il s'agit d'acquérir au delà du titre ; le fait de la possession annale est suffisant ; c'est une présomption qui ne cède que devant un titre. La possession sert aussi à faire attribuer la préférence au cas de différence dans les titres. A défaut de possession, si les titres ne déterminent pas l'étendue respective des parties, on partage par moitié. » (V. v° *Servitudes*, art 2, n° 19.)

Curasson, après avoir établi qu'en matière de bornage les principes ne peuvent exiger des preuves aussi claires, positives et formelles que pour la revendication, décide que non-seulement les titres positifs, mais les anciens vestiges, les livres d'arpentement, les simples énonciations, même celles qui ne se trouveraient renfermées que dans des titres étrangers aux parties, les témoins qui déposent de ce qu'ils savent et de ce qu'ils ont entendu dire, jusqu'aux présomptions, tous les genres de preuves peuvent être admis pour fixer une ligne de délimitation. Le cadastre, d'anciens procès-verbaux d'arpentage, des plans non suspects, peuvent aussi être employés à défaut de renseignements plus exacts, pour lever l'incertitude, et fixer la limite des héritages. (V. t. 2, p. 325, n° 4.)

DUMAY nous paraît avoir le mieux précisé les documents pouvant servir dans les opérations de bornage.

« Dans les opérations de bornage, on peut avoir égard, dit cet auteur, à des documents qui n'ont pas précisément le caractère de titre, c'est-à-dire qui ne sont pas *causæ idoneæ ad transferendum dominium*, et qui, par conséquent, ne pourraient pas servir de base à une demande en revendication, tels que des terriers, des plans, des déclarations aux états de section, le cadastre, des déclarations de fermier, etc. Si les documents sont anciens et non suspects, et que la jouissance actuelle soit conforme, ils équivalent à un titre et peuvent même l'emporter sur les titres proprement dits produits par les voisins, mais qui ne sont pas appuyés de possession. Il en est de même de simples énonciations renfermées, soit dans les titres des parties, soit dans des actes qui leur sont étrangers, et qui peuvent être admises dans un bornage, quoiqu'elles dussent être rejetées des autres instances pétitoires comme n'étant pas suffisamment probantes. » (V. Appendice, n° 51.)

Au n° 43, Dumay pose la question et pense que

lorsqu'aucune des parties n'a de titres ou que les
titres produits n'indiquent pas la contenance et
sont par conséquent insignifiants, il faut distinguer
le cas où il y a possession déterminée, celui où
l'étendue de chaque possession est indécise;

Que quand la possession est précise, il est évident qu'elle doit seule servir de base à l'opération,
puisque le propriétaire qui voudrait obtenir une
contenance supérieure à celle dont il jouit, n'aurait rien pour justifier sa prétention et pour forcer
son voisin à lui céder une partie de son héritage, il
y aurait, en ce cas, parité de droits;

Que si un des propriétaires prétendait n'avoir
été privé d'une partie de sa contenance que depuis
un certain temps, il pourrait se faire réintégrer
dans cette portion par la voie de posses-ion, si
l'anticipation remontait à moins d'un an et qu'il
eût une possession annale et caractérisée antérieure;

Que si l'étendue de la possession de chaque voisin était incertaine et qu'il n'y eût pas de documents pour la fixer, il faudrait partager par moitié. A l'exception de certains biens communaux
qui, aux termes de la loi du 10 juin 1793 et aux
avis du conseil d'Etat des 20 juillet 1807 et 26 août
1808, doivent être divisés proportionnellement au
nombre de feux.

S'il n'y a de titre ni de part ni d'autre, la possession, même annale, fait la règle, dit Perrin d'a-
près Toullier.

C'est pour ce cas que la possession annuale est éminemment utile et doit être invoquée avec certitude, rien ne venant contredire cette possession.

Tous les auteurs qui ont écrit avant la loi du 25 mai 1838 sur les justices de paix, et les commentateurs de cette loi, ont tous rappelé cette règle posée par Toullier, que, s'il n'y a de titre de part ni d'autre, la seule possession doit faire la règle.

M. Frion distingue entre les documents et la possession, il en fait deux règles séparées. A défaut de titre, dit-il, on doit avoir égard aux anciens baux, aux anciens états de section ; on doit aussi consulter les anciens plans et procès-verbaux d'arpentage.

En l'absence de documents, c'est la possession respective qui doit servir de règle.

7ᵉ Règle. — *Quelques propriétaires ont des titres et d'autres n'en ont pas. Application des titres.*

Toullier donne la règle de ce cas ; si l'un a des titres qui fixent l'étendue de sa portion pendant que l'autre n'en représente pas, les titres doivent servir de règle ; c'est-à-dire que l'on doit d'abord fournir à ceux qui ont des titres leur quantité, et laisser ce qui reste à ceux qui n'en ont pas. Telle est la conséquence qui doit être déduite du principe que ce sont les titres qui doivent faire la règle.

Aussi tous les auteurs, à l'exception de Dumay, sont-ils unanimes sur ce point.

Le *Répertoire du notariat* enseigne d'abord que,

entre deux titres, l'un d'une contenance positive et l'autre d'environ, il faut faire au premier sa mesure. Il ajoute au n° 47 : « A plus forte raison, si l'un a des titres qui fixent l'étendue de sa portion, il faut faire la mesure énoncée aux titres. »

VAUDORÉ, *Droit civil des juges de paix*, le décide ainsi au n° 18 : « Si l'un des propriétaires a des titres qui déterminent d'une manière claire et positive l'étendue de la parcelle et que l'autre n'en ait pas, ou qu'en ayant, la contenance y soit exprimée d'une manière équivoque, le premier doit obtenir toute l'étendue portée dans ses actes, à moins que la prescription n'y ait apporté des modifications. »

DUMAY pose ainsi la question : « D'après quelles bases doit-on opérer, lorsque celui qui a un titre n'a pas sa contenance ? »

Il approuve l'opinion de Bannelier, qui s'élève contre l'ancienne jurisprudence qui, malgré la prescription trentenaire du voisin, attribuait au titre toute sa contenance. Il rapporte ensuite la décision de Pothier en matière de revendication.

L'hypothèse de Pothier repose sur deux circonstances : possession antérieure au titre du revendicant, et possession postérieure. La production d'un titre, dans le premier cas, ne suffit pas ; il faut prouver que l'auteur, le vendeur était lui-même propriétaire, parce qu'on ne peut se faire un titre pour un héritage que le vendeur lui-même ne possédait pas. Le possesseur alors est présumé plutôt possesseur que le vendeur qui ne peut rien justifier contre le possesseur. — Mais le titre du revendicant est suffisant, lorsque ce titre est antérieur à la possession. Le vendeur est alors présumé avoir été le possesseur et le propriétaire de l'héritage, et comme tel avoir transmis possession et propriété.

Dumay fait encore observer, à l'égard de cette dernière décision, que l'application n'en doit être faite que dans le cas où le déficit de contenance, par rapport au titre d'un fonds borné et clos, se trouve dans l'héritage du voisin qui n'a pas de titre; autrement, ajoute Dumay, le déficit aurait pu être usurpé, non par lui, mais par les autres voisins. — En cas de doute, le possesseur doit être maintenu s'il a possession annale.

Dumay termine par deux cas : contenance égale ou supérieure au titre. Il décide que les parties ne peuvent rien se réclamer; le possesseur sans titre n'a rien à demander au delà de sa possession, comme le possesseur avec titre n'a rien à réclamer.

Nous ne croyons pas que les principes de la revendication proprement dite soient applicables dans toute leur rigueur aux répartitions de terrain en matière de bornage, où il suffit que chacun n'ait pas sa quantité pour qu'elle lui soit faite.

On conçoit que quand on réclame une propriété sans en avoir eu jamais la possession, on doive remonter à l'origine de cette possession et exiger que le revendiquant prouve que son auteur avait des droits à cette propriété, et que le titre paraisse alors insuffisant ; mais quand le voisin ne représente pas de titres, toutes les fois qu'il n'a pas la possession trentenaire, équivalant à un titre, il ne peut se refuser à parfaire la quantité réclamée par le propriétaire qui a un titre.

Nous préférons la doctrine admise par tous les auteurs, que celui qui représente un titre doit être fourni avant celui qui n'en représente pas, mais qui a une possession même annale ; parce que cette dernière possession, quoique légale, ne peut détruire un titre, et que, nous le répéterons, en fait de bornage, les titres font la règle, et la possession l'exception.

PERRIN, résumant l'opinion des auteurs, dit sous le n° 208 : « Si l'un des voisins avait quelque titre contraire à la possession de l'autre, la simple possession *annale* de celui-ci ne l'emporterait pas ; il faudrait que cette possession se fût prolongée jusqu'à trente ans, et alors il y aurait prescription de la propriété en faveur du possesseur. »

8e RÈGLE. — *Contenance indéterminée.*

Il arrive souvent que dans des actes anciens et même nouveaux, reçus par notaires ou sous seing privé, les contenances se trouvent exprimées d'une manière incertaine ; le mot *ou environ* y est souvent employé.

L'expression seule indique assez que la contenance énoncée doit être fort peu, en deçà ou au delà, diminuée ou augmentée.

Ce cas a été prévu par POTHIER, non pas à l'endroit où il indique quelques règles de bornage, mais à la vente :

« En déclarant la contenance d'un héritage, on ajoute quelquefois les termes *ou environ*; par exemple : 5 arpents de vigne, ou environ; 100 arpents de bois, ou environ, etc. — Le sens de ces termes est que le vendeur ne sera pas tenu du défaut de contenance, lorsque ce défaut sera peu considérable; par exemple : si, sur 5 arpents, il ne manque que 8 ou 10 perches, car 5 arpents, à si peu de chose près, sont vraiment 5 arpents ou environ; mais si le défaut était considérable, comme si, sur les 5 arpents, il s'en manquait d'un demi-arpent, les termes *ou environ* n'empêchaient pas que le vendeur ne fût tenu du défaut de contenance.» (V. *Traité du contrat de vente*, tom. I, pag. 267.)

Troplong pense que la clause *ou environ*, n'est pas suffisante pour dégager de l'obligation imposée par l'art. 1619, Cod. civ. Mais quand le déficit est d'un vingtième ou au delà, on sort du cercle des *à peu près*, et l'art. 1619 doit être appliquée. — C'est ce que décidaient, dans l'ancienne jurisprudence, Henry et Bourjon; ils pensaient que par cette restriction, le vendeur devait fournir, à un

trentième près, la quantité marquée par le contrat.
Par le Code, la quotité seule a changé; mais l'opinion de ces auteurs reste intacte, car l'art. 1619 a
été rédigé sous cette influence (V. *Comm. de la
vente*, t. 1, p. 543, n° 340).

Dumay et Arm. Dalloz rappellent que l'expression *environ*, qui accompagne souvent l'énonciation
ou l'indication de la contenance, comporte, d'après
les auteurs et notamment Troplong, une latitude
d'un vingtième en plus ou en moins.

Faisant application de ces principes aux attributions de quantité, on décidera que celui qui
produit un titre d'une contenance certaine, parfaitement déterminée, doit d'abord être fourni de
toute sa quantité, et que le titre à contenance indéterminée ne reçoit qu'après ce dernier.

C'est ainsi que l'enseigne PARDESSUS. « Si le titre
de l'un lui attribuait une quantité déterminée sans
équivoque, et que l'autre n'en eût qu'une environ,
ce serait au premier qu'il faudrait d'abord accorder la mesure indiquée par son titre. »

Les auteurs qui ont adopté ce sentiment, ne
disent pas que si, la mesure faite au premier, il ne
reste pour le second qu'une quantité très inférieure, on devra avoir égard à la disposition de
l'art. 1619, et ne diminuer la contenance du second que d'un vingtième ; autrement il arriverait
que ce dernier éprouverait une réduction injuste,
puisque selon les principes anciens et nouveaux,

environ veut dire : anciennement, un trentième ; aujourd'hui, un vingtième en moins ou en plus, et que le titre n'en existe pas moins pour cette contenance ainsi réduite.

Notre collègue de Chaumont est de cet avis, il considère comme trop absolue la règle de l'auteur du *Traité des Servitudes ;* il pense, avec raison, que celui qui a un titre d'une quantité *environ*, ne peut être considéré comme s'il n'avait pas de titre. — Anciennement, 100 ou environ équivalait à 90 ; aujourd'hui, 95, par application et non par induction de l'art. 1619.

Cette règle est d'autant plus applicable, qu'évidemment *environ* est, comme le dit Pothier, si peu de chose, que c'est toujours la quantité réelle en quelque sorte.

9e Règle. — *Contenances approximatives, par exemple de* 15 *à* 20.

Un semblable titre, en concurrence avec un titre dont la contenance serait positive, ne devrait obtenir que 15 et non pas 20, puisque au delà de 15 il n'y a qu'incertitude. Dans l'intention des contractants la quantité certaine est 15.

Pardessus ne considère ce cas que pour la quantité moindre : « Les titres servent seulement pour ce qu'ils expriment déterminément : Si un acte porte qu'une pièce contient 15 à 20 arpents, c'est un titre exprès pour 15 arpents ; au delà, il n'annonce qu'incertitude, que la possession peut seule fixer. Il n'est pas, à la vérité, contraire à une possession de 16, 17, 20, mais il n'en établit pas le droit, il n'exclut pas la propriété de plus de 15 arpents et même il la fait présumer, mais il ne la donne pas. »

Dumay cite Pardessus, et conclut que si les titres de l'un énonçaient une contenance fixe de 10 hectares, par exemple, et que dans les deux pièces réunies, dont aucune possession n'avait fixé la ligne séparitive, il n'y eût que 25 ou 26 hectares, il faudrait donner, d'abord 10 hectares en totalité au premier, en laissant au second les 15 ou 16 qui resteraient.

Les bases d'après lesquelles le bornage doit être effectué étant connues, il convient d'indiquer les cas qui peuvent ou ne peuvent pas donner lieu aux contestations de propriété ou de titres, et qui obligent le juge, soit à retenir la cause, soit à surseoir et renvoyer l'incident devant les juges d'arrondissement.

CHAPITRE XVIII.

QUAND Y A-T-IL LIEU A CONTESTATION DE PROPRIÉTÉ OU DE TITRES? — ET SUFFIT-IL DE CONTESTER LA PROPRIÉTÉ OU LES TITRES, SANS DONNER DE MOTIFS, POUR QUE LE JUGE DE PAIX SE DÉCLARE INCOMPÉTENT?

Si le chapitre qui précède présente de l'importance en raison que les règles les plus générales du bornage y sont exposées, celui-ci, par ses conséquences, a assurément une bien autrement grande importance encore.

La solution des différents cas qui vont être examinés dépend du point de vue sous lequel le bornage, en justice de paix, doit être envisagé. C'est ici que se fera sentir l'influence des principes que nous avons exposés.

Nous avons établi en son lieu, que la compétence des actions en bornage avait été déplacée et transportée aux tribunaux de canton, à l'exception des contestations de propriété et de titres qui avaient été laissés aux tribunaux d'arrondissement.

Mais qu'entend-on par contestations de propriété ou de titres ?

Les questions de propriété ou de titres ne présentent pas toujours le caractère de contestation, et c'est cependant ce que l'on confond assez fréquemment. D'un autre côté, il est des contestations qui ne rentrent pas dans celles prévues par la loi.

§ 1er. *Contestations de la propriété. — Prétention que le demandeur n'est pas propriétaire ; revendication par le voisin ou un tiers. — Prescription trentenaire. — Mode de l'opération en vertu de la prescription des titres ou de la possession. — Reprise au delà de mur, haie et fossé. — Chemin, haie et fossé. — Ligne divisoire contestée.*

1er Cas. — Il y a contestation de la propriété lorsque l'une des parties soutient que le demandeur n'est point propriétaire de la pièce de terre dont il demande le bornage, ou lorsqu'il y a revendication de cette pièce de terre.

Ce cas paraît être une application exacte des termes de loi. En effet la première exception porte sur la propriété, et la loi dit que le juge de paix est compétent lorsque la propriété ou les titres qui l'établissent ne sont point contestés. Ici la propriété est prise dans son sens direct, pour l'héritage, le fonds, la pièce de terre soumise au bornage.

Les commentateurs de la loi nouvelle l'ont ainsi interprétée :

MARC-DEFFAUX. — « Le juge de paix devrait se déclarer incompétent si le défendeur revendiquait contre le demandeur la propriété litigieuse, ou s'il prétendait que le titre de son adversaire ne lui confère que la moitié de l'objet dont il réclame la totalité. (V. *Comm.*, p. 110.)

MASSON. — « Mais sa juridiction s'arrêtera....., quand le défendeur soutiendra que la propriété ne peut appartenir à celui qui demande le bornage. »

BENECH. — « Vous m'actionnez devant le juge de paix, en bornage d'héritages qui sont contigus. Sur votre citation, je réponds que vous n'êtes pas propriétaire de l'héritage contigu au mien, que cet héritage est la propriété d'autres personnes en vertu des titres que j'indique. Je conteste évidemment votre droit de propriété qui seul peut vous donner le droit de réclamer le bornage. »

CURASSON. — « La compétence ne cesse que dans le cas où la contestation porte sur la propriété même du corps de l'héritage... Si l'assigné en bornage, au lieu d'y consentir, répond au demandeur: Vous n'êtes point propriétaire du fonds contigu, c'est un autre qui en a la propriété ou la possession ; alors il s'élève une question sur la propriété du fonds à délimiter, et le juge de paix est incompétent. »

Gireaudeau. — « Il y aura contestation sur la propriété....., quand l'une des parties, invoquant des faits et des motifs graves, refusera de reconnaître, dans son adversaire, la qualité de propriétaire. — De même, quand la propriété sera revendiquée en vertu de deux titres différents, également sérieux. (V. *Annales*, t. vi, p. 138.)

Rogron. — « ..... Mais si l'une des parties revendiquait l'une des propriétés en totalité ou en partie, alors il y aurait contestation sur la propriété et le juge ne serait plus compétent. » (V. *Code de proc. expliqué*.)

Cependant un professeur de procédure, M. Rodière, ne partage pas l'avis des commentateurs que nous venons de citer; il pense que par contestation de propriété, il faut entendre une portion de terrain qui serait en litige. Il prétend que, si un individu cité en bornage soutient que son adversaire n'est pas propriétaire du terrain limitrophe, le juge de paix ne serait pas incompétent pour statuer sur cette exception, prise d'un simple défaut de qualité dans la personne du demandeur.—Il lui semble que la restriction de la loi ne doit s'appliquer qu'au cas où la question de propriété s'élève entre les parties mêmes qui sont en cause, et non pas au cas où le défendeur se borne à dire que la propriété qui sert de base à l'action du demandeur appartient à un tiers. — Dans ce dernier cas, si la qualité de propriétaire, alléguée par le demandeur, semblait douteuse, le défenseur qui voudrait pleinement garantir ses droits, n'aurait qu'à appeler en cause le tiers qu'il soutiendrait être le vrai propriétaire, s'il voulait empêcher que ce dernier ne pût contester ultérieurement le bornage qui aurait été fait.

M. Rodière ne prévoit que le cas de simple contestation de qualité; sous ce rapport, son observation pourrait paraître juste, mais elle ne le serait pas au cas de revendication par un tiers ou par le voisin lui-même.

Voici ce que dit M. Delahaye : « La disposition ne doit s'entendre que des contestations qui s'élèveraient sur la propriété même du fonds à délimiter..... Ainsi, lorsque le défendeur prétend être propriétaire du fonds contigu au sien et oppose une action en revendication à l'action en bornage du demandeur ; s'il lui répond : vous n'êtes pas propriétaire de ce fonds, c'est un autre qui en a la propriété, alors la propriété est contestée dans le sens de l'art. 6; le juge de paix de paix est incompétent. »

La doctrine de Curasson et de M. Delahaye me paraît trop absolue, ainsi que celle de M. Rodière, dans le sens opposé.

Les deux premiers auteurs n'appliquent la première exception à la compétence des juges de paix, qu'au cas de contestation de la propriété de la pièce de terre elle-même. Ce système est par trop exclu-

sif, parce qu'il est des circonstances où véritablement il y a contestation de propriété, quoique l'héritage entier ne soit pas contesté.

Et dire comme M. Rodière, que le seul litige que
la loi semble avoir voulu interdire au juge de paix
est celui qui peut rouler sur l'attribution de telle
portion de terrain, c'est ne voir qu'un côté de la
question.

Il est certain que par contestation de propriété,
le législateur a entendu parler d'abord de contestations relatives à l'héritage en lui-même, et ensuite
des contestations qui peuvent naître pour des portions de terrain plus ou moins grandes.

2ᵉ CAS. — *Il y a encore contestation de la propriété,*
au cas où l'une des parties prétend avoir acquis par
la prescription trentenaire une portion de terrain
au delà de la contenance énoncée dans les titres.

La question qui nous occupe en ce moment est
une preuve évidente que la contestation de la propriété ne doit pas être restreinte au fait seul de la
contestation de l'héritage lui-même, de la pièce de
terre entière, et que cette contestation, affectant
d'une manière aussi grave les droits d'autrui, doit
être considérée avec raison comme une contestation de la propriété.

En effet, celui qui prétend avoir ainsi acquis au
delà de ses titres, doit s'attendre à se voir dispu-
ter pied à pied la portion de terrain qu'il veut
s'approprier. La contestation peut donner lieu à

des difficultés sans nombre, et le législateur n'a pas eu tort de réserver ces décisions aux tribunaux d'arrondissement ; il y a loin de ces contestations à celles qui peuvent s'élever sur les incidents qui se présentent dans le cours de l'opération.

Les auteurs ont décidé la question en ce sens :

MARC-DEFFAUX. — « Pierre a fait citer Paul pour borner deux pièces de terre qui lui appartiennent. Sur les lieux et après l'arpentage des deux objets, il est reconnu que Pierre a cinq ares de moins que ne lui en donne son titre, et Paul cinq ares de plus ; il est donc juste que les cinq ares retournent à Pierre pour compléter sa mesure, mais Paul prétend qu'il a acquis la propriété de cet excédant par une jouissance de plus de trente ans.... Comme le juge de paix est incompétent pour statuer sur la propriété de ces cinq ares, il doit renvoyer devant le tribunal. »

MASSON dit que « la juridiction du juge de paix s'arrêtera quand le défendeur soutiendra que la possession d'une partie du terrain n'a pas les caractères et la durée nécessaire, pour faire acquérir la propriété. »

« Le juge de paix, dit aussi BENECH, serait incompétent pour statuer sur des questions de prescription soulevée par celle des parties qui serait reconnue détenir une contenance supérieure aux énonciations mentionnées dans son titre. Dans ce cas, la propriété est évidemment contestée ; le juge de paix surseoira. »

GIRAUDEAU s'exprime ainsi : « Il y aura contestation sur la propriété dans ce sens, quand l'une des parties invoquera une prescription acquise, soutenue et presque justifiée par une possession convenable et des motifs graves. »

M. Delahaye annonce qu'après avoir hésité et même embrassé cette opinion, il croit devoir se prononcer pour le sentiment opposé. — Son principal motif déterminant est basé sur la portée qu'il donne à ces mots de la loi, *contestation de la propriété ;* il prétend, comme nous l'avons vu, que la loi ne parle pas de contestation de portion de terrain, mais bien de contestation de la propriété de l'héritage ou de la pièce de *terre entière.* Or, en conclue-t-il, il y a contestation sur la portion de terre réclamée par le demandeur, mais la propriété de l'héritage n'est pas contestée. On ne se trouve donc pas dans le cas prévu par la loi ; le juge de paix est compétent.

Malgré d'autres excellentes raisons données à l'appui de son opinion, et qui doivent être d'un grand poids dans la décision des questions à examiner, nous ne pouvons admettre la restriction mise à la contestation de la propriété ne devant porter que sur l'héritage dans sa totalité, et non dans ses parties.

Nous terminerons par citer l'arrêt de cassation

du 1er février 1842, qui trouve ici sa véritable application.

Le demandeur prétendant qu'un terrain avait toujours fait partie de son héritage, a demandé à en faire la preuve. Le juge de paix, malgré le moyen d'incompétence présenté, a entendu les témoins et s'est décidé d'après l'enquête. Le tribunal d'appel a considéré le litige comme une contestation de propriété, et a réformé. — La cour de cassation, saisie, a rejeté le pourvoi, attendu que, dans l'espèce, il est constaté par le jugement attaqué qu'il y avait absence de titres, et que les parties contestaient sur l'étendue respective de leurs héritages limitrophes, ce qui donnait évidemment lieu à une question de propriété.

Le jugement du tribunal de Grasse porte formellement que le juge de paix s'est fondé *uniquement* sur la déclaration des témoins, et qu'il a excédé les bornes de la compétence.

Il est à présumer que le demandeur opposait la prescription trentenaire pour la partie litigieuse des fonds respectifs. Dans ce cas le juge de paix, vu la contestation de la propriété, aurait dû s'abstenir.

3e CAS. — *Y a-t-il contestation de propriété, quand il y a difficulté si ce sera en vertu des titres, de la prescription trentenaire ou de la possession actuelle que le bornage sera fait?*

Cette question a été soulevée par CURASSON. —

« Quand l'une des parties, dit-il demande le bornage à vue de titre ou en vertu de la prescription trentenaire, et que l'autre, au contraire, ne veut de limites que d'après la possession actuelle, le juge de paix sera-t-il compétent? Pour l'affirmative, on pourrait dire que le débat, en ce cas, ne porte que sur la délimitation, et non point sur la propriété de l'immeuble. Cependant la question ne peut être de la compétence du juge de paix, à ce qu'il nous semble ; car il ne s'agit pas de déterminer la ligne délimitative suivant le mode convenu entre les parties ; ce mode est le véritable objet du litige, le fond du droit est en question ; il faut juger s'il doit être réglé par les titres, ou la possession de trente ans, ou la jouissance actuelle. Le débat porte donc bien réellement sur une véritable question de propriété, qui ne saurait être de la compétence du juge de paix. » (V. t. ii, n° 11, 7e alinéa.)

Une chose qui doit frapper à la lecture de ce passage, est l'étrangeté de la proposition en elle-même. —D'abord on ne demande jamais le bornage, soit à vue de titres, soit en vertu de la prescription de trente ans. On agit en bornage parce qu'on n'est pas délimité. La demande basée sur la prescription trentenaire est extrêmement rare, par la raison que celui qui a prescrit garde le silence. La partie qui oppose la prescription n'est point le demandeur, mais bien le défendeur qui a plus que la contenance portée dans ses titres. A cet égard, si l'exception est fondée, comme elle constitue, ainsi que nous venons de le voir, une contestation de la propriété, le juge de paix ne peut en connaître.

Quant à l'exception de ne borner que selon la jouissance actuelle, une pareille prétention serait bientôt écartée, parce que le bornage n'est pas une opération provisoire, mais définitive, qu'il est pétitoire et non possessoire, et le juge de paix est assurément très compétent pour décider la question.

Lorsque le bornage est demandé, les parties n'ont pas besoin de s'expliquer sur le mode à suivre, d'en convenir; en l'absence d'une loi expresse, les principes servent de guide.

Ce cas ne doit donc pas se présenter.

En supposant qu'il fût possible et praticable, je pense que le juge de paix pourrait se résoudre en décidant que le bornage aurait lieu avec application de titre ou d'après la jouissance actuelle. Il ne se prononcerait que sur le mode à adopter, et il n'y aurait pas encore là de contestation de propriété; elle ne prendrait naissance que lorsqu'il faudrait faire l'application du mode et en apprécier la valeur. — S'agit-il de la possession actuelle, le juge retiendrait la cause, il en serait de même des titres; mais quant à la prescription trentenaire, il n'en connaîtrait pas, parce que ce serait là une contestation de propriété.

Au surplus, comme nous l'avons dit, le juge

n'aura pas besoin d'adopter tel mode plutôt que tel autre, parce que ce n'est point là la marche à suivre. Quand les explications seront présentées, il les appréciera.

4ᵉ CAS. — *La contestation de la propriété existe-t-elle lorsque, pour opérer les reprises, il s'agit d'outrepasser un mur, une haie, un fossé ou un rideau fait de main d'homme, etc ?*

Curasson se prononce pour l'affirmative ; il prétend que, le bornage ne pouvant s'effectuer sans ordonner la destruction du mur, de la haie, du fossé, il s'agirait moins d'une action en bornage que d'une demande en revendication d'un terrain parfaitement déterminé ; que le juge de paix serait incompétent, parce qu'il y aurait contestation sur la propriété. — Curasson ajoute que le voisin n'aurait que la ressource du possessoire.

Nous avons eu occasion de traiter indirectement la question au chap. XIV, *Des fins de non-recevoir*, où il a été décidé que les objets placés par le voisin ne pouvaient être un obstacle à l'exercice de l'action en bornage.

Arm. Dalloz et M. Delahaye se sont élevés contre la doctrine de Curasson et l'ont réfutée.

La solution doit être la même pour le cas actuel. S'il n'y a pas revendication, il n'y a pas contestation de la propriété.

Le fait de la destruction du mur, par suite des reprises, ne peut avoir aucune portée dans la circonstance ; car pourquoi le propriétaire va-t-il construire sur son voisin ? Il y a peut-être erreur de sa part ; mais alors il devait auparavant s'assurer par l'arpentage des limites de sa propriété. Si la construction est intentionnelle, il supporte la peine de son fait, qu'il encourra sans doute de même par la voie de la revendication ; mais encore est-il que le voisin n'est pas obligé de prendre cette marche.

Le mur, la haie, le fossé ou autre signe matériel ne délimitent pas d'une manière légale la propriété. Ces objets n'impriment pas à l'héritage une autre nature ; c'est toujours un fonds sur lequel existent mur, haie, fossé, etc. ; et décider que la limite sera au delà de ces objets et en ordonner la suppression, ce n'est point contester la propriété, c'est procéder au bornage d'après les règles ordinaires.

5° Cas. — *Les difficultés relatives aux chemins, rivières, fossés, haies, et terrain au delà, et comment ces objets doivent être compris dans l'opération, constituent-elles des contestations de propriété?*

Les difficultés qui peuvent survenir à cet égard sont bientôt aplanies ; car l'usage et la loi sont ici la règle, et nous ne saurions voir dans leur application des contestations de propriété.

Cependant notre collègue de l'Oise, M. Frion, a pensé autrement dans un article inséré aux annales, parce que, suivant qu'on comprendra ou non les chemins dans la mesure du champ, ce champ en recevra une plus ou moins grande étendue, et par suite la délimitation prendra un autre emplacement. Il y a là une question de propriété qu'il n'appartient pas aux juges de paix de résoudre. (V. t. VIII, p. 84).

Si, par suite de l'interprétation des titres et de l'usage, ces sortes d'accidents de terrain ont constamment été compris dans les contenances, les quantités ne se trouvent donc pas diminuées ni augmentées.

Pour la ligne, elle doit toujours varier quand il y a déficit, et dès lors la délimitation prendra un autre emplacement. Cette conséquence ne peut être évitée, elle est forcée. Si c'était là ce qui peut constituer une contestation de propriété, les simples changements de lignes y donneraient toujours lieu. Mais il n'en est pas ainsi, le bornage ayant pour but la répartition des terrains, conformément aux titres et aux usages.

Dans sa brochure, M. Frion s'est basé sur d'autres motifs. Ce n'est plus la diminution ou l'augmentation de la quantité, ni le déplacement de la ligne, mais la contestation de l'usage.—Son opinion est qu'il ne saurait appartenir au juge de paix d'ordonner la preuve et d'admettre ou rejeter le prétendu usage, selon que l'enquête serait ou non concluante, conséquemment de déclarer que le chemin doit ou non faire partie de la mesure portée aux titres, et que, par suite, le propriétaire de l'hé-

ritage aura ou non droit de conserver ou revendiquer une partie de terrain égale à celle du chemin.
C'est là un point qui touche évidemment au fond
du droit.

Il applique le même raisonnement aux rivières,
aux haies et fossés.

La reconnaissance de l'usage se fait par différents moyens, en consultant les anciens du pays et
surtout les arpenteurs, et par la notoriété publique ou enquête ordinaire. — L'une et l'autre voie
peuvent être employées par le juge de paix. Si la
première entrait jadis dans la mission des experts,
la seconde comme la première peuvent aujour-
d'hui être ordonnées par le juge de paix, parce
qu'il ne leur est pas défendu d'entendre des témoins sur les difficultés d'exécution qui se présentent.

« Si les titres, dit M. DELAHAYE, parlent d'un
sentier, d'un ruisseau, d'une mare, d'un meurger,
ce sentier, ce ruisseau, ce meurger font-ils partie
de la pièce ou la limitent-ils seulement? Doivent-
ils être comptés pour calculer la contenance de la
pièce? Cette question dépend de la manière dont
s'expriment les titres ; de là contestation entre les
parties. Le juge de paix peut-il la juger ? L'affirmative ne saurait être douteuse ; la contestation porte
sur le sens des titres et non sur leur mérite ; il s'a-
git d'interpréter les titres. Or, l'interprétation des
titres rentre dans les attributions du juge de l'action en bornage. M. Persil ne refuse l'examen des

titres aux juges de paix, que lorsque cette appréciation aurait pour but de prononcer sur la nullité ou la validité de ces titres. »

6ᵉ CAS. — *Y a-t-il contestation de propriété, quand les parties sont en désaccord sur la ligne divisoire ?*

La négative n'est pas douteuse, et l'on ne conçoit pas comment une pareille difficulté a pu prendre naissance, quand l'action en bornage n'a lieu que pour fixer les limites des champs, et que le changement de limites en est le résultat nécessaire. Cette action devient inutile lorsque les parties sont d'accord sur les endroits où doivent être placées les bornes.

Si l'on admettait qu'il y eût incompétence au cas de contestation sur les limites, on retomberait dans ce que l'on qualifie de bornage possessoire ou dans l'état de la possession actuelle, opération dont nous avons démontré toute l'incohérence et l'inefficacité.

La compétence des tribunaux de paix se trouve limitée sans doute, mais les cas sont prévus : c'est lorsqu'il y a contestation de la propriété ou des titres. — La contestation sur les limites n'est pas entrée dans la restriction.

Cela est si vrai que, la Cour de Metz ayant demandé que l'on exprimât nettement que le juge de paix n'est compétent que quand la propriété et ses *limites* ne sont pas contestées, cette observation ne fut point prise en considération.

Seulement, sur la demande de la commission, la disposition de l'art. 4, relative au bornage, a été reportée à l'art. 5, parce que tout le monde s'est accordé à ne confier la décision de ces sortes de contestations au juge de paix qu'à charge d'appel, étant trop intimement liées avec le droit de propriété, pour ne les faire dépendre que d'un seul degré de juridiction. (V. *Analyse des observations*, p. 25.)

Preuve frappante que des questions de propriété peuvent être agitées en justice de paix, sans qu'elles soient des contestations prévues, et entraînant l'incompétence.

C'est ainsi que M. AMILHAU, rapporteur de la loi, en a fait connaître l'esprit en disant : « Lorsque le titre n'est pas contesté ou *que les parties ne sont pas d'accord sur le lieu du bornage,* chacun remet ses titres au juge de paix, qui fait une visite de lieux et qui ordonne que la borne sera placée à l'endroit déterminé par l'expert. »

M. Benech déclare formellement que le juge de paix déterminera la ligne de séparation des deux fonds.

Il rapporte ensuite à la note, l'observation des Cours de Metz et de Nancy, et fait connaître que cette observation ne pouvait avoir aucune suite ; car si le juge de paix n'a pas le pouvoir de déterminer le point où les bornes doivent être placées, s'il faut que les parties soient d'accord à ce sujet, à quoi serait donc réduit le ministère de ce magistrat ?

M. Benech cite la réponse de M. Amilhau qu'il trouve conforme à ce principe de tous les temps et de tous les lieux, d'après lequel le juge compétent pour procéder au bornage, est par cela même implicitement autorisé à déterminer le point où sera la ligne séparative des héritages.

Le professeur de Toulouse vient encore confirmer ces principes, lorsqu'il estime que si les quantités des titres excèdent l'étendue des terrains, et, au contraire, l'étendue des terrains les quantités des titres, le juge de paix sera autorisé, dans le premier cas, à faire subir aux parties une réduction proportionnelle, et dans le second, à leur attribuer l'excédant, toujours par une règle de proportion.

CURASSON, au n° 2, 4° alinéa, dit que l'action en bornage a pour but de faire reconnaître la ligne de délimitation de deux héritages plutôt que de fixer par des bornes une ligne qui serait convenue, et elle n'est intentée que pour faire statuer sur les difficultés que présente la fixation de la ligne délimitative.

Au n° 12, 6° alinéa, il cite Benech et approuve ses observations au sujet de la réclamation des Cours de Metz et de Nancy.

Si l'on s'en rapportait au sommaire donné par quelques recueils d'arrêts, on pourrait croire que la Cour de cassation a décidé la question dans son arrêt du 1ᵉʳ février 1842.

Mais en examinant attentivement les faits de la cause, on voit qu'il n'y a que dans la citation devant le juge de paix qu'il soit question de ligne divisoire; ni le jugement d'appel, ni l'arrêt de la Cour suprême ne font mention de la contestation des limites.—Le seul point en litige et sur lequel il y avait à statuer était la prétention élevée par le demandeur d'un terrain qu'il soutenait avoir toujours fait partie de son héritage. Les parties, comme le dit le jugement, avaient *réciproquement élevé des prétentions à la propriété d'une partie de leurs fonds respectifs.*

Le juge de paix a basé son opération de bornage en se fondant uniquement sur les déclarations des témoins, rejetées par le défendeur; et c'est en cela qu'il a outrepassé les bornes de sa compétence, puisqu'une partie de l'héritage était en contestation, de laquelle, en l'absence de titre, le demandeur a sans doute voulu prouver la propriété par la prescription.

Il n'est nullement question dans l'arrêt de la Cour de limites, mais bien d'étendue de terrain; ainsi ce serait à tort si l'on invoquait cette décision qui n'aurait pas d'application.

D'après ce que nous venons de voir, il semblerait que la question ne devrait point faire le moindre doute, les législateurs s'en étant formellement expliqués en rejetant la condition de non-contes-

tation de limites que quelques Cours réclamaient,
cependant des auteurs ont assimilé aux contestations prévues d'autres difficultés, et les confondant
déclarent que le juge de paix ne peut connaître des
contestations sur les limites.

M. FOUCHER, avocat général à la Cour royale de
Rennes, est de ce nombre.

« L'incompétence, dit cet auteur, du juge de
paix pour connaître des actions en bornage, dans
les cas où la propriété ou les titres qui l'établissent
sont contestés, l'empêche encore de statuer sur
l'action en bornage jointe à une action en délimitation de propriété, parce que la demande en bornage n'étant alors que la conséquence du sort de
l'action en délimitation, le juge ne pourrait la juger
sans prononcer sur celle-ci, ce qu'il ne peut faire.

« En effet, l'action en délimitation de propriété
porte sur la propriété elle-même; elle n'a lieu
que pour faire cesser les contestations sur les véritables limites ; son résultat est donc d'attribuer
la propriété des parties contestées d'héritages à
l'une ou à l'autre partie. Or, ce sont des questions
que la loi n'a jamais voulu soumettre à la juridiction des juges de paix qui, en cas de bornage,
n'ont principe d'action qu'autant que la propriété
n'est pas contestée. » (V. Foucher, *Comm.*, art. 6,
n° 279.)

D'abord, comme nous l'avons dit, la délimitation ne donne pas lieu à une action distincte et sé-

parée, la délimitation n'est qu'un mode de l'action en bornage. Pour connaître les vraies limites des propriétés, il faut bien rechercher les limites, et cette recherche des limites est assurément et très incontestablement dans les attributions des justices de paix. Nous renverrons à cet égard au § qui traite de la délimitation.

Mais ce qui doit étonner le plus d'un esprit aussi supérieur et aussi exact que celui de M. l'avocat général de Rennes, c'est la présomption que la délimitation suppose toujours contestation, erreur des plus graves, et qui se trouve en opposition évidente avec ce qui se passe journellement.

En effet, les répartitions de terrain s'opèrent presque toujours sans difficulté. On reprend à l'un pour remettre à l'autre, et l'on rencontre peu de contestations sérieuses sortant des attributions des juges de paix.

Cette opinion doit d'autant plus surprendre que M. Foucher décide que le juge de paix est juge ordinaire des actions en bornage sur le vu des titres, qu'il a le droit de les faire exécuter. S'il a ce droit, il faut nécessairement que les limites changent, et que la délimitation des propriétés au moment de la demande éprouve des variations, mais ces variations, ces changements n'entraînent pas avec eux des contestations. Le résultat de la délimitation est sans doute d'attribuer une portion d'héritage plus ou moins considérable, en raison du plus ou du moins d'anticipation. Mais dire que ces portions sont contestées, c'est se mettre à côté du vrai et méconnaître les simples éléments des opérations en bornage; elles peuvent l'être, mais très rarement. La possibilité de la contestation est l'exception, la règle est le règlement pacifique. Au surplus, s'il y a contestation, le juge renvoie la difficulté devant le tribunal d'arrondissement, mais sa compétence n'en existe pas moins.

La délimitation, dit-on, porte sur la propriété elle-même. Cela est vrai, mais est-ce là une contestation de propriété ou de titre? Non certes; et la loi n'a jamais entendu enlever aux juges de paix la connaissance de la propriété, mais bien la connaissance des contestations sur la propriété ou les titres.

M. Foucher me semble énoncer un fait qui n'est pas parfaitement exact, en disant qu'en cas de bornage, les juges de paix n'ont principe d'action qu'autant que la propriété n'est pas contestée.

Ce n'est pas ainsi que cette action doit être envisagée. Le germe de la compétence en cette matière a été déposé dans l'art. 6 de la loi du 25 mai 1838, et ce n'est que quand la demande est formée en justice de paix, quand, pour la plupart des cas, un premier jugement aura été rendu que la compétence peut se trouver modifiée.

Les tribunaux de paix ont, au contraire, toujours le principe d'action en bornage, parce qu'ils sont juges ordinaires de ces sortes d'actions, qu'ils sont à cet égard substitués aux tribunaux d'arrondissement, et ce n'est qu'accidentellement, dans des cas donnés, contestations de titres ou de propriété, que les contestations sont renvoyées devant les tribunaux supérieurs.

En résumé, la délimitation ne peut pas être assimilée à une contestation, parce que l'on peut délimiter sans difficulté, et que décider d'une manière absolue que toutes les fois qu'une demande tend à la délimitation, il y a incompétence, c'est sortir du vrai ; le résultat de la délimitation est d'attribuer sans doute des portions d'héritages à l'une ou à l'autre partie, mais non pas des portions *contestées* d'héritage, car il y a tout un principe entre ces deux locutions, et un principe dont les conséquences renversent toute l'économie de la loi et enfreignent les règles les plus simples de la pratique du bornage.

Il semble que M. Foucher qui veut le bornage sur le vu des titres, qui veut leur exécution, n'a pas réfléchi aux conséquences inconciliables d'une délimitation, comme il l'entend, avec l'application des titres, ou plutôt, n'a pas vu que l'exécution des titres n'était que la délimitation. Si les titres sont appliqués au terrain, c'est pour connaître les limites des propriétés et restituer à chacun ce qui lui appartient, et donner aux pièces de terre une autre délimitation.

La manière dont s'exprime M. l'avocat général de Rennes ferait penser qu'il adopterait implicitement l'opinion des Cours de Metz et de Nancy, qui demandaient que le juge de paix n'eût compétence que dans le cas où la propriété et ses *limites* ne seraient pas contestées.

Or, en disant que la délimitation fait cesser les contestations sur les limites, et en enlevant à la juridiction des juges de paix la délimitation, c'est entrer dans l'intention de ces Cours, et faire revivre une demande à laquelle on ne s'est pas arrêté, et qui n'a pas eu de suite.

En définitive, ce n'est que dans les cas prévus par la loi, que la compétence de la justice de paix s'arrête, c'est-à-dire quand les titres et la propriété se trouvent contestés. Or, la délimitation ne suppose pas toujours contestation ; il faut des motifs pour contester ; il ne suffit pas de se refuser à une opération régulièrement faite.

M. Foucher termine par rappeler les bases indiquées par Toullier pour procéder au bornage. Si ces bases étaient suivies et étaient, comme elles semblent l'être, destinées à être appliquées aux justices de paix, le système de M. Foucher serait détruit, parce que, d'après ces éléments, il entre dans le pouvoir des juges de paix de faire supporter aux parties les pertes comme de leur faire profiter des gains, de reporter dans la pièce de l'une ce que l'autre a de trop ; c'est évidemment faire de la délimitation, car la délimitation n'est autre chose que la fixation des limites des champs ; elle constitue l'action de bornage qui n'est que le *Finium regundorum.*

M. Rodière, après avoir parlé de l'exception de qualité de la personne, dit :—« Le seul litige que la loi semble avoir voulu interdire au juge de paix de juger, c'est celui qui peut rouler sur le point de savoir *si telle portion de terrain, située entre les deux propriétés limitrophes, doit être attribuée à l'une des portions plutôt qu'à l'autre.*

« Il ne faudrait pas toutefois conclure de là qu'aussitôt qu'il s'élève la moindre difficulté sur la *fixation des limites,* le juge de paix devient incompétent : il faut, ce semble, pour que l'incompétence surgisse, qu'il y ait quelque opposition entre les titres des parties et le dernier état *de leur possession,* indiquée par quelques limites apparentes, résultant d'indices certains et reconnaissables, comme un buisson, un fragment de haie, une pierre, un arbre, une rigole, un abaissement ou un exhaussement subit de terrain, etc. Ces divers indices indiquent, en effet, le plus souvent le point où la possession des parties a dû vraisemblablement s'arrêter ; et celle des parties qui prétend faire porter les bornes au delà, soulève aussitôt une question de propriété qui ne peut être jugée que par les tribunaux ordinaires.

« Le juge de paix statuera donc compétemment, encore qu'il s'élève des contestations sur la véritable fixation des limites, toutes les fois qu'il pourra attribuer à chacune des parties la contenance fixée par ses titres, sans que les indices reconnaissables de sa dernière possession soient inconnus.

« Mais dès qu'il reconnaît l'impossibilité de procurer à chacune des parties la *contenance* marquée par ses titres, sans déranger les limites apparentes établies par une possession d'an et jour suffisamment caractérisée, il doit, ce semble, se déclarer incompétent. Il paraît difficile de poser en cette matière une règle plus précise. » (V. Rodière, t. 1, p. 82.)

Les attributions de terrain sembleraient devoir être interdites aux juges de paix d'après M. Rodière. Cependant ce professeur rectifiant, modifiant sa première idée, reconnaît aux tribunaux de paix une compétence assez arbitraire, car, au point de vue où se place l'auteur, chacun peut avec aise formuler son système d'interprétation. Ce serait encore une espèce de bornage possessoire, ou plutôt conforme à la jouissance actuelle des propriétés, laquelle possession se trouverait indiquée par des signes apparents.

Il y aurait incompétence dans le cas de contrariété entre les titres et le dernier état de la possession prouvée par des indices matériels, parce que, dit M. Rodière, celui qui prétend faire porter les bornes au delà, soulève aussitôt une question de propriété qui ne peut être jugée que par les tribunaux ordinaires.

Évidemment, l'on confond ici la question de propriété avec la contestation de propriété, deux choses pourtant très distinctes et que le législateur a suffisamment indiquées.

Un exemple fera ressortir le peu de fondement d'un pareil système.

Il existe dans ma pièce de terre un enfoncement, ou un rideau à pente légèrement inclinée, mon voisin a anticipé de quelques sillons : il a joui ainsi pendant plusieurs années. Je fais vérifier les contenances de mes propriétés, et l'arpenteur constate un déficit. J'appelle mon voisin au bornage, l'arpenteur fait son travail de reprises, l'anticipation étant démontrée, la restitution est ordonnée.

Y a-t-il là une contestation de la propriété ? Non certes, et tout le monde dira que si le voisin résiste, le juge de paix pourra statuer sur la difficulté, encore bien que le voisin ait une possession plus qu'annale et civilement caractérisée.

En un mot, toutes les fois qu'il n'y a pas contestation de la propriété au moyen de prétentions graves et devant entraîner des preuves de possession trentenaire, ou d'autres incidents non moins sérieux, le juge saisi ne doit point se dessaisir de l'action.

M. Rodière entend par limites, les limites de la possession, et il en donne la connaissance au juge de paix qui interprétera et décidera des difficultés qui surgiront sur les indices matériels indiquant le dernier état de la jouissance respective des parties,

Ce n'est pas là la nouvelle attribution donnée

aux tribunaux de paix, ils sont aux lieu et place des tribunaux d'arrondissement, et ont dans leur compétence ces sortes d'actions, moins les contestations de titre et de propriété.

Voyons comment M. DURANTON, le dernier auteur qui ait écrit sur la matière, envisage la question de compétence relativement à la fixation des limites.

L'auteur commence par établir et fait ressortir la différence existant entre l'action en déplacement de bornes et l'action en bornage proprement dite, celle-là est éminemment possessoire, celle-ci au contraire est toute pétitoire.

L'une appartient aux tribunaux de paix, l'autre aux tribunaux d'arrondissement.

« L'action de bornage primitif, dit ce professeur, jusqu'à la loi du 25 mai 1838, sur les justices de paix, avait été considérée comme touchant, ou du moins, comme pouvant toucher au droit de propriété, et en conséquence, elle n'avait point été mise dans les attributions des juges de paix, mais bien laissée, au contraire, dans celle des tribunaux ordinaires. L'on s'était dit où les parties sont d'accord sur leurs limites respectives, et dans ce cas, elles peuvent elles-mêmes planter leurs bornes et dresser un acte de cette plantation..... sont-elles, au contraire, en discussion sur les véritables limites ? alors l'action de bornage touche réellement au droit de propriété ; ce n'est plus là une simple action possessoire, et le juge de paix est incompétent pour en connaître même à charge d'appel ; car il ne connaît pas des questions de propriété ; il doit même soigneusement éviter de cumuler le pétitoire avec le possessoire : il y aurait excès de pouvoir de sa part s'il le faisait. D'après ces motifs, on avait cru devoir maintenir l'action en bornage dans les attributions des tribunaux ordinaires. »

Ici M. Duranton rappelle les réclamations faites à ce sujet en 1808, lors du projet du Code rural, et arrive ensuite à la loi de compétence nouvelle du 25 mai 1838; il en conclut que les juges de paix connaissent aujourd'hui de la charge d'appel de l'action en bornage *primitif*, mais toutefois, lorsque la propriété et les titres qui l'établissent ne sont pas contestés.

« Mais qu'entend-on, ajoute M. Duranton, par *propriété contestée ?* Est-ce le cas où l'un des voisins, le défendeur, prétendrait que son adversaire n'est pas propriétaire du fonds qu'il s'agit de limiter par une plantation de bornes ? Cela n'est pas vraisemblable ; qu'est-ce que cela lui fait, s'il n'y a pas d'empêchement sur le lieu ? D'ailleurs, un possesseur est réputé propriétaire jusqu'à preuve du contraire, et cette preuve n'est recevable qu'autant qu'elle est fournie par celui-là même qui se prétend propriétaire, ou par ses ayants cause ; le tiers n'a pas à se mêler de cette question. »

« On a donc eu en vue le cas où l'un des voisins, n'importe lequel, prétendrait que telle ou telle partie de terrain lui appartient, tandis que l'autre soutiendrait, au contraire, qu'elle est à lui ; alors, comme l'action porte sur la propriété, qu'elle n'est pas seulement déclarative, ainsi que doit l'être celle en simple bornage, qu'elle est attributive, elle sort de la compétence du juge de paix, même pour être décidée par lui en premier ressort seulement ; et, il faut le dire, les attributions des juges de paix, quant à cette action en bornage, n'auront pas autant été étendues par la loi de 1838 qu'on pourrait se le figurer au premier coup d'œil ; car c'est presque toujours lorsqu'il y a contestation sur les limites respectives des fonds qu'il y a lieu de recourir à un bornage judiciaire.

« Quoi qu'il en soit, dès que sur une action en bornage les parties ne sont pas d'accord sur *le lieu où les bornes doivent être plantées*, parce que l'une d'elles prétend être propriétaire au delà du point jusques auquel l'autre prétend l'être, le juge de paix est incompétent, et il doit même se déclarer tel d'office, car son incompétence est réelle. » (V. DURANTON, *Cours de Droit civil*, 4e édit., ve vol., p. 225.)

C'est avec raison que M. Duranton ne confond pas, mais distingue l'action en déplacement de bornes, qui n'est qu'annale et possessoire, avec l'action en bornage, de sa nature imprescriptible, n'empruntant rien au possessoire, et étant au contraire toute pétitoire.

M. Duranton se demande ensuite ce que l'on entend par propriété contestée. Ce n'est pas la contestation de la qualité du fonds ; « car, dit-il, peu importe au demandeur à qui il peut avoir affaire ; il ne connaît en quelque sorte que la terre.»

M. le professeur de Paris se trompe selon nous; sans doute que tout possesseur est réputé propriétaire, mais n'est-il donc pas intéressant pour les voisins de savoir avec qui ils vont se limiter, voire même placer les simples signes délimitatifs? Car enfin, il faut que l'opération ait lieu contradictoirement avec le vrai propriétaire, des difficultés, du reste, pouvant naître de l'application des titres, de leur interprétation, et même des accidents de terrain. — En un mot, le seul inconvénient d'être obligé de recommencer peut-être une opération de bornage, devrait suffire pour qu'une semblable opinion ne fût pas suivie.

Quant à la véritable difficulté, la contestation de la propriété, M. Duranton lui donne une portée qu'elle n'a pas en la traduisant par contestations sur les limites respectives des fonds.

En effet, autre chose est de contester la propriété en son ensemble, même une partie de cette propriété, ou de n'être pas d'accord sur les limites. L'auteur n'a pas fait assez attention à cette différence profonde, et qui constitue la restriction ap—

portée aux attributions nouvelles conférées aux justices de paix.

Contester les limites ou la ligne divisoire n'est pas élever une contestation prévue par la loi, une contestation de propriété proprement dite.

Et l'on doit être étonné qu'un auteur de droit aussi recommandable, s'emparant, pour ainsi dire, des propres expressions d'un des rapporteurs de la loi de compétence du 25 mai 1838, ait donné une solution tout opposée. — M. Amilhau a dit que lorsque les parties ne seraient pas d'accord sur le lieu où la borne devait être placée, le juge, assisté d'un expert, ferait application des titres et déciderait le différend.

M. Duranton décide, au contraire, que dans ce cas les parties étant en désaccord sur le point jusqu'où peuvent aller leurs propriétés, parce que l'une et l'autre en réclament la propriété, le juge de paix est incompétent, et se le doit déclarer d'office, l'incompétence étant *ratione materiæ*

La réponse de M. Amilhau, rapporteur de la loi à la Chambre des députés, en forme nécessairement le commentaire officiel le plus sûr; elle doit être suivie.

M. Duranton a été conduit à une conséquence toute contraire par la confusion qu'il a faite des questions de propriété avec les contestations de propriété, et nous devons le croire ainsi, puisqu'il déclare que les attributions des juges de paix en cette matière ne sont pas telles qu'on l'aurait pensé dès l'abord.

Nous reconnaissons avec lui que lorsqu'une des parties soutient être propriétaire jusqu'à tel ou tel point, et demande à en faire la preuve, le juge de paix ne peut connaître de cet incident ; mais lorsqu'il ne s'agit que d'appliquer les titres aux terrains, de rendre à chacun ce qui lui peut appartenir, en un mot, d'opérer les reprises et ordonner les restitutions, nous avons la ferme conviction que bien encore que ce soit une question de propriété, ce n'est point encore là une contestation de propriété.

Voilà, je crois, toute la différence qui existe entre certains auteurs et nous autres hommes de pratique et des champs.

Et nous sommes certains que si M. Duranton était entré dans le détail des opérations usuelles de bornage, il n'aurait pas eu à regretter le peu d'étendue de la compétence des juges de paix en cette matière.

§ 2. — *De la contestation des titres.— Nullité.— Précarité.— Adaptation.— Titres respectifs ou unique. — Deux titres donnant au même fonds différence de contenance.— Plus ou moins de contenance. — Absence de titres et contestations de contenance.*

1er CAS.—Il y a contestation lorsque le titre est argué de nullité aussi bien en la forme qu'au fond, qu'il est précaire.

Nous ne pouvons faire mieux que de reproduire les exemples donnés par les auteurs.

BENECH. — « Vous (demandeur) produisez pour détruire mon allégation (que vous n'êtes pas propriétaire), un acte d'acquisition, d'échange ou de partage qui vous a investi; de mon côté je réplique que ces actes ne sont pas translatifs de propriété; j'en conteste le caractère : je soutiens qu'ils ne vous confèrent qu'un droit de détention purement précaire; je conteste également vos titres de propriété, ou du moins ce que vous, demandeur, appelez titres de propriété. Dans ce cas, le juge de paix est incompétent. »

Annales. — « Il y aura contestation sur les titres qui établissent la propriété, quand l'une des parties attaquera le titre présenté par son adversaire, en articulant des faits tendant à établir qu'il est faux, irrégulier ou consenti par personnes incapables. (V. t. VI, p. 138.)

CURASSON. — « Le demandeur produit-il un titre que le défendeur conteste, soutenant que ce n'est pas un acte de propriété, qu'il ne confère qu'un droit de détention précaire, ou que ce titre est nul? Dans ce cas cesse la compétence du juge de paix, attendu qu'il y a contestation sur le titre présenté comme établissant la propriété. » (V. t. II, p. 336.)

M. FRION. — « Le titre est contesté lorsque l'on s'inscrit en faux contre lui; s'il est authentique ou qu'on en méconnaît les signatures; s'il est sous seing privé ou qu'on l'arguë de nullité. »

M. Delahaye reconnaît aussi qu'il y a contestation de titre quand le défendeur attaque au fond ou dans la forme la validité des titres produits par le défendeur pour établir la propriété des héritages à délimiter, et que le juge de paix est incompétent pour statuer sur le mérite de ces titres.

2e Cas. — *Difficulté sur l'adaptation des titres. — Il n'y a pas contestation quand l'une des parties prétend que le titre représenté ne s'adapte pas au fonds à délimiter.*

Ce cas, qui se présente assez fréquemment dans les opérations de bornage, soit à cause de l'ancienneté des titres ou de l'ambiguïté des désignations, ne doit pas donner lieu à l'incompétence, parce que c'est là une des difficultés anciennes données aux experts, et que le juge de paix, par les renseignements et les indications qu'il se fera donner, aura bientôt résolues.

Il n'y a lieu ici qu'à l'application de titres, et non à leur contestation sous tel ou tel rapport.

M. Delahaye, après avoir dit que, hors le cas de contestation de titres, le juge de paix est compétent pour connaître de tous les incidents et questions que peut soulever l'action en bornage, décide qu'il l'est évidemment encore pour vider les contestations de reconnaissance de désignation d'un grand nombre de parcelles contenues dans un même titre;—Que ces contestations ne portent pas sur la validité des titres, qu'ils ne sont pas contestés, qu'il s'agit uniquement de les appliquer, et que le juge de paix est compétent pour l'application des titres.

3e CAS. — *Quand l'un veut borner avec les titres respectifs, et l'autre seulement avec un seul titre désigné, ce n'est pas là une contestation de titre.*

Curasson fait une distinction à cet égard, que nous pensons ne devoir pas arrêter; il prétend que quand les parties sont convenues de délimiter en vertu de titres respectifs, le juge de paix est compétent; mais qu'il cesse de l'être, lorsque l'une d'elles veut et l'autre ne veut pas que le bornage soit fait ou ne soit pas fait en vertu d'un titre unique désigné.

Nous le dirons encore, les parties n'ont pas besoin de convenir que ce sont tels ou tels titres qui doivent servir de base à l'opération. Le juge se les fait représenter tous et fait l'application de ceux qui lui paraissent devoir l'être, et l'on ne peut voir dans cette application de titres, ni contestation de propriété, ni contestation de titres.

M. Delahaye réfute Curasson sans le citer. La contestation est de la compétence du juge de paix, soit que, loin de s'en rapporter à l'application des titres en général, une des parties ait déclaré ne vouloir prendre pour règle qu'un seul titre qu'elle prétend seul applicable, tandis que l'autre soutient le contraire ; dans ce dernier cas, le débat ne porte pas sur une question de propriété ; ni la propriété, ni les titres ne sont contestés, tout se réduit à savoir quels sont les titres applicables, si tous ou un seul sont applicables. Dans ce cas, le juge de paix est compétent.

4ᵉ CAS.—*Il n'y a pas contestation de titre, quand le juge de paix est appelé à décider entre deux titres représentés, attribuant au même fonds une contenance différente, encore bien que le voisin demande l'application du titre à contenance moindre, et que le propriétaire du fonds résiste et veuille le contraire.*

Voici ce que nous disions à cet égard en septembre 1838, quelques mois après la loi : — « Considérant qu'il ne s'agit, dans l'espèce, que d'une simple application de titres ; qu'il n'y a pas là de contestation de propriété ou de titre, puisque ceux représentés sont reconnus et inattaqués ; que le juge n'a qu'une seule chose à faire, à donner la préférence à l'un ou à l'autre ; — Considérant, d'un autre côté, que si, au possessoire, le juge a le droit d'interpréter et d'appliquer les titres, de puiser même au pétitoire les motifs de décision, de baser en un mot son jugement sur les titres, il le peut bien plus encore dès lors qu'il est juge du pétitoire. » (V. *Juge de Paix*, t. VIII, p. 523.)

En 1839, j'ai reproduit cette opinion dans un jugement du mois de juin : — « Sur l'application des

29.

titres représentés : considérant qu'il ne s'agit nullement, dans la cause, de validité ou d'invalidité de titres; qu'aucune des parties ne les attaque; qu'elles prétendent seulement que les uns doivent être préférés aux autres ; que de ce débat naît une simple question *de préférence*, et non *de validité*, qui rentre dans les attributions des tribunaux de paix, qui ont évidemment le droit d'appliquer, d'interpréter les titres, no pour éclairer la possession, mais pour éclairer le pétitoire; qu'en cette matière ils sont juges du pétitoire et non du possessoire. » (V. *Juge de Paix*, t. IX, p. 208.)

Nous persistons dans cette manière de voir avec d'autant plus de raison, que nous savons qu'après avoir été dans le doute, beaucoup de juges de paix, au nombre desquels nous citerons notre collègue de Granvilliers, se sont rangés de notre avis.

CURASSON se prononce dans ce sens :— « Les titres qu'il s'agit d'appliquer seront anciens et souvent obscurs, soit pour les contenances, soit pour les limites. Ces titres peuvent être nombreux, il s'agira d'en faire *le choix*. Une partie soutiendra que c'est à l'un plutôt qu'à l'autre qu'il faut s'attacher; l'adversaire élève sur ce point des prétentions absolument opposées ; mais ce ne sont là que des difficultés inhérentes à l'action en bornage, et qui ne peuvent entraver la compétence du juge investi de la connaissance de ces actions. » (V. t. II, n° 12, p. 339, 1re édit.)

5e **Cas.** — *Elever des difficultés sur le plus ou moins de contenance n'est point une contestation de la propriété ni de titre.*

Benech donne le conseil au juge de paix de renvoyer devant le tribunal d'arrondissement. Il formule ainsi la difficulté : « J'ai reconnu votre qualité de propriétaire ; le juge de paix a ordonné son transport sur les lieux pour faire procéder à l'arpentage et présider à la plantation des bornes ; là, je soutiens que votre titre ne vous donne droit qu'à une contenance de cinq arpents, tandis que vous prétendez à une contenance de dix ; le juge de paix pourra-t-il statuer sur cet incident ? Est-ce là de ma part contester votre propriété ou votre titre ? — Dans la rigueur des termes, on pourrait peut-être décider que le juge de paix avait le droit de statuer lui-même sur l'incident. Cependant il nous paraît qu'il se conformera mieux à l'esprit de la loi nouvelle, en renvoyant les parties à se pourvoir à ce sujet. Il ne pourrait lui-même vider le différend qu'en se livrant à l'interprétation des clauses des actes : cette interprétation peut présenter des difficultés sérieuses, et le législateur n'a pas entendu lui soumettre des questions de ce genre qui pourraient d'ailleurs, dans certains cas, offrir la plus haute importance par la quotité de contenance contestée. » (V. p. 275.)

Curasson s'étonne de ce langage de M. Benech, quand un peu plus loin il reconnaît aux tribunaux de paix des attributions bien autrement larges, et le refute en ces termes : « Mais la question de savoir si, d'après l'application des titres, les juges de paix doivent attribuer telles ou telles contenances, n'est-elle donc pas accessoire au bornage? S'il en était autrement, à quoi aboutirait cette action, dans laquelle chacun des colitigants est demandeur, relativement à la contenance qu'il prétend avoir, et défendeur quant à celle que, de son côté, le voisin croit devoir lui être attribuée. Débattre sur le plus ou moins de contenance, ce n'est donc point contester la propriété du fonds ni les titres qui l'établissent, c'est seulement fournir des moyens pour éclairer les experts et les juges chargés de déterminer la ligne de séparation où doivent être placées les bornes. » (V. t. II, p. 240, 7e et 8e alinéa.)

Benech, à l'endroit que nous avons rapporté, pense que le juge de paix ne peut interpréter les clauses des actes ; c'est assurément là une erreur échappée à l'auteur qui a parfaitement caractérisé l'action en bornage dévolue aux tribunaux de paix par la nouvelle loi.

Il suffit de relire les motifs de la loi et ce que disait M. Barthe pour se convaincre que les juges de paix ont le droit d'interprétation. « Ces discussions (concernant la délimitation), dit le ministre, ne se jugent bien que par la vue des lieux ; c'est en leur présence que les titres *s'interprètent* sans équivoque, que les subterfuges échappent à la mauvaise foi, que les doutes s'éclaircissent. »

L'importance du litige relative aux quantités ne serait pas une cause suffisante de renvoi de l'incident.

6e Cas.—*L'absence de titre et la contestation de la contenance donnent-elles lieu à l'incompétence et au renvoi devant le tribunal d'arrondissement ?*

Nous avons vu au chapitre des règles du bornage qu'en l'absence des titres, il était de principe que la délimitation fût opérée à l'aide de documents propres à établir la contenance des héritages respectifs des parties.

Ces documents, qui ne sont pas des titres, consistent en anciens baux, anciens états de section, anciens plans terriers, cadastres et procès-verbaux d'arpentage.

Nous avons dit aussi que si ces documents manquaient, on devait avoir recours à la possession.

Et assurément rien ne rentre plus dans la compétence des juges de paix que ce cas, puisqu'il ne s'agit que de l'application de simples documents ainsi que de l'application de la possession.

M. Delahaye a examiné la question, mais il nous semble n'avoir pas fait une juste interprétation de l'arrêt du 1er février 1842, dont il n'adopte au reste pas les motifs.

« Pour l'incompétence, dit-il, voici comment l'on raisonne : La connaissance de l'action en bor-

nage n'appartient au juge de paix que par une exception au droit commun, et lorsque les propriétés ou les titres qui l'établissent ne sont pas contestés ; en l'absence de titres, et lorsque les parties
ne sont pas d'accord sur l'étendue respective de
leurs héritages limitrophes, il s'élève une question
de propriété. Ces motifs sont tirés d'un arrêt de la
Cour de cassation, confirmatif d'un jugement du
tribunal de Grasse, du 14 février 1842. — Je ne
saurais, ajoute M. Delahaye, adhérer à cette décision et adopter le motif sur lequel elle est fondée,
sans me mettre en contradiction avec les motifs
que j'ai développés. Cet arrêt suppose que le juge
de paix cesse d'être compétent lorsqu'une question
de propriété est mêlée à l'action en bornage;
cette interprétation réduirait le ministère du juge
de paix à une opération purement matérielle, il ne
serait compétent que lorsqu'il n'y aurait pas de
contestation; pas d'action. Tel n'est pas le sens de
l'art. 6 ; le juge de paix est incompétent en deux
cas seulement, lorsque la propriété, c'est-à-dire
la propriété de la pièce à délimiter est contestée,
ou lorsque les titres qui établissent cette propriété
sont attaqués. Quoiqu'il n'existe pas de titre et que
les parties ne soient pas d'accord sur les limites de
leurs héritages, la propriété de ces héritages peut
n'être pas contestée ; et dans l'esprit de l'arrêt, elle
ne l'était pas, les titres ne peuvent pas être contestés puisqu'il n'en existe pas ; on ne se trouve
donc dans aucun des cas où le juge de paix est in-

compétent aux termes de l'art. 6, loi du 25 mai 1838. Si l'on consulte l'esprit de cette loi et l'intérêt des parties, on verra dans l'absence de titres une circonstance qui doit déterminer à conserver au juge de paix la connaissance de l'action en bornage; à défaut de titres, il est nécessaire, pour fixer la contenance et les limites respectives des héritages, de s'en rapporter à d'anciens procès-verbaux, même à de simples plans d'arpentage, peut-être à d'anciennes marques, toutes choses que l'on apprécie bien, que l'on n'aperçoit même que sur les lieux.

Si je ne me trompe, je pense que l'on a tiré de l'arrêt de cassation, une conséquence qu'il ne comporte pas.

La Cour a déclaré que, dans l'espèce, il était constaté par le jugement attaqué, qu'il y avait absence de titres et que les parties contestaient sur l'étendue respective de leurs héritages limitrophes, ce qui, ajoute la Cour, donnait évidemment lieu à une question de propriété.

L'arrêt, comme l'on voit, prend les faits établis par le jugement contre lequel il y avait pourvoi et en conclut qu'il y a question de propriété, et partant aucune violation de la loi.

Pour bien apprécier cette décision de la Cour suprême, il faut se reporter aux faits de l'espèce jugée par les tribunaux de paix et d'arrondissement.

Le *Journal du Palais*, publié par M. Ledru-Rollin, nous paraît avoir rapporté avec le plus de détails, les faits de cette affaire.

Dans la citation, la ligne divisoire était indiquée (ce qui dénotait déjà une prétention de la part du demandeur).

Le défendeur a consenti au bornage tout en repoussant la ligne indiquée, et a protesté contre la prétention élevée par le demandeur sur un terrain qu'il soutenait avoir toujours fait partie de son propre héritage.

Jugement ordonnant visite de lieux ; le demandeur oppose l'incompétence, attendu qu'il y a contestation foncière.—Le juge retient la cause, entend des témoins et statue au fond.

Il est constaté dans le jugement sur appel, que les parties ont réciproquement élevé des prétentions à la propriété d'une partie de leurs fonds respectifs pour lequel aucun titre n'était représenté.

Il résulte également de ce jugement que le juge de paix a opéré le bornage uniquement sur les déclarations des témoins.

Quelle était la vraie contestation dans la cause ? C'était évidemment la portion de terrain que se disputaient les parties. Il y avait contestation sur, comme le dit ce jugement, la propriété d'une partie de leurs fonds respectifs ; et le juge a entendu des témoins à cet égard, et s'est décidé, d'après l'enquête portant nécessairement sur cette portion de terrain, puisqu'elle a fait l'unique base de son jugement.

Ce n'est donc ni la contestation de la ligne divisoire, ni l'absence de titres qui a motivé et le jugement sur l'appel et la décision de la Cour de cassation.

L'arrêt ne nous paraît pas avoir été apprécié sous son véritable aspect par M. Delahaye, et ce serait en faire une fausse application que de l'invoquer au cas d'absence de titres et de contestation de contenance.

§ 3.—*Contestation non motivée; le juge de paix qui en est appréciateur n'y a pas égard.*

En matière de bornage comme dans les autres matières dont la compétence se trouve restreinte, lorsqu'il y a contestation de l'indemnité, de la propriété, des titres ou des servitudes, suffit-il, pour qu'il y ait contestation, de dire que l'on conteste, sans donner de motifs?

Ce point nous avait paru assis sur des bases tellement inébranlables (le maintien de l'ordre des juridictions), qu'il n'a fallu rien moins qu'un motif de la Cour suprême pour venir, sinon ébranler nos convictions, mais jeter le doute sur une jurisprudence constante, qui avait pour elle l'unanime approbation des jurisconsultes et l'autorité de l'expérience.

En effet, sous la législation de 1790 et le Code de procédure civile, la connaissance de l'indemnité pour non-jouissance de bail appartenait au

juge de paix lorsque le droit à l'indemnité n'était
pas contesté.

Le sens de ces derniers termes a été expliqué
de la même manière par les auteurs.—Henrion de
Pansey exige, avec beaucoup de raison, que la contestation ne soit pas présentée seulement, mais
qu'elle soit motivée. Sans cela ce serait rendre le
propriétaire maître de reconnaître ou d'éluder la
juridiction du juge de paix, selon son caprice ou
son intérêt. Telle n'a pas été l'intention de la loi,
tel n'a jamais été son langage ; — Et, comme le
proclame Billion, le plaideur renverse la compétence, se soustrait à la juridiction et dit au magistrat devant lequel il comparaît : La loi vous constitue mon juge, mais, par ma volonté, je paralyse
votre pouvoir. — Et, comme le dit aussi Favard :
« Mais, si au lieu de donner le motif de son exception, le défendeur se borne à dire qu'il conteste le
fond du droit, le juge de paix ne doit avoir aucun
égard à cette défense, et peut statuer sur la demande, parce que autrement ce serait donner au
propriétaire la faculté de décliner arbitrairement
la compétence du juge de paix, ce que certainement la loi n'a pas entendu faire. »

Carré, Duranton, Dalloz et tous les auteurs qui
ont écrit avant la loi du 25 mai 1838, appuient
cette doctrine de tout le poids de leur autorité.

La loi nouvelle de compétence a-t-elle apporté
quelque changement, a-t-elle modifié cette interprétation ?

Non, elle a seulement complété la disposition relative aux dommages aux champs, et elle s'est servie des mêmes termes pour d'autres attributions nouvelles qu'elle a soumises aux mêmes conditions à savoir dommages aux champs; élagage d'arbres ou haies; curage de fossés ou canaux d'irrigation ou d'usines.— Bornage; distances pour arbres ou haies; précautions pour constructions.

En passant par cette loi, l'ancienne expression *lorsque* n'a pas reçu une autre acception, il faut toujours que la contestation soit motivée, et le juge de paix en est l'appréciateur.

Tous les commentateurs de la loi du 25 mai 1838 l'ont ainsi interprétée. Nous citerons entre autres Benech, qui décide que les diverses contestations doivent être dûment colorées et avoir toutes les apparences de la bonne foi, car, s'il en était autrement, le vœu si sage de la nouvelle loi serait trop facilement éludé. Il faut donc appliquer encore ici les observations faites sur des points analogues.

Benech renvoie à la discussion à laquelle il s'est livré lors de l'examen de l'indemnité réclamée par le preneur, au cas de non jouissance de la chose louée; il termine par demander si le législateur aurait eu l'intention de modifier les doctrines exposées. Certes, il ne lui était pas permis d'ignorer combien les auteurs étaient unanimes à ce sujet; il savait que leurs théories s'étaient ainsi développées précises et homogènes, sur l'interprétation des mêmes locutions qui se trouvent dans la loi de

90 et le Code de procédure. — Eh bien ! lorsque dans une semblable conjecture, il emploie littéralement les mêmes expressions sans explication, sans modification aucune, est-il censé avoir refusé la sanction à des idées depuis longtemps naturalisées dans tous les esprits, et professées sans opposition, à l'école comme au barreau. Loin de là, son système a été que le défendeur n'éludât jamais la juridiction du tribunal de paix par des moyens détournés ; la disposition du § 3 de l'art. 8, demandes reconventionnelles, en offre une preuve décisive.

Curasson a embrassé la même opinion : l'ordre de juridiction ne peut dépendre du caprice ou de la mauvaise humeur de l'une des parties. Ainsi, pour décliner la compétence, il ne suffira pas de dire : je conteste la propriété, je ne reconnais pas les titres ; il faut que la contestation présente au moins quelque apparence de fondement. — Les juges correctionnels et de police sont appréciateurs du mérite de l'exception préjudicielle ; il en est de même ici et à bien plus forte raison, ayant à statuer sur un moyen d'incompétence, et le juge de paix doit apprécier cette exception et motiver son jugement. Il ne peut donc se dessaisir de l'action intentée par le demandeur, sur la simple contradiction d'un adversaire pointilleux.

M. Delahaye s'est également prononcé dans ce sens : « L'ordre des juridictions, dit-il, ne peut dépendre du caprice ou de la mauvaise humeur d'une partie ; la partie qui propose l'exception doit articuler et préciser les moyens qu'elle prétend faire valoir à l'appui de sa contestation ; le juge de paix, de son côté, peut et doit apprécier le mérite de l'exception, et ne pas l'admettre s'il reconnaît qu'elle est dénuée de toute apparence de droit. Arg. de l'art. 181, C. for. » (V. *Annales*, p. 45, §5.)

Voici les motifs de l'arrêt du 12 avril 1843 : « Attendu que c'est sans fondement que le jugement attaqué a considéré comme vague la question de propriété, lorsque cette contestation avait été soulevée en termes exprès, et *que le juge de paix en avait lui-même donné acte.*—Qu'enfin le défaut d'indication des motifs sur lesquels l'exception de propriété pouvait être appuyée, s'explique suffisamment par la considération de leur appréciation, étant, comme la propriété elle-même, hors de la compétence du juge de paix, tout développement à cet égard était sans objet. »

Il est à regretter que les recueils ne fournissent pas de plus longs détails sur les faits, on verrait comment la contestation a été motivée. Il semblerait que des motifs ont été donnés puisque la Cour déclare que la contestation a été expresse et que le juge en a donné acte.

Ce qu'il y aurait à faire en pareille circonstance, de la part du juge saisi, ce serait de n'avoir pas égard à des prétentions élevées sans motifs, mais surtout d'avoir le soin de n'en pas donner acte, parce qu'autrement elles seraient considérées comme suffisamment motivées et concluantes.

Mais restera, quoi que l'on fasse, le dernier motif de l'arrêt qui, s'il avait déterminé la cassation,
serait des plus fâcheux et laisserait à la chicane le
droit de dire au magistrat : Je conteste parce que
je conteste, tel est mon bon plaisir, et je demande
à être renvoyé devant d'autres juges.

Cependant je ne pense pas que l'on doive encore
jeter l'alarme comme le fait M. le juge de paix de
Châteauneuf, parce qu'il est évident que le motif
de l'arrêt est que la contestation n'était point vague, puisque le juge en avait lui-même donné acte.

Ainsi l'arrêt du 12 avril 1843, quoique contenant une considération très contestable, et que
l'on pourrait qualifier de motif surabondant, ne
doit point encore faire règle et détruire l'ancienne
et si salutaire jurisprudence.

MM. Rogron et Mongis se sont aussi prononcés
pour les contestations motivées qu'ils soumettent
à l'appréciation du juge.

« Pour mettre le juge, dit M. ROGRON, en état de
bien juger, les deux parties lui remettront leurs
titres. Après examen et visite des lieux, le magistrat
ordonne que la borne sera placée à tel endroit;
mais si l'une des parties contestait les titres de
l'autre, ou revendiquait l'une des propriétés en totalité ou en partie, alors il y aurait contestation
sur le titre et sur la propriété, le juge de paix ne serait plus compétent. *Ce magistrat, du reste, est juge
des motifs qu'on allègue, c'est à lui de les apprécier et
ensuite de se déclarer compétent ou non.* (V. Rogron,

Code de procédure civile expliqué, 7ᵉ éd., à la page 74, aux notes.)

M. MONGIS est encore plus formel, nᵒ 78 : « Désormais toute action en bornage devra être portée devant le juge de paix, alors même que le demandeur saurait que son adversaire contestera sur la propriété ou sur les titres. Autrement il appartiendrait aux parties de décider elles-mêmes si la contestation porte véritablement sur les titres ou sur la propriété : ce qui est inadmissible. *Un pareil droit ne peut appartenir qu'au juge de paix, qui le déclarera par un jugement d'incompétence.* » (V. *Encyclopédie du droit*, vᵒ *Bornage*, nᵒ 78.)

Nos prévisions étaient exactes quand nous annoncions que l'arrêt du 12 avril 1843 ne pouvait encore faire règle et détruire l'ancienne et si salutaire jurisprudence.

En effet, la Cour suprême, par son arrêt du 19 novembre 1845, vient de décider que la difficulté concernant la possession actuelle qui ne présentait pas d'élément d'acquisition de propriété, ne pouvait être considérée comme une contestation portant sur les titres et la propriété.

M. le conseiller rapporteur a émis dans cette affaire des doctrines si saines et si fécondes, que nous nous empressons de faire connaître cet arrêt et le rapport qui l'a précédé ; documents qui sont destinés à faire cesser bien des incertitudes et à fixer des points de compétence jusqu'à ce jour dou-

teux pour beaucoup de personnes et que l'intrigue
intéressée savait si bien exploiter.

1° BORNAGE.—JUGE DE PAIX.—COMPÉTENCE.
2° ENQUETE.—ASSISTANCE.

1° *Il n'y a contestation ni sur la propriété ni sur*
les titres qui l'établissent, et par conséquent le juge
de paix est compétent pour faire le bornage, lorsque
la partie contre laquelle cette opération est demandée,
tout en reconnaissant qu'elle possède plus de terrain
que ses titres ne lui en accordent, ne consent cependant
au bornage qu'à la condition qu'il aura lieu dans les
limites de sa possession. — *Dans ce cas, on ne peut pas*
dire que le juge de paix qui ordonne le bornage
conformément au titre reconnu, prononce sur une
question de propriété. (L. 25 mai 1838, art. 6.) (1)

---

(1) Les limites de la compétence nouvellement attribuée au juge
de paix en cette matière, sont assez difficiles à déterminer. Le n° 2
de l'art. 6 de la loi du 25 mai 1838, porte que le juge de paix connaît « des actions en bornage..... lorsque la propriété ou les titres
qui l'établissent ne sont pas contestés. » Mais, quand y a-t-il contestation sur la propriété ou les titres qui l'établissent? C'est ce sur
quoi la loi et sa discussion dans les deux chambres laissent planer
beaucoup d'incertitude.—Y a-t-il, par exemple, contestation sur la
propriété ou les titres, lorsqu'une des parties possédant une étendue
de terrain plus grande que celle énoncée dans ses titres, prétend
conserver cette étendue de terrain en s'appuyant, soit sur la prescription trentenaire, soit seulement sur sa possession annale?......
Les nombreux commentateurs de la loi du 25 mai 1838, s'accordent
assez généralement à décider qu'il y a contestation de propriété,
étrangère à la compétence du juge de paix, lorsque l'une des parties
allègue la prescription pour conserver une certaine étendue de ter-

2º *La partie qui, sommée d'assister aux opérations du bornage, n'y comparaît pas, n'est pas recevable à se plaindre de ce que, lors de cette opération, on a entendu en son absence des témoins dont l'audition a été jugée nécessaire.* (Cod. proc., 34 et 35.)

(Lesueur.—C. Dobrenelle.)

Sur une action en bornage formée par le sieur Dobrenelle devant le juge de paix de Crèvecœur, contre la demoiselle Lesueur, il fut constaté que, d'après les titres de cette dernière, sa propriété avait une contenance de 6 hectares 96 ares 29 centiares. Cependant la demoiselle Lesueur, qui était en possession d'une contenance de 7 hectares

---

rain au-delà de son titre (*V.* Curasson, *Compét. des juges de paix*, t. 2, *du Bornage*, nº 11, p. 451 (édit. de 1841); Bénech, *des Justices de paix*, p. 274, *in fin.*; Millet, *Traité du bornage*, ch. 18, § 1er, 2e cas, p. 282, et d'autres auteurs qu'il cite ; on peut même ajouter comme analogue dans ce sens, un arrêt de la Cour de cassation du 1er fév. 1842, vol. 1842.1.99).—Mais quelques-uns des auteurs que nous venons de citer se divisent en ce qui touche l'exception de possession actuelle ou annale. M. Curasson (*ubi suprà*) assimile ce cas à celui de la prescription, et il veut que le juge de paix se déclare incompétent. M. Millet, au contraire (*ubi sup.*, p. 287, 3e cas), décide qu'il n'y aurait pas là contestation de propriété, et que le juge de paix doit retenir la cause. — C'est cette opinion que nous paraît consacrer l'arrêt que nous recueillons ici, et il le fait selon nous avec d'autant plus de raison, que, dans l'espèce, le défendeur n'excipait pas de possession annale, qu'il n'alléguait que sa possession actuelle sans la présenter sous forme d'exception, consentant que le bornage eût lieu, pourvu que ce fût selon cette possession actuelle. Or, bien évidemment, il n'y avait pas là les éléments d'une véritable contestation de propriété.   L.-M. DEVILLENEUVE.

20 ares 30 centiares, tout en reconnaissant la contenance indiquée par ses titres, déclara consentir au bornage pourvu qu'il eût lieu dans les contenances actuelles de sa possession. De son côté, le sieur Dobrenelle demandait que le bornage fût fait conformément au titre. Alors la demoiselle Lesueur soutint que, dès qu'il y avait contestation entre les parties, le juge de paix était incompétent.

Le juge de paix s'étant déclaré compétent, ordonna qu'il se transporterait sur les lieux pour procéder au bornage. La demoiselle Lesueur, appelée à cette opération, lors de laquelle on entendit des témoins produits par le sieur Dobrenelle, n'y comparut point. Et le juge de paix rendit une sentence définitive, par laquelle il ordonna le bornage conformément aux titres de la demoiselle Lesueur, et aux demandes du sieur Dobrenelle.

Appel de ces diverses sentences par la demoiselle Lesueur; et le 5 janvier 1844, jugement du tribunal civil de Clermont (Oise), qui confirme en ces termes : — « En ce qui touche le moyen d'incompétence : — Attendu qu'aux termes de l'art. 6, n° 2 de la loi du 25 mai 1838, les juges de paix connaissent des actions en bornage lorsque la propriété ou les titres qui l'établissent ne sont pas contestés; —Attendu, dans l'espèce, que, par le dire sur comparution volontaire, consigné au jugement du 24 août 1842, et par la citation donnée à la demoiselle Lesueur, le 7 septembre suivant, le juge de paix de Crèvecœur a été saisi d'une véritable action en mesurage et bornage ;—Que dans le cours de l'instance, il n'a été formulé de la part des parties aucune contestation, soit par rapport à la propriété, soit par rapport à la validité des titres ; — Que la demoiselle Lesueur elle-même, sans rien préciser sur ce point, s'est bornée à dire, lors de sa comparution du 5 septembre, qu'elle était propriétaire de 7 hectares 20 ares 30 centiares, mais qu'elle ne pouvait, quant à présent, intervenir dans la cause ; et le 14 du même mois, qu'elle consentait au bornage demandé, pourvu qu'il eût lieu dans les limites actuelles de sa possession ; que la contenance de sa pièce de terre était de 6 hectares 96 ares 29 centiares ; qu'elle n'avait pas trop de terrain, et que s'il y avait lieu à faire des reprises sur sa propriété, elle ne consentait pas au bornage ; qu'elle était ci-devant bornée, mais que, depuis peu, une des bornes avait été enlevée à son insu ; —Qu'ainsi, et en l'absence de toute critique positive sur le fond du droit ou le mérite des titres, le juge de paix a dû retenir la cause et statuer ainsi qu'il l'a fait ;

« En ce qui touche l'enquête : — Attendu que, par exploit du 8 octobre 1843, sommation a été faite à la demoiselle Lesueur de se trouver sur les lieux le 21 du même mois, à l'effet de procéder aux opérations de mesurage et bornage demandées; —Qu'elle doit, dès lors, s'imputer le tort de n'avoir point assisté à l'audition des témoins produits ledit jour;—Qu'en tout cas, et en admettant qu'en l'ab-

sence de la demoiselle Lesueur, monsieur le juge
ait dû s'abstenir d'ordonner l'audition des témoins
produits, les déclarations recueillies vaudraient
toujours comme renseignements à l'appui des
faits constatés et ne pourraient jamais vicier la
décision;

« Au fond : — Attendu que des opérations faites
sur les lieux et du jugement, il résulte qu'il a été
reconnu et attribué à la demoiselle Lesueur une
contenance de 6 hectares 96 ares 29 centiares;
— Que cette contenance est précisément celle à
laquelle elle a déclaré avoir droit dans son dire
du 14 septembre résumant ses prétentions; qu'elle
est d'ailleurs en rapport avec les énonciations de
son titre du 29 pluv. an v; — Qu'à la vérité, il est
reconnu par Dobrenelle que la production de ce
titre est étrangère à la demoiselle Lesueur; —Mais,
attendu que ce fait est indifférent; qu'il suffisait
que l'acte, non critiqué du reste, fût porté à la connaissance du juge de paix pour qu'il y eût égard;
—Attendu, enfin, que la reprise de 27 ares 82 centiares, dont s'est plainte la demoiselle Lesueur,
est la conséquence toute naturelle de l'action en
mesurage et bornage sur laquelle il a été statué...»

POURVOI en cassation par la demoiselle Lesueur, 1° pour violation de l'art. 6, § 2, de la loi
du 25 mai 1838, en ce que le tribunal avait déclaré
le juge de paix compétent pour connaître d'une
action en bornage, bien que les parties étant en
désaccord sur l'étendue respective de leurs héri-

tages contigus, le procès présentât à juger une question de propriété de la compétence exclusive des tribunaux civils.

2° Pour violation des art. 34, 35, 38 et 40, Cod. proc., en ce que le juge de paix avait procédé à une enquête sur le lieu litigieux en l'absence de la demoiselle Lesueur, bien qu'elle n'eût pas été assignée pour assister à une enquête, mais seulement à des opérations de bornage.

M. Mesnard, conseiller rapporteur, a présenté sur ces deux moyens les observations suivantes : « 1° L'action en bornage, qui, autrefois, était portée devant le juge du pétitoire, a été attribuée par la loi de 1838 aux juges de paix; mais cette attribution a été faite sous la condition expresse qu'il n'y aurait pas entre les parties de contestation sur les titres ou la propriété. Il est clair, en effet, qu'une pareille contestation soulève nécessairement des questions qui échappent à la compétence des juges de paix. — Mais à quoi reconnaîtra-t-on précisément qu'il y a contestation sur les titres ou la propriété? Faudra-t-il toujours que cette contestation soit nettement exprimée, et resterait-elle assujettie à une formule obligatoire? Vous ne sauriez le penser. Il vous paraîtrait suffisant, sans doute, que, par le fait même du débat, une question de propriété se trouvât engagée dans l'action en bornage, ou, en d'autres termes, que, par suite du différend soulevé entre les parties, cette action dût aboutir à des résultats qui ne pourraient être légitimement

attendus que d'une action en revendication. —
Toutefois, il faut convenir qu'en mainte circonstance, il sera assez difficile de décider si la contestation a eu pour objet de soulever une véritable
question de propriété. Au milieu des débats de toute
nature que peut exciter entre propriétaires voisins
l'action en bornage de leurs héritages, on ne pourra
pas toujours déterminer au juste la limite que les
débats ne doivent pas franchir sous peine de s'attaquer aux titres ou d'atteindre à la propriété. —
L'espèce de la cause vous fournit un exemple des
incertitudes que peuvent faire naître à cet égard
les controverses des parties qui peuvent procéder
au bornage.—Dans le fait, la demoiselle Lesueur,
appelée au bornage, avait déclaré, 1°....» (Ici M.
le rapporteur retrace les errements de la procédure
et les conclusions des parties; puis, il continue:)
« Vous pouvez facilement apprécier maintenant le
mérite des critiques du pourvoi. Il vous semble,
sans doute, qu'on peut répondre qu'en effet, aucun
débat ne s'est engagé devant le juge de paix à l'occasion de la validité du titre ou de l'étendue de la
propriété. Il est vrai que la demoiselle Lesueur
n'a consenti au bornage que sous condition. Mais
il est vrai également qu'on pouvait se passer de son
consentement. L'effet du bornage lui attribue nettement la contenance portée dans son titre. Mais
elle prétendait à une contenance plus grande, parce
qu'elle jouissait de 27 ares de plus que ne lui en
attribue son titre, et c'est précisément cette pré-

tention qu'elle veut faire envisager comme une contestation sur la propriété. — Mais est-ce bien devant une pareille prétention qu'aurait dû, aux termes de la loi de 1838, s'arrêter la compétence du juge de paix ? En quoi la propriété est-elle contestée par la demande que fait une des parties qu'il soit procédé au bornage, de telle sorte qu'on la maintienne en jouissance de ce qu'elle possède au delà de son titre ? Le bornage serait-il jamais possible, si le juge ou les experts, au lieu d'interroger les titres, les anciennes traces de délimitation, les livres d'arpentement, le cadastre ou des plans non suspects, devaient religieusement s'arrêter devant l'état actuel de la jouissance de chaque propriétaire. — On comprend, sans peine, que si la possession était invoquée comme ayant duré assez longtemps pour faire acquérir la prescription, il doit en être tenu compte. Car, si l'on ne peut prescrire *contre* son titre, on peut prescrire *au delà*. Mais, dans l'espèce, rien de semblable n'était allégué, et la demoiselle Lesueur ne faisait que se débattre contre l'inévitable effet du bornage qui, en pareille circonstance, aboutit à des reprises pour ramener précisément la jouissance dans les limites de chaque titre. — En résumé, la demanderesse a obtenu toute la contenance que lui donnait son titre. Elle prétendait à 27 ares 82 centiares au delà, parce qu'elle était en jouissance de ce surplus. Le juge a considéré qu'il y avait là *sur-mesure*, et tout ramené à la contenance indiquée par les titres.

Vous aurez à vous demander si, en réalité, il y a
dans tout cela quelque chose qui ressemble à une
contestation portant sur les *titres* ou la *propriété*,
ou, en d'autres termes, s'il suffit du moindre différend qui s'élèvera entre les parties appelées au
bornage, pour qu'à l'instant le juge de paix se
doive déclarer incompétent. Vous ne manquerez
pas de remarquer que, s'il en était ainsi, sa mission
serait entièrement passive; qu'il n'y aurait lieu à
l'action en bornage qu'autant que les parties seraient constamment d'accord sur tous les points,
ou pour mieux dire, qu'il n'y aurait jamais d'action en bornage devant le juge de paix, puisque
rien n'étant en débat, tout se réduisait à faire
planter des bornes par un manœuvre.

« 2° Que la nécessité d'économiser le temps et
les frais ait rendu fort simples des procédures qui
s'accomplissent dans les justices de paix, tout le
monde le comprend. Mais il ne faut pas que la simplicité ou l'abréviation des formalités aille jusqu'au point de laisser tout à l'arbitraire du juge.
La loi ne l'a pas voulu, et vous aurez à vous demander si, dans l'espèce, les choses ont été pous-
sées au-delà de ce que voulait ou permettait la loi.
Il s'agissait d'un bornage, la demanderesse avait
été mise en demeure d'assister à jour fixe et sur
les lieux, aux opérations de ce bornage. Elle ne
comparaît pas, et, en son absence, le juge procède
à l'audition de trois témoins dont une des parties
avait, sur les lieux-mêmes, demandé l'audition.

Sur quoi, la demanderesse se plaint d'une violation de la loi, en soutenant que l'enquête était irrégulière et qu'elle avait été privée de la faculté de reprocher les témoins. Mais on peut répondre : 1° Les opérations d'un bornage comportent presque toujours la vocation et l'audition de témoins sur les lieux contentieux. Souvent, la nécessité d'avoir recours à leur déclaration a été tout à fait imprévue, et ne se fait sentir qu'à l'occasion d'une prétention soudaine élevée par l'une des parties durant les opérations de bornage.. Il serait absurde qu'en pareil cas, il fallût un jugement préalable avec indication d'un jour ultérieur pour que les témoins fussent cités. La loi ne l'exige pas, et il est reconnu que les enquêtes en justice de paix sont affranchies même de formalités que l'art. 413, Cod. proc., prescrit de suivre pour les enquêtes en matière sommaire (Carré, tom. 1, pag. 66). 2° Il était probable que les opérations du bornage donneraient lieu à des contestations qui rendraient nécessaires quelques déclarations des témoins. La demoiselle Lesueur devait prévoir alors que les renseignements attendus de ces témoins seraient provoqués sur les lieux et sans désemparer. Donc, lorsqu'elle était sommée ou mise en demeure d'assister à toutes les opérations du bornage, elle ne pouvait se refuser de répondre par sa présence à cette sommation sans renoncer au droit de critiquer plus tard ce qui se passerait en son absence. »

ARRÊT.

LA COUR; — Sur le premier moyen : — Attendu que, par l'effet du bornage dont il s'agit dans la cause, la demanderesse a obtenu toute la contenance que lui assurait son titre, et à laquelle elle avait elle-même prétendu; que la difficulté qu'elle a soulevée pendant les opérations du bornage relativement à la possession actuelle d'une contenance plus considérable, n'ayant point pour objet de donner à cette prétendue possession le caractère nécessaire pour en faire un élément d'acquisition de la propriété, ne pouvait pas être considérée comme une contestation portant sur les titres et la propriété, et qu'en le décidant ainsi, le jugement attaqué s'est conformé à la loi;

Sur le deuxième moyen : — Attendu que la demanderesse, mise en demeure régulièrement d'assister aux opérations du bornage, et ayant négligé de le faire, était sans droit pour se plaindre qu'il ait été procédé à une enquête en son absence; — Rejette, etc.

Du 19 nov. 1845.—Ch. req.—*Prés.*, M. Zangiacomi.—*Rapp.*, M. Mesnard.—*Concl. conf.*, M. Chégaray, av. gén.—*Pl.*, M. Moutard-Martin. (V. Sirey-Devilleneuve, 46.1.457.)

Après avoir examiné les cas les plus ordinaires qui peuvent donner lieu aux contestations de la propriété et des titres, il est nécessaire de connaître comment il doit être procédé dans ces circonstances.—Le juge de paix doit-il se déclarer incompétent, se dessaisir de la cause et délaisser les parties à se pourvoir?—Ou bien seulement surseoir et renvoyer l'incident devant le tribunal?

Cette question sera l'objet du chapitre qui va suivre.

CHAPITRE XIX.

Lorsque des contestations, soit de propriété, soit de titres, s'élèvent dans le cours d'une opération de bornage, le juge de paix doit-il seulement surseoir ou se dessaisir d'une manière absolue?

Cette question nous semble dépendre de celle-ci: Le législateur, en transférant aux tribunaux de paix les actions en bornage, n'a-t-il pas entendu ne réserver aux tribunaux d'arrondissement que les contestations de titres ou de propriété?

Si cette dernière proposition est vraie, la solution de la question posée devient très facile. Cependant, à ne considérer que le texte de la loi, il semblerait que cette interprétation ne serait pas permise.

L'art. 6 porte : « Les juges de paix connaissent à charge d'appel...; 2° des actions en bornage... ... lorsque la propriété ou les titres qui l'établissent ne sont pas contestés. »

Il n'en connaît donc pas quand la propriété ou les titres sont contestés ; c'est là une conséquence du texte, mais cette conséquence peut n'être pas toujours en harmonie avec les principes.

La rédaction nouvelle est empruntée à la loi sur l'organisation judiciaire, du 24 août 1790 : « Le juge de paix connaîtra, dit l'art. 10..., des indemnités prétendues par le fermier ou locataire pour non jouissance, lorsque le droit de l'indemnité ne sera pas contesté ; » article qui se retrouve au Code de procédure, art. 3, n° 4, des indemnités prétendues par le fermier ou locataire pour non jouissance lorsque le droit ne sera pas contesté.

La loi du 25 mai 1838 reproduit avec addition cette disposition en son art. 4, n° 1er : « Les juges de paix connaissent..... des indemnités réclamées par le locataire ou le fermier pour non jouissance... *lorsque le droit* à une indemnité n'est pas contesté. »

Vient ensuite un autre ordre de faits donnant lieu à la même locution :

Art. 5 : « Les juges de paix connaissent des actions pour dommages faits aux champs, fruits et récoltes, soit par l'homme, soit par les animaux, et de celles relatives à l'élagage des arbres ou haies, et au curage soit des fossés, soit des canaux servant à l'irrigation des propriétés ou au mouvement des usines, *lorsque les droits de propriété ou de servitude ne sont pas contestés.* »

Puis l'art. 6: « Les juges de paix connaissent, en outre, à charge d'appel, n° 2, des actions en bor—

nage et de celles relatives à la distance prescrite par la loi, les règlements particuliers et l'usage des lieux, par les plantations d'arbres ou de haies, *lorsque la propriété ou les titres qui l'établissent ne sont pas contestés.*

N° 3, des actions relatives aux constructions et travaux énoncés dans l'art 674, C. civ. : «*Lorsque la propriété ou la mitoyenneté du mur ne sont pas contestées.*»

Ces différents textes, quoique calqués les uns sur les autres, en ce qui concerne la restriction apportée à la compétence, n'ont pas été, dans la pratique, appliqués de la même manière, tant il est qu'il a fallu recourir aux motifs de la loi et voir les inconvénients d'une interprétation faite dans tel ou tel sens.

Sous l'empire de la loi de 1790, deux droits ou faits semblables ont donné lieu à une décision contraire : « L'indemnité pour non jouissance de bail et les dommages aux champs, fruits et récoltes.

Dans le premier cas, on décidait qu'il y avait incompétence; dans le second, que le juge devait seulement surseoir, et la cause lui revenir pour apprécier le dommage ; la raison de différence n'en est pas donnée ; c'est, sans doute, parce qu'une constestation de droit à une indemnité ne constituait pas une question préjudicielle de servitude ou de propriété; mais ce n'est pas, au moins, parceque, pour les dommages aux champs, la loi ne disait pas, comme pour l'indemnité de non jouissance : « lorsque les droits de propriété ou de servitude ne seront pas contestés, » car la jurisprudence avait su combler la lacune et suppléer à la loi. On n'ignorait pas alors que si la propriété, à l'occasion de laquelle une indemnité était réclamée pour dommages à cette propriété, à ces fruits ou récoltes, était contestée, le juge ne devait pas connaître de la question préjudicielle. — Ainsi, c'est comme si la loi de 90, pour les deux cas, s'était exprimée dans les mêmes termes, et cependant les mêmes faits, basés sur les mêmes droits, produisaient une solution tout opposée.

La loi nouvelle, en augmentant la compétence des tribunaux de paix, a ajouté plusieurs faits nouveaux en se servant de l'ancienne locution ; elle a même consacré la décision des auteurs et de la jurisprudence à l'égard des dommages aux champs.

D'après cela, laquelle des deux solutions doit être adoptée, du dessaisissement ou du sursis : l'une est plus dans le texte, l'autre, dans l'esprit de la loi ?

En effet, le législateur, lorsqu'il s'agit d'indemnité pour dommages aux champs, élagage d'arbres ou haies, curage de fossé, de canaux d'irrigation ou d'usine, bornage, distance pour arbres ou haies, précautions pour constructions, qu'a-t-il voulu ? Conférer aux justices de paix la connaissance d'appréciations qui ne doivent être faites que par le juge des lieux, et réserver aux tribunaux d'arron-

dissement les questions importantes, difficiles et
ardues relatives aux contestations de propriété, de
titres ou de servitudes.

D'un autre côté, les inconvénients du dessaisissement sont tellement graves pour les actions en
bornage, que nous avons dû nous prononcer pour
le sursis.

Avant que de signaler ces inconvénients et
réfuter l'opinion contraire, nous rapporterons,
sur la question générale, la jurisprudence et le sentiment des auteurs. Ces documents serviront à jeter
quelque lumière sur la difficulté.

§ Ier. *Point de vue général.*

Voici comme LONCHAMPT résume un arrêt de
cassation, du 11 avril 1837 : « Les actions pour
dommages aux champs sont de la compétence des
juges de paix. Quand le fait qu'elles dénoncent est
justifiée par l'*exception d'un droit réel* qui appartiendrait au défendeur, le juge de paix doit *surseoir,*
renvoyer cette exception devant les juges compétents, fixer un délai dans lequel ils en devront
être saisis. Si ce délai est exprimé sans aucune
poursuite de la part du défendeur, il doit être fait
droit, par le juge de paix, à l'action exercée contre
lui ; il peut appeler de ce jugement, et, sur l'appel,
reproduire l'exception qu'il avait élevée en première instance. Le tribunal peut-il joindre cette
exception à l'action principale, à l'objet de l'appel
et y faire droit par le même jugement. Non ? At-

tendu que la compétence du juge de paix déterminait celle du juge d'appel ; que ce tribunal, statuant comme juge d'appel, ne pouvait prononcer que sur des demandes et défenses pour lesquelles ce juge était compétent, qu'en décidant qu'il était compétent pour apprécier les titres des parties et prononcer sur le fond de leurs droits, il a méconnu les règles de la compétence et a confondu celle qui lui appartenait comme tribunal d'appel avec celle qui lui *appartiendrait* comme juge de première instance; que la première est réglée par l'art. 12, tit. 3 de la loi du 24 août 1790, et la seconde par l'art. 4, tit. 4 de la même loi. (Cour de cass., arr. du 11 avril 1837).(V.*Bull. des jug. de paix*, t. III, v.150, n°1174.)

L'espèce de cet arrêt était une demande en 100 fr. pour dépaissance sur des marais. Le défendeur, prétendant droit d'usage, le juge de paix a sursis et renvoyé le jugement de cette exception devant les juges compétents. — L'incident n'ayant pas été vidé, jugement de condamnation de la somme demandée. — Appel et exception reproduite, le tribunal appréciant les titres servant de base à ce moyen l'a rejeté et a confirmé.

Longchampt rapporte, dans son 5me vol., p. 107, un autre arrêt de cassation, du 26 mai 1840, n° 2086. — « Il ne suffit pas, dit l'arrêtiste que le défendeur à une action en paiement de dommages aux champs allègue qu'il est propriétaire ou en possession annale du terrain où ce dommage a été commis, pour que le juge de paix se déclare incompétent, ou du moins sursoie à statuer. Attendu que l'instance avait pour objet un dommage causé aux champs estimé 5 francs, que la décision d'une pareille contestation appartenait en dernier ressort au juge de paix; que cependant le demandeur eût pu faire cesser cette compétence en justifiant de la propriété et en concluant à ce que le juge de paix se déclarât incompétent, ou au moins à ce qu'il *sursît* à faire droit jusqu'à ce que la question de propriété fût jugée par les tribunaux qui devaient en connaître, mais qu'il n'a ni fait cette justification, ni pris de conclusions, et s'est contenté d'alléguer vaguement la possession, en concluant au mal fondé de l'action dirigée contre lui; conclusion qui, loin d'enlever la connaissance de la contestation au juge, la lui soumettait d'une manière positive. »

Il s'agissait, dans cette espèce, d'une demande en 3 francs de dommages et intérêts pour herbes affermées enlevées le long d'un chemin communal. — Le défendeur opposait la propriété ou la possession annale du terrain où les herbes avaient été coupées sans demander la preuve de cette possession. Jugement de condamnation, appel confirmation sur le fondement qu'une simple allégation sans conclusions est insuffisante.

Même volume, p. 345, n° 2435, arrêt du 22 juin 1842. — Quand le défendeur à une action pour dommage dans un champ oppose qu'avant le fait qui est le motif de cette action, il doit devenir propriétaire des fonds où il a été commis, quel est le jugement à rendre sur cette exception? Si elle est sérieuse, le juge de l'action doit *surseoir* et fixer un délai par le jugement de l'exception.

Demande en 30 fr. de dommages-intérêts pour pâturage par des chevaux dans une prairie soumise à un usufruit. — Le défendeur soutient être adjudicataire de la prairie sur saisie. — Jugement de condamnation par le juge de paix, confirmé en appel.

La Cour de cassation a vu qu'il naissait de là une question de propriété *nécessairement préjudicielle* à celle des dommages soulevés par la demande.—Que dès lors, le tribunal civil qui n'avait été saisi par l'appel, comme le juge de paix, que d'une simple action pour dommages faits aux champs n'était pas plus compétent que ce dernier pour prononcer sur le mérite de cette exception.

On remarque d'abord que les deux derniers arrêts sont postérieurs à la loi du 25 mai 1838 et qualifient de préjudicielles, devant entraîner le sursis, les exceptions présentées par les défendeurs.

A l'exception de Curasson tous les auteurs se sont prononcés pour le sursis.

Marc-Deffaux, sur l'art. 5, dit : « Que pour que la disposition de cet article reçoive application, il faut que le droit de propriété du champ... ne soit pas contesté. Il le serait si le défendeur prétendait que le champ est sa propriété ou qu'il en est le fermier; qu'en cette qualité il a ensemencé la récolte; et si, à l'appui de la prétention, il deman-

dait à être renvoyé devant qui de droit pour faire
statuer sur son exception. Dans ce cas, le juge de
paix devrait *surseoir* jusqu'au jugement de l'exception. »

Dans le *Commentaire* sur l'art. 5, p. 3, Masson
se demande si le droit de propriété ou de servitude se trouvant contesté, le juge de paix doit se
déclarer incompétent ou simplement prononcer
un sursis pour faire vider par les juges qui doivent
en connaître les contestations élevées sur le droit
de propriété et de servitude.

Masson se prononce pour la dernière opinion
comme la plus raisonnable et la plus conforme
à l'esprit de la loi nouvelle. Il déduit ensuite les
raisons que nous analyserons le plus succinctement
possible.

C'est la demande seule qui fixe la compétence
et elle ne peut être éludée par des exceptions souvent de mauvaise foi. — Si incompétence, condamnation du demandeur aux dépens qui n'a fait
que suivre la loi en formant une demande devant
un juge exclusivement compétent. — Déclinatoire
prononcé si le demandeur veut agir, nécessité de
suivre le préliminaire indispensable de toute action, la conciliation.

But de la loi nouvelle; observation des délais et
des lenteurs des procédures ; pas de circuits d'actions qui rebutent tout plaideur. — Dans le cas
d'incompétence, un défendeur tracassier présenterait des exceptions qui jetteraient son adver-

saire dans les plus graves embarras ; alors entraves à l'exercice d'un droit légitime, juge à la merci du plaideur, insulte à la dignité de la justice, jouet du caprice ou de la mauvaise foi.

Motifs assez puissants pour le sursis. Le juge attendra la solution des questions de servitude et de propriété ; le jugement de l'incident servira de base à la décision définitive ; il accueillera ou rejettera les prétentions du demandeur suivant que la solution de la question préjudicielle lui aura été ou non favorable.

Texte de la loi sans doute spécieux, mais l'objection ne reposant que sur le texte judaïquement interprété, ne peut contrebalancer les raisonnements puisés dans son esprit. — Au surplus, c'est par ce dangereux argument *à contrario* que l'on arrive à ce résultat.

BENECH, *Traité des Justices de paix*, p. 176, dit :

« Vous m'appelez devant le juge de paix en paiement d'une somme d'argent en raison du dommage que j'aurais occasionné aux récoltes pendantes sur votre héritage : je réponds que vous n'êtes pas propriétaire de cet héritage, ou bien, tout en reconnaissant votre propriété, je soutiens qu'il n'y a de ma part que l'exercice d'un droit qui m'est conféré par un titre que je représente. — Vous m'actionnez en curage d'un fossé ou d'un canal que vous dites être mitoyen entre nous ; je réponds que je suis seul propriétaire du fossé, du canal, ou bien, tout en admettant votre copropriété, je prétends qu'en vertu de nos conventions de tel jour vous êtes seul obligé au curage; je conteste tantôt le droit de propriété, tantôt le droit de servitude. —Le juge de paix est déshérité alors de la compétence, ou plutôt il devra *surseoir* et statuer sur l'action engagée, jusqu'à ce que le fonds du droit ait été jugé par les tribunaux compétents, faisant, en ce cas, ce que font les tribunaux correctionnels lorsque le prévenu élève des questions préjudicielles qui exigent le renvoi à fin civile.

Carou, de la *Juridiction civile des Juges de paix*, t. i, p. 436, partage cette opinion.—N° 317. «Sur une action principale pour dommages aux champs, fruits et récoltes, le défendeur peut élever soit la question de possession, soit la question de propriété. Dans ce cas, le juge de paix doit s'arrêter avant de passer outre. La question préjudicielle doit être vidée; cela est fondé sur un principe constant en droit, et une foule d'arrêts l'ont décidé ainsi. *V.* Dalloz, *Dictionnaire général*, v° *Quest. préjud.* Ici, en effet, la question de propriété ou de possession ne se lie pas nécessairement à la demande originaire, qui a pour objet la réparation du dommage causé. La première question peut se décider indépendamment de la seconde, et doit être sans influence sur celle-ci, en ce sens du moins que si le demandeur est maintenu comme possesseur ou propriétaire de la chose, il restera encore à savoir et à examiner si en effet un dommage a été causé, et si, d'autre part, le défendeur en est responsable. Or, les deux questions étant ainsi indépendantes, l'exception de propriété ou de possession, reste une simple question préjudicielle qui pourra s'apprécier et se juger isolément sans égard à l'action principale, et, dans ce cas, il est juste que le juge de paix reste saisi de cette action ; dans ce cas donc *il surseoit et renvoie* seulement les parties à se pourvoir sur la question préjudicielle élevée par le défendeur.

« Sous la loi du 24 août 1790, ces principes n'auraient pu, je crois, laisser aucun doute. Doit-on également les appliquer sous l'empire de la loi nouvelle du 25 mai ? Cette loi, met, ainsi que la première, les actions pour dommages aux champs dans les attributions des juges de paix, mais elle ajoute : Lorsque les droits de propriété sont contestés, le juge de paix doit-il encore simplement surseoir ou se déclarer de suite incompétent, et renvoyer pour le tout devant le tribunal qui en doit connaître ? Cette dernière opinion semblerait devoir s'induire des termes mêmes que nous venons de rappeler. La loi attribue juridiction aux juges de paix pour connaître l'action dont il s'agit *lorsque* les droits de propriété ne sont pas contestés. Donc, il n'en connaît plus lorsque les droits de propriété sont contestés ; ce raisonnement paraît exact. »

Carou pense que la restriction mise aux attributions nouvelles ne se rapporte pas aux dommages aux champs. Que rien n'indique qu'on ait eu l'intention de modifier en ce point la législation existante. Il croit qu'il y a vice de rédaction à cet égard par la réunion des actions pour dommages aux champs avec d'autres actions. Il ajoute que le vrai sens de la loi n'en doit point être altéré. — Et il continue ainsi son raisonnement : Il ne faut pas que le juge, régulièrement saisi, puisse être arbitrairement dessaisi par une exception peut-être non fondée du défendeur. Cela est de principe général ; et, pour s'en écarter, il faut une raison de nécessité qui, dans l'espèce, n'existe pas.—La question de possession ou de propriété peut s'examiner indépendamment de la question du dommage causé : ces deux questions autant qu'on les considère par rapport à leur objet particulier sont absolument indépendantes l'une de l'autre : et cela suffit pour que le juge de paix valablement saisi des actions originaires retienne cette action, et renvoie seulement les parties à se pourvoir sur la question préjudicielle qui s'est élevée devant lui, et sur laquelle il ne peut statuer.

Carou déclare, en terminant, que le dessaisissement ne tendrait à rien moins qu'à favoriser la mauvaise foi et l'esprit de chicane, et applique au cas actuel l'art. 182 du Code forestier dans toutes ses parties, relativement à la justification de l'exception, et au délai à impartir au plaideur présentant l'exception.—Le juge de paix peut et doit examiner le bien ou mal fondé de l'exception, surseoir, ou passer outre, selon sa conviction éclairée.

Voici comme Curasson, qui est d'un avis contraire sur la difficulté prise sous son aspect le plus général, pose la question, t. 1er, p. 369, n° 6. Dans le cas où l'exception de propriété et de servitude est appuyée d'un titre dont la validité et l'interprétation n'appartiennent pas au juge de paix, doit-il se déclarer incompétent ou simplement prononcer un sursis pour faire vider la question préjudicielle par les juges qui doivent en connaître ?

Curasson cite Masson et Benech, et ajoute : « Malgré cette autorité nous n'hésitons pas de décider que l'exception de propriété dépouille entièrement le juge de paix de la connaissance des dommages-intérêts. Les raisonnements qu'on oppose pour soutenir le système contraire n'ont rien de spécieux.

Nous rappellerons ici les principaux arguments. —Texte très clair. — Si le législateur eût eu l'intention de ne renvoyer que la question de propriété, il eût dit que le juge surseoirait. La loi n'attribuant la connaissance des actions pour dommages, pour l'élagage et le curage, que lorsque les droits de propriété ou de servitude ne sont pas contestés, il est évident que la compétence cesse quand ils le sont. — Au correctionnel, concours des deux juridictions forcé, parce que l'incompétence du tribunal civil est radicale sur la question de délit, et que le tribunal de répression seul devant juger, ne peut être dessaisi. — Pour l'action actuelle, attribution extraordinaire limitée au cas de non contestation. Sur le renvoi décision du tribunal sur la question de propriété, et sur l'indemnité qui en est la conséquence.—Le jugement ne peut retourner au juge de paix ; la compétence n'étant pas exclusive, le tribunal décidera comme ayant juridiction plénière, car il doit juger tous les chefs, dont l'un de la compétence des justices de paix. — Pas besoin de l'argument *à contrario*, lequel valable en fait d'interprétation de loi exceptionnelle. — Pas de circuit d'action devant le tribunal ; c'est pour l'éviter que le tribunal est saisi. A quoi bon le retour devant le juge de paix pour obtenir un second jugement. —Le renvoi en justice de paix serait absurde si l'exception était admise. — Quant aux dépens, injuste sans doute d'y condamner le demandeur qui a suivi la loi, mais ils sont réservés comme au cas de connexité. —Ainsi, au tribunal qui a statué sur la question de propriété à fixer l'indemnité, à ordonner l'élagage et les travaux nécessaires aux fossés ou canaux ; juge de paix dessaisi.

En se prononçant pour le sursis, les auteurs ont donné différents motifs qui nous ont paru très plausibles surtout les raisons données par Masson et Carou. C'est la demande seule qui fixe la compétence, et cette compétence serait incessamment éludée par la chicane et la mauvaise foi. L'incompétence conduirait à ce résultat d'une condamnation prématurée aux dépens, et de l'obligation d'être soumis au préliminaire de la conciliation. Il y aurait entraves à l'exercice légitime d'un droit et circuit d'actions ; tels sont les principaux motifs de Masson.

Carou a développé cette idée principale que les contestations en cette matière sont de véritables questions préjudicielles qui peuvent se décider séparément et indépendamment du fond même de l'action. Ne se liant pas à la demande originaire, elle ne peuvent avoir d'influence sur la décision préjudicielle.

Pour détruire une objection tirée des termes de la loi, Carou prétend qu'il y a eu inadvertance dans sa rédaction, que la restriction lorsque ne devait pas concerner les dommages aux champs, et que rien n'annonce qu'il dût être apporté aucun changement sur ce rapport à la législation de 90.

Ce raisonnement doit être combattu parce qu'il est contraire à la jurisprudence depuis 90 jusqu'à la loi de 1838. Cette dernière loi n'a fait que ce que les tribunaux et les auteurs avaient réalisé depuis longtemps. La restriction lorsqu'elle n'était pas écrite dans la loi, recevait du reste une application incontestée et reconnue par tous.

Le raisonnement de Carou aurait cette conséquence que si on devait suivre la loi de 1790 à la lettre, n'imposant aucune condition, le juge de paix serait compétent et connaîtrait de toutes les difficultés qui s'éleveraient à l'occasion des actions pour dommages aux champs, ce qui serait contraire aux principes. Au surplus, si l'auteur s'est égaré en voulant atténuer, paralyser l'objection des textes, néanmoins, on doit reconnaître qu'il a fait faire à la question des progrès et l'a élucidée par des aperçus nouveaux. L'application de la règle forestière nous semble devoir être suivie parce qu'elle est dans le vrai et conforme à une saine interprétation :

Le professeur Benech partage ce sentiment et se base sur ce qui se pratique au correctionnel et en police.

Curasson, nous l'avons dit, est le seul auteur qui ait embrassé une opinion contraire. De la part d'un jurisconsulte aussi éminent, il faut qu'il y ait été déterminé par des raisons profondes qui portent la conviction.

Nous essaierons toutefois de combattre l'argumentation à laquelle s'est livré notre illustre maître.

Le premier argument se trouve basé sur la grande clarté du texte.

Nous avons toujours pensé avec beaucoup de personnes que la loi laissait à désirer sous ce rapport; elle n'attribue pas, comme le prétend Curasson, les sortes d'actions aux justices de paix *que lorsque*, mais bien *lorsque*; différence qui fait sentir que le législateur n'a pas voulu dépouiller le juge saisi de la connaissance de l'affaire. Si telle avait été son intention, il aurait dit, les juges de paix ne connaîtront *que lorsque*. La locution les juges de paix connaissent *lorsque* est beaucoup moins exclusive que celle les juges de paix ne connaissent *que lorsque*.

Si je ne me trompe, je traduirais ainsi les termes de la loi : les juges de paix connaissent... des actions pour dommages aux champs, mais ils ne connaîtront pas des contestations de droits de propriété ou de servitude.

Cette interprétation paraît d'autant plus plausible que la rédaction primitive existait sans la restriction actuelle, et tel cet article a été soumis aux chambres. Les rédactions du gouvernement, de la commission et des chambres, n'ont rien ajouté en 1837. (V. *l'Analyse des observations des Cours*, p 41 et suiv.)

M. Renouard, rapporteur en 1837, sur les art. 4 et 5 disait : « Votre commission a adopté cet article sans amendement, il reproduit plusieurs dispositions de l'art. 9, titre iii, de la loi du 24 août 1790 en *complétant* la rédaction conformément *aux interprétations de la jurisprudence*. »

Ainsi, d'après cela, il suffit de constater la jurisprudence jusqu'en 1838. — Elle était formelle. Toutes les fois que sur des actions en dommages aux champs des contestations du fond, c'est-à-dire, sur la propriété ou sur la servitude, surgissaient, le juge de paix s'abstenait de juger la contestation, la renvoyait devant le tribunal d'arrondissement qui décidait l'incident.

Voilà ce que l'on doit entendre par l'interprétation de la jurisprudence.

Et comme le disait à la séance du 6 avril 1838 un autre rapporteur, M. Amilhau, en parlant des indemnités pour non jouissance, la *compétence est d'ailleurs suffisamment établie.*

Dès lors, l'on ne doit point conclure que lorsque le droit de propriété ou de servitude sont contestés, le juge de paix est incompétent. Oui, il est incompétent pour juger les contestations. C'est là la restriction apportée et par la jurisprudence, et par les auteurs avant la loi nouvelle et depuis cette loi qui a conservé cette interprétation, née de la nature des choses.

CURASSON présente ensuite un argument qui paraît assez décisif contre le sursis : « En matière correctionnelle ou de police s'élève-t-il une question préjudicielle, le concours des deux juridictions devient forcé? parce que le juge civil pas plus que le juge correctionnel ou de police ne peuvent connaître, le premier, de la répression, le second, de l'exception fondée sur un droit civil et qu'alors le sursis est une nécessité. »

Ce raisonnement n'est pas applicable selon notre auteur aux deux juridictions civiles, justice de paix et tribunal d'arrondissement, parce que, dans ce cas, la justice de paix ayant une attribution extraordinaire limitée, on ne voit pas pourquoi le

tribunal saisi de l'incident par renvoi ne statuerait pas en même temps et sur l'incident, et sur le
fond, lui qui a plénitude de juridiction, tandis
que la compétence de la justice de paix n'est point
exclusive.

Nous nous élèverons de toutes nos forces, telle
est notre conviction, contre une doctrine qui ne
tendrait à rien moins qu'au renversement de l'ordre
des juridictions.

Nous sommes étonnés que Curasson, esprit si
positif, qui a contribué à féconder le principe contraire, vienne parler le langage qu'il combat lui-
même, de tribunaux d'exceptions et de juridiction
plénière. — La loi nulle part n'a qualifié ainsi les
deux justices civiles dont s'agit, au contraire, elle
a d'abord posé le cercle des attributions du tribunal de premier degré, ensuite, parlé de celles
du second.

D'un autre côté, quand la loi a décidé que telle
ou telle matière appartiendrait à tel ou tel tribunal, on ne peut, par un moyen détourné, en
enlever la connaissance au tribunal qui doit en
connaître.

Les dommages aux champs ont toujours été
dans le domaine de la justice cantonale, elle semble en être le principal apanage. Si un premier
pas était fait, qui dit que ces sortes d'affaires ne
seraient pas présentées par une chicane intéressée
devant les tribunaux d'arrondissement, sous le
vain prétexte que ces tribunaux, étant le principe

32

des juridictions, cette matière qui en avait été détachée, pourrait, du consentement des parties, être portée devant son tribunal primitif et naturel. —C'est ce qui est arrivé, mais le tribunal de Rouen a fait bonne justice de pareilles prétentions.

Nous tenons pour incontestable que les tribunaux d'arrondissement connaissent de toutes les affaires; que c'est à juste titre qu'ils ont été qualifiés de tribunaux de première instance relativement aux Cours d'appel.

Mais aussi, nous tenons pour non moins constant que les tribunaux de paix ont des attributions spéciales dont ne peuvent connaître les autres tribunaux; que chaque tribunal a son cercle d'attributions qui ne peut être dépassé.

D'après ce principe, les actions pour dommages aux champs qui ont toujours été attribuées aux tribunaux de paix, ne peuvent être jugées par les tribunaux d'arrondissement par quelque motif que ce soit.

Cette règle qui doit être respectée peut certainement contrebalancer celle du concours des deux juridictions qui sert de base à l'argumentation, objet de notre critique.

M. Masson ayant écrit que le dessaisissement donnait lieu à un circuit d'action, Curasson rétourne l'argument et dit que c'est pour éviter cet inconvénient que la loi n'a donné compétence que dans le cas de non-contestation. A quoi bon un second jugement devant le juge de paix, et si l'exception était fondée, le renvoi ne serait-il pas absurde?

Il y a évidemment circuit d'action dans l'un et l'autre parti; mais par le sursis, il sera plus facile d'atteindre le plaideur de mauvaise foi qui cherche à lasser son adversaire, en éludant la compétence du tribunal de paix. Au surplus, voici ce qui arrive : le juge de paix déclare-t-il son incompétence sur le tout, il faut aller en conciliation, recommencer la procédure? — Dans le cas contraire, le sursis; si l'exception est fondée, le demandeur n'ira pas s'amuser à solliciter un jugement de renvoi, il s'empressera de payer les frais et du tribunal d'arrondissement et de justice de paix. Ainsi l'absurdité disparaît; et, du reste, c'est de la sorte que les choses se passent. — Si l'exception n'est pas fondée, le défendeur déjà battu réglera à l'amiable les indemnités qu'il pourra devoir. S'il n'y a pas arrangement à cet égard, le juge de paix resté saisi décidera.

Mais un inconvénient qui n'a été signalé par personne devra faire pencher la balance du côté du sursis, je veux parler de toute la procédure et surtout des frais d'expertise devant le tribunal d'arrondissement.—La différence est telle qu'elle devrait à elle seule faire rejeter le dessaisissement et préférer le sursis.

La question jusqu'ici n'a été examinée que d'une manière générale et par rapport aux actions pour dommages aux champs. — Les développements qu'elle a reçus jetteront quelque jour, nous l'espérons, sur la question toute spéciale relative au bornage.

§ 2.—*Point de vue général.*

Au nombre des partisans du sursis, nous avons compté tous les auteurs à l'exception de Curasson qui s'est prononcé d'une manière absolue pour le dessaisissement dans toutes les matières où la compétence est restreinte par les termes *lorsque.* Eh bien ! le croira-t-on ? Carou qui a développé avec tant de soin et de succès l'opinion qu'il avait embrassée pour les dommages aux champs, adopte, pour le bornage, le système contraire.

Quatre pages sont consacrées à la discussion de la question. L'auteur reconnaît d'abord que les commentateurs de la nouvelle loi ne sont pas d'accord.—Il cite l'opinion de Benech, relative au curage des fossés et canaux, et en conclut que pour ce dernier il y aurait même raison de décider pour l'action en bornage. Il oppose ensuite à Benech, Deffaux, qui dit que le juge de paix doit renvoyer pour le tout devant le tribunal compétent, soit qu'il s'agisse de contestation en matière de bornage, en distance pour plantation et en élagage des arbres et en curage des fossés.—Il pense que Augier, dans son supplément, a compris la loi dans le même sens.

Prévoyant qu'on lui opposerait l'opinion par lui émise pour les dommages aux champs, il reproduit les doutes qu'il a fait naître sur l'application de la restriction à tous les cas prévus par l'art. 5 ; puis, annonçant que l'exception de propriété était fort rare en fait de dommages aux champs, c'eût été imprévoyance de la part du législateur que de ne pas affranchir ces dernières actions du cas de contestation pour la compétence.

Ce passage peut être ainsi analysé :

Il en est autrement pour le bornage.—Propriétaire contre propriétaire. Il s'agit de rechercher la limite des propriétés et de placer les bornes ; opération simple et toute matérielle, et moyen économique d'y procéder : la justice de paix.—Mais, si désaccord sur les limites, si contestation de propriété ou de titres, ce n'est plus une opération matérielle, la cause devient plus grave ; des questions de propriété sont soulevées, et plus de compétence.—La compétence est subordonnée à une condition déterminée ; la condition manquant, la compétence manque.—Disposition sage ; le tribunal étant compétent pour l'exception le devient alors pour le principal ; les droits des parties fixés, il est plus simple que le tribunal ordonne le placement des bornes plutôt que de renvoyer devant le juge de paix ; de nouvelles difficultés peuvent se présenter.—But de la loi : simple appréciation des faits ; parties étant d'accord sur les bases de l'opération ; mais, contestation, le juge de paix n'a plus de juridiction, et alors renvoi de la cause.— L'argument de Benech pour le sursis, au correc-

tionnel, peu exact : les tribunaux civils et correctionnels ne connaissent pas des mêmes matières.
Le correctionnel ne peut connaître d'exceptions
civiles et *vice versâ*.

Telles sont en substance les objections présentées par Carou. Elles ne nous ont pas paru con-
vaincantes, et nous croyons pouvoir les combattre.

Il ne sera pas question actuellement des auteurs
cités; nous dirons seulement qu'il n'est pas fait
mention de Masson, dont le commentaire existait
déjà lorsque Carou a écrit;—que le sentiment de
Benech n'avait pas besoin d'être tiré d'un cas analogue, puisque ce dernier se prononce pour le
sursis lorsqu'il traite du bornage; — que, quant
aux autres auteurs, Marc-Deffaux ne motive pas sa
décision; Augier ne se prononce pas; le passage
rapporté ne dit rien.

A l'égard du motif sur lequel Carou insiste, afin
d'échapper à une contradiction évidente, ce motif
n'est pas dans le vrai, car il est certain que les
dommages aux champs ont été compris comme
tous les autres dans la restriction apportée à la
compétence des tribunaux de paix. — La seconde
raison donnée a plus de poids, mais elle est encore applicable aussi bien aux actions en bornage
qu'aux actions pour dommages aux champs ou autres, spécifiées dans les différents articles de la loi
nouvelle. Et en effet, les contestations dans ces
sortes de matières, peuvent être également le résultat de la mauvaise foi et de la chicane.

Carou ne le pense pas, parce que l'action en bornage est intentée par un propriétaire contre un propriétaire ; cette circonstance n'empêche pas que par des moyens détournés on arrive à déplacer la compétence, et le sursis dérouterait ces manœuvres.

L'auteur, continuant, expose le but de la loi. Il s'agit de recherches des limites, et la justice économique a été choisie pour ordonner ces opérations. Si désaccord, si contestation, alors des questions graves se présentent.

Tout cela est fort exact, mais cela ne veut pas dire qu'il faille ne pas surseoir. — Les intérêts les plus importants, les plus délicats peuvent être agités ; les questions les plus ardues, soulevées dans le cours des opérations. Eh bien! dans ce cas, le juge n'en retiendra pas la connaissance, il renverra les difficultés devant les tribunaux compétents. Cette marche est très simple. — Telle est l'économie de la loi.

Parce que des contestations graves ou non s'élèvent, le juge de paix ne doit plus connaître des suites de l'action; qu'il ne soit pas le juge de ces contestations, la loi le veut, mais qu'il cesse d'être le juge du fait, c'est porter trop loin l'exigence de la position des parties. Les contestations alors ne changent nullement la nature de l'action; et, au surplus, le législateur a prévu le cas, puisqu'il le déclare.

L'incompétence, en cas de contestation, ne

ressort pas, comme Carou le pense, de la nature
même de l'action, parce qu'on n'a jamais prétendu
que quand il y avait contestation, le juge saisi ne
devait plus connaître de l'affaire. Ce que l'on a
voulu c'était de donner aux justices de paix les
actions en bornage, et renvoyer aux tribunaux
d'arrondissement les incidents résultant de contestations de titres ou de propriété. — Rien dans
les discussions aux chambres ne peut faire présumer le contraire; on n'a pas imposé cette condition à la compétence des juges de paix. Une conséquence contraire pourrait naître du silence du
législateur. Lors de la présentation aux chambres,
il n'était nullement question de contestations de
propriété ou de titres qui l'établissent. Le juge de
paix connaît, disait le projet primitif, des actions
en bornage entre voisins, et tout se bornait là. —
Dans la pratique, on aurait fait ce que sous la loi
de 90 l'on faisait pour les dommages aux champs,
on aurait sursis et renvoyé vider l'incident devant
les tribunaux d'arrondissement. Et ce n'est donc
pas en vue que le tribunal qui devait statuer sur
l'exception devenait éminemment apte à statuer
aussi sur l'action principale.

Un inconvénient que je qualifierai de banal est
jeté en avant : n'est-il pas plus simple, dit-on, que
les droits des parties fixés, la plantation des bornes
soit immédiatement ordonnée plutôt que de renvoyer devant le juge de paix, lorsque peut-être de
nouvelles difficultés pourraient surgir et occa-

sionner encore plusieurs renvois et devant le tribunal et devant la justice de paix.

Ce raisonnement peut faire impression quand on ne descend pas dans les détails de la pratique; mais pour peu qu'on y fasse attention, les inconvénients que l'on croyait exister disparaissent. Avec de la prévoyance, le juge déroutera toutes les ruses suscitées par le souffle chicanier et amènera les plaideurs à réunir toutes leurs contestations et à ne les présenter que toutes ensemble. Par ce moyen, le sursis est très praticable. — En discutant l'opinion de Curasson, qui, avec d'autres objections, a présenté celle-ci, nous développerons ce que nous avançons, d'autant plus que c'est là le grand reproche que l'on peut faire au mode de sursis. C'est que, mal conçu, il pourrait peut-être amener un résultat contraire à l'esprit de la loi.

Quant au dessaisissement absolu ou le renvoi de la cause entière avec l'incident, des désavantages majeurs en résultent et seront signalés.

Pour appuyer la déclaration d'incompétence au cas de contestation, Carou émet une opinion qui me paraît hasardée. Il suppose que l'action en bornage n'a lieu en justice de paix que quand les parties sont d'accord sur les bases de l'opération, et que, lorsque des contestations s'élèvent, le juge de paix, plutôt conciliateur que juge, manque de juridiction, renvoie la cause et les parties devant le tribunal qui en doit connaître.

Quand la loi a dévolu un droit quelconque à une juridiction, elle n'a pas voulu que ce droit dégénérât en un droit impuissant.

Si la loi supposait que les parties dussent être d'accord entre elles sur les bases de l'opération de bornage pour que la justice de paix fût compétente, elle aurait supposé un non-sens et détruit d'une main ce qu'elle édifiait de l'autre.

Pas de contestation, pas d'action ; un milieu ne se conçoit pas. Et qu'est-ce donc que d'être d'accord sur les bases d'une opération, si ce n'est pas l'opération elle-même ? Alors que devient le pouvoir de la justice ? Qu'a-t-elle à faire quand il n'y a plus de litige ? Sanctionner de sa présence les conventions des parties ? Non, ce n'est pas là le rôle du juge, il ne le doit point accepter.

Au surplus, les justiciables eux-mêmes n'auraient point recours à une semblable juridiction. Ils n'en ont pas besoin, puisqu'ils sont d'accord.

Ne faire entrer dans les pouvoirs des juges de paix qu'une simple appréciation de faits, c'est annihiler les attributions qu'ils ont reçues, et tel n'est pas le but de la loi.

Cette idée de ne reconnaître au juge de paix que le droit d'apprécier de simples faits est tellement outrée, que l'on va jusqu'à dire que, lorsque des contestations s'élèvent, il est plutôt conciliateur que juge. Nous ne voyons pas en quoi le juge de paix n'aurait que des attributions conciliatoires dans ces matières. La décision de certaines difficultés ne lui est pas permise, sans doute, mais il y a loin de là au rôle de conciliateur.

Du reste, ce qui prouve combien est erronée cette prétention, c'est qu'il est des contestations dont le jugement appartient au juge de paix, et qui peuvent se présenter non-seulement *in limine litis*, mais encore dans le cours de l'instance.

Il faut faire attention que la loi ne dit pas que le juge de paix ne connaîtra *d'aucune contestation*, et c'est cependant l'interprétation qu'on voudrait lui donner par ces mots : *Mais lorsque des contestations portent soit sur la propriété, soit sur les titres.*

La loi est formelle ; elle n'a entendu restreindre la compétence des juges de paix qu'au cas où les contestations porteraient sur la propriété ou les titres qui l'établissent.

Il n'est donc pas vrai de dire que le juge manque de juridiction, et qu'il doit se dessaisir de la cause lorsque des incidents prévus par la loi surgissent.

Curasson qui s'est décidé d'une manière absolue pour la négative, et qui applique au bornage les mêmes raisonnements qu'il a invoqués pour les dommages aux champs, présente toutefois de nouveaux moyens sur la question spéciale.

En voici la substance : — Observations précédentes applicables au bornage. Deux juridictions, chose étrange et impraticable. Contestation de titres ou prétention à la prescription trentenaire, dans ce cas, nomination d'experts pour appliquer

les titres et enquête pour prouver la prescription.
Les difficultés jugées, à quoi bon le renvoi au juge
de paix pour le placement des bornes, qui n'est
que l'exécution du jugement ou arrêt? Pourquoi
l'expert ou le géomètre envoyé sur les lieux n'y
procéderait-il pas, ou les parties elles-mêmes? —
Difficulté tranchée. Si compétence absolue au juge
de paix, sauf renvoi des contestations, la loi eût
prononcé le sursis comme au cas de contestation
pour délimitation de forêt domaniale ou communale, la loi ayant dit qu'il serait sursis à l'abornement administratif jusqu'à la décision des tribunaux. — Dans les autres cas de sursis, la loi le déclare. (235, 327 et 1319 du Code civil, 240 et 427
du Code de procédure, et 3 du Code d'instruction
criminelle.)

Deux arguments principaux ressortent de ces
observations, à savoir : 1° qu'il serait étrange et
souvent impraticable de soumettre la même action
à deux ordres de juridictions différents ; que si,
par exemple, le titre était contesté, ou si l'une des
parties excipait de la prescription, le débat terminé,
le renvoi en justice de paix serait sans but ; 2° que
quand le législateur veut que le juge retienne l'affaire, il le dit.

Il nous sera facile d'établir qu'il n'y a rien d'é-
trange ni d'impraticable dans le retour des parties
devant le juge primitivement saisi de la cause. Ce
qui doit paraître étrange et se trouve évidemment
contraire aux vues économiques du législateur,

c'est de recommencer une procédure régulière qui a déjà occasionné des frais, par une procédure ruineuse qui à elle seule a donné lieu au changement de compétence; vérité qui saisit tout le monde, mais à laquelle résistent encore quelques intérêts.

Le premier exemple cité à l'appui de la démonstration est la contestation du titre. Cette contestation peut se présenter de différentes manières. Tantôt c'est le titre en la forme qui est attaqué, parce qu'il est irrégulier, tantôt c'est en lui-même, en son essence; d'aucune fois c'est la quantité énoncée et qui se trouve détruite par un titre plus ancien, et une foule d'autres cas que la pratique peut faire naître. Eh bien! dans ces circonstances, il n'est pas besoin d'expert pour appliquer les titres; les questions se jugent presque toujours à l'audience, le plus souvent ce ne sont que des questions de droit à décider, et qui ne nécessitent pas la présence d'experts sur les lieux. Alors le tribunal d'arrondissement ayant jugé la difficulté, ira-t-il commettre un ou trois experts pour procéder à l'opération? Ce serait une chose inutile, puisque déjà il en existe un nommé par le juge régulièrement saisi; il renverra les parties en justice de paix, la marche est beaucoup plus simple et surtout amenant bien moins de frais. L'objection tirée de ce que l'expert du tribunal, qui aurait déjà opéré, devrait faire le placement des bornes plutôt que de renvoyer au juge de paix, n'a donc pas d'application au cas de contestation de titre.

Quant au second exemple, la prescription trentenaire de la limite actuelle ou d'une étendue de
terrain quelconque. Il ne s'agit pas plus, dans l'un
et l'autre cas, d'expert ou de géomètre commis par
le tribunal pour donner leur avis et ensuite exécuter la décision du tribunal ; ce sont des témoins à
entendre, et voilà tout. A quoi servirait un géomètre ? Est-ce que le point en litige n'est pas fixé
par le jugement du juge de paix ? Et, d'un autre
côté, l'enquête terminée, le jugement prononcé,
il est encore beaucoup plus simple de renvoyer à la
justice de paix en l'état, plutôt que d'ordonner que,
par experts, l'opération aura lieu de telle ou telle
manière.

Les tribunaux d'arrondissement ont moins à décider des points de fait que des questions de droit,
leur mission se réduit à vider les difficultés dont
ne peuvent connaître les tribunaux de premier degré, et ces deux juridictions peuvent fonctionner
sans embarras dans leurs sphères d'attributions
respectives.

D'après le raisonnement de Curasson, il semblerait qu'une fois la contestation jugée par le tribunal, il n'y a plus qu'à planter les bornes. C'est
évidemment là une erreur pour les cas les plus
fréquents, parce que les contestations autres que
celles de propriété ou de titre et les difficultés de
terrain, qui appartiennent à la justice locale, peuvent se présenter, et alors ces contestations se-

raient terminées par un tribunal qui ne doit décider que les contestations prévues, celles portant sur la propriété et les titres qui l'établissent.

Au surplus, s'il n'y avait plus qu'à planter des bornes, les parties ne manqueraient pas, et elles auraient parfaitement raison, de procéder à l'amiable à une opération purement matérielle.

Curasson le reconnaît et en fait un argument contre le renvoi en justice de paix. Cet argument n'est pas très concluant, puisqu'il peut être invoqué avec autant de fondement contre le système contraire.

En effet, s'il n'y a plus rien à faire qu'à planter des bornes, les parties n'ont donc besoin ni de l'intervention du juge, ni de la présence d'un expert commis par la justice.

A l'égard du second argument basé sur l'intention du législateur, que s'il avait entendu parler du sursis, il l'aurait dit; cet argument ne nous paraît pas fondé quand il s'agit de l'interprétation des lois, parce qu'il est véritablement beaucoup trop commode et se prête par trop aisément à la manière de voir de chacun.

Ce que la loi a prescrit au cas de contestation pour la délimitation forestière, domaniale et communale, était rigoureusement nécessaire, à cause de la séparation des pouvoirs; il ne fallait pas qu'il restât le moindre doute sur les droits de l'administration; et afin d'éviter toute espèce d'empiétement, la loi déclare le sursis, sans cela on aurait pu croire que l'administration avait d'autres droits que ceux qui lui étaient impartis.

Les autres matières citées se retrouvent encore dans les mêmes conditions ; il s'agit de faux incident civil et de faux en matière commerciale.

La loi ne s'exprime pas toujours dans les mêmes termes à cet égard ; car on peut se reporter à l'art. 14 du Code de procédure civile, qui régit les justices de paix. L'art. 14, parlant d'inscription de faux, de dénégation d'écriture, de non reconnaissance, déclare que le juge renverra la cause devant les juges qui doivent en connaître, c'est-à-dire l'incident. La cause, ici, c'est l'incident et non le principal. Le maintien de l'ordre des juridictions suffirait pour faire rejeter l'opinion opposée.

CARRÉ, *Juridiction des juges de paix*, dit : « Mais les juges ne sont pas pour cela saisis de la connaissance du fond ; le juge de paix conserve toujours sa compétence pour le juger ; le renvoi prescrit par le législateur n'est donc que celui de l'incident ; et aussitôt que le tribunal civil l'a vidé, les parties reviennent vers le juge de paix pour qu'il prononce. » (V. t. IV, p. 46.)

Dans l'*Encyclopédie des juges de paix* d'AUGIER, on lit : « En ordonnant que le juge de paix renverra la cause devant les juges qui doivent en connaître, il est évident que le législateur n'a parlé que de la cause incidente, puisque le juge de paix est seul compétent pour connaître du principal ; c'est là une question préjudicielle dont l'unique but est de suspendre la décision de la cause au fond.» Il cite Carré, *Lois de la procédure*, et Favard. (V. v° *Faux*, t. III, n° 8.)

Chauveau, nouvelle édition des *Lois de la procédure* de Carré, adopte le sentiment de cet auteur et considère comme purement spécieuses les raisons puisées dans l'art. 427 du Code de procédure civile, données à l'appui de l'opinion contraire.

Après avoir combattu les auteurs qui ont rejeté le sursis, je vais parler maintenant de ceux qui l'ont adopté.

Masson est sans contredit celui qui a le mieux présenté la question. Nous transcrirons ici textuellement son opinion, qui toutefois donnera lieu à quelques observations.

« En règle générale, dit MASSON, c'est la demande qui fixe la compétence du juge ; tous les incidents, toutes les contestations qui peuvent surgir dans une instance ne peuvent faire changer cette compétence ; autrement il pourrait dépendre du caprice du défendeur d'éluder la juridiction devant laquelle il est appelé ; dès que la matière qui fait l'objet de l'affaire est spécialement attribuée à un tribunal, une difficulté quelconque qui sort de ses attributions ne peut lui ravir le droit de juger ; il peut bien, jusqu'après sa décision, être obligé de suspendre son jugement ; mais il a été compétem-

33

ment saisi; rien ne l'oblige, ne lui permet même
de se dessaisir de la cause; s'il se déclare incompétent, il faudra qu'il prononce sur les dépens. Y
condamnera-t-il le demandeur, qui s'est conformé
à la loi? Les fera-t-il supporter par le défendeur,
dont la contestation peut être juste et fondée? On
sent l'embarras que suscite un pareil système.
Mais, dira-t-on, on laissera au tribunal qui devra
statuer sur la contestation, le soin de statuer en
même temps sur l'action principale et sur les dépens. Cette marche, la plupart du temps, serait
impossible; car la difficulté soulevée sur une demande en bornage ne peut avoir pour objet l'interprétation d'un titre par voie administrative; or,
il est absurde de penser que l'administration puisse
juger sur des dépens faits à l'occasion d'une instance qui sort essentiellement de ses attributions,
et il serait plus ridicule encore de vouloir lui dé-
férer la décision de l'affaire. Et qu'arriverait-il
donc encore, si la contestation ne pouvait être jugée que par un tribunal autre que celui de la situation des lieux? Si, par exemple, pour prouver
la propriété, on produisait un testament, une vente,
un acte quelconque dont l'interprétation devrait
être déférée au tribunal du domicile du défendeur,
à quelles conséquences ne serait-on pas entraîné?
—Mais supposons, ce qui est possible, que la demande en bornage soit dirigée contre dix propriétaires voisins, et qu'arrivant à l'opération qui aurait été ordonnée par un jugement passé en force de

chose jugée, un seul élève une contestation sur le titre du demandeur, ou de l'un des défendeurs, si le juge est obligé de se déclarer incompétent, il faudra, de toute nécessité, amener ces dix individus dans l'instance qui sera portée devant le tribunal d'arrondissement, et cependant ils n'auront rien à y démêler, puisqu'ils auront donné leur consentement au bornage. On voit, par ces différents exemples, et notamment par la dernière hypothèse, que si le législateur avait voulu que le juge de paix se déclarât incompétent, dans le cas de contestation lors de la production des titres pour opérer le bornage, loin de faire une loi utile, il aurait ouvert l'accès le plus facile à la chicane et multiplié les procès, ce que surtout il a voulu éviter.

« Le sursis n'aura aucun de ces inconvénients, et, de plus, les contestations seront infiniment plus rares, parce que celui qui voudra les élever saura que les frais qu'elles occasionneront ne seront plus considérés comme frais de bornage et payables en commun, mais resteront à la charge du téméraire plaideur. »

Masson cite Pardessus, qui dit « qu'en cas de prétention à la possession au delà des titres, les opérations de bornage doivent être *suspendues*, jusqu'à la décision des tribunaux. »

Il rapporte ensuite les paroles de M. RENOUARD : « Que quand des questions de propriété sont engagées, le juge de paix n'en devra pas *connaître* ; »

33.

ainsi que celles du ministre, « que dans ces cas le juge s'arrêtera. »

Il termine par une objection sans réplique : « Le système que nous venons de développer, ajoute-t-il, est tout à fait en harmonie avec la loi et les principes, et l'on peut concevoir difficilement d'ailleurs qu'après avoir rendu un *jugement qui ordonne* le bornage, le juge de paix vienne prononcer une incompétence qui anéantirait la première décision en laissant tomber toute la procédure. Cette dernière considération surtout, bien appréciée, suffirait à elle seule pour faire admettre notre opinion. » (V. *Comm.*, p. 187.)

Masson s'occupe d'abord, comme nous venons de le voir, de la compétence du juge de paix en matière de bornage et démontre clairement qu'il ne peut être dessaisi par une exception quelconque — Mais la conséquence qu'il en tire relativement aux frais ne nous paraît pas très convaincante. Le juge de paix ne peut assurément pas statuer sur ces frais, puisque, à l'égard du demandeur, l'action a été régulièrement intentée, et, d'un autre côté, l'exception préjudicielle peut être parfaitement fondée. Mais la réserve des frais ne serait point encore là un inconvénient grave dans les cas ordinaires ; c'est celui qui succombe qui les doit supporter, que leur imputation soit faite par le premier juge ou par le tribunal d'arrondissement qui doit prononcer sur les contestations, peu importe. — Au surplus, dans les affaires en bornage,

la répartition des frais est facile ; les premiers frais
d'introduction d'instance sont par tête, et ceux
d'opération au prorata des quantités. — Il n'y aurait pas d'inconvénient d'en voir faire l'application
par le tribunal saisi des contestations.

Masson pousse trop loin son raisonnement qui
nous semble manquer de force, parce qu'il n'a
pour base qu'un cas infiniment rare, l'interprétation par l'autorité administrative des titres contestés.— Il est certain que l'autorité administrative
ne peut ni appliquer les dépens, ni encore moins
connaître d'une opération toute judiciaire.— Sous
ce rapport, l'incompétence est certes contraire à
tous les principes, mais elle ne le serait pas en ce
qui concerne les tribunaux, et il n'y aurait rien
d'étrange à cette marche.—Au surplus, dans l'hypothèse de l'incompétence ou plutôt du dessaisissement, si le titre produit devait être interprété
par voie administrative, une fois l'interprétation
faite, la cause retournerait, par une conséquence
forcée, au pouvoir judiciaire, dans l'espèce, à la
justice de paix. Cela ne fait pas de doute ; ou bien
d'un autre côté il y aurait lieu à règlement de juges pour la suite de l'opération, si le tribunal de
paix se trouvait entièrement dessaisi par suite de
l'incompétence.

Masson donne un troisième moyen qui nous
paraît encore moins concluant, c'est le cas où l'interprétation d'un titre devra être faite devant un
tribunal autre que celui de la situation des biens

à borner. Quand, par exemple, dit Masson, pour prouver la propriété, on produit un testament, une vente, un acte quelconque dont l'interprétation devrait être déférée au tribunal du domicile du défendeur.

Pour nous, nous ne pensons pas que ces circonstances puissent jamais se rencontrer, parce que c'est le tribunal de la situation des biens à borner qui seul doit connaître de l'affaire, et de tous les incidents qui en peuvent résulter. Ainsi, qu'un testament soit produit, ou une vente, ou un partage, ou une transaction, ou tout autre acte, la partie qui en excipera, fût-elle aux extrémités de la France, est soumise à la juridiction territoriale.

L'action étant purement réelle, elle ne peut être jugée que par le tribunal de la situation des lieux.

Mais si quelques arguments paraissent hasardés, l'objection qui suit est des plus puissantes. L'auteur suppose l'action engagée entre dix propriétaires et plus ; tous adhèrent au bornage demandé, à l'exception d'un seul qui élève une difficulté concernant la propriété ou les titres ; les dix propriétaires non contestants seront donc amenés devant le tribunal d'arrondissement.

Cet inconvénient est grave, et il nous paraît difficile d'y remédier autrement que par le sursis.

Une dernière objection non moins importante est signalée par Masson, c'est celle relative au jugement ordonnant le bornage, lequel jugement se trouverait détruit par un autre prononçant l'incompétence.

Et en effet, comment concilier ces deux décisions opposées ? Si seulement le tribunal d'arrondissement, suivant les derniers errements de la procédure, maintenait le premier jugement et ce qui en a été la conséquence ; mais non, toute la procédure est recommencée, depuis l'exploit introductif d'instance jusqu'au jugement qui ordonne le bornage, ainsi que tout ce qu'a pu faire l'expert. Le législateur n'a pas assurément entendu une pareille involution de procédure et entraînant des frais en pure perte, qui seraient alors éminemment frustratoires ; la loi n'a pu donner lieu à de tels abus.

Le professeur BENECH, de Toulouse, s'est rangé du sentiment de sursis.

Voici dans quels termes il s'exprime, p. 275 : « Dans ces divers cas,... le juge *surseoira* jusqu'à la décision du juge du pétitoire ;—mais dès que les difficultés auront été évacuées, toutes les autres questions accessoires au bornage rentreront dans les attributions du juge de paix. Ainsi, en procédant d'après le rapport du géomètre qu'il aura délégué, ou que les parties auront elles-mêmes choisi, *il déterminera la ligne de séparation des deux fonds;* il prononcera..... sur les restitutions de fruits....., et fera les réductions et attributions proportionnelles de bénéfice et de perte. »

Dès l'apparition de la loi nouvelle, j'avais adopté

le sursis dans deux jugements insérés au recueil
le Juge de Paix. — Dans le premier, d'une manière implicite, mais dans le second très formellement.

Ce dernier jugement est du 13 juin 1839 :

« Considérant que, d'après la loi nouvelle de
compétence, les actions en bornage ont été transférées aux tribunaux de paix, et que les tribunaux
d'arrondissement ne sont appelés à décider que
les questions incidentes relatives à la contestation
des titres ou de la propriété, et que conséquemment le juge ne doit pas se dessaisir, mais seulement surseoir ;

« Qu'en effet, bien que le législateur de 1838 se
soit servi de l'ancienne locution de 90, le juge de
paix connaîtra..... lorsque..... cela ne veut pas dire
que le juge de paix se dessaisira d'une manière
absolue de l'action, mais bien qu'il ne connaîtra
pas des difficultés qui sont hors de ses attributions,
comme dans le cas de l'art. 14 du Code de procédure civile, où il est dit que le juge de paix renverra la cause, c'est-à-dire l'incident ;

« Considérant que l'objection de multiplicité des
jugements provient d'un faux point de départ,
parce qu'avant tout, une première opération toute
matérielle doit être faite. A quoi servirait, en effet,
une contestation de titre ou de propriété, quand
la contenance réelle actuelle est inconnue ?

« Considérant que le sursis se trouve basé sur
les vrais principes en matière de juridiction ; le

juge de paix ayant légalement rendu un jugement
qui ordonne le bornage, ce jugement étant même
exécuté par le mesurage, que deviendraient alors et
le jugement et cette opération faite en conséquence ? Qu'a voulu le législateur ? Réserver aux
tribunaux d'arrondissement les questions graves
de contestations de propriété ou de titre. Et ce serait retomber dans l'inconvénient qu'il a voulu
éviter s'il fallait recommencer l'ancienne procédure ; car le dessaisissement absolu aurait ce fâcheux résultat, tandis que par le sursis, lorsque
l'on n'a plus qu'à appliquer les titres et à opérer
les reprises, un seul et même jugement peut embrasser toutes les contestations. » (V. *le Juge de
Paix*, par Augier, t. ix, p. 205 et 206.)

M. FRION avait adopté le système contraire dans
un article imprimé en 1829 aux *Annales de la
science des juges de paix*. Depuis il a fait un retour
sur sa première opinion qu'il a abandonnée dans
son opuscule sur le bornage.

Cet article mérite d'être rapporté ; il contient des
vues saines qui doivent être suivies.

« 43.—Lorsque la contestation s'élève, soit à
l'audience, soit sur les lieux, et lors des opérations, le juge de paix doit, aux termes de l'art. 170
du Code de procédure, renvoyer d'office toutes les
parties devant qui de droit.

« Mais le renvoi doit-il avoir lieu non-seulement
sur l'incident, mais encore sur la demande principale ?

« J'ai développé l'opinion affirmative dans un des journaux de justice de paix, et entre autres raisonnements je produisais ceux-ci : la loi porte que les juges de paix connaissent de l'action en bornage lorsque la propriété ou les titres ne sont pas contestés ; donc, lorsqu'il y a contestation de cette nature, les juges de paix ne connaissent plus de l'action.

« C'est là l'induction que la loi offre naturellement à l'esprit, et on ne voit nulle part, soit dans les travaux qui l'ont préparée, soit dans les discours et les discussions qui ont eu lieu aux chambres, que cette loi doive avoir un autre sens.

« J'ajoutais que si le législateur avait entendu que les juges de paix ne devinssent incompétents que sur l'incident, il l'aurait sans doute exprimé d'une manière formelle, et comme il le fait, par exemple, à l'égard des tribunaux de commerce, pour les cas prévus par les art. 426 et 427 du Code de procédure, qui dispose que, dans ces cas, le jugement de l'incident sera renvoyé devant les juges qui doivent en connaître, et qu'il sera sursis à statuer sur la demande principale.

« Telle est l'opinion que je professais alors et qui fut également soutenue par plusieurs auteurs.

« Mais depuis, un arrêt de la Cour de cassation, du 26 mai 1840, est venu l'ébranler.

« En effet, il résulte de cet arrêt, que lorsque, sur une action pour dommages aux champs, la propriété est contestée, le juge de paix doit se déclarer incompétent, ou au moins surseoir à faire droit, jusqu'à ce que la question de propriété soit jugée par les tribunaux qui doivent en connaître, et la disposition d'après laquelle cet arrêt a prononcé est conçue dans le même sens que la loi actuelle.

« Il paraît aussi que quelques tribunaux embrassent à peu près cette opinion ; ils ne retiennent l'affaire que lorsque le jugement de l'incident à exigé une expertise préalable qui les met aussi à portée de procéder au fond ; dans le cas contraire, ils renvoient devant le juge de paix.

« Si cette marche doit prévaloir, il serait à désirer que toutes les contestations qui pourraient surgir d'une opération de quelque étendue fussent soulevées en même temps, pour que le juge de paix pût renvoyer et le tribunal compétent statuer sur toutes à la fois.

« Dans ce but, il faudrait, s'il était possible, qu'aussitôt qu'un incident serait levé, le juge de paix obtînt, en provoquant les mesures ou les explications qui pourraient lui faire connaître d'avance les incidents qui naîtraient encore ultérieurement, qu'ils fussent aussi proposés immédiatement.

« Sans quoi, il pourrait arriver qu'après le jugement sur un premier incident, le juge de paix fût encore obligé de renvoyer sur un second, puis sur un troisième, un quatrième, et alors que de procès, que de frais, que de perte de temps à l'occasion d'une opération de bornage !

« N° 45. — Quand il s'agit d'une opération qui

s'étend à plusieurs héritages, il n'est pas toujours nécessaire que le renvoi ait lieu à l'égard de toutes les parties ; car si, par exemple, la contestation ne concerne que celui d'entre les héritages qui se trouve à l'une des extrémités du lieu de l'opération, il est possible que la décision à intervenir, quelle qu'elle soit, n'ait aucune influence sur la partie de cette opération relative aux héritages situés à l'autre extrémité, et dès que tous les intéressés le reconnaissent, le juge de paix doit donc y donner suite en même temps qu'il prononce le renvoi en ce qui touche le surplus de l'opération. » (V. *Du Bornage en justice de paix*, p. 50, n° 43.)

Je ferai sur cet article quelques observations.

D'abord je ne pense pas que, dans l'occurence, le juge de paix doive, aux termes de l'art. 170 du Code de procéd.civ., déclarer d'office son incompétence. L'art. 170 n'est relatif qu'aux incompétences absolues, c'est-à-dire à celles dont le tribunal saisi ne peut connaître, même par suite de prorogation de compétence.

Ainsi, avant la loi de 1838, si l'on avait porté en justice de paix une demande en bornage, que le défendeur ne présentât pas le moyen d'incompétence ou qu'il fît défaut, le juge de paix devait se déclarer formellement incompétent, parce qu'il y avait incompétence à raison de la matière.

Aujourd'hui il n'en peut être de même, parce que les tribunaux de paix ont le *germe* de la compétence, puisque, par la loi de 1838, les actions en bornage ont été mises dans leurs attributions. Si les parties procèdent devant eux sans demander leur renvoi, nous croyons qu'il n'est pas du devoir du juge de les renvoyer devant qui de droit. Il y aurait alors dans le fait des plaideurs un tacite consentement à ce que le juge statuât *pleinement.*—La prorogation de compétence pouvant avoir lieu en l'état des choses par la comparution volontaire des parties, elle peut dès lors être tacite.

Je ne puis donner aux travaux des chambres l'interprétation que leur donne mon collègue. S'il n'est point question de sursis, il n'est pas davantage parlé d'incompétence. Je crois, toutefois, pouvoir établir avec le peu de documents que nous possédons, que l'intention du législateur est plus prononcée pour le sursis que pour l'incompétence ou le dessaisissement.

La marche mixte, suivie par quelques tribunaux, de statuer quand déjà il y a expertise, et de renvoyer dans le cas contraire, peut avoir de bons résultats; mais elle ne respecte pas assez le principe, qu'aucune juridiction ne peut empiéter sur l'autre.

Le moyen indiqué par M. Frion pour éviter la multiplicité des jugements sur chaque contestation qui pourrait surgir des débats, n'est pas assez explicite, il aurait dû dire les mesures que pourrait pendre le juge de paix. Je tâcherai de remplir cette lacune.

Les auteurs du *Dictionnaire de procédure,* dont

les décisions ont quelque influence au palais, se sont prononcés pour le sursis.

Au mot *Bornage*, 2e édition, on lit, n° 116 : « S'il s'élève des contestations sur la propriété du terrain qu'il s'agit de borner, ou sur les titres établissant cette propriété, le juge de paix doit *surseoir* à statuer, et renvoyer les parties devant les tribunaux civils ; *mais dès que ces difficultés ont été résolues, toutes les questions relatives au bornage lui appartiennent.* »

M. AUGIER, au recueil *le Juge de Paix*, rapporte un jugement du tribunal civil de Vouziers, du 27 avril 1842, qui a admis le sursis. Voici le sommaire : « Lorsqu'une exception de propriété est invoquée par le défendeur à l'action en bornage, le juge de paix doit-il se déclarer incompétent ou surseoir à statuer jusqu'au jugement du tribunal de première instance sur cette exception ? (Résol. dans ce dernier sens.)

Il s'agissait d'une demande en bornage à perte ou à gain, basée sur un même titre de partage. — Refus par le défendeur soutenant sa propriété séparée par des piquets renouvelés et invariables. — Visite des lieux et arpentage par le juge de paix de Vouziers ; il en résulte que le défendeur a de l'excédant, et le demandeur du déficit. — Le défendeur a toujours persisté dans la preuve de la possession annale et de plus de trente ans dans les limites des piquets.

Le juge de paix surseoit à statuer sur le bornage et fixe un délai pendant lequel la question de propriété serait tranchée.

Jugement du tribunal civil sur l'incident porté par le demandeur, le défendeur restant dans l'in-action, ainsi conçu : « Considérant qu'à l'encon-tre des titres invoqués par le demandeur, le dé-fendeur a opposé un droit de propriété reposant sur une possession trentenaire ; que le juge de paix n'étant point juge de ce fait, a sursis à statuer sur l'action qui lui était soumise, jusqu'après le ju-gement par les tribunaux compétents pour pro-noncer sur la prétention soulevée par le défen-deur. » (V. le *Juge de Paix*, t. xii, p. 293.)

Cette affaire a fourni l'occasion au tribunal de Vouziers de proclamer les vrais principes en ma-tière de bornage. — On lit dans un premier juge-ment.... « Que le bornage doit s'effectuer, non dans les limites de la possession, mais dans les *limites de la propriété*; que, s'il n'en était point ainsi, on ne pourrait voir dans le bornage une opération dé-finitive. »— Dans le second jugement.... « Que les actions en bornage.... ayant pour but de constater et fixer *définitivement* le droit des parties, il en ré-sulte que le juge de paix doit se décider, non plus d'après la simple possession annale, mais seule-ment d'après *le fond du droit*, qui seul aujourd'hui peut faire sa règle et servir de base à sa décision. (V. t. xii du *Juge de Paix*, mêmes pages.)

Malgré cette longue discussion de la question du sursis dans des sens divers, je crois pouvoir la pré-

senter encore sous un aspect nouveau, et puiser
dans les motifs de la loi la preuve que l'intention
du législateur a été seulement que les justices de
paix ne connussent pas des contestations de propriété ou de titres, et que quand elles s'élevaient,
leur juridiction ne cessait que pour ces contestations.

M. Persil disait en présentant la loi à la session
de 1837, que si le litige porte sur la propriété,
l'examen des titres et la connaissance approfondie
du droit sont nécessaires ; dès lors doit cesser la
juridiction exceptionnelle, c'est ce qu'explique le
projet en même temps qu'il défère au tribunal de
paix les actions en bornage.

Cette locution pourrait laisser présumer que la
juridiction doit cesser d'une manière absolue (et
le ministre ne le dit pas encore). Je ne le pense
pas et j'en trouve la raison dans le rapport de
M. Renouard, fait en conséquence de la présentation de la loi. Il importe de bien constater que
si des questions de propriété se trouvent engagées
dans le litige, le juge de paix *n'en devra pas connaître.*

De quoi le juge de paix ne devra-t-il pas connaître? Ce n'est pas du litige, parce que, au lieu
de dire *n'en devra pas,* on aurait ajouté *n'en devra
plus* connaître.

Au surplus, *n'en devra pas connaître* se rapporte
évidemment aux questions ou contestations de
propriété; car si, dans l'intention du rapporteur,
le juge de paix se trouvait dessaisi, il se serait ex-

primé autrement, il aurait annoncé qu'il ne devrait *plus* connaître *du litige*.

La présentation à la chambre des pairs va lever toute incertitude. M. le garde des sceaux Barthe s'est ainsi exprimé : « S'il s'agit moins de rechercher les bornes et de les poser que de statuer sur une revendication de propriété... de trop graves intérêts étant alors engagés, le compétence exceptionnelle *s'arrêtera*. »

Si le juge se trouve arrêté, il n'est donc pas dessaisi ; cela est certain et équivaut au sursis. M. Barthe est assurément celui des ministres qui est le plus entré dans l'esprit de la loi. Sa pensée se trouve suffisamment développée dans son discours de présentation du projet de loi à la chambre des pairs. Expliquant ce que doit faire le juge de paix, il termine par décider qu'il *s'arrêtera* quand il y aura contestation de propriété ou de titre, car la revendication de propriété, dont parle le ministre, n'est que la contestation de propriété ou de titre. Et en effet, les trois cas sont prévus : le bornage, les travaux de précaution, et la distance pour les plantations. Et si, pour ces trois circonstances, il y a, dit le ministre, revendication pour le bornage, contestation de propriété ou de titres pour les deux autres cas, alors le juge de paix n'en connaîtra pas ; sa compétence, en un mot, *sera arrêtée*.

L'année suivante, à la chambre des députés, M. Barthe a reproduit ce qu'il avait dit à cet égard à la chambre des pairs.

34

Le rapport de M. Amilhau vient encore corrobo-
rer l'interprétation que je n'ai point hésité à adopter ; c'est lorsque le fond du droit n'est pas en litige que le juge est autorisé *à prononcer*, et sa
décision n'est jamais qu'en premier ressort. Ces
paroles de M. Amilhau ne peuvent être interpré-
tées que dans le sens du sursis : quand il y aura
contestation, le juge ne connaîtra pas de cette contestation, ne la décidera pas ; ce qui ne signifie
pas que le juge est obligé de se déclarer incompétent, de se dessaisir du procès. Au moins, s'il se
déclare incompétent, ce n'est que par rapport à
l'incident.

D'après cela, il est certain que l'intention du législateur n'a pas été que le juge de paix se déclarât
incompétent sur le principal, se dépouillât du
procès et renvoyât le tout devant le tribunal d'arrondissement.

Les contestations de propriété ou de titres en
matière de bornage peuvent être assimilées aux
questions préjudicielles ; elles en ont les principaux caractères ; car s'il s'élève une contestation de
propriété ou de titres, cette contestation doit être
vidée avant toute chose ; elle a sur la décision à intervenir une influence telle qu'elle en paralyse, en
suspend la solution. Par exemple, qu'un titre soit
contesté ; qu'une partie élève la prétention à la
possession d'un terrain quelconque, au moyen de
la prescription ; que des contestations graves de
titre ou de propriété surviennent ; dans toutes ces

circonstances, l'opération du bornage est subordonnée à la décision de la contestation. Cette position que les parties se sont faite ne change rien à la compétence, seulement elle fait naître un incident qualifié à juste raison de question préjudicielle. Cette qualification se comprend aisément. —«On nomme, dit l'*Encyclopédie des juges de paix*, question préjudicielle toute question dont la décision préalable est nécessaire pour qu'il puisse être statué sur d'autres questions qui s'y rattachent. »

Toutes les fois qu'il s'agit de questions préjudicielles, il y a sursis : c'est une conséquence forcée, parce que, comme l'exprime suffisamment le mot *préjudiciel*, c'est une difficulté qui doit être jugée avant le fond du procès.

Les questions préjudicielles sont quelquefois décidées par le tribunal saisi de la question principale où elles ont pris naissance. Le plus souvent aussi ce sont d'autres tribunaux à qui la connaissance en a été dévolue.—Dans tous les cas, la procédure sur le fond est arrêtée, et il est sursis à toute espèce de décision de la cause. C'est la force des choses qui le veut ainsi.

Le sursis est donc la seule voie qui puisse être prise.

D'un autre côté, les inconvénients qui résultent de l'incompétence absolue, ou dessaisissement, doivent, dans le silence de la loi, faire rejeter cette dernière opinion.—Ces inconvénients ne peuvent être bien compris qu'en abordant les détails de la pratique. Sur ce terrain, ils ressortent plus évidents encore.

En effet, quel but se propose-t-on dans le bornage? de reconnaître les véritables limites des propriétés. Pour arriver à cette fin, une opération toute matérielle est indispensable et doit avoir lieu avant toute chose : c'est le mesurage des pièces de terre des parties en cause; car, au préalable, il faut savoir, non pas par aperçu, mais mathématiquement parlant, les quantités que chaque pièce de terre renferme dans son état actuel de jouissance; autrement, on manquerait le résultat qu'on veut atteindre.

On ne viendra sans doute pas prétendre qu'un préliminaire semblable doit être ordonné par le tribunal d'arrondissement; et, c'est cependant où conduirait la déclaration d'incompétence.

L'opération dont nous parlons étant en dehors de tout, ne pouvant, par sa nature, recevoir aucune impulsion, aucune influence des incidents de la cause, doit rester intacte; c'est un travail d'expert, c'est la levée du plan parcellaire des propriétés, sans aucune attribution de quantité.

Voyons plus intimement encore ce qui se passe dans ces sortes d'affaires.

On demande le bornage, soit parce qu'il n'existe point de bornes, soit le plus ordinairement parce qu'on éprouve un déficit.—Celui qui agit sait sans doute qu'il lui en manque; mais son voisin l'ignore, et ne sait peut-être pas, ainsi que les autres, s'il a ou s'il n'a pas son compte à son tour.

Que doit faire le juge saisi, dans ce cas ? ordonner, par un premier jugement préparatoire, le mesurage ou l'arpentage de toutes les pièces de terre des propriétaires appelés dans l'instance. C'est, comme nous le disons, une chose si rigoureusement nécessaire, que le bornage ne se peut concevoir autrement. — Par ce jugement, un expert-arpenteur est commis. Au jour indiqué, il se rend sur les lieux et opère selon les règles de son art. Alors, seulement alors, sauf de très rares exceptions, sont présentées les contestations, soit de titres, soit de propriété ; car, à quoi bon les élever auparavant, puisqu'on ne sait pas ce que va produire l'opération géométrique.

Quelles que soient les prétentions des parties, quelque discussion ou contestation qui survienne, cette opération matérielle doit toujours subsister, elle est indépendante de toute application de titres.

Eh bien ! dans le système que nous combattons, ce préliminaire indispensable serait recommencé devant le tribunal d'arrondissement, avec des formes bien peu en harmonie avec l'économie de la loi nouvelle. — Il faut citer en conciliation, lever le procès-verbal, le signifier avec assignation devant le tribunal d'arrondissement, constituer avoué, obtenir jugement préparatoire qui ordonne l'arpentage par trois experts ; signification avec som-

mation pour la prestation de serment, serment
des experts, opération des experts, procès-verbal de ces derniers, dépôt au greffe du tribunal
de ce procès-verbal, expédition, signification à
avoué, etc., etc.

Un pareil résultat emporte avec soi sa propre
réprobation.

D'un autre côté, l'énorme inconséquence de voir
un magistrat rendre un premier jugement, les parties l'exécuter, et puis en rendre un second qui
annihilerait le premier, et tout ce qui aurait pu
être fait par suite de cette première décision ; un
état de choses semblable ne peut non plus raisonnablement exister.

Un fait assez important, pour devoir fixer l'attention, est signalé par Masson : c'est lorsque plusieurs, dix propriétaires et plus sont en cause, et
qu'un seul élève une contestation. S'il y a incompétence ou dessaisissement, il faut que les propriétaires, même ceux qui ont consenti à toutes les
opérations, qui ont approuvé le travail de l'expert,
soient renvoyés devant le tribunal d'arrondissement. Et que viendront-ils dire devant ce tribunal ? répéter ce qu'ils ont déjà dit, qu'ils consentent à tout ce qui a été fait devant la justice de
paix.

On comprendrait encore jusqu'à un certain point
le dessaisissement, si toute la procédure ne devait
pas être recommencée, parce qu'alors tout ce qui
aurait été fait conformément à la loi serait main-

tenu, et que les juges d'arrondissement n'ordonneraient en quelque sorte que l'exécution de leur
jugement sur l'incident; et cependant, dans ce cas,
les juges feraient encore ce que la loi ne leur a point
donné le droit de faire, puisque tout ce qui est notamment opération matérielle rentre dans le ressort
de la justice locale, les tribunaux d'arrondissement ne devant décider que les contestations de
titre ou de propriété.

Mais il n'en est point ainsi, puisque les partisans
de l'incompétence absolue disent que le juge de
paix doit réserver les dépens pour être statué par
le tribunal qui doit connaître du procès, et que
les tribunaux de paix ne connaissent des actions
en bornage que lorsque la propriété ou les titres
qui l'établissent ne sont pas contestés.

La jurisprudence de certains tribunaux, de ne
retenir l'affaire que quand il y a une expertise, a
encore ses inconvénients, outre la violation de la
règle du maintien des juridictions. En effet,
le tribunal nommera trois experts qui compléte-
ront le travail, si l'on veut, du premier expert
nommé par le tribunal de paix; mais avec quelles
formalités encore! Car enfin le Code de procédure,
malgré les bonnes intentions de tous, est toujours
là avec ses formes rigoureuses et desquelles on ne
peut se départir sans danger.

D'un autre côté, on ne fait pas assez attention
qu'il est presque certain que le travail du premier
expert commis par la justice locale sera critiqué,

s'il n'est bouleversé par les experts du tribunal
d'arrondissement; alors ce moyen terme admis
par quelques tribunaux serait pour la plupart du
temps impraticable.

Il faut donc décider que l'incompétence ou le
dessaississement absolu présente trop d'inconvénients pour ne pas être écarté.

Quant au sursis, les avantages sont d'une si saisissante évidence, que l'on conçoit difficilement
l'opinion contraire.

Avec le sursis, tout marche de soi ; et à quelque
période du procès que surgissent les contestations
de titre ou de propriété, c'est toujours la justice
prompte et économique qui connaîtra des opérations ultérieures, toutes d'experts alors.

Mais un inconvénient d'une portée bien fâcheuse,
s'il ne pouvait être évité, est reproché au sursis,
c'est la multiplicité des jugements de renvoi devant le tribunal d'arrondissement. On suppose
qu'il peut arriver, qu'après le jugement sur un
premier incident, le juge de paix soit encore obligé
de renvoyer sur un second, puis sur un troisième,
un quatrième, et indéfiniment, et alors que de
frais, ajoute-t-on, que de perte de temps à l'occasion d'une opération de bornage!

On s'exagère de beaucoup le fâcheux des jugements de renvoi; ce ne peut être principalement
que sous le rapport des frais qu'ils occasionne-
raient. Eh bien! ils peuvent équivaloir à ceux d'un
procès-verbal de non-conciliation.—En les portant

à quatre rôles chacun, c'est le maximum, chaque jugement ne reviendrait qu'à 4 fr. 70 c.

Ce jugement qui, dans les cas ordinaires, ne doit point être signifié, sera toujours à la charge exclusive de la partie qui aura succombé, et ne viendra pas augmenter la masse commune. Ces frais serviront à punir le téméraire plaideur.

D'un autre côté, on ne peut pas supposer que trois à quatre incidents donnant lieu à des renvois successifs soient formés dans le cours d'une instance en bornage, et l'on voit, du reste, le peu de frais que ces incidents peuvent engendrer.

Ce ne sont pas ces renvois qui sont le plus à redouter, mais bien les procès devant le tribunal d'arrondissement, que les incidents feront naître. Voilà les inconvénients graves auxquels il faut chercher à remédier par une légitime et rationnelle entente de la loi.

Mais le remède ne se rencontrera pas dans l'incompétence ou le dessaisissement du juge de paix; car devant le tribunal d'arrondissement, qu'une partie conteste le titre d'une autre, soit sous le rapport de la validité, soit relativement à la contenance ou sous d'autres motifs, le tribunal rendra un premier jugement qui videra la difficulté.— Qu'un autre sur le terrain vienne prétendre à la propriété de telle ou telle portion, par suite de prescription, qu'il y ait désaccord, alors nouveau jugement.—Qu'au moment de la plantation des bornes, un propriétaire représente un titre qui donne à son voisin une quantité moindre ; qu'il y ait contestation, encore un jugement ; et ainsi de suite, selon les cas.

Avant que d'arriver au jugement définitif, il peut se faire donc que le tribunal se trouve dans la nécessité de rendre plusieurs jugements sur les différents incidents qui peuvent se présenter.

Si, quelque moyen que l'on emploie, il était impossible d'obvier à cet inconvénient, il faudrait bien prendre un parti, et assurément personne n'hésiterait ; le choix serait bientôt fait : entre deux maux, le moindre, c'est-à-dire la juridiction occasionnant le moins de frais, de perte de temps et de soucis.

Sans doute que, devant le tribunal, on éviterait le jugement de renvoi ; mais nous avons vu que les frais de chaque jugement sur chaque incident sont de peu, en comparaison des autres frais du procès sur cet incident : ce n'est pas le coût d'une assignation.

Ce n'est donc pas le sursis qui entraîne avec soi l'inconvénient signalé, puisque cet inconvénient existe devant le tribunal d'arrondissement aussi bien que devant le tribunal de canton.

Mais n'est-il pas un remède à cette multiplicité de jugements ? Ne peut-on pas les éviter, surtout en justice de paix, en réunissant, par exemple, toutes les contestations devant donner naissance à des incidents de la compétence des juges supérieurs? Et quels moyens pourrait-on employer pour parvenir à ce résultat?

J'essaierai d'indiquer ici quelques-uns de ces moyens, qui m'ont parfois réussi dans mon ancienne résidence de l'arrondissement de Beauvais, où les actions en bornage sont d'une grande fréquence.

D'abord, en se plaçant au point de vue ordinaire des contestations, une première opération doit avoir lieu.—Comme je l'ai déjà indiqué, elle est un préalable à toute délimitation, elle a pour objet le mesurage des terres.—Tant que cette opération n'est point faite, on ne peut rien prétendre, ni élever aucune contestation, ni rien décider.

Le travail de l'expert connu, c'est alors que les titres sont appliqués sur le terrain, que les difficultés, les contestations sont élevées, parce qu'à ce moment elles sont opportunes et peuvent exercer une grande influence sur la fixation des limites.

Jusque-là donc on n'a pas à craindre les incidents qui déterminent le sursis, puisque les quantités matérielles, selon la jouissance, ne sont point encore constatées; mais une fois qu'elles le sont, le juge, au jour qui aura dû être indiqué pour l'application des titres, ordonne la plantation des bornes; c'est à ce moment que toutes les contestations doivent être présentées, contestations sur les titres, contestations sur la propriété.

On voit alors qu'un seul et même jugement peut

contenir toutes les contestations, et que l'on évite par là plusieurs jugements, non-seulement de sursis, puisqu'ils n'ont point d'importance, mais des instances sur des incidents qui sont de véritables procès engendrant de grands frais.

Cette sommaire indication de la marche à suivre pourra peut-être paraître insuffisante : j'entrerai, à cet égard, dans les détails de pratique; ils serviront à plus préciser ma pensée.

Il convient de prendre une hypothèse où un grand nombre de propriétaires sont en cause.—Dans ce cas, le juge de paix ordonne, par un premier jugement, la visite des lieux avec un expert-arpenteur, parties présentes ; il fixe le point de départ et d'arrêt de l'opération ; il vide immédiatement toutes les difficultés matérielles qui peuvent arrêter l'homme de l'art, et rédige le procès-verbal avec indication ultérieure de jour pour l'application des titres et la présentation de toutes les observations. L'expert, avec ces données, opère et prépare au cabinet le travail des reprises.—Au jour fixé par le procès-verbal, l'expert et les parties se rendent à l'audience; communication du travail leur est donnée, et toutes les contestations doivent être présentées, parceque, sans cela, le juge ordonnera qu'il sera procédé à la plantation des bornes. — Chaque propriétaire est tenu de s'expliquer sur ce qui le concerne.

Si l'un prétend avoir prescrit, ou par l'existence d'arbres ou autres signes, ou par d'autres motifs ;

si les prétentions ne sont point aplanies, le juge
renvoie l'incident devant le tribunal d'arrondissement; si d'autres difficultés qui sortent des attributions des juges de paix s'élèvent, par le même
jugement elles sont également renvoyées.

Dans les opérations où il n'y a que quelques
parties en cause, la marche est fort simple; l'expert
commis opère en présence du juge et des parties;
on applique immédiatement les titres, l'expert fait
les reprises en conséquence des quantités énoncées.
— Si des contestations surviennent, le juge n'en
connaissant pas, prononce le renvoi, et il n'y a jamais qu'un seul incident à vider par suite d'un seul
jugement de renvoi.

Je sais qu'on peut faire une objection assez spécieuse et dire : si à la première audience une partie
vient contester un titre ou soutenir avoir prescrit;
si d'autres difficultés ont lieu, le juge sera-t-il
obligé de prononcer le sursis immédiatement? —
Ne pourra-t-il pas ordonner, au préalable, la levée
du plan des terrains?

Cela ne fait pas de doute, et si le plaideur conclut à ce qu'il soit statué sur la contestation actuelle, le juge écartera, par son jugement, cette
prétention, et renverra après l'opération préliminaire. Ce jugement serait fondé et à l'abri de la
critique, ne devant être considéré en définitive que
comme mesure d'instruction.

Dans tous les cas donnés, et quelles que soient
les contestations, je pense que le juge de paix, au-

quel la loi ne trace pour les actions en bornage aucune règle de procédure, a le droit de fixer une audience à laquelle les parties seront tenues de présenter toutes les contestations de titres ou de propriété pouvant donner lieu au sursis. Ce sera de sa part une sage mesure de précaution afin d'éviter par là les inconvénients qu'entraînent après soi les incidents dont la connaissance appartient aux tribunaux d'arrondissement.

Mais, comme je l'ai toujours fait remarquer, il faut, au préalable, que les contenances matérielles soient connues; sans cela, les contestations sont sans objet, puisque, tant que l'opération préliminaire n'est pas faite, on ignore si les quantités trouvées selon les jouissances sont conformes aux quantités écrites selon les titres.

Ainsi, en prenant les différentes voies que j'ai ci-dessus indiquées, on échappera aux inconvénients tant redoutés de la multiplicité des jugements de sursis, et surtout aux inconvénients bien autrement graves des incidents devant les tribunaux d'arrondissement.

Une dernière et puissante considération doit encore faire adopter le sursis.

En supposant que le dernier motif de l'arrêt de cassation du 12 avril 1843, motif non déterminant, mais surabondant, dût faire règle, et qu'en conséquence il suffirait d'indiquer la contestation de la propriété ou des titres, pour que le juge de paix se déclarât incompétent; eh bien, en ce cas, afin de dérouter l'esprit de chicane, rien de plus simple que le sursis.

Si le plaideur n'élève qu'une contestation sans fondement et dans le but d'éluder la compétence locale ou de lasser ses voisins, il supportera la peine de sa ruse en perdant son procès sur l'incident renvoyé, et en étant obligé de retourner devant la justice qu'il a voulu éviter.

En prononçant le sursis, le juge de paix fixera un délai pendant lequel la question préjudicielle ou l'incident sera vidé. Ce délai devra être assez éloigné. De la sorte, les parties plaidant sur l'incident, ainsi que toutes les autres, reviendront à l'audience sans qu'il y ait besoin d'avenir ou de sommation. Ce mode est dans les termes et l'esprit de la loi; la prononciation vaut citation, dit l'art. 28 du Code de procédure.

CHAPITRE XX.

---

§ 1er. *Des restitutions.*

Au jour indiqué dans le jugement qui prononce le sursis et qui renvoie l'incident devant le tribunal d'arrondissement, toutes les parties, ainsi que l'expert, se présentent à l'audience. — La partie qui a élevé les contestations donnant lieu au sursis, ou la plus diligente, représente le jugement qui a statué sur la contestation. — Alors les parties font tous dires et observations qu'elles jugent convenables ; il est ordonné que l'expert rectifiera ou complétera son travail des répartitions de terrain au cabinet, en suivant pour base les décisions intervenues, tant du tribunal de paix que du tribunal d'arrondissement.

Sur les lieux, en présence ou en l'absence des parties, l'expert représente son travail ; chaque propriétaire est obligé de s'expliquer sur ce qui le concerne, approuve ou improuve ce qui a été fait sur le papier, en demande la rectification ou la modification; le voisin intéressé consent ou ne consent pas; l'expert est entendu, et le juge décide si le travail sera ou ne sera pas maintenu.

Les reprises étant consenties ou ordonnées, le juge statue sur les restitutions de fruits ainsi que sur les dépens, et ordonne la plantation des bornes.

A cet égard, tout ce qui a été fait en ce qui concerne la jouissance antérieurement au procès, doit être maintenu, parce que chaque propriétaire est considéré comme étant de bonne foi, jusqu'à preuve contraire. — Ainsi, lorsque la mauvaise foi n'est pas établie, celui à qui l'on reprend du terrain pour compléter la quantité du voisin, si ce terrain est couvert de récoltes, a le droit de recueillir les fruits; en un mot, celui qui sème récolte. Ce mode est aussi simple que juste.—Cependant, si les terres n'étaient encore que préparées, dans ce cas, le voisin aurait à tenir compte des labours et semences.

La loi romaine a une disposition à l'égard des fruits. La loi 4, § 2, *Fin. reg.*, porte : *Post litem autem contestatam etiam fructus veniant in hoc judicio; nam et culpa et dolus exindè præstantur. Sed antè judicium percepti, non omnimodo hoc in judicium veniunt; aut enim bonâ fide percepit, et lucrari eum oportet, si eos consumpsit; aut malâ fide, et condici oportet.*

Après la contestation en cause, les fruits sont

aussi accordés par cette action ; car après cela la fraude et le dol existent. Mais perçus avant le jugement, ils ne sont point du tout accordés ; car, ou de bonne fois perçus, et on en profite si consommés ; ou de mauvaise foi, alors il faut assigner (*et condici oportet*).

Pardessus dit que celui à qui l'arpentage ou le bornage a enlevé quelque portion de terrain dont il jouissait précédemment, doit restituer seulement les fruits perçus depuis que l'action est intentée, à moins qu'il n'eût anticipé de mauvaise foi ; auquel cas il devrait des dommages-intérêts depuis son anticipation, et tous les dépens.

CURASSON. — « La restitution des fruits est une conséquence de l'action en bornage ; mais il faut observer que celui qui, par le résultat de cette opération, sera reconnu avoir anticipé, ne doit les fruits que depuis la demande en justice ; ceux antérieurs à la demande ne pourraient être réclamés que contre le possesseur de mauvaise foi ; mais la mauvaise foi ne se présume point, elle doit être prouvée. Il est rare que cette preuve puisse résulter d'un bornage dont l'objet est de faire réparer de légères anticipations dont on ignore l'époque, et quelquefois la cause. »

PERRIN. — « Celui qui, par l'effet du mesurage et du bornage, est reconnu avoir possédé plus qu'il ne lui revenait, ne doit restituer les fruits de la portion de terrain qu'il est tenu de rendre, qu'à compter seulement de la mise en demeure ou de la demande en bornage, à moins qu'il ne soit constitué en mauvaise foi. »

Vaudoré. — « Celui qui est obligé de restituer par suite de bornage ne doit compte d'aucuns fruits s'il a joui de bonne foi, mais il doit en payer la valeur à partir de la mise en demeure, ou s'il a possédé de mauvaise foi, comme *s'il a franchi des bornes ou fait une entreprise visible.* »

M. Frion pense que les fruits perçus depuis la demande, doivent être restitués en nature, et que celui qui récupère une portion de terrain doit faire compte des labours et semences ; et s'il y avait dégradations, comme arbres arrachés ou enlevés, il y aurait lieu à dommages et intérêts s'ils l'avaient été depuis la demande. — Le juge de paix a compétence pour obliger à restitution, parce que le juge de la restitution doit l'être pour la condamnation aux dommages-intérêts.

Toutes ces opinions, qui ne diffèrent point au fond, ont toutes pour principe le principe romain.

§ 2. *Des frais.* — *Ceux judiciaires, en commun ou par tête, et ceux d'opération matérielle proportionnellement aux quantités.*

La loi romaine n'a pas de dispositions formelles à cet égard.

Au Digeste, liv. x, t. 1, on lit : « In judicio finium regundorum ejus etiam ratio fit quod in-

terest. Quid enim si quis aliquam utilitatem ex
eo loco percepit quem vicini esse appareat, iniquè
damnatio ex nomine fiet?

« Sed et si mensor ab altero solo conductus sit
condemnatio erit facienda ejus qui non conduxit,
in partem mercedis. »

Comme l'on voit, cette disposition du droit romain est relative à deux faits distincts, les restitutions de fruits et la participation aux frais.

Cette loi va très loin à cet égard, elle décide
qu'encore bien que le mesureur ou arpenteur n'ait
point été loué ou plutôt commissionné, ou choisi
par les deux parties, elles n'en doivent pas moins
toutes deux payer leur part dans les frais.

Les coutumes ont envisagé la question diver-
sement.

La coutume de Bailleul décide que les frais sont
en commun quand les biens sont indivis et communs.

Mais quand ils ne le sont point, les dépens sont
à la charge du requérant au cas que sur cela il
ne tombe point de difficulté.—Et différend, aux dépens du tort.

Le cas de sommation préalable est prévu par
la coutume de Cassel : alors, s'il y avait eu refus,
ledit refusant, dit la coutume, tomberait dans les
dépens de ladite séparation, ou bien justification
de cause raisonnable du refus.

D'après la coutume de Valenciennes, les frais
paraissent devoir être avancés par le requérant, si

les parties ne sont pas d'accord de payer par moitié ou à portion des héritages.

La Charte du pays et comté de Hainaut porte que les parties contribueront à la dépense pour moitié et il est ajouté que l'acte de plantation sera dépesché aux dépens de celui qui le requerra.

Dans la coutume de Cambray, il est question d'homologation et alors les dépens se doivent payer par moitié.

Mais si l'une des parties refuse et demande un deuxième cerquemanage, les dépens à celle qui succombe.

La coutume de Lille s'occupe des entreprises ou usurpations et décide que « là, où ne seroit trouvé qu'il y eust empreinte, les despens dudit cerquemanage, doivent être aux despens du requérant. »

Telles sont en substance les dispositions coutumières. Depuis, les frais ont toujours été en commun.

Le bornage ayant lieu dans l'intérêt commun des propriétaires, les frais devaient nécessairement être en commun. Aussi, sous l'ancienne législation comme sous la nouvelle, cette règle était-elle constante ? Le Code rural de 91 a décidé qu'il serait à moitié frais, et le Code civil à frais communs. Ce changement dans l'expression nous paraît intentionnel.

Pardessus fait une distinction qui n'a pas été adoptée par tous les juriconsultes. Après avoir dit que celui qui se refuse au bornage doit être con-

damné aux dépens, n'eût-il que sa quantité, il
ajoute : « Hors ce cas, il nous semble que la proportion dans laquelle les frais doivent être supportés,
est celle de l'étendue de chaque propriété; autrement, le propriétaire d'une portion considérable
de terrain, dont l'arpentage serait devenu nécessaire pour arriver à fixer le lieu de plantation des
bornes, pourrait ruiner son voisin qui n'en aurait
qu'une très petite partie, en lui faisant supporter
la moitié des dépens. Il semble naturel, dans ce
cas, de distinguer entre le bornage et l'arpentage:
le bornage intéresse dans la même proportion les
deux voisins ; car il peut seul prévenir les anticipations, mais l'arpentage concerne chacun pour
ce qui lui appartient. »

VAUDORÉ, *Droit rural*, critique cette opinion. —
« L'opération du bornage s'effectue dans l'intérêt
réciproque des parties ; dès-lors, les frais en sont
supportés par moitié entre elle, sans avoir égard
au plus ou moins d'étendue de chaque pièce. Le
Code n'examine, pour fixer leur part contributoire,
dans les frais, ni la valeur, ni l'étendue des héritages limitrophes (Delvincourt cité). — M. Pardessus prétend que les frais doivent être supportés
par chaque partie, en raison de l'étendue de son
héritage, mais cette exception n'est point autorisée
par loi. » (V. t. I, p. 36, n° 78.)

DALLOZ explique l'opinion de Pardessus. —« Aux
termes du Code, le bornage se fait à frais communs. M. Pardessus, n° 129, enseigne que la pro-

portion dans laquelle les frais doivent être supportés, est celle de l'étendue de chaque propriété.
Pailliet, sur l'art. 646, pense que cette distinction
est contraire à la loi : la pensée de M. Pardessus
a besoin d'être expliquée pour se trouver conforme
à la loi. Il faut sans doute entendre son opinion en
ce sens que le propriétaire d'un terrain plus petit
que celui du voisin qui demande le bornage, ne
peut être tenu de la moitié de tous les frais de
bornage de la propriété plus grande ; mais que,
quant à la portion contiguë des deux héritages
entre lesquels il y a lieu à bornage, la portion de
frais proportionnelle doit être établie par moitié.
Le texte du Code, d'une part, l'équité, de l'autre,
ne permettent pas d'adopter une autre interprétation. »

Cette dernière opinion de Dalloz nécessite une
explication, pour la rendre parfaitement claire, car
elle ne se fait pas saisir aussitôt. — Par portion
contiguë, l'auteur entend sans doute la plantation
de bornes, qui doit être par moitié.

Curasson l'interprète ainsi : « Pardessus, dit-il,
distingue le bornage de la délimitation nécessaire
pour y arriver. Les bornes étant destinées à prévenir les anticipations dans l'intérêt des deux parties, elles doivent supporter également les frais de
la plantation. Pour ce qui est de ceux de la délimitation, qui sont plus considérables, ils doivent
être proportionnels à l'étendue des terrains. »

Perrin ne suit pas l'avis de Pardessus.—«Lorsque

le bornage, dit-il, nécessite l'intervention de la
justice, les frais judiciaires sont, comme les frais
de l'opération du bornage même, supportés en
commun, et suivant Pardessus, répartis en raison
de l'étendue de chaque propriété. — Toutefois, le
sentiment de Pardessus n'a, jusqu'à présent, été
adopté, ni par l'usage, ni par la jurisprudence, en
sorte qu'on pourrait dire avec l'art. 646 du Code
civil, que tous les frais relatifs au bornage doivent
être supportés par égales portions entre les parties ; mais en équité, au moins, le sentiment de
Pardessus doit être adopté. »

VAUDORÉ, dans son nouvel ouvrage, a abandonné
sa première opinion et s'est rangé de l'avis de Pardessus.

A l'égard des incidents qui peuvent se présenter
dans le cours de l'opération et même au début, les
frais en doivent être supportés par ceux qui suc-
combent dans leurs prétentions.

Tous les auteurs sont unanimes sur ce point.

PARDESSUS. — « Les frais sont en commun ; mais
celui qui se serait refusé à la demande, devrait
supporter les frais de la procédure à laquelle il
aurait donné lieu, quand même il se trouverait, en
définitive, n'avoir rien usurpé sur son voisin. »

TOULLIER. — « Quoique le bornage se fasse à frais
communs, il peut, à son occasion, s'élever des incidents qui suivent le sort de tous les procès, dont
les frais sont supportés par celui qui succombe. »

PERRIN suppose même le cas de la mise en demeure, et fait supporter les frais de la procédure. — « Si, sans un empêchement légitime, l'un des voisins refuse un bornage demandé par l'autre; si, sommé de nommer des experts, il reste muet, il devra supporter seul les frais de la procédure à laquelle son entêtement aura donné lieu, encore bien que lors de l'opération, il se trouve n'avoir rien usurpé sur son voisin; mais dans cette hypothèse encore, les frais de l'opération de bornage devraient encore être supportés en commun. »

Cette dernière décision n'est pas approuvée par Vaudoré. — « Selon Perrin, dit-il, celui qui oblige son adversaire à l'amener devant le juge, doit supporter les frais de la procédure. La loi ne fait pas encore ici d'exception : or, on ne peut s'arrêter à l'opinion de l'auteur; tous les dépens, et même ceux de la première opération, rentrent dans la dépense du bornage. — On sent que si l'une des parties élève d'injustes prétentions, et qu'elle ne les fasse pas accueillir, elle doit en payer les dépens comme étant le fruit d'un mauvais incident. »

Le mode de la répartition des dépens a donné lieu, comme l'on voit, à trois opinions principales. Nous ne croyons devoir les adopter ni l'une ni l'autre sans modification.

Pardessus enseigne que la répartition des frais doit être faite en raison de l'étendue des terrains.

Vaudoré, Pailliet, Perrin et autres rejettent cette opinion et décident que les frais doivent être par moitié et non proportionnels au plus ou moins de grandeur des propriétés.

Dalloz et Curasson pensent que l'opinion de Pardessus doit être ainsi restreinte : tous les frais seraient proportionnels aux quantités, à l'exception de ceux de plantation de bornes, qui seraient en commun.

Nous pensons qu'un autre mode doit être suivi, plus conforme à l'esprit de la loi et à la pratique des opérations de bornage, à savoir que les frais judiciaires proprement dits doivent être supportés en commun, et ceux d'opération matérielle, y compris la plantation des bornes, répartis au prorata des quantités.

Cette répartition n'est pas contraire à l'esprit de la loi, pas même à ses termes ; car en commun ne veut pas toujours dire par moitié ; ce qui est en commun peut être par portions inégales, tandis que la moitié est une quantité déterminée qui ne peut varier. S'il y a deux ou dix propriétaires en cause, ce sera toujours la moitié, le tiers, le quart; mais en commun peut se concevoir avec des quantités inégales, ce ne sera pas moins une répartition commune.

C'est donc avec intention que l'on a substitué le mot commun au mot moitié.

La répartition des frais, comme nous la concevons, est en outre dans l'esprit de la loi. Les frais judiciaires doivent être par tête, parce qu'ils sont en quelque sorte personnels, que la plus ou moins grande quantité de terrain ne les diminue ni ne les augmente.

Mais il n'en est pas de même des frais de l'opération matérielle. Plus les terres ont d'étendue, plus elles demandent de temps pour les mesurer. —Il peut arriver aussi qu'un seul propriétaire ait plusieurs pièces de terre soumises au bornage.

MM. Mongis et Taulier interprètent comme nous les termes *en commun*.

« Les deux locutions *moitié frais* et *frais en commun* ne me paraissent pas synonymes, dit M. Taulier; je crois que, selon le Code, chaque voisin devra contribuer aux frais proportionnellement à l'étendue de son héritage.

« Au reste, il ne faut pas confondre les frais de bornage avec les frais de la demande judiciaire en bornage formée contre celui qui se refuse à l'opération amiable, les frais de l'instance sont supportés par celui qui succombe. » (V. *Théorie raisonnée du Code civil*, t. II, p. 374.)

M. Mongis. — « *A frais communs, mais non pas à frais égaux*. Il ne serait pas juste que l'arpentage de deux propriétés d'inégale grandeur fût payé par moitié entre les deux riverains ; chacun devra supporter cette charge et toutes les autres relatives au bornage, en proportion de l'importance de ses droits. Mais, ainsi que l'enseigne M. Pardessus, en cas de refus de la part de l'un des propriétaires d'accéder amiablement à la demande en bornage,

il devrait supporter exclusivement les frais de procédure de l'incident, qui aurait été occasionné
par son refus, alors même qu'il résulterait de l'o-
pération qu'il n'avait rien usurpé sur son voisin,
et qu'il possédait dans les justes limites, conformément aux titres de toutes les parties. » (V. *Encyclopédie du Droit*, v° *Bornage*, art. 2, n° 57, 2e alinéa.)

Les auteurs ne parlent des frais judiciaires qu'en
tant qu'ils concernent les incidents du procès, et
ils les font tous supporter avec raison par le téméraire contestant. L'un d'eux, Perrin, va plus loin ;
il prétend que, dans ces frais, doivent être compris
ceux préalables à toute action en justice, tels que
sommation, nomination d'experts à l'amiable. Vaudoré soutient au contraire que ces frais tombent
dans la masse commune et entrent dans la dépense
de l'opération de bornage.

En droit rigoureux, les frais d'un essai de bornage amiablement tenté ne doivent pas faire partie des frais d'un bornage judiciaire. Si nous avions
à prendre un parti relativement à cette question,
nous nous prononcerions pour les frais à la charge
du plaideur récalcitrant; car ce serait lui qui aurait occasionné l'action en justice, action qui,
sans son mauvais vouloir, aurait pu être facilement évitée.

M. FRION admet la distinction que nous avons
faite : « J'ai toujours cru, dit-il, plus conforme à la
justice, sans être en opposition avec l'esprit de la

loi, de faire acquitter par égales portions les frais de procédure, et à l'égard de ceux relatifs aux opérations, proportionnellement à l'étendue de chaque héritage, lorsque l'un est beaucoup plus considérable que l'autre.—Autrement, dans le premier cas, le propriétaire d'une portion considérable de terrain ne paierait pas plus que son voisin, qui n'en aurait qu'une très petite partie, bien que les opérations auront dû être beaucoup plus longues pour lui. —Dans le second, au contraire, le même propropriétaire supporterait seul la presque totalité des frais de la procédure. » (V. p. 38.)

Ainsi, les frais judiciaires, à l'exception de ceux de contestations incidentes, sont en commun, c'est-à-dire que la répartition s'en opère par tête, et les frais d'opérations matérielles en raison des contenances.

§ 3. *De la plantation des bornes.* — *Bornes naturelles et immobiles, bornes artificielles.*

Une fois les limites des héritages connues, il est nécessaire de les constater au moyen de signes invariables. C'est là l'objet de la plantation de bornes. — Ces signes sont d'une infinie variété. Là ce sont des limites naturelles immuables, telles que rivières, rideaux, rochers, édifices, arbres, haies, fossés, chemins, etc. etc.—Ailleurs des piquets ou pieux, mais le plus généralement des pierres enfoncées en terre.

Nous donnerons les règles que nous ont transmises les jurisconsultes.

PARDESSUS. — « Les lois rurales n'ont point, jusqu'à présent, donné de règles sur la manière de placer les bornes, sur les signes caractéristiques qu'il fallait leur donner, et sur la manière dont elles devaient être faites. Il faut suivre les usages locaux. Lorsque des fossés, des sentiers ou des haies en tiennent lieu, l'usage en détermine la largeur et la profondeur.... »

DALLOZ. — « L'expression de bornes n'a pas dans la loi le même sens que dans le langage usuel. Elle indique des signes physiques, ayant certains caractères usités, propres à faire reconnaître leur destination. Les usages, à cet égard, varient suivant les localités. » —Dalloz cite Pailliet, Toullier et Pardessus, et fait remarquer qu'il faut suivre les usages locaux pour fixer les caractères des véritables bornes.» (V. *Rec. alph.*, v° *Serv.*, art. 2, n° 11.

PERRIN. — « (Bornes), marques soit naturelles, soit de main d'homme, indicatives de la séparation de deux héritages contigus.—Ainsi peuvent être pris pour bornes les rochers, les édifices, fleuves, rivières, collines, arbres, haies, fossés, etc. ; mais on entend communément par bornes des pierres plantées debout et enfoncées sur la ligne qui sépare les terrains. — Les bornes doivent être plantées dans l'alignement les unes des autres, et pour les distinguer des autres pierres que le hasard ou le désir de nuire pourraient avoir placées au-delà ou en deçà, on les assiste de témoins. — Lorsque le terrain est inégal ou assez étendu, il est bien de placer des bornes intermédiaires, de manière que de l'une on puisse apercevoir l'autre ; et la ligne de démarcation des deux héritages est la ligne droite tirée d'une borne à l'autre.» (V. page 239, 240.)

Vaudoré rappelle ce que vient de dire Perrin.

On a dû remarquer que les auteurs semblent confondre les bornes naturelles ou immobiles avec les bornes mobiles ; et qu'ils appellent *bornes*, les rideaux, rochers, chemins, rivières, haies, fossés, etc. Ces accidents de terrain ne sont pas, dans le sens légal absolu, exactement des bornes ; ce ne sont que des démarcations physiques, et ce qui le prouve, c'est que une demande en bornage de propriété ainsi délimitée n'en serait pas moins admissible, et cependant de telles bornes naturelles sont certaines ; mais la jurisprudence exige encore plus de certitude ; elle veut une plantation de bornes, et surtout, nous ajouterons, un titre qui la constate. — D'après cela, il faut entendre les auteurs en ce sens, que les signes naturels, immobiles, n'empêchent pas le placement des bornes admises par l'usage.

Je crois que dans tous les cas possibles il est toujours plus prudent, afin d'éviter toute espèce de difficultés, de se servir de pierres oblongues, avec les témoins usités dans chaque localité.

D'ordinaire, les bornes sont placées à tous les angles de pièces ou parcelles de terrain. Elles peuvent être en plus ou moins grand nombre selon les irrégularités de terrain ou la trop grande longueur des héritages.

Au surplus ces détails rentrent dans le domaine des hommes de l'art.

CHAPITRE XXI.

Il ne suffit pas de planter des bornes aux extrémités des confins de chaque champ, il en faut encore constater l'existence. Sans cette précaution,
le bornage peut devenir illusoire et donner lieu
à de fréquentes usurpations, certain que l'on sera
que l'on ne pourra arriver au rétablissement des
limites que par une nouvelle et dispendieuse opération.

Tous les auteurs prennent soin de recommander cette mesure, et cependant il arrive presque
toujours que les propriétaires qui procèdent à un
bornage amiable ne l'exécutent pas.

Mais en justice, il n'en peut point être ainsi; la
preuve de l'opération du bornage est une formalité
tellement importante, qu'elle doit être constatée
par le juge qui y a présidé.

TOULLIER dit qu'il est d'usage de faire mention

36

des témoins dans le procès-verbal où il est bon de donner les dimensions de la pierre bornale.

Vaudoré, *Droit rural.*—« Pour prévenir les difficultés qui peuvent survenir après la plantation, on doit faire dresser un procès-verbal de l'opération et y fixer la longueur et la largeur de chaque pièce limitrophe. »

Perrin.— «On éviterait bien des difficultés et on se trouverait dans les termes et l'esprit d'un arrêt rendu par la Cour de Pau le 29 mai 1839, rapporté aux *Annales de la législation*, t. VII, no 174, si, profitant de l'avis qu'en donne Toullier, on avait la précaution de clairement désigner la pierre bornale ou tout autre objet pris pour borne, dans le procès-verbal de bornage ; d'y établir les dimensions et la forme de cette pierre, la distance qui existe entre les unes et les autres, leur direction, leur éloignement des murs, arbres, haies, fossés, etc., de l'un ou de l'autre voisin, et même de tous les deux, s'il est possible ; enfin, de désigner aussi les objets qu'on a déposés comme témoins. »

Vaudoré, *Droit civil des juges de paix.* —«On doit, pour empêcher le déplacement des lignes divisoires, dresser procès-verbal de l'abornement ; on y énonce la figure des devisés et la distance observée entre chacune d'elles ; enfin, on peut prendre des rochers, des édifices pour repère ; il est bon qu'on y indique la forme et la nature des témoins. L'opération doit être faite par le juge ou par un rapport d'expert dûment homologué. »

Les auteurs ne s'occupent pas du plan des pièces de terre, et cependant ce plan est la chose la plus nécessaire pour la constatation des opérations. Dans ce plan doivent être indiquées les anciennes limites ainsi que les nouvelles par suite des reprises, et la distance des bornes entre elles.

CURASSON a le mieux compris l'importance de ce que devait contenir le procès-verbal, en disant que la plantation des bornes, qu'elle soit pratiquée par les parties elles-mêmes, ou sous la surveillance du juge, doit être accompagnée d'un procès-verbal dans lequel il ne suffit pas de mentionner le nombre, la forme des pierres servant de bornes et les morceaux placés dessous pour témoins ; il faut avoir attention d'indiquer, dans ce procès-verbal, comment ont été levées les lignes d'une borne à l'autre ; si la ligne est droite, ou si, étant circulaire, elle forme telle ou telle courbure d'un côté ou d'un autre. Cette démonstration est la seule manière d'empêcher la transposition des bornes et de faciliter le rétablissement des limites. Un plan joint au procès-verbal d'arpentage et de bornage, serait le moyen le plus sûr, mais il ne saurait être employé que dans des délimitations de quelqu'importance.

Curasson est le seul auteur qui ait parlé d'un plan à joindre au procès-verbal de bornage, mais il ne le considère praticable que pour les opérations importantes. Il ne donne pas de motif de cette opinion. Nous n'en connaissons aucun, et nous pouvons assurer qu'il n'en existe point, car nous avons pour nous l'expérience, et il nous est déjà arrivé de faire faire par l'expert un plan d'un bornage de deux pièces de terre et même d'un simple rideau présentant des sinuosités.

Le plan est le plus sûr moyen d'obtenir une opération durable; il peut avoir lieu pour tout bornage, quelque minime ou important qu'il soit. Il est l'image, la reproduction de ce qui est, de ce qui a été fait : aussi cette reproduction des choses matérielles est-elle appelée *plan figuratif*. — Dans tout bornage un plan doit avoir lieu et être joint au procès-verbal qui n'en est que l'explication motivée.

Voici ce que doit contenir, dans les cas ordinaires, le procès-verbal de bornage :

D'abord les formalités communes à toutes les visites de lieux faites avec expertise;

2° La décision du juge sur les difficultés matérielles d'exécution ;

3° Les contenances matérielles selon les jouissances actuelles ;

4° Les contenances d'après les titres représentés.

5° Les pièces de terre qui n'ont pas leur compte;

6° Les reprises effectuées sur telles ou telles pièces ;

7° La contenance de chaque pièce par suite des reprises ;

8° La condamnation à fin de restitution , si les parties n'y consentent;

9° La plantation des bornes, leur position, leur direction et la distance des bornes entre elles, ou portée de chaîne de l'une à l'autre borne, ou balance des bornes entre elles ;

10° Les restitutions des fruits, le cas échéant ;

11° La condamnation aux dépens, avec la distinction admise entre les frais de procédure et ceux de l'opération, ainsi que les frais des incidents.

CAPITRE XXII.

VUES GÉNÉRALES.

§ 1er

Avant de terminer notre travail sur le bornage, nous croyons utile d'indiquer quelques vues générales, fruit de l'expérience.

D'abord, les parties, autant que possible, doivent se voir, se parler, non pas par l'intermédiaire abusif du garde champêtre, mais par elles-mêmes. Il faut éviter les occasions de la moindre irritation.

Si elles ne peuvent s'accorder, le propriétaire intéressé doit se présenter devant le juge de paix qui indiquera jour aux parties pour les entendre.

Si le magistrat conciliateur, après avoir épuisé tous les moyens de conciliation, n'a pu parvenir à terminer l'affaire à l'amiable, le demandeur peut essayer d'un mode qui, près de certaines gens, a souvent réussi : la sommation préalable sur les lieux avec expert.

Dans ce cas, si les parties ne comparaissent pas ou ne consentent pas à ce mode amiable, le demandeur pourrait ne faire citer que les récalcitrants et se présenter en justice de paix avec les autres parties.—Cette comparution volontaire doit être faite conformément à l'art. 7 du Code de procédure civile, parce que cet article renferme une règle générale (que le juge soit ou ne soit pas compétent), et n'est point fait seulement pour le cas de prorogation de compétence, comme le pensent quelques-uns.

A propos de la prorogation de compétence, nous devons dire qu'avant la loi de 1838, plusieurs auteurs éminents, entre autres MM. Duranton et Rogron ont été d'avis que la compétence, en matière de bornage, pouvait être prorogée en justice de paix.—(*V*. Duranton, t. v, n°s 247, 248 et suiv., —et Rogron, *Code rural expliqué*, p. 22 et 23.)

A cette époque, cette doctrine aurait eu ses dangers. Aujourd'hui que les juges de paix ont plus qu'un germe de compétence pétitoire pour ces sortes d'actions, il paraîtrait rationnel de décider qu'ils pourraient, du consentement des parties, connaître, avec prorogation de compétence, des contestations même de propriété ou de titres.

Par là, on éviterait les frais des incidents qui sortent de la compétence des tribunaux de paix.

M. Duranton, dans la 5e édition de son *Cours de droit français*, publiée en 1844, persiste dans sa manière de voir. Dans les éditions précédentes l'auteur avait démontré, comme tous les jurisconsultes, que l'action en bornage n'était point de la compétence de la justice de paix, quand bien même il n'y aurait point de contestation, sauf, disait-il, aux parties, ainsi que l'art. 7 du Code de procédure civile leur en donne le droit, à le prendre pour juge amiable à l'effet de présider au bornage de la propriété et de le constater par un procès-verbal qui vaudra pour elles jugement. C'est même la voie la plus simple et la moins coûteuse.

Après avoir dit dans la 5e édition que l'action en déplacement de bornes n'est point l'action en bornage primitif, que cette dernière action avait été laissée jusqu'à la loi de 1838 dans les attributions des tribunaux ordinaires, l'auteur ajoute : « Ou les parties sont d'accord sur leurs limites respectives, et, dans ce cas, elles peuvent elles-mêmes planter leurs bornes et dresser un acte de leur plantation.—Si elles ne savent pas écrire et qu'elles veuillent éviter le coût d'un acte notarié, elles peuvent s'adresser au juge de paix, en *prorogeant sa juridiction, ainsi qu'elles en ont le droit* (art. 7, Cod. proc. civ.), *et ce magistrat dressera procès-verbal de la plantation des bornes.* » (5e édit. n° 247, 4e alinéa.)

Plus loin M. Duranton rapporte la loi de 1838 sur les justices de paix, et au n° 252 il fait connaître la compétence actuelle de ces tribunaux. — « Ainsi, dit-il, les juges de paix connaissent, aujourd'hui, à la charge d'appel, de l'action en bornage ; mais toutefois, lorsque la propriété ou les titres qui l'établissent ne sont pas contestés. Dans le cas contraire, ils sont incompétents, même pour statuer en premier ressort, *à moins, bien entendu, que les parties, usant du droit que leur confère l'art.* 7 *du Code de procédure civile, ne jugent à propos de proroger leur juridiction.* » (5ᵉ édit., n° 252.)

Nous pensons fermement, mais sans d'autres motifs, que la compétence des juges de paix peut être prorogée.

Mais il est encore une autre voie, celle de l'arbitrage, qui semblerait spécialement faite pour la matière qui nous occupe. — C'est ainsi que l'a envisagé M. Pardessus, t. 1, p. 301.

En parlant d'arbitrage, nous n'entendons conseiller que l'arbitrage par amiables compositeurs, dispensés des règles de droit et des formes de la procédure. Sans cela, le but proposé serait manqué, puisqu'on retomberait dans la procédure des tribunaux (et alors il vaudrait mieux que la justice ordinaire eût son cours.)

Le bornage, appliqué sur une grande échelle, aurait les plus heureux résultats ; il pacifierait les campagnes, car il ne serait pas seulement un obstacle aux furtives usurpations qui se commettent si souvent, mais encore aux difficultés de passage, aux indemnités qui en résultent, et à une foule d'autres contestations qui naissent du voisinage.

Pour arriver à ce résultat, il faudrait que les propriétaires de chaque territoire nommassent (par compromis notarié, afin d'éviter toutes méprises), plusieurs arbitres choisis parmi les hommes de loi, lesquels auraient mission de faire opérer le bornage de tout le terroir communal et de décider toutes les contestations de propriété et de titres.

M. Dumay, avocat et maire de Dijon, avec lequel nous sommes, sous bien des rapports, en communion d'idées, conseille, comme nous, ce bornage, qu'il appelle bornage général des fonds d'un territoire.

Une semblable opération qui paraîtrait, sinon impossible, au moins difficile à l'exécution, a eu lieu dans plusieurs communes des environs de Dijon, et M. Dumay fait des vœux, que nous faisons également, pour que cette mesure soit généralement adoptée. (V. *Appendice à Curasson*, p. 39, n° 25.)

§ 2.

Nous croyons devoir faire suivre ce dernier paragraphe de quelques propositions que nous avons développées au treizième congrès scientifique de France, tenu à Reims le 1er septembre 1845.

Programme.

2e SECTION. — AGRICULTURE, INDUSTRIE, LÉGISLATION, ÉCONOMIE.

Législation.

1° Quelles seraient les mesures législatives qui

pourraient tendre à amener la diminution des procès civils ou de commerce ?

Je ne remonterai point aux causes qui engendrent les procès, il n'y a pas seulement quelque chose à faire, mais beaucoup, pour nous rendre et surtout les masses moins susceptibles et ardents à la chicane.

Je ne chercherai pas non plus si les penchants mauvais sont plus ou moins secondés ; ce que je veux faire, c'est, prenant les hommes pour ce qu'ils sont et non pour ce qu'ils devraient être, présenter au congrès quelques mesures toutes de pratique pour arriver à la diminution des procès.

1° Commissaires-rapporteurs.

Comme je l'ai dit dans mon *Traité du Bornage*, en rapportant quelques dispositions du *Droit Coutumier*, une chose qui doit frapper dans ces coutumes diverses ; c'est une bienfaisante institution que je voudrais voir figurer dans nos Codes en tête du préliminaire de conciliation ; je veux parler du collège d'experts.

Voici ce qu'on lit dans la Coutume de Bruxelles.

Statut concernant le bornage des héritages.

1. Lorsque entre parties résidentes en la ville de sa juridiction, il y a question de bornes des héritages, édifices, servitudes et choses semblables, lesdites parties, avant que d'être admises en droit, seront obligées à demander des commissaires hors

de la loy, lesquels elles mèneront au lieu en question ensemble avec les sermentez aux limites, pour à leur intervention, être égalées en amiable, en leur différend, s'il est possible.

I. Dans la susdite ville il y a un collége d'hommes que l'on nomme arpenteurs-diviseurs ou experts qui, par chacun an, sont renouvelez par la loy, pourquoy il est mis des personnes ayant connaissance des droits comme de maisons, de servitudes, de franchises et communauté d'héritage.

II. Lorsqu'il arrive quelque différend entre quelques bourgeois et habitans, à cause de communauté de cloisons ou murs de franchises ou non franchises, de maisons ou d'héritages, de ruisseaux, de gouttières, d'égouts de toits, de communauté de puits de pierre, de vuidange et d'entretien commun de privés, dont les parties ne pourraient s'accorder entre elles, elles comparaissent pardevant les experts, et elles y déduisent leur différend au long, afin de par eux, être séparez *sommairement*.

III. Lesquels experts, s'ils ne pouvaient accorder les parties, se transportent sur le lieu contentieux, prenant inspection de ce qu'ils y trouvent, déclarant ce qu'il leur en semble, et ils en feront le rapport au greffe où il est tenu notice de ce qu'ils ont fait.

IV. Si tant est, que l'une ou l'autre des parties ne se contente pas de leur sentence ou jugement, elle en peut faire la remontrance à la loy qui les entendra sans amende.

A la lecture de ces dispositions coutumières, j'ai été émerveillé de la sagesse de nos pères et j'ai pensé qu'un retour à nos anciens usages devait influer essentiellement sur les procès et en amener la diminution.

En effet, les parties sont obligées de se présenter devant des commissaires ou experts qui les entendront dans leurs différends ; la plupart des contestations devront disparaître.

Les commissaires seront très utiles pour les campagnes et arrêteront par leurs conseils et le rapport qu'ils feront sur l'affaire, cette foule de petits procès dont les difficultés s'évanouissent souvent à la simple inspection des lieux.

Il serait inutile d'énumérer les contestations à porter devant les commissaires, je pense qu'il faudrait aller plus loin que la Coutume, et décider qu'en toutes matières réelles, personnelles et mobilières, tous les différends leur seront soumis.

Quel mode devrait-on adopter pour la nomination de ces commissaires ? — Voilà le côté délicat de la proposition.

Ils pourraient l'être par les assemblées communales.

Cependant comme il s'agit de choses litigieuses ordinaires et en dehors de l'administration, la nomination pourrait être faite par le pouvoir judiciaire.

Je proposerai une présentation de six candidats par le juge cantonal, et le choix de trois membres serait fait par les chefs du tribunal d'arrondissement.—Ils seraient renouvelés à des périodes données.

Formule de la proposition.

Avant que d'agir en justice réglée, les parties seront tenues de se présenter devant trois commissaires de la localité, à l'effet d'être conciliées s'il y a lieu. — En cas de non-conciliation, les commissaires feront un rapport.

2° Tournées des juges de paix.

La présence fréquente des juges de paix dans les campagnes, serait des plus bienfaisantes.—On pourrait dire alors que c'est le père au milieu de ses enfants, et le beau rêve de l'Assemblée nationale deviendrait peut-être une réalité.

Le juge de paix tiendrait des assises civiles et serait à portée de voir immédiatement les lieux, et par la voix de la persuasion, il terminerait à l'amiable la plupart des procès, aidé qu'il serait par les notables de chaque commune dont l'influence serait des plus salutaires.

Les procès qui ne seraient point arrangés, pourraient être jugés sur le champ ou renvoyés à l'audience du chef-lieu.

Sous un autre rapport, la présence du juge de paix serait encore très efficace relativement à la police, soit générale, soit locale.

Il y aurait moins de rixes et de contraventions, car on n'aurait plus l'espérance souvent de l'impunité.

Formule de la proposition.

Les juges de paix feront tous les mois des tournées dans les communes de leurs cantons, à l'effet de concilier les parties et les juger quand la matière sera de leur compétence.

3° Faculté de proroger la compétence des juges de paix en toute matière.

D'après l'état actuel de la jurisprudence, la compétence du juge de paix ne peut être prorogée que dans les matières qui leur sont formellement attribuées.

Cependant il est encore des auteurs recommandables qui résistent à cet état de choses, et décident formellement le contraire.

Cette dernière interprétation de l'art. 7 du Code de procédure civile me paraît plus exacte et conçue dans des vues plus larges et plus bienfaisantes.

Toutefois, il serait hasardeux et dangereux même de suivre ce dernier parti, à cause de l'incertitude de la jurisprudence des tribunaux d'arrondissement.

Pour obvier à cet inconvénient il peut être dé-

cidé que la prorogation de compétence des juges
de paix aura lieu en toute matière à l'exception
toutefois des questions d'état.

Et pour donner aux justiciables toutes garanties, la prorogation ne serait jamais qu'en premier
ressort.

4° Bornage général des fonds de chaque terroir communal.

La délimitation de toutes les parcelles qui constituent la propriété privée, pourrait être l'objet
de bien des réformes et appeler la nécessité d'un
cadastre nouveau fait sur de nouvelles bases, par
exemple : *un plan terrier*. Je me contenterai présentement de signaler à l'attention de tous, une
simple réforme ou plutôt le simple accomplissement d'un devoir; à savoir, le bornage général des
fonds de chaque terroir communal.

Il n'est pas besoin de mettre à nu toutes les
conséquences désastreuses des champs laissés sans
limites certaines et invariables.

De l'absence de bornes sortent toutes sortes de
désordres et de procès.

La nécessité se touche donc du doigt, et il faut
courir à l'œuvre; mais pour cela, bien des obstacles sont à surmonter, il les faut vaincre en enga-
geant d'abord les propriétaires, puis les forçant à
concourir à l'œuvre commune, l'abornement général de toutes les parcelles de chaque terroir.

Deux modes aussi simples qu'économiques peuvent être indiqués.

1° Si tous les intéressés ont la capacité nécessaire, ils peuvent faire un compromis sous seing-privé ou notarié, dans lequel ils nommeront trois arbitres, cultivateurs et hommes de loi qui enverront sur les lieux des arpenteurs, et lesquels décideront comme amiables compositeurs sans formalités, tous les points litigieux.

2° Ou bien seulement, ils peuvent nommer un ou plusieurs arpenteurs qui procéderaient à l'opération toute matérielle, et qui en cas de contestations, soit de propriétés, soit de titres, renverraient les contestants devant l'autorité judiciaire, c'est-à-dire devant le tribunal de paix qui ne statuerait qu'en premier ressort par suite de prorogation, laquelle peut avoir lieu, le juge de paix ayant déjà le germe de la compétence.

Le premier mode me paraît préférable, car la matière de bornage est éminemment arbitrale. Puis, parce qu'on éviterait un premier procès devant le tribunal de paix et peut-être un second devant le tribunal d'arrondissement.

Dans les deux cas, un procès-verbal serait fait avec plan figuratif. — Un double pourrait être déposé à la mairie de la commune et l'autre au greffe de la justice de paix.

De grands propriétaires ont ainsi agi et ont eu de bons résultats.

Si à l'avenir, une ou plusieurs bornes se trouvaient déplacées sans qu'on en connût les coupables auteurs, le remède serait bientôt trouvé et la voie de fait réparé par le procès-verbal et le plan portant la distance des bornes entre elles.

Ces deux modes et d'autres qui peuvent être proposés seraient suffisants sans doute, si tous les propriétaires d'un terroir étaient d'accord de procéder à un bornage général de toutes leurs propriétés ; mais ils deviennent impuissants devant l'inaction et le mauvais vouloir.

Alors la loi doit intervenir, c'est l'intérêt général qui l'exige, par là l'ordre, la tranquillité et le crédit public sont assurés. — Une meilleure et plus équitable assiette de l'impôt ne pouvant que résulter d'une opération générale d'abornement.

Si donc quelques propriétaires se refusaient à concourir à l'opération de bornage du terroir communal, il y serait procédé en leur absence, et comme peine de leur obstination, la quantité que doivent contenir leurs pièces de terre, ne leur serait attribuée qu'après celle de tous les propriétaires qui se seraient présentés.

Cette pénalité est parfois appliquée dans les opérations toutes judiciaires, c'est une des règles du bornage. Les propriétaires qui représentent des titres doivent en général être d'abord fournis.

Une question délicate se présente alors ; sous quelle autorité sera-t-il procédé au bornage ? le maire et son conseil municipal ; mais ils sont tous intéressés puisqu'ils sont propriétaires ; des notables, la même objection existe.

Pour que l'opération ne soit point entravée à

chaque instant il convient qu'elle soit conduite sous la direction, soit d'un membre du tribunal d'arrondissement, soit du juge de paix du canton.

Le magistrat directeur convoquerait devant lui tous les propriétaires du terroir communal à délimiter, ferait représenter les titres et nommerait les arpenteurs nécessaires, et ces derniers opéreraient en présence ou en l'absence des parties, feraient ensuite leur travail au cabinet; et le projet de répartitions ou reprises, figurées sur le plan, serait soumis aux intéressés qui feraient alors leurs observations et valoir leurs droits.

Si des contestations graves de propriété ou de titres s'élevaient, le magistrat directeur les jugeraient, mais en premier ressort seulement.

Quant aux simples difficultés qui surviendraient dans le cours de l'opération, et qui n'en sont que la conséquence, elles pourraient être vidées par les experts. — Inutile d'entrer dans d'autres détails d'application.

Formule de la proposition.

Si dans les six mois les propriétaires de fonds de terre de chaque commune n'ont pas commencé les opérations de bornage de leur territoire, le juge, désigné par le président du tribunal d'arrondissement, ou le juge de paix du canton, fera comparaître devant lui, par simple avertissement, les propriétaires de chaque terroir pour consentir au bornage et remettre leurs titres de propriété.

37.

Un ou plusieurs arpenteurs-géomètres seront commis ; le jour de l'opération sera indiqué par les arpenteurs qui y procéderont après serment; — Et du tout, procès-verbal. — Il sera ensuite procédé à l'opération, tant en l'absence que présence des intéressés.

En cas de contestation de propriété ou de titre, le juge statuera en premier ressort.—En cas d'appel, la déclaration en devra être faite dans la huitaine de la prononciation devant le magistrat directeur, et le jugement sera prononcé à la première audience sur simples mémoires présentés par les contestants.

L'opération et les litiges devant le directeur, ou sur l'appel, seront affranchis de toute la procédure ordinaire et même sommaire, et de toute espèce de droit, de timbre et d'enregistrement.

Le salaire des arpenteurs sera réglé à tant par jour, ou à forfait pour toute l'opération, procès-verbal et plan compris, par les propriétaires intéressés.

5° Avertissement préalable obligatoire et amende.

D'après la loi de 1838, les juges de paix ont la faculté de donner ou ne donner point des avertissements dans toutes les causes dont ils doivent connaître.

Sans doute la plupart d'entre eux accomplissent ce devoir ; mais cependant beaucoup ont apporté à la plus bienfaisante disposition des tempéraments, des exceptions, qui finissent en quelque sorte par absorber la règle.

Il est des cantons où ce n'est que jusqu'à certaine somme que les avertissements sont délivrés ; d'autres, qu'à partir de telle somme ; d'autres, où les actions possessoires et autres en sont affranchies.

Je crois fermement que si l'avertissement devenait obligatoire pour toutes les causes il y aurait encore moins de procès. Il est des actions possessoires et d'autres dont la connaissance a été attribuée aux juges de paix, par la loi de 1838, qui souvent s'arrangent au cabinet. — Ma propre expérience en serait une preuve.—Une foule d'affaires que l'on penserait ne pouvoir être terminées que sur les lieux, par arrangement ou autrement, le sont souvent au cabinet, parce que la plupart des procès ont souvent pour mobile, moins l'exercice d'un droit que l'irritation et la mésintelligence, et que d'un autre côté, le juge peut convaincre l'une ou l'autre des parties du mal fondé de ses prétentions.

Il convient donc de rendre obligatoire l'avertissement préalable à toute citation, et d'infliger une amende de 10 francs aux non-comparants qui ne justifieraient pas d'empêchement légitime.

La citation étant toujours le javelot de la déclaration de guerre, il faut l'éviter autant que possible.

6° Élévation de l'amende (50 à 100 fr.) contre les non-comparants au bureau de paix pour les causes du ressort des tribunaux d'arrondissement.

On a beaucoup critiqué, et l'on critique encore beaucoup, comme mesure illusoire le préliminaire, l'essai de conciliation. — Il suffirait de renvoyer la critique aux états des travaux judiciaires des justices de paix de France, ou seulement aux comptes rendus par M. le Ministre de la justice.

Les résultats mathématiques seraient-ils moins grands encore, que cette belle et importante institution devrait être maintenue. Aussi, voit-on avec plaisir des esprits graves et généreux faire bonne justice de ces lazzis intéressés.

Je dirai plus, je dirai que plus nous avancerons et moins il y aura de procès, parce que les magistrats conciliateurs ont la conscience de leur haute mission ; ils savent qu'ils sont préposés au seuil du temple de la justice pour arrêter les procès à leur naissance, et ils savent que pour atteindre ce but il faut que les parties se présentent en personne.

Aussi, beaucoup d'entre eux, malgré l'opposition, la résistance de certains plaideurs, ordonnent-ils la comparution en personne.

J'ai vu des entêtements portés si loin que l'on a préféré payer des frais de procès-verbaux et l'amende plutôt que de comparaître.

Pour détruire le souffle impur de la chicane, il

faudrait élever la peine de 50 à 100 francs, selon l'importance de la demande.

Comme l'on pourrait encore tourner cette peine en prétendant que, quand l'une des parties s'est présentée sur le jugement, ordonnant la comparution, et qu'il y a mandataire, c'est un procès-verbal de non-conciliation qui doit être fait; le juge ne doit pas se rendre à une pareille prétention ; il doit décider, au contraire, que comme on n'a pas obéi à son jugement, la partie qui ne comparaît pas en personne doit être considérée comme faisant défaut, alors c'est une mention de défaut qui est faite, et le tribunal appliquera la peine.

Par ce moyen, si l'on veut éviter l'amende, il faudra se rendre aux ordres de la justice et venir s'expliquer en personne.

Quelquefois, il arrive aussi que le défendeur est porteur de moyens ainsi conçus : *je me présente pour obéir à justice et consens à me concilier, si le demandeur retire sa demande.*

Cette version ne manque pas de variantes, mais on se garde bien de s'expliquer, ce serait se compromettre.

Avec de la persévérance et en faisant à cet égard toutes les observations nécessaires aux parties, en leur faisant connaître, qu'il faut qu'elles s'expliquent, que le bureau de conciliation n'est pas un bureau d'enregistrement, on parvient à convaincre les plus récalcitrants.— Ils voient par eux-mêmes, que le magistrat conciliateur n'est pas là pour compromettre leurs intérêts, *mais bien pour leur donner la paix.*

Si le défendeur, cela est très rare, se renferme dans son dire et n'en veut pas sortir, alors le juge selon les circonstances peut continuer la cause à la première audience en l'état, ou bien s'il y a obstination, le juge doit consigner dans le procès-verbal *le refus du défendeur de s'expliquer.*

La menace de cette mention au procès-verbal a fait des prodiges, elle a fait parler les muets.

7° Condamnation aux frais pour les demandes exagérées.—La plus-pétition.

Il n'est pas rare de rencontrer des plaideurs qui réclament beaucoup plus qu'il ne leur est dû, et surtout quand il s'agit de dommages-intérêts ; ils élèvent la réparation du tort à un chiffre déraisonnable.

Le défendeur résiste nécessairement et se trouve dans l'obligation de plaider, tandis que si la réclamation était telle qu'elle doit être, bien des procès n'auraient pas lieu.

L'on voit aussi des plaideurs ne pas déduire de la demande les à-compte donnés. Cette omission volontaire est quelquefois empreinte de ruse et de mauvaise foi.

Du reste aussi, cette manière de former une demande est le résultat d'une mauvaise pratique des affaires.

En condamnant aux frais les parties qui ont introduit, soutenu des demandes exagérées, on arrivera à une diminution de procès.

8° Amende contre les plaideurs convaincus de mauvaise foi.

Les plaideurs de mauvaise foi sont malheureusement en bien grand nombre, et il a fallu que de nos temps cette plaie fût grande, pour que le premier magistrat d'une grande cité (Reims) s'en émût, en fît l'objet d'un travail éminent qui a déjà reçu les honneurs de la traduction, et qui devrait être dans les mains de tous les magistrats de tous les degrés.

La proposition ne doit point être seulement envisagée sous son aspect judiciaire, mais encore et plus intimement au plus haut point de vue de la moralité.

Quel plaideur le plus cynique voudra subir un jugement qui sera pour lui un certificat de honte?

La bonne foi pourra renaître dans les relations sociales, et la mauvaise foi forcée qu'elle sera de ne jamais paraître dans le sanctuaire de la justice, finira par devenir de plus en plus rare.

Le pouvoir du juge en l'occurrence est sans doute des plus étendus, il semblerait avoir quelque chose de par trop arbitraire, mais il faut que le plaideur soit atteint et *convaincu* de mauvaise foi; aussi le juge devra-t-il donner des *motifs*.

Du reste, plus le pouvoir du juge sera étendu, plus il en usera avec modération et réserve, et plus aussi la mauvaise foi se mettra sur ses gardes.

§ 3 ET DERNIER.

Dans ce troisième et dernier paragraphe nous donnerons l'analyse d'un ouvrage de haute conception de réforme, qui a placé son auteur parmi les jurisconsultes les plus éminents de l'époque.

Tous les hommes de loi doivent méditer cette œuvre remarquable, écrite avec autant de force qu'elle est pensée ; c'est une rénovation complète de la preuve du droit de la propriété immobilière.

Nous ne pouvons faire mieux que de citer le rapport qu'en a fait M. de La Farelle, député du Gard, à la Commission spéciale désignée par M. le Préfet du Gard, pour examiner au point de vue pratique l'ouvrage de M. de Robernier, président du tribunal civil d'Alais, *sur la Preuve juridique du Droit de propriété en fait d'immeubles.*

Un ouvrage, dit M. de La Farelle, qui a pour sujet la preuve juridique du droit de propriété appliqué au sol, et pour auteur l'un de nos plus honorables magistrats, a paru depuis peu dans une cité voisine ; il a tout d'abord saisi l'attention des hommes sérieux par l'importance, par le nombre des vues pratiques qu'il renferme ; et notre premier administrateur s'est demandé à son tour s'il n'y avait pas lieu pour lui d'en faire l'objet d'une proposition au conseil général, dans le but de fixer les regards du gouvernement sur le grave problème qui s'y trouve posé, discuté et peut-être résolu.

C'est précisément pour avoir votre avis sur la convenance et le sens précis de cette proposition que M. le Préfet nous a déjà réunis une première fois auprès de lui, et c'est à la suite de cette première conférence que vous avez bien voulu me charger de vous retracer, dans un résumé succinct, la substance et les principales conclusions du travail si consciencieux et si remarquable de M. de Robernier : fortes études, érudition solide, esprit sagace et judicieux, talent de style peu commun, voilà ce qu'une première lecture nous avait fait reconnaître à tous chez son auteur, et cependant cela ne suffirait pas encore pour autoriser M. le Préfet à entretenir son conseil général, corps administratif si sérieusement et si utilement occupé, d'une production littéraire même d'un haut mérite, si d'ailleurs cette production n'offrait pas la possibilité et l'utilité évidente d'une application pratique. C'est donc à ce point de vue que nous avons à apprécier l'œuvre de M. le Président du tribunal d'Alais.

Je n'ai pas besoin de vous le rappeler, la propriété territoriale, cette pierre angulaire de tout l'édifice social, a droit de tenir comme elle tient réellement une place considérable dans la législation de tous les peuples civilisés, et son organisation légale parmi nous n'est certes pas indigne du rang que nous occupons parmi eux. Cette organisation est à la fois savante et raffinée pour tout ce qui concerne la transmission, la jouissance, la possession de la propriété, et toutes les nombreuses transactions dont elle peut être l'objet comme droit incorporel, et abstraction faite de sa réalisation matérielle sur le terrain. Mais, arrivée à ce point, qui n'est ni le moins capital ni le moins essentiel, notre législation semble l'avoir en quelque sorte abandonnée à elle-même, et ne s'en est presque plus occupée; imprévoyance étrange et vraiment regrettable, que l'on peut considérer, sans doute, comme la cause perpétuelle et féconde d'une portion notable de procès portés devant nos tribunaux. Questions d'identité du fonds tout entier; confusion des héritages et des patrimoines; anticipations et leurs nombreuses variétés par rapports à l'identité des limites; litiges relatifs aux servitudes, à l'affectation hypothécaire, à l'application sur le sol de tous les actes translatifs de propriété, tels sont les principaux éléments de cette lutte incessante, variée, anti-sociale, que résume si énergiquement le fameux proverbe : *Qui a terre a guerre.* Eh bien! toute cette lèpre morale attachée à la condition de propriétaire terrier et aux relations de voisinage qui en découlent, ne disparaîtrait-elle pas presque instantanément et radicalement, si le législateur, venant à se raviser, trouvait un moyen de rendre tout-à-fait intime, parfaitement constant, et toujours facile à saisir, le lien qui doit rattacher chaque portion bien limitée du territoire à son possesseur légitime? La question est grave, arduc,

délicate : c'est celle que M. de Robernier a cou-
rageusement prise corps à corps.

Mais, en premier lieu, cette lacune que je viens
de signaler, d'après lui, dans notre loi civile, y
existe-t-elle en réalité, ou du moins y existe-t-elle
aussi sérieusement qu'il paraît l'admettre? La
première partie du livre qui nous occupe est consacrée tout entière à établir l'affirmative.

Deux éléments généraux et fondamentaux constituent, au dire de l'auteur, toute la preuve juridique du droit de propriété, en fait d'immeubles
territoriaux, savoir : la *preuve matérielle* et la *preuve
littérale*, le *bornage* et le *titre*.

La preuve matérielle, le bornage, avait obtenu
une attention toute particulière, de la part du législateur, chez les anciens peuples. Là, les signes
extérieurs de la division des héritages se trouvaient admirablement protégés soit par la constitution formelle de chaque patrimoine foncier et
la division de tout le sol en un nombre déterminé
de lots à surface immuable et régulière, soit par
la consécration, par la déification des termes délimitateurs même, soit par la sévérité de la loi
pénale qui punissait toute atteinte à leur inviola-
bilité. Cette solennité, ce culte de la preuve matérielle du droit de propriété territoriale, ai-je
besoin de rappeler qu'ils ont complètement disparu de nos mœurs modernes? Raison de plus,
sans contredit, pour que la législation civile et
pénale s'efforçât d'y suppléer; mais point : rien

de moins caractérisé, de moins stable, de moins
certain que notre système actuel d'abornement.

La mauvaise foi des parties intéressées, l'inadvertance des cultivateurs, le caprice du premier
venu, l'action combinée du temps et des phéno-
mènes physiques, tout conspire, à l'envi, pour en
faire disparaître les traces ; et ces traces une fois
effacées, rien, absolument rien dans l'inspection
du sol ne peut servir le plus souvent à retrouver
et à reproduire le signalement réel du patrimoine
objet du litige.

Ce signalement va-t-il du moins ressortir du
titre ; c'est-à-dire de la preuve littérale et descrip-
tive de ce même patrimoine, de telle sorte qu'il y
ait seulement à le rapporter et à l'appliquer matériellement sur le terrain? Pas davantage, car la
preuve littérale proprement dite du droit de propriété, en fait d'immeuble, le titre constitutif et
descriptif de ce droit, appliqué au sol, n'est ni
incomplet, ni mobile, ni défectueux comme le
bornage, *il n'existe même pas.*

Il ne faut pas s'y méprendre, en effet, ni confondre deux choses très distinctes : le titre qui
nous occupe en ce moment, ce n'est pas celui par
lequel chacun de nous établit qu'il a droit à la
propriété d'un patrimoine foncier, dans tel département et telle commune du royaume, pour en
avoir hérité de son père, ou l'avoir acquis de l'un
de ses concitoyens ; c'est là un acte purement
translatif d'un droit de propriété préexistant ;

acte qui, en principe, ne légitime notre possession que vis-à-vis de nos cohéritiers, de notre
vendeur et de leurs représentants, mais qui, à la
rigueur, ne saurait être opposé à aucune autre
personne, d'après le célèbre adage : *Res inter alios
acta nocere non potest.* Non, le titre dont il est ici
question, c'est celui « qui devrait manifester le
contrat intervenu entre la société et le propriétaire, le monument écrit par lequel l'une reconnaît à l'autre, et lui garantit au respect de tous ses
membres le droit de jouir paisiblement et exclusivement de telles et telles portions du sol, originairement commun. »

Eh bien ! encore une fois, ce titre-là n'existe
point chez nous, et le législateur ne semble même
pas avoir songé à le constituer. Rien ne remplace
tant seulement le *Livre du cens* pratiqué chez le
peuple romain, le compoix terrien que nos pères
avaient bien souvent la prudence de se donner, et
le titre féodal des siècles antérieurs au nôtre, qui,
avec sa *foi-hommage, son dénombrement,* et surtout
son terrier seigneurial suppléait presque, à un certain degré, à l'absence de ce titre commun, ré-
cognitif et descriptif de la propriété de tous et de
chacun dont l'auteur signale l'impérieuse nécessité.

La preuve littérale du droit de propriété foncière repose donc aujourd'hui tout entière, soit
sur les indications nullement probantes du cadastre, qui n'a d'existence, de valeur légale qu'en-

tre le fisc et les contribuables, soit sur les énonciations des actes *particuliers* et *privés* de transmission, énonciations qui ne peuvent être invoquées
comme témoignage légal vis-à-vis des tiers, qu'au
mépris des notions les plus élémentaires du droit.
Reste à savoir si en autorisant, par une véritable
nécessité morale, il est vrai, cette déviation aux
principes fondamentaux de la législation, la jurisprudence a du moins rempli son but et réparé
la négligence du législateur. M. de Robernier n'hésite pas à se prononcer pour la négative, et il s'efforce d'établir son opinion par une discussion
aussi minutieuse qu'approfondie. Il soumet tour
à tour à sa critique patiente, habile et impitoya-
ble, tous les moyens de protection et d'éclaircis-
sement que le propriétaire dépossédé ou seulement menacé, troublé ou restreint dans l'exercice
de son droit, peut devoir aux renseignements que
lui fournissent d'ordinaire les actes de transmission les plus soigneusement rédigés. Désignations
de la commune, du quartier et du nom propre de
l'immeuble, de sa nature et de son mode de culture, de ses confronts ou aboutissants, de sa contenance ou mesure, rien de tout cela, pas plus que
le procès-verbal de plantation de bornes, pas plus
que le jugement d'identité lui-même, ne lui paraît
offrir à ce propriétaire une sécurité tant soit peu
fondée et une réplique péremptoire aux attaques,
aux chicanes de tant d'espèces qui peuvent l'as-
saillir. Rien, en un mot, ne met, selon lui, le con-

tenancier en position de dire nettement et fière-
ment à tout le monde : « Voici ma propriété ; la
voici avec ses limites et sa contenance réelles et
incontestables. »

Vous l'avouerai-je, Messieurs ? quand on a
suivi l'auteur dans ses longues et patientes inves-
tigations sur cette partie de son sujet, on est presque saisi d'un sentiment de crainte involontaire;
on fait un retour sur soi-même comme propriétaire et comme père de famille ; on se demande si
l'on n'a pas trop compté jusqu'alors sur la certitude de pouvoir transmettre à ses enfants un patrimoine à l'abri de toutes contestations; on a besoin, pour se rassurer, de se dire que la pratique
ne réalise pas d'ordinaire toutes les conséquences
logiques de la théorie, et de jeter un coup d'œil
rétrospectif sur le cours ordinaire des choses.
C'est ainsi que, sans pouvoir contester l'argumentation pressante de l'auteur, on ne se refuse cependant pas la consolation de l'accuser d'un peu
d'exagération, et de faire une légère part à l'esprit
de système et à ses entraînements inévitables.

Le lecteur prévoyant et avisé n'en demeure pas
moins convaincu que la plaie signalée est sérieuse,
réelle, et qu'il faut s'attendre à la voir s'élargir
graduellement à mesure que la propriété territoriale se morcellera, s'émiettera de plus en plus
sous la triple influence de nos idées, de nos
mœurs et de notre législation contemporaines. Il
ne saurait donc se refuser à conclure, avec M. de

Robernier, qu'il y aurait dès à présent une grande utilité, et qu'il ne tardera probablement pas beaucoup à y avoir une véritable nécessité de procéder à une réforme législative qui restitue à la propriété territoriale son plus bel apanage, *la sécurité*, à la preuve juridique du droit de chacun sur cette propriété, clarté, précision, certitude ; à la population agricole tout entière enfin une vie moins tourmentée, des habitudes plus pacifiques et plus morales.

Le problème ainsi posé, passons aux moyens de solution qui sont l'objet de la seconde partie du livre publié par notre compatriote.

Le système de M. de Robernier se présente tout d'abord avec les deux caractères fondamentaux qui signalent et accompagnent habituellement toute découverte sérieuse et vraie : savoir, une extrême simplicité dans l'idée mère, dans le principe générateur, une grande fécondité dans les conséquences et les applications. Justement frappé de tous les abus et de tous les désordres civils produits par l'absence d'une bonne réglementation applicable à ces innombrables parcelles dont se composent tous les patrimoines privés des citoyens, et comparant cet ordre de choses vague et confus, à celui si net, si régulier et si complet qui régit au contraire la condition des personnes, l'esprit profondément logique de l'auteur a été conduit à concevoir la possibilité, et à poursuivre la réalisation de ce que j'appellerai, par une métaphore bien hasardée peut-être, *l'état civil de la propriété territoriale*, institution pleine d'analogie, en effet, avec l'état civil de la population qui couvre, exploite et se partage cette propriété.

Cette ingénieuse pensée une fois conçue, un triple résultat a dû être recherché par lui.

En premier lieu, constituer toutes ces portions du sol qui sont l'objet *concret* de la propriété *abstraite* des citoyens, en autant de corps certains et distincts qu'il y a ou peut y avoir de propriétaires, les *individualiser*, en un mot, les déterminant à des conditions mathématiques, c'est-à-dire immuables, dans leur situation, leur périmètre, leur contenance et leur nature.

Cela fait, et en second lieu, trouver le moyen de les suivre dans tous leurs accidents inévitables de subdivision, d'agrégation, de transformation réelle, absolument comme l'état civil des personnes les suit dans les différentes phases de leur vie naturelle ou civile.

Enfin, accompagner encore ces *individus territoriaux*, fidèlement et sans interruption, entre les mains de tous ceux à qui les nombreuses transactions de la vie civile vont les livrer successivement.

Deux moyens généraux et substantiels, déjà proclamés par lui, comme les seuls possibles, vont répondre par un habile agencement, et grâce à de larges améliorations, à cette triple exigence du problème à résoudre.

Ces deux moyens, ces deux éléments capitaux
de la nouvelle preuve juridique en fait d'immeubles, ou, si l'on veut, de l'état civil *matériel* du
pays, vous les avez déjà nommés, Messieurs ; ce
sont :

1° L'abornement invariable ;

2° Le terrier perpétuel.

I. De l'abornement invariable.

Rien de plus simple et de plus ingénieux à la
fois ; rien de plus facile à saisir par la pensée,
même dans une lecture superficielle, que le principe de ce nouveau mode de limitation matérielle.
Le vice radical du bornage, tel qu'il est aujour-
d'hui pratiqué, c'est qu'il n'a rien d'*absolu*, ni par
conséquent d'immuable ; c'est qu'il est purement
relatif, et par conséquent éphémère, n'existant que
par rapport aux autres propriétés circonvoisines
ou même limitrophes : d'où suit que, lorsqu'un
acte humain ou un accident naturel quelconque
vient à en faire disparaître les signes visibles, ce
bornage est absolument comme s'il n'avait jamais
été. A la vérité, quelques experts délimitateurs,
plus prudents et mieux avisés, s'efforcent parfois
d'échapper à cet inconvénient, en rattachant les
bornes qu'ils plantent à un petit nombre de points
fixes accidentellement fournis par la propriété
elle-même , comme l'angle d'une maison , une
pointe de rocher, un tronc d'arbre séculaire, etc.
Mais outre que ces points fixes de raccordement

ne se présentent pas toujours, bien s'en faut, dans
nos campagnes ; outre qu'ils ne possèdent pas,
après tout, une véritable perpétuité, n'oublions
pas qu'il en faudrait constamment deux, ce qui
ne se rencontre à peu près jamais, pour donner la
position géométrique, précise de chaque terme
planté ! C'est donc encore là une solution fort im-
parfaite du problème ; et cependant c'est à cette
pratique, malheureusement trop peu commune,
que M. de Robernier déclare avoir emprunté la
première idée de son abornement invariable.

Un objet remarquable et perpétuel donné par
la nature, ou artificiellement construit vers le
centre de la commune, et pour l'ordinaire au milieu même des habitations agglomérées du chef-
lieu communal, voilà le pivot de tout le système.

De ce point invariable, une ligne fictivement
tirée du *nord* au *sud* se prolongera sur toute la
longueur de la superficie qui doit être soumise à
l'opération ; une autre ligne coupant au même
point la première, à angles droits, ira se terminer
aux extrémités *est* et *ouest* du territoire : la commune sera donc par là, et tout d'abord, partagée
en quatre quartiers ou régions désignées par leur
situation respective *nord-est*, *nord-ouest*, *sud-
est* et *sud-ouest*. L'une des deux grandes lignes
divisoires, celle du nord au sud, sera le premier
méridien, et l'autre l'*équateur* de notre carte muni-
cipale : d'autres lignes en nombre infini, menées
parallèlement aux deux premières, et passant par

des points de division régulièrement espacés et
marqués sur l'une et l'autre, constitueront un
vaste réseau de parallèles et de perpendiculaires,
dont les croisements multipliés ne laisseront, si
l'on veut, à découvert, aucun point du territoire.
Chacun de ces points pourra dès lors être déterminé, fixé et retrouvé, au besoin, d'après des données mathématiques, puisque chacun d'eux aura,
selon le langage adopté par l'auteur, ses degrés
de *latitude* et de *longitude communales* : c'est tout
bonnement le procédé géographique appliqué et
rapetissé aux proportions d'une opération gra-
phique locale.

Mais comme les deux lignes magistrales n'exis-
teront pas matériellement sur le terrain, un nombre plus ou moins considérable de *termes de rattachement,* dans des conditions de solidité et de
forme assez apparente, seront établis et disséminés
sur toute la surface du territoire, aux points indiqués par la situation des lieux ou par les nécessi-
tés probables de la triangulation. Ces termes géo-
métriquement rattachés aux deux grandes *coordon-
nées terminales* (c'est encore une expression de
l'auteur), porteront chacun sur l'une de leurs faces, les chiffres indicatifs de leur distance au méridien et à l'équateur, de leurs degrés de latitude
et de longitude : ils seront également reliés entre
eux de manière à se servir de point de raccordement réciproque, et à ce que chacun d'eux puisse
être facilement réintégré en cas de disparition.

Une fois tout le territoire ainsi parsemé de points vraiment immuables, le périmètre de toutes les propriétés environnantes sera toujours bien facile à déterminer et à signaler aux yeux par des signes apparents à l'abri de toutes les chances de disparition, puisque chacun des angles de ce périmètre répondra à un double degré de latitude et de longitude, et se trouvera par cela même dans des rapports connus avec les *termes* de raccordement les plus voisins.

Nous ne suivrons pas l'auteur plus loin dans l'exposition des détails techniques auxquels il se livre : une simple lecture des chapitres de son livre, consacrés à cet objet, et un seul coup d'œil jeté sur les plans figuratifs qu'il y a joints suffisent pour faire apprécier toute l'exactitude, toute la fixité et toute la portée de ce nouveau mode de limitation matérielle. Tenons-le donc pour avéré, grâces à lui chaque parcelle territoriale (c'est le nom donné par l'auteur à tout ténement du sol appartenant au même propriétaire, sans égard à sa variété de nature et de produits), chaque parcelle peut être désignée, exprimée en chiffres, qui, rapportés sur le terrain, donneront sa situation, sa figure géométrique, et par conséquent sa contenance elle-même. Je n'ai sans doute pas besoin, Messieurs, de presser les conséquences d'une pareille donnée : votre esprit vous les a déjà fait pressentir.

II. Du terrier perpétuel.

Les individus territoriaux ainsi constitués et déterminés matériellement, il ne reste plus qu'à leur organiser *cet état civil régulier* dont j'ai parlé plus haut et qui doit constater leur existence dans le territoire communal, leurs subdivisions et agrégations, leur passage successif entre les mains des hommes, toute leur histoire physique et civile en un mot. Cet état civil *réel* du pays est ce que M. de Robernier appelle le titre commun, ou terrier perpétuel.

Trois registres, mis en rapport constant et se servant de complément comme de contrôle réciproque, le constituent tout entier. Le premier, c'est le *parcellaire général,* où figurent par ordre toutes les parcelles, tous les individus territoriaux de la commune, désignés par leur région, leurs angles mathématiquement fixés, leur contenance et leur nature; documents auxquels viennent se joindre la désignation du propriétaire, celle de son acte d'acquisition, etc., etc. Ce registre est, du reste, tenu de manière à ce que toutes les mutations, divisions et réunions de la parcelle puissent y trouver successivement leur place.

Le second élément du terrier perpétuel, c'est le *registre alphabétique des contenanciers,* renfermant tous les documents *personnels,* tous les renseignements de noms et de prénoms, domicile, profession qu'il peut être utile au public de connaître, et y ajoutant comme partie accessoire les documents *réels*, indispensables pour rattacher la propriété territoriale à ses légitimes possesseurs ; c'est la contre-partie du parcellaire général auquel des numéros de renvoi le rattachent et le relient exactement.

Enfin, le troisième et le dernier élément du terrier perpétuel, c'est le *registre-journal* où toutes les mutations et transformations civiles du droit de propriété sont fidèlement inscrites par ordre de date et avec renvoi continuel aux deux précédents registres.

Que l'on se figure maintenant par la pensée ce double système de preuve matérielle et de preuve littérale soigneusement et consciencieusement réalisé ; que l'on se représente le soin de sa conservation, confié à une série d'employés cantonaux, décorés du nom de *Conservateurs des droits réels*, et l'on concevra l'heureuse révolution qui doit en être la suite. Plus de possession indécise, plus de prescription acquisitive, plus d'usurpation partielle ou totale ; que dis-je? plus de nécessité pour chacun de conserver ses titres privés d'acquisition. Le terrier va suffire à tout, et, à la rigueur, il pourrait se dispenser même de l'office de notaire ; car un simple transfert opéré par le conservateur, du consentement et en-présence des parties, pourrait offrir au mouvement des valeurs immobilières le service que les valeurs mobilières demandent au grand-livre du trésor public. L'auteur ne doit cependant pas répondre de cette dernière vue que j'ai pris sur moi de présenter ici à titre de simple hypothèse et pour mieux caractériser encore toute la portée de la réforme offerte à notre examen.

Telles seraient les heureuses conséquences du nouveau système une fois *réalisé*; mais il ne faut pas oublier que nous n'en sommes pas encore là, et qu'il nous reste à connaître comment l'auteur se propose de pourvoir à cette réalisation.

Une section très substantielle de son livre formule son programme d'exécution sous la forme d'un projet de règlement en cinquante-cinq articles; essayons d'en extraire la substance.

Un membre du tribunal civil de l'arrondissement ou le juge de paix du canton préside à l'opération tout entière; il est assisté de deux géomètres nommés par le préfet, et de deux experts *archivaires* désignés par le tribunal dont il reçoit d'abord le serment.

Les géomètres ont dû préalablement, et dans un travail purement géodésique, procéder : 1° à l'établissement du terme central et monumental sur lequel doivent se croiser, à angles droits, les deux lignes idéales dont il a été parlé, le méridien et l'équateur communaux ; 2° à la plantation d'un certain nombre de termes de rattachement dispersés sur la surface de la commune, coordonnés entre eux et avec les deux lignes magistrales : c'est là

comme le cadre et le fond de la délimitation parcellaire qui va suivre.

Cette délimitation s'opère à son tour sous les
auspices et la direction du magistat–commissaire,
avec le concours des géomètres et celui des experts, en présence de tous les contenanciers ou de
leurs représentants, soit légaux, soit convention-
nels. Toutes les parcelles situées dans chacune ou
dans plusieurs des quatre régions sont reconnues,
déterminées et rattachées aux deux grandes lignes
terminales par une série d'opérations graphiques
auxquelles les *termes* de rattachement les plus voisins servent de base et de support ; chaque soir
procès-verbal est dressé de toutes les opérations
accomplies dans la journée. Survient-il des difficultés, des contestations sur le tracé des lignes
divisoires, sur l'application des titres, sur l'existence ou l'emplacement des services fonciers, le
magistrat, aidé de ses assistants, ou prononce et
statue si c'est l'un des cas soumis à sa décision,
ou s'efforce de concilier les différends restés en
dehors de sa compétence, ou renvoie les parties
devant le tribunal du ressort ; si le fait est constaté, on passe outre.

La commission délimitatrice, si j'ose la nommer
ainsi, s'efforce du reste, pendant tout le cours de
son opération, de rendre à toutes les *parcelles*, à
tous les patrimoines privés, une figure aussi simple, aussi régulière, ou tout au moins aussi recti-
ligne que possible, et cela par le moyen de petits

échanges *rectificatifs* entre voisins. Elle va même plus loin ; elle tâche d'amener entre les contenanciers d'autres échanges plus importants, des échanges *agrégatifs* ayant pour but et pour résultat de réunir dans les mains du même propriétaire plusieurs *parcelles* limitrophes, confondues dès lors en une seule, aux lieu et place de plusieurs parcelles par lui possédées sur divers points du territoire. Ainsi la propriété foncière prend un aspect plus régulier, et échappe, jusqu'à un certain degré, à cette loi fatale de divisibilité incessante et de morcellement indéfini qui la menace et la poursuit de nos jours. Ainsi l'économie politique et l'agriculture alarmées trouvent elles-mêmes leur compte et un avantage réel dans cette réforme entreprise à un tout autre point de vue.

Enfin, un jugement général d'homologation rendu par le tribunal de l'arrondissement constate tous les résultats de la délimitation nouvelle, et lui prête la consécration, l'autorité de la chose jugée.

Il ne reste plus après cela qu'à rédiger le titre commun, le grand terrier perpétuel, qui doit, au moyen du parcellaire général, du journal alphabétique des contenanciers et du registre-journal de toutes les mutations survenues, réfléchir et retracer d'abord le nouvel ordre de choses avec une exactitude toute mathématique, puis constater et poursuivre avec une fidélité non moins rigoureuse, toutes les transformations réelles ou civiles qui vont s'y produire chaque jour.

La troisième et dernière partie du travail de M. de Robernier, pourrait, à la rigueur, en être retranchée, sans que cela portât atteinte à l'unité de son œuvre : elle est entièrement consacrée par l'auteur à faire ressortir toute la portée et les nombreux avantages de son système : dans ce but, il l'applique tour à tour aux questions de possession annale, de prescription, acquisition, de contrat de vente, d'échanges rectificatifs ou agrégatifs, de partage et de régime hypothécaire. Ce dernier régime surtout devrait à la nouvelle preuve juridique de la propriété foncière trois conquêtes bien précieuses et vivement désidérées : la conquête d'une *publicité* plus franche, plus nette, plus efficace, celle d'une *spécialité* plus sincère, plus praticable, plus conservatrice des intérêts de toutes les parties, enfin celle d'une *réalité* mieux caractérisée : réalité qui manque presque absolument à notre droit hypothécaire, en dépit de la prétention contraire, affichée et proclamée par le législateur. Alors seulement que la *parcelle*, cet individu territorial, aura *son état civil régulier*, alors seulement, dis-je, l'immeuble frappé d'hypothèque sera bien le seul et vrai débiteur, car alors seulement, il pourra être suivi, saisi et exécuté par le créancier, abstraction faite de toute considération de la personne engagée.

Je m'arrête, Messieurs, car cette dernière division du livre qui nous occupe est trop indépendante de la question soumise à notre examen pour que son analyse puisse rentrer dans les limites de mon mandat. J'ajouterai seulement que M. le président d'Alais continue à y déployer beaucoup de sagacité et de force de dialectique comme défenseur de son système, beaucoup d'érudition et d'expérience comme jurisconsulte et magistrat.

En résumé, la nouvelle organisation de la preuve juridique, applicable à la propriété territoriale, présente un système très complet et compose un tout bien lié, dont les différentes parties s'accordent parfaitement entre elles et convergent puissamment vers le but que l'auteur s'est proposé. Ce but une fois atteint serait incontestablement un vrai service rendu à la société par la consolidation, la simplification et la consécration de l'une de ses principales bases.

Il n'est sans doute pas impossible que M. de Robernier se soit fait quelques illusions toutes paternelles sur la facilité de donner à son abornement invariable et à son terrier perpétuel une exactitude vraiment mathématique, et plus encore sur la possibilité de les maintenir l'un et l'autre au niveau de la réalité ; mais ce sont là des inconvénients d'exécution et de détail auxquels on peut fort bien se promettre de remédier par une législation exacte et sévère, par des règlements prévoyants et minutieux, par une administration habile et dévouée. Là ne seraient donc pas, à mon avis, les objections les plus sérieuses auxquelles l'auteur doit s'attendre : ces objections, au nombre de deux, appar-

tiennent l'une et l'autre à la période de transition,
à la partie de l'exécution et des voies et moyens.
La première tient à la dépense que nécessitera l'ensemble des opérations géodésiques, arbitrales, judiciaires, etc., proposées par l'auteur : il est fâcheux et bien regrettable qu'il n'ait pas pu donner
quelques prévisions, même approximatives, sur ce
point capital.

Il y a tout lieu de craindre que cette dépense ne
soit considérable, et l'imagination des contribuables ne peut que s'en effrayer, alors surtout que les
frais de l'opération cadastrale ne sont pas encore
tous soldés. Qu'importe, après cela, que M. de Robernier en exonère le budget de l'État ; la charge
n'en sera que plus lourde pour les contenanciers,
seuls obligés de la subir. La propriété territoriale
serait fort aise, sans contredit, d'être *organisée ;*
mais elle *veut vivre* avant tout. Je crains donc bien
qu'elle ne juge prudent de réserver son assentiment même à la réforme la plus avantageuse de sa
condition légale, jusqu'à ce qu'elle connaisse le
prix dont il la lui faudra payer.

La seconde des objections annoncées découle
de cette masse effrayante de difficultés, de débats,
de procès, peut-être même de discordes et de luttes
réelles que va susciter l'établissement d'une preuve
juridique rigoureuse, appliquée à la division de
tous les héritages. Oh ! combien de germes litigieux
qui restent maintenant assoupis sous le bienveillant patronage du *statu quo,* et qui vont éclore tous

à la fois à la chaleur fécondante d'une justice sans
pitié. La propriété foncière alarmée ne pourrait-
elle pas s'écrier, non sans quelque apparence de
raison : « Prenez garde, en voulant me guérir d'un
mal chronique avec lequel je vis depuis longtemps,
de ne pas m'inoculer une maladie aiguë et mor-
telle. »

Ces objections sont graves, sans doute, et n'ont
point échappé à l'esprit si judicieux de M. de Robernier : il est le premier à se les poser, et les dis-
cute avec sagacité et bonne foi.

Reconnaissons avec lui que la première, celle de
la dépense, est beaucoup atténuée par cette circonstance, que notre cadastre territorial nécessite,
de l'aveu de tout le monde, soit un renouvellement
périodique, soit un système de conservation per-
manent ; que c'est là pour le trésor et les contribuables une source de dépenses à laquelle ils ne
peuvent plus se promettre d'échapper bien longtemps ; et que l'adoption du plan proposé répondrait évidemment à ce besoin gouvernemental tout
en donnant satisfaction à des intérêts plus généraux de la société elle-même. Les pouvoirs publics
ne peuvent, ce me semble, résoudre aujourd'hui la
question pleine d'actualité du rajeunissement ou
de la conservation du cadastre, sans examiner celle
soulevée par M. le président d'Alais, et c'est ce qui
la place incontestablement à l'ordre du jour. L'état
civil territorial n'offrirait-il pas d'ailleurs au fisc
une sûre et considérable compensation en rendant

désormais impossibles toutes les mutations de propriété secrètes, mutations aujourd'hui si nombreuses, et toutes les dissimulations de prix plus fréquentes encore, pour ne pas être passées à l'état d'habitude constante.

Reconnaissons encore, avec l'auteur, que la crainte de réprimer beaucoup d'usurpations et de donner une application plus large et plus sincère au grand principe de droit, *cuique suum*, n'est pas un argument que la morale puisse beaucoup apprécier, bien que la prudence administrative ait le droit d'en tenir assez grand compte; mais les formes mêmes de bornage perpétuel proposées dans l'ouvrage garantissent que la plupart des difficultés soulevées par l'opération y trouveraient tout à la fois leur origine et leur fin, leur cause occasionnelle et leur remède.

Les objections que notre impartialité nous a suggérées ne doivent donc pas être, bien s'en faut, considérées comme des impossibilités constituant une fin de non-recevoir péremptoire, non; ce sont tout au plus des obstacles à vaincre ou à tourner, et l'auteur, qui paraît lui-même imbu de cette conviction, appelle prudemment à son aide les lumières d'une expérience partielle.

Il a pris soin d'exposer les conditions, la portée et les avantages de cette expérience dans un mémoire parfaitement déduit qui sera sans doute mis sous vos yeux et qui me dispense de toute discussion sur ce point. Puisque l'auteur reconnaît et démontre lui-même que, s'agissant d'une question d'intérêt général, tous les frais de l'épreuve doivent être supportés par l'État et le trésor public, le conseil général ne trouvera sans doute aucun obstacle à manifester les sympathies bien naturelles en faveur du système proposé et à formuler la demande de quelques essais locaux : je dis de *quelques essais,* parce que l'expérience me semblerait trop peu concluante si elle n'était point pratiquée sur divers points du territoire et quatre ou cinq communes au moins placées dans des conditions tout à fait dissemblables de configuration physique, de culture et de division territoriale. Il serait aussi de la plus haute importance que le Gouvernement fût invité à confier la direction supérieure de cette expérimentation à M. de Robernier, plus capable que personne, on le comprend, de lui faire porter tous ses fruits.

Après cela, s'il m'était permis de manifester ma propre pensée et de donner mon propre jugement, voici ce que je dirais : L'épreuve partielle que l'on propose est chose utile et convenable sans doute; mais, isolée de tout autre étude du problème, elle ne me paraît vraiment pas destinée à lever les grandes difficultés de la matière, et pourrait fort bien ne résoudre que le *petit côté de la question.* De quoi s'agit-il en effet ? Est-ce seulement d'une nouvelle opération cadastrale à réaliser, non plus dans l'intérêt du fisc, mais dans celui de la propriété foncière elle-même ? C'est-là,

sans aucun doute, l'une des parties et comme la
base matérielle du plan à exécuter ; mais ce n'est
la partie ni la plus considérable, ni la plus ardue,
ni surtout la plus contestable de ce plan : au contraire c'est, je l'avoue, celle qui l'est le moins à
mes yeux, sauf l'article de la dépense. Ce dont il
s'agit principalement, Messieurs, c'est d'ajouter
un nouveau code à tous nos autres codes, celui de
l'*état civil territorial du royaume* (pour me servir
d'une comparaison que j'ai déjà employée); c'est
de remanier à nouveau plusieurs des titres les
plus substantiels de notre loi civile, et de donner
une nouvelle forme ou condition exclusive à toutes nos mutations et transmissions du droit de
propriété, la condition de l'authenticité, de la
publicité la plus étendue. Ce dont il s'agit encore,
c'est d'organiser une nouvelle branche de service
public disséminé sur toute la surface du pays avec
de nouvelles attributions et de nouveaux devoirs;
ce dont il s'agit enfin , c'est de chercher et de trouver pour tout cela des voies et moyens pécuniaires
qui ne soient pas au-dessus des forces déjà bien
peu ménagées d'une classe fort intéressante de
contribuables. Eh bien ! voilà de belles, de grandes questions législatives, administratives et finan-
cières sur lesquelles l'expérimentation partielle
ne donnera que bien peu de lumières, et qui auraient besoin d'être discutées, approfondies d'a-
vance par un certain nombre d'hommes spéciaux
et éminents. Ainsi donc, ce que j'ambitionnerais

le plus à la place de M. de Robernier, ce serait de
voir le Gouvernement porter une sérieuse attention sur cette importante matière, et la soumettre
à l'examen d'une commission prise dans le sein
de nos deux Chambres, du conseil d'État, de la
Cour suprême et du corps des ingénieurs. Cette
commission jugerait en pleine connaissance de
cause si une épreuve partielle peut servir à ses
études et quelles doivent en être les conditions.
Enfin elle pourrait mûrir et formuler au besoin
une proposition législative ; car, en dernière analyse, c'est de la compétence parlementaire, et c'est
d'elle seule que ressortira toujours la solution du
problème soulevé.

La création par MM. les ministres de l'agriculture, de la justice et des finances, d'une commission spéciale chargée d'apprécier l'ouvrage de
M. de Robernier à son point de vue pratique, tel
serait donc le vœu dont je voudrais voir M. le préfet prendre l'initiative auprès du conseil général,
et que je croirais pouvoir être accueilli par lui si,
comme je n'en doute pas, ce corps éclairé apprécie avec nous à toute sa valeur la pensée si large-
ment conçue et si habilement développée par l'un
de nos plus honorables compatriotes.

FIN.